云南师范大学中国历史一级学科
资助出版

西南联大研究文库

李光荣 著

# 西南聯大 艺术历程

中华书局

**图书在版编目(CIP)数据**

西南联大艺术历程/李光荣著. —北京:中华书局,2022.10
ISBN 978-7-101-15765-9

Ⅰ.西⋯ Ⅱ.李⋯ Ⅲ.西南联合大学-艺术教育-教育史
Ⅳ.J-4

中国版本图书馆 CIP 数据核字(2022)第 101677 号

| | |
|---|---|
| 书　　名 | 西南联大艺术历程 |
| 著　　者 | 李光荣 |
| 责任编辑 | 白爱虎 |
| 责任印制 | 陈丽娜 |
| 出版发行 | 中华书局 |
| | (北京市丰台区太平桥西里 38 号　100073) |
| | http://www.zhbc.com.cn |
| | E-mail:zhbc@zhbc.com.cn |
| 印　　刷 | 三河市中晟雅豪印务有限公司 |
| 版　　次 | 2022 年 10 月第 1 版 |
| | 2022 年 10 月第 1 次印刷 |
| 规　　格 | 开本/920×1250 毫米　1/32 |
| | 印张 17　插页 2　字数 400 千字 |
| 印　　数 | 1-2000 册 |
| 国际书号 | ISBN 978-7-101-15765-9 |
| 定　　价 | 98.00 元 |

# 目　录

# 前　言

## 一

西南联大是一所存在于抗日战争及其稍后时期的大学，1937年开办，1946年结束，共九年历史。

1937年7月，日本制造"七七事变"，发动全面侵华战争，为保全中国的大学与文化，国民政府决定在内地"筹设临时大学若干所"①。其中，北大、清华、南开三校迁移长沙，联合组成国立长沙临时大学。11月1日，国立长沙临时大学开学。京津才子箫吹湘江边，弦诵岳麓山，得以继续完成学业。

可恨日军再行相逼。1938年2月，学校迁往云南，更名为国立西南联合大学，简称西南联大。师生分三路迁徙，乘车和乘船的两路均先出国到越南，从河内乘滇越铁路的火车回国到达昆明，另一路由身强体壮的三百名师生组成的"湘黔滇旅行团"，取道湘西，经贵州，徒步进入云南到达昆明。"旅行团"2月20日启程，历时68天，步行3500里，于4月28日进入昆明，完成了教育史上

---

① 《教育部设立临时大学计划纲要草案》，北京大学等编：《国立西南联合大学史料》第1卷，昆明：云南教育出版社，1998年10月，第53页。

"最悲壮的一件事"[①]，抒写了"书生长征"的历史。

　　起初，西南联大置理学院和工学院于昆明，设文学院和法商学院于蒙自。5月4日，西南联大在昆明和蒙自两地同时开学上课，开始了"笳吹弦诵在山城"[②]的历史。一个学期后，文学院、法商学院再迁昆明。

　　1939年9月，新校舍在昆明西北角城外筑成使用，西南联大有了属于自己的校园。新校舍面积一百二十四亩，建有办公室、教室、图书馆、实验室、学生宿舍、食堂等设施。1938年8月，学校遵教育部令创建师范学院，1939年7月，遵教育部令设置训导处。西南联大形成了"三处五院"的组织机构。"三处"即教务处、训导处、总务处，"五院"即文学院、法商学院、理学院、工学院、师范学院。学校常委会和"三处"办公室、文学院、法商学院、理学院设在新校舍；工学院仍在东城外拓东路的几处会馆，距新校舍十里；师范学院初设昆中北院，被日机轰炸后迁至龙翔街昆华工校，离新校舍不远。

　　1938年9月28日，日机开始轰炸昆明。自此，昆明人的生活中增添了一项新内容：跑警报。地处城边的西南联大也莫能例外。上课时，听到空袭警报，立即下课往后山疏散。疏散频繁必然影响教学。后来摸索到日机来袭一般在中午前后，学校调整作息时间予以应对。1940年7月，日军攻占安南（越南），云南变成了前

---

①《梅贻琦、黄子坚、胡适在联大校庆九周年纪念会上的讲话摘要》，西南联大校友会编：《笳吹弦诵在春城——回忆西南联大》，昆明：云南人民出版社等，1986年10月，第514页。

②罗庸：《西南联合大学校歌》歌词，西南联合大学北京校友会编：《国立西南联合大学校史——一九三七至一九四六年的北大、清华、南开》，北京：北京大学出版社，2006年1月，插页1。

线。西南联大遂创叙永分校以作万一之准备。1940年的新生和先修班在叙永分校上课。叙永与昆明相距遥远，由于交通和通讯不发达，造成了许多麻烦。1941年8月底，叙永分校结束，师生迁回昆明。自此，无论战争形势如何险恶，西南联大都未曾迁移。

战争是影响西南联大办学最直接的因素，当然也是西南联大办学的最大背景。西南联大因抗战而诞生，因战局而迁徙，在战争中历尽艰辛、受够磨难，但坚持弦歌不辍，为国家培养了大批人才。与此同时，西南联大积极抗战，先后有一千多名师生参军作战，有的牺牲在战场。学校还为抗战进行智力服务，例如，开办军工课程培养军事人才，承担译员训练班的教学和管理工作，为盟军培养翻译人员，与地方合作承担军事工程的设计，参与策划设计公路、铁路等。文艺则承担起宣传抗战的义务，创作了大量抗战作品，举办文艺表演，鼓舞部队官兵和普通民众的抗日情绪。

1941年初，"皖南事变"发生，共产党人遭到打击而撤出学校，国民党从重庆派员来清查共产党，进步势力暂时隐退，致使西南联大已经形成的民主自由风气和活泼多彩的校园文化消失，多数文艺团体停止了活动。西南联大进入了低沉期。这种状况持续到1943年秋天才出现改变的迹象，至1944年"五四"，民主运动走向高潮，生龙活虎的局面形成。

1945年8月，日本宣布无条件投降。西南联大师生喜不自胜，奔走相告：终于结束了战争，终于有了北归家园的希望！

可是抗战刚结束，内战又将爆发。西南联大师生掀起了昆明的反内战"运动"。11月25日晚，联大、云大、中法、英专四所大学联合举行反内战时事晚会。云南省党政军当局派部队开枪威胁，遂引发了昆明市大中学校全面罢课。云南省当局企图用武力解决"罢课问题"，制造了震惊中外的"一二·一"惨案。不屈的西南联大和昆明学生坚持斗争，最终取得了胜利。

"反内战要和平，反独裁要民主"发展成全国性的运动，"一二·一"运动是这场运动的中心，西南联大则是运动中心的策源地。抗战胜利后，西南联大是在反内战、争民主的氛围中教书育人的。

1946年5月4日，西南联大举行典礼，宣告结业。

根据云南省的请求和国家教育部的安排，西南联大将原有的文学院、法商学院、理学院和工学院回迁京津，将新办的师范学院留给云南，成立昆明师范学院。部分教师和师范学院学生留下。

云南的社会情形亦是西南联大办学的重要背景。

龙云担任云南省政府主席后，竭力保持云南在政治、经济、军事上的独立。西南联大到来之时，云南基本上处于"半独立"状态。教育的落后是对云南经济社会发展的严重掣肘。一批高校迁来，等于"送教上门"，云南省给予了热烈的欢迎。值得一提的是，云南省为迁滇高校提供了宽松的政治环境。云南省政府不准国民党特务在昆明随便捕人，而昆明的治安由云南的宪警负责，国民党对昆明的进步人士奈何不得。1941年1月，"皖南事变"后，国民党两次派人来昆明，企图逮捕进步学生，均遭云南省政府拒绝。1942年1月，西南联大学生举行"打倒孔祥熙"的游行，云南省政府未加阻挠。不久，重庆再次派人来昆明追查"倒孔"主谋，云南省政府亦未支持。后来，昆明学生的一系列爱国民主运动，如"五四"活动周、"七七"纪念会、"国是宣言"、反内战游行等都得到了以龙云为首的云南省政府的默许。这些做法引起了蒋介石的深刻忌恨，遂下决心解决"龙云问题"。1945年10月3日，蒋介石密令杜聿明部队包围"龙公馆"和云南省政府，胁迫龙云离昆。从此，昆明的学生运动失去了保护伞，爱国民主活动进入艰难时期，遂有"一二·一"惨案的发生。历史表明，昆明民主运动的形成，爱国热潮的高涨，与龙云及云南省政府提供的宽松政治环境有密切关系，而西南联大则是昆明爱国民主运动的主力军。

由于交通工具紧张，西南联大结束后师生分批乘车离开昆明，1946年5月4日第一批学生一百多人启程，7月11日最后一批二百多学生离开。当晚，云南省警备司令部派特务杀害了民主人士李公朴先生，四天后的7月15日，又杀害了闻一多教授。艺术家闻一多先生的鲜血成为西南联大在昆九年的历史祭奠。

7月31日，西南联大在昆明的工作全部完成，西南联大至此结束。

## 二

艺术是人类生活的花朵，只要人类在文明的土壤上生活，就会有艺术之花开放。西南联大的艺术即是上述办学活动的产物。

1937年11月，西南联大在长沙初创，就有艺术表现了。师生尽管才逃离敌占区，尽管旅途的艰险还历历在目，尽管枪声还不绝于耳，就开始了文艺活动。只不过，这种文艺不是欢快，而是悲伤的，同时也是反抗的、强劲的。学生组织了临时大学话剧团，演出抗战剧目，参加当地的文艺汇演，到部队去慰劳；抗战歌曲时时回响在校园，学生还曾去部队教唱抗战歌曲；南岳分校学生创办了壁报，张贴了美术作品。

长沙临时大学在西迁途中，"湘黔滇旅行团"的学生唱歌，闻一多先生画素描，旅行团与当地群众联欢，一路皆有艺术活动。5月开学，昆明的学生或者组织剧团公演话剧，或者参加昆明剧团的演剧活动，把抗战精神和话剧艺术推广开去。蒙自的学生办壁报,创作美术作品,办夜校,教唱抗战歌曲,把抗战歌曲传遍蒙自城的大街小巷。

1938年12月,新学期开学不久,学生中的戏剧爱好者即行筹演话剧《祖国》,接着组织了西南联大话剧团。联大剧团的演出可圈可点,曾几次改变了云南艺术史的书写内容。1939年2月《祖国》的演出刷新了云南戏剧演出场次的新纪录,还被选为代表国家慰问援华抗日华侨的演出剧目并为"华侨机工"演出。

也是在这个时候,学生组织了群社,开展了绘画、歌咏、演剧等文艺活动,组织文艺队下乡演出,宣传抗日。在群社的推动下,西南联大的文艺活动出现了热潮。

群社的《热风》壁报刊登了多种美术作品,并逐渐形成了以漫画为主的风格。吴晓铃先生的一组关于恋爱问题的漫画在同学中引起了很大反响,"门神图"的辛辣则让人感到畅快淋漓。马杏垣的木刻是这一时期的代表作。魏建功先生的藤印开创了印材的新品种,义卖藤印则成为历史上的盛举。

群声歌咏队致力于抗战歌曲的演唱和普及,把抗战歌曲唱响校园各个角落,唱到昆明大街小巷和郊外农村,活跃了西南联大的生活,宣传普及了抗战意识。

1939年8月,西南联大的教师邀请曹禺来昆明导演他自己的剧本《原野》和《黑字二十八》,是为云南戏剧史上空前的盛事。《原野》由西南联大主演,《黑字二十八》由昆明多家剧团联合演出。其导演团、舞台监督、舞台美术以及后台服务者多为西南联大师生。演出开创了云南戏剧和《原野》演出的新纪录,在中国戏剧史上具有地位。

西南联大歌咏团与群声歌咏队不同,显示出向专业社团发展的方向。虽然歌咏团仍以唱抗战歌曲为主,但加强了艺术性。因此

1940年7月昆明广播电台试播，即被请去电台做播音演唱。8月正式开播后，西南联大歌咏团举行专场演唱会，首次把中国人民的抗战歌声通过电波传向世界部分地区，之后又多次应广播电台之邀去演唱。9月15日，在云南省合唱音乐会上，西南联大歌咏团再次演唱了《黄河大合唱》全曲。

《国立西南联合大学校歌》是西南联大校方组织创作和演唱的唯一一首歌曲。因此，《校歌》的诞生和演唱是西南联大艺术史上的一件大事。在我国高校艺术史上，《西南联大校歌》也是著名的。《校歌》的咏唱贯穿了西南联大办学的全过程，它是西南联大最为普及，咏唱最多的一首歌曲。从内涵的思想艺术到外在的创作咏唱，《校歌》都可以称为"西南联大第一首歌"。

1940年9月，戏剧研究社《阿Q正传》的演出再次把西南联大戏剧推向高潮。此剧组织了西南联大最大的演出及服务队伍，再次刷新了昆明戏剧单部剧作演出场次的纪录。

西南合唱团是以昆明的西南联大校友为主体组成的一个合唱团。1940年，已有一些西南联大学生参加，1941年以后，合唱团几乎都是西南联大学生了。西南合唱团以唱艺术歌曲为主，《蓝色多瑙河》、《胜利进行曲》、《老黑奴》、《故乡的老亲人》、《可爱的家》等是常唱的曲目。合唱团曾多次应邀到昆明广播电台播音演唱。尤其值得记载的是1940年深冬举行的专场音乐会，演唱亨德尔的轻唱剧《弥赛亚》。在当时的大后方，西南合唱团是唯一一个能够演唱《弥赛亚》全曲的合唱团。可以说，西南合唱团是当时昆明和大后方最为优秀的合唱团之一。

"皖南事变"发生，西南联大文艺活动除戏剧外，音乐、美术等校内的活动停止了。艺术爱好者只好谋求向外发展，许多同学参加了校外的音乐活动，而戏剧公演本来就是在社会上进行的。从这个意义上说，这时的特点便是向外发展。

1941年7月，联大剧团演出《玩偶家庭》，孙毓棠、凤子夫妇再次联袂参加，振兴了联大剧团因内部分化造成的演出衰落。这是凤子最后一次在昆明的戏剧演出。

同年8月，国民剧社演出的《野玫瑰》，是继《祖国》之后又一部纯粹"西南联大牌"的演出，从剧本、导演、舞台监督、舞台美术、演员到幕后工作人员，全是西南联大师生。这是陈铨的代表作《野玫瑰》的首次演出，又一次增添了戏剧史的内容。1942年6月，《野玫瑰》再次由青年剧社演出。

1943年10月，山海云剧社在昆明演出曹禺新改编的《家》，请曹禺的学生范启新导演。该剧演出全剧需五个小时，是真正的大戏。这是《家》在昆明的首次演出。演员高超的演技征服了全场观众，引得市民争相往观。演出只好一续再续，其演出场次仅次于联大剧团的《原野》和戏剧研究社的《阿Q正传》，与其并立为西南联大戏剧的"三大演出"。

高声唱歌咏队1944年秋开始活动，1945年春成立。歌咏队倾向于咏唱艺术性歌曲，常唱《静静的顿河》、《我流浪遍了四方》、《哥萨克之歌》、《红河波浪》、《都达尔和玛丽亚》、《虹彩妹妹》、《萝雷莱》、《幽静的岸滩》、《我所爱的大中华》等，还和昆明的其他合唱团同台演唱过《黄河大合唱》。反内战运动中，高声唱歌咏队以勇敢的姿态投入了战斗，到街头演唱宣传，创作歌曲。严宝瑜的《送葬歌》唱出了大家的悲情，成为西南联大的歌曲中咏唱人数最多，影响也较大的一首，是西南联大的"第二首歌"。

西南联大还对《茶馆小调》的传唱起了推广作用，是高声唱歌咏队和西南联大学生的咏唱把《茶馆小调》传遍了昆明大街小巷以至大后方一些地区并带到了北方，使之成为当时的"流行歌曲"。

1944年4月，阳光美术社创办壁报《阳光》画刊，发表漫画作品，《登龙有术》在师生心里产生了巨大的冲击，给许多师生留下了终身不灭的印象。

于1944年秋开始活动的剧艺社，次年秋演出《风雪夜归人》获得好评，遂确立了演出艺术性戏剧的发展方向。罢课开始后，剧艺社不得不改变方向投入斗争，创作并演出反内战戏剧。《凯旋》和《潘琰传》是其代表。《凯旋》成为中国反内战戏剧中演出场次最多，影响最广泛的剧作，被论者与《放下你的鞭子》相提并论。

"一二·一"运动结束，剧艺社回归艺术方向，演出《芳草天涯》获得高度赞誉。可惜这时西南联大已进入历史的尾声，剧艺社不能继续在昆明演出了。

西南联大以校歌的组歌演唱结束了九年的办学历史，这歌声久久回荡在西南联大师生的记忆中。《西南联大校歌》传唱了几十年，至今校友们还常在各种聚会中唱起。

西南联大在昆明的工作至1946年7月底全部结束。在西南联大宣告结束后，由西南联大发起组织的彝族歌舞演出再一次轰动了春城，引起了云南文艺界的广泛关注和热烈讨论，开创了我国民族民间原生态歌舞的演出历史。

## 三

以上对西南联大的艺术发展历程作了简单描述，下面将对西南联大艺术历程做一个大致的时期划分。

《国立西南联合大学校史》把西南联大九年的历史分为五个时期：长沙临时大学时期（1937年8月至1938年2月），"皖南事变"前期（1938年2月至1941年1月），"皖南事变"后期（1941年

1月至1944年5月），爱国民主运动高潮期（1944年5月至1945年8月），反内战时期（1945年8月至1946年7月）。这种分期的主要依据是政治事件。的确，政治对西南联大的影响是巨大的，它几乎决定着西南联大的"命运"。但文学艺术不等同于政治，它有其自身的规律。文学艺术与政治有关，似乎又与政治局势的起伏变化不完全吻合[①]。

根据西南联大文艺的活动及其发展变化情况，可以把西南联大艺术活动的历史分为三个时期：前期（1937年秋至1941年春），艺术的高昂；中期（1941年春至1943年秋），艺术的深沉期；后期（1943年秋至1946年夏），艺术的突变期。分期理由如下：

长沙临时大学虽然上课只有三个多月，但它确实是西南联大办学的一个阶段。其存在的时间、地点与名称与西南联大不同，教学的条件、课程的设置、学校的工作以及学生的活动内容等也与西南联大不同，作为一个独立阶段没有问题。但是，其时间太短，若独立出来，与西南联大九年间的其他分期时间长度不平衡，更为主要的是长沙临大还没有形成自己的独立个性。无论存在时间、制度建设、教学内容还是思想学风都没有形成自己的特征。以本书所研究的艺术而言，长沙临大已经开始了戏剧、歌咏、美术等活动，但成绩并不突出，留下的资料相当有限，若将其独立出来书写，无论内容还是篇幅都与后来各时期很不相称。也就是说，要把长沙临大的艺术划分为一个单独的时期，无论在其内容或者划分时期的技术处理上都是不恰当的。再从历史的发展来看，长沙临大有如西南联大的准备期，在艺术上则相当于一个排

---

①参见李光荣、宣淑君：《季节燃起的花朵——西南联大文学社团研究》，北京：中华书局，2011年12月，第2页。

练期。长沙临大的艺术在内容上的宣传抗战，精神上的朝气蓬勃被学生带到了昆明，在西南联大发扬光大。例如，临大剧团演出的"好一计（记）鞭子"（《三江好》、《最后一计》、《放下你的鞭子》）和《前夜》由同学带到昆明去继续演出；《义勇军进行曲》、《牺牲已到最后关头》、《打回老家去》等歌曲被同学一路唱到云南，又在昆明和蒙自继续演唱。就是说，在艺术上，长沙临大与西南联大初期的关系是连续性，而未显出独立性。基于这个原因，本书不把长沙临大的艺术单独划分为一个时期。

　　"皖南事变"确实是西南联大生活面貌的一个分水岭。虽然"皖南事变"是一个政治事件，而且发生地远离昆明，但对西南联大的生活与作风产生了巨大影响，使其前后呈现出不同的面貌。之前，西南联大师生精神昂扬，意气风发，轻松活泼，之后，走向沉稳、平静、冷寂。尽管学校的管理、教学、环境、设施等照旧，但师生的精神面貌、生活作风、文艺活动和以前大不一样了。这之前，校园里到处飘荡着歌声，演讲会、辩论会、读书会、朗诵会等每周都有，几十种壁报贴满墙头，琳琅满目，各种思想、观点以及形式多种多样，只要走进校园，便会感到新鲜鼓舞，活力倍增。这之后，一切都消失了。从长沙到昆明，西南联大形成了浓厚的民主、自由的学术风气，"皖南事变"后，这种风气失去了表现的方式。

　　文艺是注重表达的文化种类，它依据形式而存在，如果失去了形式，文艺也就不复存在。"皖南事变"后的西南联大校园，文艺丧失了生存条件，师生不得不开拓别的道路，其结果是到社会上去寻找生存空间，从而形成了向外发展的特征。"皖南事变"前，西南联大的戏剧、音乐、美术、文学均在校园里开展活动，"皖南事变"后，除戏剧外全部停止了校内活动而走向校外。

　　西南联大的戏剧团体具有很强的艺术实力，其表演水平自然会要求其演出节目呈现于较大的空间，因此，一开始就纷纷在公众舞台上演出。这样，"皖南事变"虽然迫使戏剧研究社解散，联大剧团的实力略有削弱外，对西南联大戏剧的整体活动没有造成太大影响。音乐爱好者则参加了昆明市的歌咏团体，去校外练歌。美术几乎停止了活动，在校园内外均没有太多的表现。文学爱好者在校外办刊物，办报纸副刊。校园里只剩下正常的教学和学术讲座了。

　　由于"皖南事变"前后西南联大的风气与艺术的生存环境不同，艺术的思想倾向也有所不同，本书把"皖南事变"作为一个节点，划分西南联大艺术的时期。但它仅仅是一个分期的标志而已，与西南联大艺术的内容与形式没有直接关系。正如道路旁的一块路牌，路牌本身与道路的长短好坏没有关系。这里虽然使用了政治事件作为分界线，但不是用政治作为分界的标准。

　　西南联大的冷寂沉闷气氛一直持续到1943年秋。暑假中，闻一多为编选《现代诗钞》，读到了田间、艾青等解放区诗人的作品而深受震动。开学后，闻一多在课堂上介绍田间的诗，称它为"鼓的声音"①。闻一多充满诗情的讲解，点燃了青年学生的热情，促使他们寻找感情的喷发点与喷发形式。也是在这时，几个痴情于文学的学生张挂出一份壁报《耕耘》，另外几个耐不住寂寞的学生受到启发，也贴出一份壁报《文艺》。由于两份壁报所秉持的文艺观不同，遂发生了争论。争论引起了同学们的兴趣，激发了大家的热情。闻一多以及《耕耘》、《文艺》壁报唤醒了西南联大师

―――――――――

①闻一多语，转引自何达：《闻一多·新诗社·西南联大》，《北京文艺》，1980年第2期。

生沉睡的热情，酝酿着新的喷发方式。终于，到了1944年4月，新诗社诞生，《诗与画》壁报创刊，紧接着"五四"到来，师生的热情汇成了民主运动的潮流。由于戏剧与音乐爱好者一直在校外活动，可以把《诗与画》视为后期艺术开始活跃于校园的标志。《诗与画》壁报诗画同刊，图文并茂，稍后，"画"独立出来，成为《阳光》画刊，专门刊登美术作品了。虽然《诗与画》的创刊时间晚于1943年，但我们应看到，新诗社的最初发起人何达，既是闻一多"田间课"的听者并写文章介绍该课的人，又是《文艺》壁报的负责人之一，正是他，发起组织了新诗社，主谋筹划了《诗与画》和《阳光》画刊；而讲"田间课"的闻一多先生，既是新诗社的导师，也是阳光美术社的导师。由于闻一多和何达的作用，西南联大美术以及艺术进入活跃的后期的启动时间并不迟，应该在1943年秋天。基于此，本书把西南联大艺术后期的起点放在1943年秋。

在西南联大的后期，横亘着一个"一二·一"惨案。日本侵华犹如一颗硕大的钉子插在中国现代之树的躯干上，把中国历史的进程扎断了，所以，中国现代史怎么叙述都被日本侵华所阻而无法顺畅。在西南联大的历史上，"一二·一"惨案也像一颗硕大的钉子，扎断了西南联大的历史进程，怎么描述西南联大史，"一二·一"都绕不开。在"一二·一"期间，西南联大终止了所有工作，全校师生无一例外地围着这场运动转。由于这个原因，西南联大后期的艺术社团，剧艺社、高声唱歌咏队、阳光美术社等都改变了自己的发展方向，终止了自己的工作和活动计划，全力投入"一二·一"斗争。虽然戏剧、音乐、美术都在斗争中放射出卓异的光芒，但变成了"斗争的艺术"而弱化了纯艺术的色彩。运动结束后，各社团又回复到原先的艺术道路上。"一二·一"斗争在西南联大的历程上如此突兀而不协调，能不能舍弃不论述呢？不能。因为其事件重大，地位突出，不能忽略。能不能将其独立为一个时期来论述呢？也不能。因为它游离于西南联大的历史进程，与西南联大的办学活动融不在一起，即不属于办学内容。"一二·一"斗争在西南联大历史上都不能独立，那么，在论述西南联大的艺术活动以及艺术社团的时候更不能将它独立了。基于这种认识，本书在论述西南联大后期艺术历程及各个艺术社团的时候，总是要谈到"一二·一"斗争，又不能将其独立出来单独论述。

# 四

西南联大艺术各个时期的活动、成就、贡献、特点、影响等将在书中各章里展开论述，这里拟谈谈西南联大艺术的总体特点。

西南联大艺术总的特点是现实性和艺术性。

现实性是西南联大艺术最为鲜明的特点。

首先，西南联大的艺术是在现实生活中产生的，与那种坐在书斋中的研究和创作大不相同。

例如，因湘黔滇迁徙步行而产生了闻一多的沿途写生画。连闻一多本人也没有想到，自己会重新拾起放下了十多年的画笔。闻一多出于对祖国壮美河山的热爱，也由于这样的旅行机会不会再有，而想留下一点纪念，于是援笔作画，遂至画兴大发，不顾旅途的劳顿，放弃了休息和谈天的时间，一路走一路画，遂产生了一组稀世素描珍品。假若没有西南联大的迁徙和湘黔滇旅行，便不会产生闻一多的素描写生画。

又例如，由于"四烈士"出殡的需要而创作出了《送葬歌》。昆明市学联经过多次与云南省政府代表的谈判，才争取到为"四烈士"出殡游行的结果。云南省政府害怕学生把游行变成大张旗鼓的宣传行动,提出了不准呼口号、贴标语、发传单的限制。但他们没有想到除这些方式之外还有其他的宣传方式能够利用而没有提出不准唱歌。昆明市学联及"一二·一"殉难烈士治丧委员会提出,请高声唱歌咏队找一首歌来练习,教会同学们唱,届时在送葬队伍中唱。可是,就他们所知,古今中外没有一首适合为同学出殡唱的歌。这一现实的需要迫使高声唱歌咏队考虑自行创作一首歌。于是严宝瑜在极度悲愤中创作了《送葬歌》。假若没有"四烈士"出殡的需要,就不会有《送葬歌》的产生。

　　而离开了特殊的现实生活环境,即使是同一个作者,也找不回相同的感觉,写不出彼时彼景中的作品来的。面对死难同学的尸体,郭良夫决心写一点东西,于是他出入于灵堂,收集各种资料,创作出了三幕剧《潘琰传》①。剧本写成后,剧艺社即行演出,感动了全体观众。在演出实践中,作者发现了一些问题,需要再做些提炼。在发表时,刊登了第一、二幕,第三幕要等作者修改后再刊登。但西南联大随即结束,刊物也停止了。师生北返,却没想到第三幕的稿子在迁徙途中丢失了!郭良夫决心将它补写出来。为此,他再行收集资料,还去潘琰的家乡徐州访问调查。可以说,作者这时掌握的材料比初创时更丰富,认识比原先更深刻了。可是,他却怎么也找不回先前的感觉,激不起创作的冲动,无法补写出来,最终剧作成了残本。

　　可见,西南联大的艺术作品是现实环境的产物,是实际生活催生出的花朵。

　　其次,西南联大的艺术是为现实生活服务的,与那些为创作

———————

① 《潘琰传》又名《民主使徒》。闻一多曾篆书剧名"民主使徒"。

而创作的作品大不相同。

　　魏建功素来喜爱篆刻艺术，但他在蒙自和昆明治印是发现了一种新的材料引发了兴趣。他利用这种兴趣和艺术，为抗战服务。义卖藤印一百余方，将所得款项全数捐献给抗日部队。闻一多治印的动因是为生活所迫，靠刻印所得弥补家庭开支的不足，让全家人渡过了无米之炊的难关。

　　从长沙到昆明，西南联大所唱的歌曲大多数是属于抗战一类的。抗战是当时最大的现实，最切实的生活。群声歌咏队的最大功绩是普及抗日歌曲。他们不仅在校园里唱，熏陶得多数同学都会唱，还下乡去唱，做抗日宣传，鼓舞群众的抗敌情绪。高声唱歌咏队所唱的歌曲，在抗战时期是抗日歌曲，抗战胜利后是艺术歌曲，"一二·一"运动中是反内战争民主的歌曲，这种变化非常明显。

　　戏剧的演出最能表明为现实生活服务的事实。联大剧团演出《祖国》是"为前线将士募鞋袜"，演出《夜未央》是"为筹募劳军礼金"，演出《玩偶家庭》是为"战时公债劝募总队西南联大劝募分队公演"，演山《塞上风云》是"为募集前线将士医药公演"。戏剧研究社演出《阿Q正传》是为昆明学生救济委员会募集西南联大贫寒学生基金。国民剧社演出《野玫瑰》是"劝募战时公债"。山海云剧社演出《北京人》是为"募集前方将士医药"，演出《家》是"为本市中国建设中学筹募基金"。

　　举办"彝族音乐舞蹈会"更是出于对民族同胞的爱，为了宣传少数民族文化，促进民族大团结。

　　由于出自为现实生活服务的目的，往往能够切合实际，受到大众的欢迎。正是本着为现实服务的精神，才会对与抗战毫无关联的《原野》做出有利于抗战的解释，认为剧中"蕴蓄着莽苍浑厚的诗情，原始人爱欲仇恨与生命中有一种单纯真挚的如泰山如洪流所撼不动的力量"，并说："这种力量对于当今萎靡的中国人恐怕是最需要的吧！"①这真是慧眼独到的阐释。

西南联大艺术与现实性紧密相连的特点是其艺术性。

艺术作品必然具备艺术性，这本是天经地义的道理。但在某些特殊的时候，艺术却会丧失其艺术性，变成一般的宣传品。这在抗战时期是很突出的。因此抗战初期才会引起一场艺术与宣传的争论。当时许多人认为，大敌当前，抗战是第一要务，可以牺牲艺术去做抗战宣传。从政治的角度说，这种观点无疑是对的。但没有艺术性的东西，能够称为艺术吗？另一种观点认为，艺术必须坚守艺术性，坚持艺术的"阳春白雪"，不考虑接受者的文化程度和所喜爱的形式，只要做出来的是艺术的就能传之久远，而且艺术性越高越好。从艺术的角度说，这种观点也是对的。但象牙塔里的艺术，必然不能为大众所接受，起不到宣传抗战的作用。如何把宣传与艺术恰当地处理好，使作品既是艺术品，又能为群众乐于接受呢？这一问题在抗战时期的文艺界实际上并没有处理好，或者俯就了宣传而损害了艺术，或者坚持了艺术而放弃了宣传，能够把两者很好地结合起来的艺术品并不太多。而在西南联大的艺术实践中，这一矛盾似乎并不突出。

在闻一多的心目中，艺术与宣传的关系是很清楚的。1939年2月，正当艺术与宣传在文艺界讨论得热烈的时候，他写了《宣传与艺术》一文阐述自己的观点。他首先指出："抗战以来我们宣传的工作实在难令人满意……其原因则在做宣传工作的人热情有余，

---

① 闻一多为《原野》演出所写的《说明书》，转引自李乔：《看了〈原野〉以后》，《云南日报》，1939年8月23日。

技巧不足。"他说:"我所谓的宣传,在文字方面是态度光明而诚恳的文艺作品,在形式上它甚至可以与抗战无大关系,但实际能激发我们敌忾同仇的情绪,它的手段不是说服而是感动,是燃烧!它必须是一件艺术作品。"宣传与文艺的关系在这里阐述得再清楚不过了。闻一多根据当时我国文盲充斥的现实,在文中提出:"在我们特殊情况下,文字宣传究不如那'不落言诠'的音乐图画戏剧等来得有效。"①这篇文章写于《原野》策划之前,《祖国》演出之时,由此我们能够理解闻一多参与策划《原野》演出的原因,能够理解闻一多在抗战时期及其之后从事文艺活动的思想根源。闻一多的文艺观在西南联大是极具影响力的。他除了自己的文艺实践外,还指导了多个文艺社团的活动,他是南湖诗社、联大剧团、冬青文艺社、新诗社、阳光美术社、剧艺社的导师,说他引导了西南联大文艺的方向并不是夸赞之语。在闻一多的思想和实践影响以及具体指导下,西南联大的艺术既是艺术的,又是宣传的。

　　对于艺术性的坚持,在西南联大有两种表现:一种是在现实性较强的作品中贯穿强烈的艺术性。《西南联大校歌》是一个典型的例子。校歌歌词叙写西南联大在战火中劳苦迁徙为国育才的历史,期望学子们修成人杰以中兴国家,上阕叙述迁徙流离的辛酸和最终安定的欢愉,下阕表达报国雪耻的壮志和抗战必胜的信心。其思想内容表达了当时西南联大师生共同的愿望,传达了师生的心声,每次唱起都会激起大家的强烈共鸣。而在艺术上,长调词牌"满江红"的选取,填词的工稳,借代、比喻、典故等的恰当运用,字词的精炼,上下两阕在结构上的均衡统一,感情表达

①闻一多:《宣传与艺术》,昆明《益世报》,1939年2月26日。

的适度等都是所长。曲谱又能恰当地与词意配合，把上阕的悲愤，下阕的雄壮充分地表达了出来。

另一种是在与现实不够紧密的作品中突出艺术性。抗战期间，在西南联大各戏剧团体演出的剧目中，至少有这么一些是与现实生活关系不十分密切，具体说是与抗战没有关系的：《原野》、《雷雨》、《玩偶家庭》、《权与死》、《阿Q正传》、《北京人》、《家》、《风雪夜归人》等，可这些剧目的演出都获得了较高的上座率，得到观众的赞誉，有的还开创了历史纪录，这是为什么？因为剧本是艺术的。艺术的剧本决定了演出的精彩，因此演出有强烈的艺术性，能够吸引观众，得到艺术家的好评。再说，人们在战斗中也需要休息、娱乐，补充力量。这些演出适应了这种需要。

现实性和艺术性可以说是西南联大艺术能够感动人，产生巨大影响，获得生命力，具有历史地位的原因。

# 五

本书的研究任务与目标是：全面系统地研究西南联大九年间的戏剧、音乐、美术、舞蹈艺术，通过具体描述、分析和概括，展示西南联大艺术的面貌及其发展历程，揭示其成就，论述其贡献，归纳其特点，评价其地位，总结出具有规律性的认识，以填补中国艺术研究在这方面的空白，使成果成为西南联大艺术、中国校园艺术、抗战时期艺术和中国现代艺术研究的基础性论著之一。

由于西南联大的艺术教育有其特殊性，本书先论述了西南联大的艺术教育。西南联大没有艺术院系，没有艺术课，没有艺术教师①，也没有组织过艺术演出或比赛，而其艺术活动却开展得蓬蓬勃勃，并取得了巨大成就，对艺术史做出了多种贡献，培养出许多艺术人才，成为云南艺术的重要园地，影响至大后方及沦陷区一些城市，成为我国高校艺术的翘楚，这在当时绝无仅有，在教育史上也不多见。那么，西南联大的艺术教育是如何进行的？艺术人才如何培养？艺术教育观是什么？这些问题必须回答，才能进行西南联大艺术的本体研究。所以，本书先从西南联大的艺术教育论起，首先讲西南联大的艺术教育观及其教育实施情况，再论西南联大艺术在校园和社会两种场域中的表现和作用。于是，我们认识到西南联大艺术教育的自治和引导机制，开展活动的生活化与业余性。并且能得出这样的观感：师生日常生活中的业余活动都取得了如此之大的成就，不能不使人对西南联大刮目相看！

　　固然，任何行动完全群众化即是一盘散沙，所谓"群龙无首"嘛，还须有组织领导才能实现目标。因而不能不使我们认识到文艺骨干、导师和社团的作用。这就是西南联大开展文艺活动的"机制"：学校鼓励，骨干带动，社团实施，导师指导。骨干发动一些人组成社团，请导师指导，进行某项艺术活动。戏剧社排练剧本演出，音乐社组织大家唱歌，美术社创作图画发表。由于这些活动来自学生，由学生完成，于是反过来又把艺术普及到学生之中。从而形成了西南联大艺术教育的良好机制：由学生发起，创造佳绩，在此过程中普及到学生中去，进而培养出人才。

　　这是西南联大艺术活动的基本经验：着眼于民间性和生活

---

①西南联大师范学院根据人才培养的需要，曾在教育系聘有两位音乐教师，
　上该系音乐课。虽然学校要求音乐教师负责指导全校的音乐活动，但没给
　予具体任务。

化，由骨干带动，教师指导，社团实施。这其中，至关重要的是骨干人物。西南联大的文艺社团全都是学生自己发起组织的[①]，没有骨干的发动便没有社团的产生，没有骨干的表现便没有社团的业绩。可以这样说：西南联大艺术社团能够长期坚持活动，全靠骨干的热情与才能；西南联大艺术能够在九年间生机勃勃地开展，全靠骨干的组织与带动；西南联大艺术能够取得辉煌成绩，全靠骨干和社团的创造。事实上，西南联大艺术业绩绝大部分是社团的业绩，而社团的业绩中的主要部分是骨干的功劳。关于骨干不力的反面教训也是有的："皖南事变"后，由于骨干不敢抛头露面，没有骨干出面组织美术社团，这时期西南联大的美术创作在校园里便没有开展活动，没有产生什么影响；1944年，当西南联大的风气焕然一新，各种社团风起云涌之时，戏剧方面由于骨干力量不足，因而没有社团组织而活动沉寂。

明白了骨干与社团的作用和贡献，也就明白本书为什么要在各章里立专节介绍社团及其业绩了。

由于西南联大的艺术靠自发性，而各科骨干的分布不均匀，西南联大各科艺术的发展是不平衡的。戏剧最为活跃，成绩也最大，音乐次之，美术又次之，舞蹈最末。西南联大基本上没有舞蹈活动，如果闻一多、王松声不组织那次彝族音乐舞踊会，几乎没有内容可写。骨干的均衡与否与艺术成绩的好坏似无必然联系，如上文所述，西南联大在戏剧、音乐、美术、舞蹈方面都取得了骄人的成就，具有开创历史的贡献。但各科艺术活动的不均衡，带来了本书结构安排上的困难。

---

①西南联大校歌合唱队由学校发起，从全校挑选歌手组成，由张清常先生任指挥。但校方未过问工作的具体情况。校歌演唱活动结束之后就解散了。

　　本书各章节根据当时的艺术活动情况及笔者掌握的材料而立，由于各种艺术活动在参与的人数、开展的范围和取得的实绩等方面并不均衡，因此各章节的数量不等且所写内容在分量和篇幅上亦不均衡。有话则长，无话则短。

　　本书最值得一提的是资料的收集与运用。本人对西南联大材料的收集开始于二十世纪八十年代，集中时间大规模的搜集是2003年为完成国家课题"西南联大文学社团研究"而进行的，有三四年多数时间泡在图书馆里，之后，资料的收集一直没有停止。另有一些时间做联络和访问工作，用面谈、书信、电话、邮件等方式访问过一百多位西南联大老校友和少量亲属，还到全国许多地方去查阅过资料。在占有大量资料的前提下，才敢于展开本研究。但"书到用时方恨少"，资料是很难有充足之时的。在研究中，又不时去查找资料，访问老先生，花费了不少时间。有了足够的资料才动笔写作。尽管如此，还是有感到材料不济的时候。有的地方不能充分展开论述，多半原因在于材料不充分不敢妄加推论。笔者对收集到的材料还进行过认真的甄别和考证，直到最后确证了才敢运用在书中。使用第一手资料，是本书撰写中坚持的原则。实在缺乏第一手资料，不得不用第二手资料时，做了仔细的考证再用，用时加以说明或作注。用事实说话是笔者坚持的另一写作原则。用事实说话就是用材料说话。在本课题中，笔者坚持把事实看作本书的基本内容。基本内容说清了，才谈得上价值判断。因此本书用了很大的篇幅去介绍基本事实。笔者坚信："见解人人可发，而材料（事实）是唯一的。由于同样的材料可以形成不同的观点，而每一个观点都必须建立在材料之上，可以认为在一定程度上，发现一则新材料的价值比得出一个新观点更重要。"①基于这种见解,本书使用了大量材料来叙述基本事实。

　　原创性是本书的学术目标。事实上,进行此项研究,即使不想原创也不可能。因为此前没有人对西南联大艺术做过全面系统的综合研究,笔者必须白手起家,从头做起。在此之前对于西南联大具体艺术作品的研究,如果不算当事人的回忆文章,并没有多少。其中文章最多的是关于《西南联大校歌》的研究,而那些文章主要集中在歌词作者是谁的问题上,对于《校歌》本身的研究并不占多少成分。本书则略写歌词作者这一争论不休之问题的讨论,而侧重对《校歌》本身进行研究,与他人的文章是大不相同的。闻一多的美术也是他人研究过的,陈梦家和闻立鹏的文章最值得重视,本书采纳了他们的部分意见,而更多面的闻一多艺术研究则是本书的贡献。西南联大戏剧当事人王松声和李凌写过关于闻一多戏剧的文章,本书有所借鉴。在研究过程中,当然参考了别人的东西,也吸收了别人的有益观点,凡使用处本书都已一一注明。学界对西南联大其他艺术的研究则少之又少。既然本书对西南联大具体艺术的论述也与他人多有不同,所论可以视为原创吧? 那么,本书实现了"原创性"的学术目标。

---

①李光荣、宣淑君:《季节燃起的花朵——西南联大文学社团研究·跋》,北京:中华书局,2011年12月,第369页。

# 第一章　西南联大的艺术教育

## 第一节　梅贻琦的美育思想

西南联大领导机构的设置，是由国民政府教育部决定的，即由北大、清华和南开三校校长蒋梦麟、梅贻琦和张伯苓组成常务委员会，三人轮流长校，每人一年。但张伯苓一直在国民政府里任职，长期住在重庆，极少来校，蒋梦麟在重庆国民政府里亦有职务，到校的时间不很多，只有梅贻琦一直跟随学校转移，主持学校的工作，在许多时候代行

梅贻琦

了北大和南开校长执掌西南联大之职。他们之间实际表现了一种信任和默契的关系，在西南联大初创之时，"张伯苓曾对蒋梦麟说，'我的表你戴（代）着'；他对梅贻琦说，联大校务还请梅先生多负责"①。——你替我看管时间，意即你替我管理学校，就是

---

① 西南联合大学北京校友会编：《国立西南联合大学校史——一九三七至一九四六年的北大、清华、南开》，北京：北京大学出版社，2006年1月，第27页。

把长沙临时大学——西南联合大学的管理权交给了蒋梦麟和梅贻琦。蒋梦麟也放手让梅贻琦多管西南联大，当有人对他的"不管"提出意见时，他回答说："我的不管就是管。"[1]由于在西南联大三常委中，常住学校并主持工作的是梅贻琦，就意味着梅贻琦直接领导了西南联大的历史进程。因此，梅贻琦的教育思想对于西南联大教育理念的形成和实施产生了直接作用，研究西南联大的教育成就应当研究梅贻琦的教育思想。我们今天把西南联大的教育称为"奇迹"，那么，梅贻琦的教育思想就是西南联大创造"教育奇迹"的重要资源之一。

　　梅贻琦的教育思想，例如"大师论"、"从游说"、"通才教育"、"学分制"等在西南联大教育中意义重大，收效显著，今天仍为大家津津乐道。可是，对于他教育思想构成之一的美育思想，学界的研究却不尽如人意：虽然有人注意并作过讨论[2]，可惜论述得不够充分；以此为论题在学术期刊上发表的专论文章，自二十世纪八十年代以来，未曾有过；近些年的梅贻琦研究不可谓少，但提到他的美育思想的论文却极少。据此可以认为，梅贻琦的美育思想被人们忽略了。这是很不应该的！梅贻琦虽然出身工科，但知识广博，学养深厚，深谙教育规律，提倡美育就是他比一般教育家目光远大的一种表现。在中国现代教育家中，蔡元培是重视美育的先驱。而在与梅贻琦同时的教育家中，尤其是在战火纷飞的年代仍然重视美育的教育家，梅贻琦要算突出者。再从教育实践来看，西南联大是当时昆明艺术活动最为活跃的单位，也是

---

① 云南师范大学校史编写组：《云南师范大学校史稿（1938—1949）》，《云南师范大学学报》，1988年校庆增刊，第14页。

② 例如：张清常撰的《梅先生办学重视美育》一文，黄延复、马相武编著的《梅贻琦与清华大学》一书，吴洪成著的《生斯长斯　吾爱吾庐》一书等。

中国校园中艺术创造成果最为丰硕的大学之一，这些实绩说明西南联大艺术教育的成功。而西南联大的艺术活动与艺术教育又是在梅贻琦的美育思想指引下开展的，所以，研究西南联大的艺术教育及其成就，必须从梅贻琦的美育思想谈起。

一、《大学一解》的美育思想

《大学一解》写成于1941年，是梅贻琦对自己在清华大学和西南联大教育实践的理论总结，被视为梅贻琦教育思想的大成①。文章开宗明义说："文明人类之生活，要不外两大方面：曰己，曰群；或曰个人，曰社会。而教育之最大的目的，要不外使群中之己与众己所构成之群各得其安所遂生之道，且进以相位相育，相方相苞。"②也就是说，教育的根本目的是要解决己与群或说个人与社会的关系，并在其中发挥作用。古今中外的教育无不本于此。而在己与群之间，己为基础和前提，群为终极目标："修己为始阶，本身不为目的，其归宿、其最大之效用，为众人与社会之福利。"③文章接着引《大学》中的"大学之道，在明明德，在新民，在止于至善"，以说明"学问之最后目的，最大精神"④。"明

①据梅贻琦1941年4月13日日记，《大学一解》是梅贻琦拟要略，潘光旦代拟的文稿。可以认为《大学一解》是梅贻琦和潘光旦二人的合作。一方面该文发表和转载版均署梅贻琦一人之名，另一方面本节论述的是梅贻琦的教育思想，所以这里把它放在梅贻琦一人的名下论述。

②梅贻琦：《大学一解》，北京大学等编：《国立西南联合大学史料》第1卷，昆明：云南教育出版社，1998年10月，第19页。

③梅贻琦：《大学一解》，北京大学等编：《国立西南联合大学史料》第1卷，昆明：云南教育出版社，1998年10月，第19页。

④《大学》："大学之道，在明明德，在亲民，在止于至善。"朱熹注："程子曰：亲，当作新。"梅贻琦《大学一解》直接作"新民"，并解释"新民"为"化民成俗，近悦远怀"。

明德"旨归个人,"新民"则为社会。中国古代教育家对于教育之根本目的的认识基本一致,二十世纪三四十年代的大学教育虽然多注重学科训练而与己群教育关系不很直接,但教育的根本始终没有超出"明明德"与"新民"的范畴。这就是说,己与群或曰"明明德"与"新民"的教育目的在中国是古今同一的。我们知道,梅贻琦的思想特点是中西合璧而切合实际,他对于教育本质的认识既有希腊哲人的思想元素和欧美教育家的经验,又保持了中国古代教育思想的精髓,其教育思想则是本着教育的本质和特征而提出来的。

　　《大学一解》依据己群观念或"明明德"与"新民"的教育目标而立论。文章明确指出:"所谓明德,所谓己,所指乃一人整个之人格,而不是人格之片段",而整个之人格,"至少应有知、情、志三个方面"[1]。知是知识、理智,情即情绪、情感,志为意志、毅力。知的方面可设为课程进行教学,情与志的方面则难以设为专门课程。不过,情与志的教育也有一部分包含在知的教育中,正如蔡元培所说:"凡是学校所有的课程,都没有与美育无关的。例如数学,仿佛是枯燥不过的了;但是美术上的比例、节奏,全是数的关系;截金术是最显的例。数学的游戏,可以引起滑稽的美感。"[2]数学如此,文科课程的美感更显而易见了。汤用彤讲"魏晋玄学"课,极力赞扬阮籍、嵇康不与专制者合作,说"他们这种态度不是为放达而放达,而是有所为而发"[3],把身在黑暗统治

①梅贻琦:《大学一解》,北京大学等编:《国立西南联合大学史料》第1卷,
　　昆明:云南教育出版社,1998年10月,第20页。
②蔡元培:《美育实施的方法》,高平叔编:《蔡元培教育文选》,北京:人
　　民教育出版社,1980年2月,第155页。
③汤用彤语,见邓艾民:《我所认识的汤用彤先生》,西南联大北京(转下页)

下如何立身处世的一种态度表达出来，影响了学生的审美观。可是，在实际的教学中，教师往往注重知而忘却情与志的培育，学生的知识具备了，而情绪与意志得不到提升。这样的学生，人格不健全。

"明明德"就是要知道自己人格健康完美的程度，好的方面，继续保持并提升它，不足的方面，克服它。在梅贻琦看来，要做到这一点相当不易："'明明德'之义，释以今语，即为自我之认识，为自我知能之认识，此即在智力不甚平庸之学子亦不易为之，故必有执教之人为之启发，为之指引。"①大学应担负起"明明德"的责任，教师负有使学子"明明德"的职责。国家或社会办大学是要使青年做到"明明德"，青年进入大学则是要求得"明明德"，而大学教师则是办学者和青年之间的引渡人。这就提出了对于教师"明德"的要求，即教师首先要具备卓越的明德功夫，才能使学生获得"明明德"的本领。梅贻琦早年提出的"大师论"，今人仅仅看作学术大师而忽视其情、志修养，是不全面的。请看，王国维、陈寅恪、吴宓、赵元任，哪一位不是精神的"雕像"！"明明德"是教育目的，是对学生的要求，但首先是对教师的要求，在明德功夫甚高的教师培育下学成的青年，不仅具有广博的知识和清醒的理智，而且情绪和意志也是稳定坚强的。

要知道，情绪与意志的教育即美育。首先，情绪与意志的内涵是美的。试想，如果教师的情绪不稳，意志低下，人格不高尚，何以为师？其次，情绪与意志的表现是美的，即情绪稳定，意志

---

（接上页）校友会编：《我心中的西南联大：西南联大建校70周年纪念文集》，北京：清华大学出版社，2008年9月，第145页。

① 梅贻琦：《大学一解》，北京大学等编：《国立西南联合大学史料》第1卷，昆明：云南教育出版社，1998年10月，第20页。

坚强，而不表现为粗暴乖戾，忽强忽弱，难以捉摸，不能控制。再次，情绪与意志的养成方法是符合美的，情绪需裁节，意志需锻炼，无论置身何时何地，都能够做到陶冶性情，持养意志，保持高尚与纯洁。在生活中，只有美的情绪与意志，才能为人仿效。而大学生，已经具备一定的情绪与意志的养成和控制能力，懂审美，会选择，唯有那些保持纯洁的意志和高尚的人格的教师才能引出他们的美感，才能吸引他们跟随从游。

需要指出的是，美、美学、美育向来有广义和狭义之分，广义指一切具有审美意义的物质和文化内容，狭义指以表现美为宗旨并且具有美的形式的文艺。梅贻琦所用的概念是广义的，因而本文的概念也是广义的。

《大学一解》没有用"美育"一词，怎么要把它纳入美育思想来研究呢？这是因为《大学一解》论说的是教育思想而不是教育方针，文中没有使用"德育"、"智育"、"体育"等词，就没有出现与之相应的"美育"。既然我们不能否认梅贻琦的《大学一解》包含着德育、智育、体育，也就不能否认《大学一解》表达了美育思想。事实上，梅贻琦对于美育的重视是一贯的。

二、梅贻琦美育思想的一贯性

上文说过，梅贻琦的知、情、志教育本于人格的塑造。早在1934年，梅贻琦在一次讲话中就提出"造成健全的人格，以备国用"①的希望，在梅贻琦看来，凡是作用于学生的活动都有健全人格的教育作用，体育不只是"粗腕壮腿"的手段，"还有发展全

---

① 梅贻琦语，转引自清华大学校史研究室编：《清华大学九十年》，北京：清华大学出版社，2001年4月，第74页。

人格的一个目标"①，是"养成高尚人格的最好方法"②。将人格与体育结合起来，梅贻琦对体育价值的认识可谓高屋建瓴。

人格如此重要，具有完善人格意义的美育，在他的重视范围之中当属自然。西南联大校训是"刚毅坚卓"。这四个字表达的是情、志方面的内容，一所学校，不树立知识的旗帜，而以情、志为标的，这是值得我们注意的。而对于直接作用于情志的艺术教育，梅贻琦亦很关心。

梅贻琦执掌清华以后，清华活跃着谷音社、军乐队、铜管乐队（后扩展为管弦乐队）、话剧团等多种艺术团体，聘请古典戏曲音乐家溥侗任中国音乐导师、俄国提琴家托诺夫任西方音乐导师、德国钢琴家古普克任钢琴导师，使得清华的艺术水准迅速达到上乘且艺术活动丰富多彩，校园里经常有音乐会、戏剧演出等活动举办。

西南联大作校歌虽为教育部指令，梅贻琦主持的常委会重视亦是事实。1938年10月6日常委会决定成立编制校歌校训委员会，请著名教授冯友兰、朱自清、罗常培、罗庸、闻一多为委员。通过委员会的工作，先后收集到多种创作，选定后又几经修改，反复试唱，数次筛选，到1939年7月11日获得常委会通过，直至11月7日，常委会向校务委员会议报告校歌工作，制作过程才宣布结束。西南联大，大师云集，作家辈出，编制一首校歌却历时一年有余，可见其态度的慎重。校歌确定后，即行练唱，用它来激励师生的情、志。自"1939年秋天开始，每一位新同学注册后，都会

----

①梅贻琦：《体育之目标》，黄延复、马相武编：《梅贻琦与清华大学》，太原：山西教育出版社，1995年10月，第297—298页。
②刘述礼、黄延复编：《梅贻琦教育论著选》，此处转引自黄延复、马相武编：《梅贻琦与清华大学》，太原：山西教育出版社，1995年10月，第36页。

得到一页铅印校歌"①。1940年，西南联大聘请歌曲作者张清常来校任教，便由他亲自教唱。1941年西南联大校庆，张清常指挥校歌队演唱，梅贻琦评价说："还没有见过有哪个学校的校歌是以这样庄严、优美的形式来演唱的。"②校歌不仅勉励师生克服重重困难，坚持办学育人，而且激励大家为国家的中兴大业奋斗一生。当年的西南联大训导长，晚年任台湾新竹清华大学校友会会长的查良钊，1967年让西南联大校友会重刊校歌，并说："此词歌当时极为动人，全体师生无不永铭心版。"③《西南联大校歌》在勉励师生奋进、维系海内外校友的团结方面发挥了巨大的作用。关于教唱校歌和梅贻琦重视校歌的情况，张清常回忆说："由于梅先生重视美育，西南联大不但有专人教唱《西南联大校歌》（1941及1942年是由我教唱的），而且又在1942年成立了校歌合唱队，挑选全校著名歌手，演唱'校歌四部合唱曲'。公演之后，梅先生设家宴招待我和校歌合唱队队长谭庆双。梅先生问我：'你是个语言学的教师，怎么成为作曲者和指挥呢？'梅先生听了我的说明之后，他谈起办学不但要重视德智体育，而且也要重视美育。"④

　　对于西南联大的戏剧演出，梅贻琦时常往观，鼓励。1946年5

①西南联合大学北京校友会编：《国立西南联合大学校史——一九三七至一九四六年的北大、清华、南开》，北京：北京大学出版社，2006年1月，第78页。

②北京大学校友联络处编：《笳吹弦诵情弥切——国立西南联合大学五十周年纪念文集》，北京：中国文史出版社，1988年10月，第352页。

③查良钊语，转引自西南联合大学北京校友会编：《国立西南联合大学校史——一九三七至一九四六年的北大、清华、南开》，北京：北京大学出版社，2006年1月，第78页。

④《张清常文集》第5卷，北京：北京语言大学出版社，2006年1月，第248页。

月，圭山彝族歌舞队来昆明演出，梅贻琦欣然赞助，为西南联大学生自治会的接待工作和整台演出的成功起到了开通渠道的作用。

三校复员，清华大学百废待兴，梅贻琦和大家一起把学校安顿停当，工作理顺头绪后，便于1947年着手创办艺术系，准备充分后，拟定了《呈教育部文》，说明办艺术系的目的，一方面是利用清华现有的教师资源培养艺术人才，另一方面是组织艺术力量以造成艺术氛围，普及校内美育。如果此项计划得以实现，清华的艺术氛围将更加浓厚，学生的人格养成则更为全面。可是，当时的战争形势已不允许教育部扩大办学规模，完善大学院系，此计划没能实现。尽管如此，此项计划又一次显示了梅贻琦对于艺术美育功能的重视态度及开拓实践的精神。

三、梅贻琦美育思想的由来

梅贻琦从小习读四书五经，对中国古代文化和教育思想了然于心，在他的讲话和文章里，古代典籍中的词句随处可见，运用贴切。他在著名的《就职演说》中提出的"大师论"名言——"所谓大学者，非谓有大楼之谓也，有大师之谓也"[1]，就是仿孟子的"所谓故国者，非谓有乔木之谓也，有世臣之谓也"的句子而表述的。在《体育之重要》的简短讲话中，他说："我国古重六艺，其中射、御二者，即习劳作，练体气，修养进德。"[2]《大学一解》的思想则多本于中国古代教育理论，文中引用了《论语》、《中庸》、《孟子》、《荀子》、《大学》、《学记》等教育典籍，尤其是

①梅贻琦：《就职演说》，黄延复、马相武编：《梅贻琦与清华大学》，太原：山西教育出版社，1995年10月，第300—301页。
②梅贻琦：《体育之重要》，黄延复、马相武编：《梅贻琦与清华大学》，太原：山西教育出版社，1995年10月，第305页。

《大学》，文章多处引用，且中心论点"大学之道，在明明德，在新民"，即出于《大学》。由此可知，梅贻琦的教育思想本源于中国古代教育思想。知、情、志的划分虽本于现代心理学，但其上层概念"整个之人格"等同于"明德"，又回归于《大学》了。修炼情与志的方法，"身教"、"善诱"、"善喻"皆出于古代文献，即使"从游说"，也是从《孟子》的"游于圣人之门者难为言"一句引发出来的。在申述清华大学开设艺术系的理由时，梅贻琦下笔指出，"按我国古代教育，礼乐并重"，言下之意，开办艺术系是延续我国古代教育传统。其实，梅贻琦重视艺术教育中的普通美育而不专一于特殊人才培养的思想也源于中国传统的礼乐教育观。笔者在这里指出梅贻琦的思想渊源并不意味着梅贻琦或《大学一解》没有创造，这在第一节中已经讲过了。

梅贻琦的思想特点是中西合璧。他曾两次赴美学习，虽然学的不是教育，但以他的广泛兴趣涉猎过欧美文化，他还曾赴美任清华留美学生监督处监督，这些经历使他对欧美的教育观念与制度有透彻的了解。这一点，从梅贻琦把希腊人生哲学概括为"一己之修明"一语中，可以见出。他在《大学一解》等文中概括过西洋大学的历史，通才教育又是近代欧美教育所普遍推行的方针和体系，所以，梅贻琦的美育思想也具有欧美教育思想的因素。不过究其实质，仍是中国的传统教育观。

这是讲思想根源。若以现代大学教育观而论，梅贻琦重视美育是继承了蔡元培的美育思想。美育作为一门学科进入中国是近代的事，梁启超、王国维、鲁迅等曾做过介绍，而做了系统研究的则是蔡元培，"美育"一词就是他从德文译出来的。蔡元培不仅对中国美学的建立和发展起了开拓作用，而且是美学教育的奠基者和推行者。他任教育部总长时，把美育列入教育方针，任北大校长后，继续推进美育，甚至提出了"以美育代宗教"的主张，他写了多篇文章倡导美育，还亲自讲授美学课程，并发起成立了画法研究会、音乐研究会等，后来又兼任音乐传习所所长，为美育工作做出了巨大贡献。作为工科出身的梅贻琦，不可能像蔡元培那样对美学有那么深入的研究，并亲自做美育工作，但他重视美育的思想与蔡元培一致。在梅贻琦出任清华大学校长之前，清华一再发生驱逐校长事件，学校生活较为混乱。他执掌清华以后，进行了一系列改革，使清华很快步入"黄金时代"，推行美育便是其中一项内容。一方面清华在哲学、中文、外文、心理、体育等课程中加强了美育内容，另一方面组建了各类艺术团体，如合唱队、舞蹈队、剧艺社、管弦乐队等，著名的军乐队和歌咏队便出现在这时。他对美育的推行在西南联大时期亦有相当表现。梅贻琦在日记中写道："对于校局则以为应追随蔡子民先生兼容并包之态度，以克尽学术自由之使命。"[1]实际上，梅贻琦追随蔡元培的不单是兼容并包与学术自由的办学思想，还有德、智、体、美全面发展的教育方针。

梅贻琦坚持以人格提升为目的的美育，还与他自身修养的全面有关。马约翰说梅贻琦的人格有几个长处：诚恳，公平，真君子[2]。许多人说梅贻琦谦虚、谨慎、平和，极有见地又善于听取别人意见，说话不徐不疾，要言不烦，跟随他多年的赵赓扬把他的性格特征概括为：第一，是他的勤俭；第二，做事切实——多做少说，不尚宣传；第三，他极能容忍；第四，"气味"高雅；第五，有

[1]《梅贻琦日记（1941—1946）》，黄延复、王小宁整理，北京：清华大学出版社，2001年4月，第184页。
[2]见马约翰：《梅校长任教母校二十五年经过述要》，黄延复、马相武编：《梅贻琦与清华大学》，太原：山西教育出版社，1995年10月，第187—188页。

远见。说到他的修养，他写道："梅校长手上有技巧，写字秀气，画图干净，衣着床衾和书报用具，都整齐有序，生活在简朴中有艺术。饮食茶酒，既节省又懂得考究。听音乐、看平剧、鉴别书画、欣赏诗词，都有极高的修养。他虽不写文章，少演讲，但平时看书的范围很广，除最新物理、工程等书报都经常研读以外，本来四书烂熟，五经时常引用，史地、社会科学的基础一点儿不忽略。最忙的时候，床头仍有'英文读者文摘'与王国维'观堂集林'。他学识丰富，见解卓越，与许多科的专门学人都能谈得拢。"[1]在1930年代的北京时期，他担任过清华大学教职员篮球队队长，活跃于篮球场上。在昆明的时期，他听昆曲、看滇戏，对京剧、话剧的熟悉更不用说，此外，他还打桥牌。由于自己爱好广博，修养深厚，转而要求青年具备多方面的修养，尤其是艺术、体育的训练就在情理之中了。

### 四、梅贻琦美育思想的特点

梅贻琦的教育观根源于中国古代教育传统，又继承了蔡元培的美育思想，与他同时的学者，也有许多提倡美育的，梅贻琦却在众多的美育家中独标一格，形成自己的特点，这是难能可贵的。梅贻琦美育思想的特点，以下三点最为突出：

#### （一）以人格塑造为目的

蔡元培给美育的定义是："美育者，应用美学之理论于教育，以陶养感情为目的者也。"[2]感情当然属于人格内容，但蔡元培没

---

① 赵赓扬：《琐事忆梅师》，黄延复、马相武编：《梅贻琦与清华大学》，太原：山西教育出版社，1995年10月，第174—175页。
② 蔡元培：《美育》，高平叔编：《蔡元培全集》第5卷，北京：中华书局，1988年8月，第508页。

有明确提出"人格"来论述。梅贻琦在众多的美育观中标示人格，把塑造人格看作美育的目的。

　　培养高尚的人格即"明明德"是梅贻琦教育思想的核心。他援引现代心理学理论把人格分为知、情、志三个方面，明言"大学致力于知、情、志之陶冶者也"①。在他看来，大学的一切教育手段都是为塑造人格服务的，课堂教育是培育人格的主要形式，体育是健全人格的方法，课外活动是养成人格的手段，交朋结友、待人接物是锻炼人格的机会。既然情与志的教育即为美育，那么美育的终极目标就是人格的养育。再从教育方针的角度说，德、智、体育都作用于人格，美育自然也以人格形成为目的了。所以，人格塑造是梅贻琦教育思想的核心，美育则用以塑造健全的人格。这是梅贻琦教育思想和美育观的共通之处。

　　（二）以普及美育为方向

　　梅贻琦重视美育并不只是要把美育独立为学科，以造就专门的美育人才，而是要普及美育，使每一个学子学会颐情养志，修成健全人格。这是与其"通才教育"观相通的。梅贻琦的通才教育，不是简单的"文理交叉"，而是能够认识自然、社会、人文三大科学门类的"会通之所在，而恍然于宇宙之大，品类之多，历史之久，文教之繁，要必有其一以贯之之道，要必有其相为因缘与依倚之理"②。因而指出：离人文学科较远的工科教育，须"与工学本身与工学所需的自然科学而外，应该旁及一大部分的人文科学

---

① 梅贻琦：《大学一解》，北京大学等编：《国立西南联合大学史料》第1卷，昆明：云南教育出版社，1998年10月，第28页。
② 梅贻琦：《大学一解》，北京大学等编：《国立西南联合大学史料》第1卷，昆明：云南教育出版社，1998年10月，第27页。

与社会科学,旁及的愈多,使受教的人愈博洽"①。梅贻琦突出人文科学的地位而加以强调,是普及美育的思想使然。他认为美育的主要场所在课外,这更是普及美育主张的一大明证。

他甚至主张,艺术系能够培养艺术专才更佳,但其主要功能亦在于普及美育。他在《清华文学院拟加设艺术系计划及理由》中写道:"就北平之环境,以清华已有人才为基础,加设艺术系,在本校经费中不过增加十余名教员名额,而其效则可训练此项专门人才,且使本校他系学生,在美育方面可得相当之陶冶,当属事半功倍。"②他还在《关于增设艺术系呈教育部文》中说:"盖本校拟设之艺术系,非为注重技术之训练,实欲增进青年对于吾国固有文化之了解与青年性格之陶冶。"③可见,梅贻琦始终不忘普及美育,陶冶性情。

### (三)以生活化为方法

梅贻琦提倡的美育并不是一种专门教育,甚至主要不以课堂的方式进行,而是表现于课外乃至日常生活之中的濡染熏陶。

他认为大学教育,对于人格中知的方面,主要设为课程,以课堂的方式修习,而情与志两方面则"为寻常教学方法所不及顾",其教育方法,"所恃者厥有二端:一为教师之树立楷模;二为学子之自谋修养"④。教师的高尚情志于日常生活中自然流露,学生跟

---

①梅贻琦:《工业教育与工业人才》,北京大学等编:《国立西南联合大学史料》第1卷,昆明:云南教育出版社,1998年10月,第34页。

②梅贻琦:《清华文学院拟加设艺术系计划及理由》,转引自黄延复、马相武编:《梅贻琦与清华大学》,太原:山西教育出版社,1995年10月,第38页。

③梅贻琦:《关于增设艺术系呈教育部文》,转引自吴洪成著:《生斯长斯　吾爱吾庐》,济南:山东教育出版社,2004年12月,第262页。

④梅贻琦:《大学一解》,北京大学等编:《国立西南联合大学史料》第1卷,昆明:云南教育出版社,1998年10月,第21页。

随左右，耳濡目染，无形中取法效仿，浸染成习而收情志养成之效："学校犹水也，师生犹鱼也，其行动犹游泳也。大鱼前导，小鱼尾随，是从游也。从游既久，其濡染观摩之效，自不求而至，不为而成。"①这就是他最为著名的"从游说"。"从游"而不是教育，即不是在课堂上进行，而是在生活中实施。

《大学一解》把知、情、志的养成、持有与表现称为"生活"，使用了"理智生活"、"意志与情绪生活"之语，并说："为教师者果能于二者（按，指情、志）均有相当之修养工夫，而于日常生活之中与以自然之流露，则从游之学子无形中有所取法。"②正因为美的情与志存在于教师的人格中，表现于教师的日常生活中，学生要获得情与志的提升，需要亲近教师，观摩教师的日常生活，天长日久，习染而成。基于此，文章把学校中"教师与学生中大率自成部落，各有其生活之习惯与时尚，舍教室中讲授的时间外，几于不相谋面"的环境指为弊端，因为它极不利于大学生的人格塑造。

### 五、西南联大美育主张者的代表

实际上，实行美育是时代的思潮。梅贻琦提倡、坚持、推行美育只是顺应了时代潮流而已。正如英雄的业绩产生于时代的波涛之中一样，梅贻琦是一个立于美育潮头的弄潮儿。梅贻琦曾把自己担任清华大学校长比作京剧里的"王帽"："因为运气好，搭在一个好班子里，那么人家对这台戏叫好时，他亦觉得'与有荣焉'

---

① 梅贻琦：《大学一解》，北京大学等编：《国立西南联合大学史料》第1卷，昆明：云南教育出版社，1998年10月，第22页。
② 梅贻琦：《大学一解》，北京大学等编：《国立西南联合大学史料》第1卷，昆明：云南教育出版社，1998年10月，第21页。

而已。"①这个比喻用在他对美育的贡献上亦很恰切。这不是说
他空有排场,而是说他充当了这个班子的领头人。在西南联大,
和梅贻琦一道实践美育的大有人在,梅贻琦是他们的代表和领
路人。

潘光旦是他们之中的一个典型人物。他长期担任西南联大的
教务长,又与梅贻琦比邻而居,更兼思想意识大致相同,他俩的
配合便相当默契。他不仅对梅贻琦的思想心领神会,而且进行了
充分的发挥与补充,并加以有力推行。在梅贻琦的美育乃至教育
思想中,有许多潘光旦的思想成分,他俩珠联璧合,对中国教育理
论和教育实践做出了诸多开拓性的贡献。潘光旦曾讲述过他俩的
这种合作情形:"抗战的几年里,一半因为公事的关系,一半因为
同一主张自由教育,又因为彼此住得很近,谈论的机会较多,所以
我对于月涵先生在这题目(按,指《工业教育与工业人才》)的种
种见解是很熟悉,而也是都能表达同意的。自己间或有些零星的
看法,也往往蒙月涵先生首肯。"②这段话既反映出潘光旦的谦
逊态度,又表达出自己对梅贻琦教育思想的贡献。它蕴含着三层
意思:一、自由教育即通才教育是潘光旦和梅贻琦的共同主张;
二、潘光旦不但熟悉梅贻琦的见解,而且表达上也能使他满意;
三、潘光旦有一些独自的看法并得到了梅贻琦的首肯。这三层意
思对于理解他俩的合作很有帮助。

《大学一解》是他俩合作的一个成果。此文在《清华学报》
第13卷第1期上发表时,署名"梅贻琦"。大家都把它看作梅贻琦

---

①梅贻琦:《在昆明公祝会上的答辞》,黄延复、马相武编:《梅贻琦与清华
　大学》,太原:山西教育出版社,1995年10月,第317页。

②潘光旦:《工业教育与工业人才》注①,清华大学校史研究室编:《清华大
　学史料选编》第3卷下,北京:清华大学出版社,1994年4月,第203页。

独自的文章，各种选本均把它列在梅贻琦的名下，本文也依惯例作为梅贻琦的独立思想来论述。其实，这篇文章是梅贻琦拟了提纲，交潘光旦代笔的，其中包含着潘光旦的一些见解，应该算作梅贻琦与潘光旦的合作成果。梅贻琦在1941年4月12日的日记中写道："晚睡甚迟，做《大学一解》要点。"13日的日记中又写道："约光旦来食早点，以《大学一解》要略交烦代拟文稿。日来太忙，恐终难完卷也。"①可知，此文确实是梅贻琦拟"要点"，"交烦"潘光旦"代拟"的。后来会不会出现潘光旦写了稿子交梅贻琦，梅贻琦不满意，推翻后自己重写的可能呢？不可能。一方面梅贻琦日记没有作这样的记录，另一方面时间也不允许。《清华学报》第13卷第1期出版于4月，梅贻琦交潘光旦"代拟"的日期是4月13日，就算学报出版于当月底，除去排版、印刷与装订的时间，在不足半月的时间里要将这样一篇内容博大的文章从头写两遍并不可能。那么，是否存在交潘光旦，但他没有接，或者接后没有写，很快将任务退回梅贻琦了呢？同样不可能。因为梅贻琦的日记没有作这样的记录，且梅贻琦"日来太忙"。再查梅贻琦的事迹，13日至月底，梅贻琦每天处理许多事务，没有较为集中的时间去写文章，这正印证了梅贻琦"近日太忙，恐终难完卷也"的话。而且，更为重要的是潘光旦有《大学一解》手稿存世。"手稿"并非潘光旦另抄一遍的《大学一解》，而是初拟文稿。"手稿"和正式发表文的文字有些不同，最大的改动是删削了一些文句。这些删削的文字是文章刊登前梅贻琦所作的修订。这样，《大学一解》由潘光旦写稿，梅贻琦改定无疑。那么，梅贻琦为什么会找潘光旦

---

① 《梅贻琦日记（1941—1946）》，黄延复、王小宁整理，北京：清华大学出版社，2001年4月，第23页。

代笔呢？这才是问题的关键。这"关键"说来也很简单，是梅贻琦深知潘光旦的教育思想与自己相通，并对他的文笔较满意。关于这一点，还有《工业教育与工业人才》的写作情形作辅证。另一问题是，潘光旦生前为什么没把《大学一解》收入自己的文集呢？这是耐人寻味的。其言说甚繁，此不论。新世纪以来，潘光旦子女将《大学一解》收入《潘光旦教育文存》和《潘光旦文集》等书，是说得过去的。

梅贻琦与潘光旦的另一篇合作成果是《工业教育与工业人才》。这是一篇专门讨论工学院如何办学的文章，其核心思想是通才教育。这篇文章也是由梅贻琦拟定写作提纲，由潘光旦代笔的。文章写成于1943年。1946年，潘光旦把它收入文集《自由之路》，并加了这样的按语："本文是我完全根据了清华大学校长梅月涵（贻琦）先生的意思而替他代写的。月涵先生是一位电机工程专家，同时也是一位自由教育论者。某一次，某报索专论稿甚亟，月涵先生已答应下来，但终因学校的公事太忙，无暇执笔，于是自己写了一个详细的节目，嘱我代他写出。……所以，这篇文字也可以说两个人合作的东西，如今把它辑入这集子，我想月涵先生是不会不同意的。"①月涵先生并没有表示不同意见。大家也都一致把它作为两人的合作成果。这里要提醒读者注意的是这篇文章的写作方法与成文过程都与《大学一解》相同。

以上两文是梅贻琦表达教育思想的重要论文，而两文都是他和潘光旦合作的。至于两文中哪些思想是梅贻琦的，哪些思想是潘光旦的，本文似无考证的必要。因为无论哪个人的思想都得到

----

①潘光旦：《工业教育与工业人才》注①，清华大学校史研究室编：《清华大学史料选编》第3卷下，北京：清华大学出版社，1994年4月，第203页。

了对方的认可，可以看作共同思想。其中的美育思想自然也是他俩共同的思想了。这两篇文章的成文过程足以说明潘光旦是梅贻琦教育思想的最佳合作者。

由于教育思想一致，曾任教务长的潘光旦，在西南联大推行美育方面起了特殊的作用。美育在西南联大教学中的实施有他的思想主张，他强调人文科学的重要，引导教授会安排课程（倒不一定是"美学"或艺术方面的课）让学生修读。而他自己，在课上及课外生活中都是美的典范，他的学生写道："人是最重要的，在人身上所具有的品德才是对于后人最大的感应力。在这一点，我永远不会忘记先生所给予我们的教诲，他的坚毅勇往的精神，无论是为学或处世，都是崇高的楷模，这才是永恒的。"①

西南联大实行教授治校，学校的重大事情尤其是教学规程要通过教授会制定。西南联大能够实行美育，与教授会的支持分不开。教授会又是全体教师的代表。因此，美育在西南联大可以说是绝大部分教师的共识。在教师中身体力行实践美育的典型人物除了潘光旦外，有训导长查良钊，各学院院长，以及吴宓、闻一多、朱自清、罗庸、陈铨、冯至、卞之琳、孙毓棠、赵诏熊、沈从文、曾昭抡、郑婴、吴晓铃、张清常等一大批教师，本书在下面的章节中将会涉及他们。

梅贻琦作为教育家，有独立的教育思想和观念，而少有著述，其精神特征在于实践。他1931年执掌清华，创造了清华的"黄金时代"。在抗日战争的硝烟乱世中，他作为三常委之一主持西南联

①鲲西：《记潘光旦师》，西南联大北京校友会编：《我心中的西南联大：西南联大建校70周年纪念文集》，北京：清华大学出版社，2008年9月，第235页。

大，创造了中国和世界教育史上的奇迹；1955年他在台湾地区再建清华大学，被称为"两岸清华校长"。在他的主持下，清华大学（包括西南联大时期）人才辈出，为中国和世界科技文化的发展做出了巨大贡献，盛名显扬。由于他生前著述不多，教育思想没有得到充分阐述，今天研究起来确有一定难度，若结合实践来考察，便会得到充足的资料去证实。孔子有言曰："听其言而观其行。"其是之谓乎？作为梅贻琦教育思想构成部分的美育思想，笔者正是这样研究的。

## 第二节　西南联大的艺术教育观

作为西南联大主持工作的常委，梅贻琦不但引领西南联大教师重视美育，而且其美育思想指引了西南联大的美育实践，使西南联大的美育工作显出了特点。其特点突出地表现在西南联大的艺术教育观念之中。本节通过对西南联大艺术教育观的归纳总结，展示出西南联大发挥艺术育人功能的实绩和经验。这些经验和方法或许能为今天的公共艺术教育提供一些有价值的参考。

战争环境决定了西南联大办学的艰难和教学条件的简陋。西南联大艺术教育的观念及其特点正是在战争环境中的有限条件下形成的。西南联大由推进了现代意识进程的北大、清华、南开三所大学组成，与生俱来民主、自由的精神，同时植根于云南半独立的宽松政治土壤，因而西南联大艺术得以茁壮成长，艺术教育得以实施。明白了以上背景和前提，才便于了解西南联大是如何在没有专职艺术教师、没有开设艺术课的情况下开展艺术活动，丰富生活色彩，创造艺术氛围以陶冶人格，培育人才，并且利用艺术服务大众，转移社会风气以实现"新民"的。

本节不打算对西南联大的艺术教育观做一般性的泛泛归纳，而是根据其特点进行概括，因而，这里所说的西南联大的艺术教育观亦即西南联大艺术教育的特点，二者合而为一了。还要说明的是，艺术活动是师生活动的内容之一，艺术教育是学校教育的一种，因此，在论述西南联大的艺术活动与艺术教育的时候，会结合师生的其他活动与学校的其他教育而进行，这是学校艺术活动与教育的"身份"决定的，同时也取决于本题的研究对象，望读者察之。

一、艺术教育的宗旨：审美与育人

艺术教育的宗旨是什么？对此有多种答案，但总结起来，不外乎两种：培养艺术人才或丰富精神文化。西南联大的答案是后者，即丰富学生的精神文化，使他们懂得美，具有审美的能力，养成健全的人格。换言之，西南联大的艺术教育不是为了培养艺术专才，而是参与学科育人，以收最佳教育效果。这一目的决定于西南联大的办学条件，而不是刻意追求所致。

组成西南联大的北大、清华、南开素有艺术教育的传统。北大在蔡元培长校时期，不仅开设了美育课程，创办了艺术杂志，还成立了音乐传习所、画法研究会和造型美术研究会，延请名师，招生授课，并且"除规定课程外，每星期要有一次音乐演奏会，与美术展览会，以引起同学审美的兴味"①。在军阀政府统治下，音乐传习所、画法研究会和造型美术研究会后来相继解散，但北大

---

①蔡元培：《北大一九二二年始业式演说词》，高平叔编：《蔡元培全集》第
　4卷，北京：中华书局，1984年9月，第264页。

重视艺术教育的传统依然保存。清华在梅贻琦的主持下，设立了音乐部，一方面负责音乐课程的讲授，另一方面负责全校音乐活动的指导。清华一直开设图画和音乐课，还组建了管弦乐队、军乐队、歌咏合唱队、戏剧社、美术社等艺术团体。从1931年开始，开设"昆曲及绘画"课。清华校园艺术活动可谓丰富多彩。早在1909年，张伯苓就在南开中学提倡新剧了。"南开学校创始人严范孙先生和南开校长张伯苓，鉴于新剧可作社会教育之利器，努力提倡"①，每年演出新剧，并成立了南开新剧团。1916年，张伯苓的弟弟张彭春从美国学习戏剧归来，南开新剧团如虎添翼，创作并演出了多部好戏。南开校园戏剧名冠北方，在中国戏剧史上享有崇高地位。到了西南联大时期的北大、清华、南开三校，一无名师，二无设备，三无经费，四无筹办的时间（局势动荡，迁徙不定），失去了开办艺术专业的条件。尽管西南联大富有三校的艺术教育经验，也无法从专业的高度去培养人才，不得不放弃培养专才的艺术教育目标，而以美育为方针，参与培养各专业人才，使其具有完整的人格，具有充分的精神文化修养。所以，西南联大的艺术教育是公共艺术教育，艺术教育观是公共艺术教育观，为我们提供的经验是公共艺术教育经验。

至于西南联大毕业生中有不少人从事艺术工作，其中一部分成为艺术家，那是超出其艺术教育目的的"意外"收获——他们的出现，昭示着艺术育人功能的意义，同时，有力地佐证了西南联大的公共艺术教育是成功的教育的结论。后人总结西南联大办学的成功经验，一致推崇"通识教育"。当时，教育部提出"通

---

① 陆善忱：《南开新剧团略史》，转引自田本相：《曹禺传》，北京：北京十月文艺出版社，1988年8月，第67页。

专并重"的办学思路要各大学采纳，而各校试行的结果又在一定程度上变成了重"专"轻"通"。鉴于大学学制四年的实际，梅贻琦认为四年时间要学生既专且通做不到，于是和教务长潘光旦一起提出了"大学期内，通专虽应兼顾，而重心所寄，应在通而不在专"①的思想。这一思想基于"新民"的办学目标。大学本科造就的新民之才，必须是具有通识功力的"通才"，而不是研究生阶段培养的研究"专才"，因为社会组织不是按学科门类构成的，从事社会工作，需要接触社会的方方面面，处理各种各样的事情，这就要求了解社会，具备各种社会知识。梅贻琦指出："以无通才为基础之专家临民，其结果不为新民，而为扰民。"②再从人生与事业的关系看，人生大于事业，事业只是人生的一部分，而通识是一般生活之准备，专识是特种事业之准备，在人生中，学会"一般生活"即做人为大，学会从事"特种事业"即工作次之，所以，大学教育，"通识为本，而专识为末"③。

那么，通识"通"什么呢？以学科而论，是通自然、社会与人文三大部门，"于三者之间，能识其会通之所在，而恍然于宇宙之大，品类之多，历史之久，文教之繁，要必有其一以贯之之道，要必有其相为因缘与依倚之理"，而成为"比较周见洽闻、本末兼赅、博而能约之通士"④。达到这样的要求相当不易。而这又

---

①梅贻琦：《大学一解》，北京大学等编：《国立西南联合大学史料》第1卷，昆明：云南教育出版社，1998年10月，第25页。

②梅贻琦：《大学一解》，北京大学等编：《国立西南联合大学史料》第1卷，昆明：云南教育出版社，1998年10月，第25页。

③梅贻琦：《大学一解》，北京大学等编：《国立西南联合大学史料》第1卷，昆明：云南教育出版社，1998年10月，第25页。

④梅贻琦：《大学一解》，北京大学等编：《国立西南联合大学史料》第1卷，昆明：云南教育出版社，1998年10月，第27页。

是学校教育之长：可以设为各门课程讲授之。西南联大的课程设置，一年级为全校必修课，二年级为全院必修课和少量本系必修课，还要求每个学生无论文理都必选一门社会科学概论和一门自然科学概论，三四年级为本系必修课和本院、本校选修课，学有余力者，可以旁听全校的任何课程。这样的通识功底再加上后来的专识教育，是西南联大学生基础扎实，后劲十足，后来能够成为"新民"之才的原因。

艺术教育在人文部门之中，本应设为课程实施教学，可是西南联大缺少开课的条件，于是采取用课外活动来弥补的办法。学生组织各种艺术社团，开展活动，在教师的指导下，获得艺术的修养。这是西南联大艺术教育的特点，也是本文重点探讨的问题。

而那些无法设为课程来讲授的人文知识，如情志养成、处世态度、待人接物等，则完全采取"从游"的办法，让学生跟随老师，濡染观摩，假以时日，不求而至，不为而成。梅贻琦对古代的"身教"、"善诱"、"善喻"十分称道，要求教师仿照，确实收到了良好的教育效果。阳光美术社、新诗社的社员对闻一多的言传身教终身铭记；学生中的小说作者，如林蒲、汪曾祺、辛代等是沈从文家的座上客；郑敏曾多次去冯至家与他闲聊，有一次正好卞之琳来访，就坐在一旁听他们谈，"觉得获益很多"①。"从游"、"身教"也是西南联大实施通识教育的一个方面。

学生通过通识教育，不仅获得了知识，打下了从事工作并进行发展的基础，而且懂得了美和审美，尤其是通过艺术活动和从游熏陶，提高了审美情趣，锻炼了审美能力，学会了做人，塑造了健全的人格。

①李光荣访郑敏记录，2004年10月6日，北京郑寓。

学会做人亦即健全人格是梅贻琦和潘光旦教育思想的核心，同样也是西南联大育人的首要任务。梅贻琦在《大学一解》中所论的"明德"，"所指乃一人整个之人格"，"明明德"之意，"即为自我之认识，为自我知能之认识"①，也就是了解并且提升自己的人格。潘光旦直截了当地说："我一向认为教育的效能，教人做人总是第一。"②师范学院的新生在开学升旗仪式上接过崭新的院徽，训导长查良钊语重心长地说："做人要像这枚院徽一样'内圆外方'。所谓'圆'就是对人要团结友爱，与人为善，助人为乐；'方'就是要明辨是非，坚持原则，坚持真理。"③不仅学校的主事者这么说，所有老师都是这么认为的。西南联大话剧团成立，孙毓棠到会讲话，教导同学："不仅要认真演戏，首先要认真做人。"④新诗社组织之初，同学们去向闻一多请教，闻一多告诫大家："写不写诗都没有关系，要紧的是做一个'人'，真正的人，不做奴隶。"⑤艺术社团的导师这样要求学生，提升社员的人格，理工科的老师怎样看待学业与人格的关系呢？数学教授王宪钟"生前有句信守的格言：'研究学问很重要，但更重要的是做人，做一

①梅贻琦：《大学一解》，北京大学等编：《国立西南联合大学史料》第1卷，昆明：云南教育出版社，1998年10月，第20页。

②潘光旦：《梅月涵夫子任教廿五年序》，黄延复、马相武编：《梅贻琦与清华大学》，太原：山西教育出版社，1995年10月，第181页。

③谭庆双：《忆早期联大师范学院》，云南西南联大校友会编：《难忘联大岁月——国立西南联合大学在昆建校六十周年纪念文集》，昆明：云南教育出版社，1998年10月，第89页。

④孙毓棠语，转引自张定华：《昆明的联大剧团》，中国人民政治协商会议云南省委员会文史资料委员会：《内迁院校在云南》，昆明：云南人民出版社，1998年8月，第132页。

⑤何达：《闻一多·新诗社·西南联大》，赵慧编：《回忆纪念闻一多》，武汉：武汉出版社，1999年9月，第271页。

个真正的人！'"①他这样要求自己，也这样要求学生。物理学教授吴大猷在西南联大带出了李政道和杨振宁两位高才生，他俩获得了诺贝尔物理学奖之后，吴大猷说："时人常提到二人是我的学生，是我精心培植出来的，尤将李与我的机遇更传为美谈。其实，我们不过适逢其会，只是在彼时彼地恰巧遇上而已。譬如两颗钻石，不管你把它们放在哪里，它们还是钻石。"②多么崇高的境界和人格！只有这样境界和人格的老师才能教出好学生。吴大猷逝世，李政道评价说："吴老师为人正直、诚恳、坦诚、热情、治学严谨。他一生忠实于中华民族的文化发展，他承继了我们古有的道德传统，发扬了近代的科学进步。"③他讲述了怎么做人，怎么做真正的人，达到真的"知"的《大宗师》，称吴大猷是"真人真知"。这是老师的人格在学生心中放射出的光芒。倘若我们做一下统计，在写西南联大老师的文章中，关于人格（"为人"）的文字，和关于教学、学问与生活的文字可以成为并驾齐驱的"四驾马车"。这是因为老师的人格在其同事和学生心灵中印象深刻，始终影响着后来的人。

　　人格养成与艺术或者说艺术教育有什么关系？现代心理学把人格的主要内容分为知、情、志三个方面，大学教育着眼于人格的塑造，设为课程讲授的主要是知的方面，包括艺术课能够讲授的

---

①王宪钊：《兄弟·同学·朋友》，北京大学校友联络处编：《笳吹弦诵情弥切——国立西南联合大学五十周年纪念文集》，北京：中国文史出版社，1988年10月，第201页。

②吴大猷：《我在抗战中的西南联大》，北京大学校友联络处编：《笳吹弦诵情弥切——国立西南联合大学五十周年纪念文集》，北京：中国文史出版社，1988年10月，第213页。

③李政道：《大宗师》，丘宏义：《中国物理学之父吴大猷》，乌鲁木齐：新疆人民出版社，2004年3月，第1页。

也是艺术知识，情、志的内容则"为寻常教学方法所不及顾"，梅贻琦认为："其所恃者厥有二端：一为教师之树立楷模；二为学子之自谋修养。"①所以他提出"从游"说，要学生跟随老师观摩体察。而艺术与体育，则能够直接作用于人的情志。因此，重视人格塑造的教育家都会重视艺术教育与体育。

艺术作为美的集中表现，提供于视听的是审美对象。艺术教育实际上是审美教育。艺术教育的特点在于，教育内容不仅仅是理论，而且要实际操作，要受教育者参与实践。所以，西南联大开展了丰富多彩的艺术活动，把学生网罗其中，参与实践，在活动中让学生提高审美能力，陶冶情操，锻炼意志，养成健全的人格，以收育人的最佳效果。

西南联大根据自己的条件，不把艺术教育的目标确定为培养艺术专才，而是用艺术教育参与各学科育人，其效能是培养受教育者的完美人格。在日本帝国主义要亡我国家，毁我文明的时候，国家把京津地区的名牌大学，远迁侵略者未能到达的西南边陲，就是为了保存中国文化，培养人才，重振中华。西南联大担负着承传中国文化的历史使命。而承传文化靠的是人，是有深厚文化修养的人，这种人不但要有渊博的文化学识，而且要有崇高的精神，其精神内容包括了伟大的人格。西南联大不辱使命，发挥艺术教育的效能，配合专业教育等各个方面，培养了数千名具有高尚人格的"新民"人才，在当时的抗击侵略，艺术创造、社会服务等方面作出了成绩，尤其是这些人才发展成熟以后，成为新中国各项事业的栋梁，为中国和世界科学文化的发展做出了贡献。每当历

---

① 梅贻琦：《大学一解》，北京大学等编：《国立西南联合大学史料》第1卷，昆明：云南教育出版社，1998年10月，第21页。

数西南联大教育的成就,我们也不应忽视艺术教育在培养学生审美能力和人格品位方面的作用和意义。

## 二、艺术教育的目标:校风与责任

在总结归纳西南联大艺术教育观的时候,不能不说到训导处。教务处、训导处、总务处为学校常委会下属的三个处。教学事务由教务处管理,教学以外的生活,如思想动态、艺术事项、生活指导、卫生医务、体育活动、军事训练等归训导处管理。西南联大继承清华大学"训教合一"的传统,"强调教师要言传身教,既教书又育人,以自己的高尚品格感化学生"①。最初的管理机构,也是训教合一,课内课外都由教务处统一负责。1939年,教育部指令各大学设立训导处负责训育事宜,西南联大从教务处中分出训导处,于当年11月设立。不过,西南联大仍然贯彻"训教合一"的原则,要求训导处、教务处、总务处密切配合,各处长与各学院院长、各系系主任共同负责训导工作。训导处下设生活指导、军事管理和体育卫生三个组。不久,生活指导组撤销,军事管理组由军事教官负责军事训练,体育组改体育部直属常委会,卫生改医务室属总务处,训导处的日常工作只剩下审查核发战区学生和贫苦学生的贷金,办理学生社团、壁报的登记两项。两项都由训导长查良钊直接负责。本书研究的艺术教育即由训导处负责管理与指导。

1939年11月,西南联大出台了《训导处工作大纲》,规定了训导处的工作目标:

①李凌:《略述西南联大的学术自由和兼容并包》,西南联大北京校友会编:《我心中的西南联大:西南联大建校70周年纪念文集》,北京:清华大学出版社,2008年9月,第35页。

1. 力求北大、清华、南开三校校风之优点在联大有表现机会。

2. 就学生日常团体生活，培养互助为公之团体精神。

3. 促进学生对于时代的觉悟，与对于青年责任之认识，以增强其参加抗战建国工作之志向与努力。[①]

这三条"目标"是对学生全部课余生活而言的，但它完全适用于西南联大的艺术教育。它把艺术教育的精神都包括进去了。下面分别论述这三个目标：

### （一）校风的表现

训导工作以"三校校风之优点有表现之机会"为第一目标。

对于三校和西南联大的校风，许多人做过专论。对三校校风较为简洁的概括是："北大从蔡元培先生担任校长时就提倡'兼容并包'、'学术自由'，清华一向以实行'教授治校'和课业要求严格著称，南开以'允公允能'为校训，注意研究社会实际问题和培养学生的实际能力。"[②]而对西南联大的校风，一般论者多从行政和教学方面加以阐述，很少有从学生训导方面来研究的。本节试从训导处实行艺术教育的角度并以学生活动为例来论述。

北大校风的突出之点是兼容并包与学术自由。这在西南联

---

① 《训导处工作大纲》（1939年11月7日），西南联合大学北京校友会编：《国立西南联合大学校史——一九三七至一九四六年的北大、清华、南开》，北京：北京大学出版社，2006年1月，第37页。

② 李曦沐：《西南联大——中国教育史上的一座丰碑》，西南联大北京校友会编：《我心中的西南联大：西南联大建校70周年纪念文集》，北京：清华大学出版社，2008年9月，第19页。

大学生活动中也有表现。西南联大同期存在的戏剧社团，有以进步同学为主的联大剧团、戏剧研究社，也有受三青团、国民党支持的国民剧社、青年剧社，剧团间各演各的戏，争奇斗艳，有时又互相支援，携手并进。壁报更是各家各派，琳琅满目：前期有《群声》、《冬青》、《热风》、《腊月》、《引擎》、《大学论坛》、《明报》、《微言》、《联大青年》、《指南针》，后期有《耕耘》、《文艺》、《生活》、《现实》、《民主》、《潮汐》、《论坛》、《论衡》、《透视》、《火炬》、《乱弹》、《青年》、《学苑》等等，各种思想主义、各种观点主张纷纷亮相，展开论争。训导处并未从政治或思想的角度出发扶持或者打压某家某派。

　　清华校风中的突出之点教授治校难以在学生生活中表现，课业要求严格则是关于学生的。教授治校和课业严格在西南联大都得到了表现。这里只谈课业严格。西南联大在学生管理中，训导处要求社团必须作业，这是写入《学生壁报管理办法》的。本来要求作业者书面呈报作业情况，而在实际操作中，由于民主精神得到贯彻，竞争机制得到利用，社团的作业积极性很高，因此用不着呈报书面材料。在充分的自我展示中，那些表现不多或者效果较差的社团自然会被淘汰。形成了这种"生态"后，训导处倒是"无为而治"了。以剧团为例，西南联大除了成就突出的联大剧团、剧艺社和著名的戏剧研究社、青年剧社和山海云剧社等外，还有一些剧社由于作业不佳而自然消失。

　　南开校风中的"允公"从下面所讲的"互助为公的团体精神"体现出来，"允能"则从对学生的实际能力培养上表现出来。本来，学校开展课外活动就是提供学生锻炼的机会以培养参与者各方面的能力。成立社团，出版壁报，举行演讲会等无不如此。《学生壁报管理办法》有言："本大学学生壁报应以同学间互相观摩作学术上之研究及练习负责发表言论为原则。"①西南联大提倡学生自治，注重引导而不直接干预正是本着这一原则。在"反内战，争民主"的运动中，同学们站在运动的前列，参与社会实际，受到鼓舞与刺激，内心的感情被点燃。于是，剧艺社自编、自导、自演了十出戏，产生了很好的艺术效果，其中《凯旋》、《告地状》、《民主使徒》等成为名作；高声唱歌咏队创作了《告士兵》、《告同胞》、《凶手，你跑不了！》和《送葬歌》等歌曲，队员深入学校、工厂或在热闹街头教群众练唱，产生了巨大的影响。这是"注意研究社会实际问题和培养学生的实际能力"的南开学风在西南联大的表现。

以上说明，三校校风在西南联大得到了保持和发扬。西南联大校风是三校共同具备的爱国、民主、科学、自由和各自的校风融合出新而形成的保持特性、密切合作、兼容并包、转移世风。也就是《国立西南联合大学纪念碑碑文》所写的"三校有不同之历史，各异之学风，八年之久，合作无间。同无妨异，异不害同，五色交辉，相得益彰，八音合奏，终和且平"，"联合大学以其兼容并包之精神，转移社会一时之风气，内树学术自由之规模，外来民主堡垒之称号，违千夫之诺诺，作一士之谔谔"②。对于西南联大爱国、民主、科学、自由的精神，他人已经论述得很充分了，此不赘。兼容并包在上文论北大校风时已说过，转移世风拟在《文艺在学校与社会互动中的作用》一节里阐述，这里只说保持特性与密切合作。

---

① 《本大学学生壁报管理办法》，北京大学等编：《国立西南联合大学史料》第5卷，昆明：云南教育出版社，1998年10月，第628页。
② 冯友兰：《国立西南联合大学纪念碑碑文》，北京大学等编：《国立西南联合大学史料》第1卷，昆明：云南教育出版社，1998年10月，第284页。

　　三校各有其个性特点，南开坚强如山，北大渊博如海，清华智慧如云，南开重视戏剧，北大重视社团，清华重视体育，即使在衣着上，初期三校学生喜好亦各不同，南开学生穿夹克，北大学生穿长衫，清华学生穿西装。这些特点进入西南联大既各自保持，又相互融合，成为西南联大的个性，有一个剧团就直接取名"山海云"以为彰显。西南联大最早的社团南湖诗社，首倡者是北大的向长清，参与发起的是南开的刘兆吉，第一批成员有清华的查良铮、王佐良，北大的周定一、林振述、刘重德，借读的赵瑞蕻等，他们共同努力，创作了西南联大的第一批诗歌。1938年西南联大统一招生，不再区分谁是哪个学校的，合作的密切更显完满了。九年间，三校领导没有各顾其利益，三校教师没有搞小团体，三校学生没有因身份而闹过矛盾，学校的各种事务，包括学生的课外活

西南联大训导长查良钊（左一），西南联大常委胡适（左二），西南联大常委梅贻琦（左三），西南联大师范学院院长黄钰生（左四）在1947年4月27日清华大学36周年校庆时的合影

动和个人生活都表现出了密切的合作关系，一扫自古而然的文人相轻陋习，成为文人联合的典范。三校复员后，于1946年11月在北京联合举行校庆，清华校长梅贻琦、南开秘书长黄子坚、北大校长胡适先后致辞，回顾九年的团结联合，称颂"通家之好"，博得一阵阵笑声和掌声。

### （二）团体精神

学生日常团体生活，是训导处管理工作的主要内容。查良钊在家属没有来到昆明之前，坚持住在学生宿舍，而自1938年12月他任师范学院主任导师开始，就每天清晨六点起床，检查校园，参加学生早操和升旗仪式。学生举行野营、郊游、营火会，他都尽量参加，特别是每年师范学院举行校庆，他"一定同全院师生围成大圆圈，手执火把，高唱'传播光明'，坚定每个同学终生献身教育事业的使命感"①。他总是和学生打成一片，激发学生的进取热情和团体精神，他告诫学生做人要"团结友爱，与人为善，助人为乐"②。这是教师的风范。

对学生团体精神的培养最有效的是集体活动，在本节中所说的文艺社团即属此。发起一个社团就是要团结一批人员，聚合一股力量。而团体的组成与活动靠的必定是团队精神。发起或参加某种社团首先要有某种爱好并且具备某种才能，组成或者进入社团也就有一种义务，要为社团工作，要对社团负责，要顾及社团的名义，也就是具有"互助为公之团体精神"。西南联大尽力鼓励并

①查瑞传：《"为人服务何所愁？"——回忆父亲查良钊先生》，北京大学校友联络处编：《箫吹弦诵情弥切——国立西南联合大学五十周年纪念文集》，北京：中国文史出版社，1988年10月，第347页。

②谭庆双：《忆早期联大师范学院》，云南西南联大校友会编：《难忘联大岁月》，昆明：云南教育出版社，1998年10月，第89页。

扶持各种社团，其中的原因就是要发挥社团对于教育的意义。西南联大的学生成立新诗社，而后诗社中一些爱好画画的同学独立出来组成了阳光美术社，于是有了诗社社员和美术社社员的双重身份。他们既参加新诗社的活动，又参加阳光美术社的活动，把自己创作的诗歌提交给新诗社并在会议上朗诵，把美术作品交给阳光美术社出版《阳光》画报。他们共同维护着两个社团的荣誉。为某一问题发起论战甚至双方展开较量时，维护团体的精神会表现得更为突出。1946年初，"东北问题"引起思想界的关注，西南联大当然会有反应。于是，在学生社团间出壁报展开了论争，进而形成了两大派。阳光美术社站在进步势力一边，以漫画为武器，"以它犀利的姿态出现，毫不容情的，将反动派的狰狞面目描画出来。一次因为讽刺得过火，弄得反动者恼羞成怒，演成所谓'阳光事件'，险些演出一场全武行"[1]。这次"事件"是对方实施将漫画作者赵宝煦拖出校外殴打，被进步同学发现，抢夺回来。在此过程中，大家团结一致，努力工作，相互帮助，团体精神表现得很充分。因"皖南事变"后校园的政治气氛不能公开进行进步活动，冬青社的骨干成员便另组文聚社，对外出版《文聚》杂志，向社会公开发行。社员高度团结，写稿、组稿、编辑、出版发行，坚持数年，成为当时昆明影响最大，成就最高的大型文艺刊物，其团体精神可圈可点。

　　所以，组织文艺社团，开展社团活动，是"培养互助为公之团体精神"的有效措施。这是西南联大对社团给予鼓励爱护的原因。

---

[1]西南联大学生自治会：《联大八年》，昆明：西南联大学生出版社，1946年7月，第155页。

### （三）觉悟与责任

西南联大是一所流转于日本侵略军的炮火之中的大学。在国势倾颓，民族危急，文化沦丧的局面下，青年大学生应该对时代有什么样的觉悟，应该担负起怎样的责任，这是教育要解决的基本问题之一。在这种情况下，任何层次，任何种类，任何形式的教育都会强调国家观念，民族意识，文化承担。西南联大把时代的觉悟和民族的责任作为训导工作的目标去追求，最终落实到"参加抗战建国工作之志向与努力"。这是时代的要求。作为一个大学生，第一要读好书，准备好知识，学好本领，将来战争结束，投入到建国的大业中去；第二要宣传抗战思想，鼓动抗敌情绪，坚定抗敌意志，为全民抗战尽一份力；第三要勇于参战，一旦战争需要，要挺身而出，从军抗日。这种思想在西南联大是主流，绝大部分学生都是这样认识，也是这样做的。第一点用后来西南联大学生对于中国和世界文化的贡献可以证明，第三点用西南联大纪念碑上镌刻的八百名从军学生名单可以证明，第二点在此用艺术社团的活动来证明是最恰当的。

1939年联大剧团在昆明演出抗战剧《祖国》，台上高呼"打倒日本帝国主义！""中华民族万岁！"台下应声高呼，口号响成一片。演出激发了观众的爱国热情。接着，联大剧团排练了《放下你的鞭子》、《三江好》、《最后一计》和一个云南方言话剧，再练习了一些抗战歌曲，编成节目，又配上解说词，下乡到昆明近郊农村演出，宣传抗战，鼓励抗敌意志。1940年，群社组织六七十人到远郊龙潭街，戏剧小组用昆明方言演出《放下你的鞭子》等戏，歌咏小组唱抗日歌曲《救亡进行曲》、《大刀进行曲》、《松花江上》等，使观众流下了眼泪。演出后有的观众向他们哭诉自己的苦难。

国家无论如何困难，都坚持办大学。作为学生，他们为抗战出力的方式是宣传鼓舞抗敌情绪，而到国家需要的时候，又能踊跃从军参战。抗战期间，西南联大先后有一千多名同学从军，其中十四位为国捐躯。

抗日战争胜利后，国内矛盾发生了巨大变化。抗战使得国家和老百姓财力耗尽，疲惫不堪，此时国家的主要工作应该转移到生产与建国上来，可是，国共内战的阴云越来越浓厚。有识之士纷纷起来制止战争，爆发了声势浩大的民主运动。这时训导工作的目标已不再是培养学生的"抗战建国"志向，而是和平民主了。在民主运动中，各艺术团体亦有良好的表现。

上述三个"目标"是训导处成立之初就确定的。考察训导处工作的七年业绩，三个"目标"都不同程度地得到了实现。而在完成"目标"的过程中，艺术社团发挥了较大作用，艺术教育的实效也在实践的过程中得到显现。

### 三、艺术教育的方法：自治与引导

《训导处工作大纲》第一条第四款说："本校训导方法，注重积极的引导，行动的实践；对于学生之训练与管理，注重自治的启发，与同情的处置，以期实现严整的生活，造成淳朴的风气。"①此原则非常重要，查良钊先生严格按照这一原则行事，收到了良好的训育效果，得到了学校的充分肯定和学生的由衷爱戴。此"原则"中最值得注意的是两个"注重"："注重积极的引导"和"注重自治的启发"。

---

① 《训导处工作大纲》（1939年11月7日），西南联合大学北京校友会编：《国立西南联合大学校史——一九三七至一九四六年的北大、清华、南开》，北京：北京大学出版社，2006年1月，第36—37页。

在西南联大，学生的事，向来为学生自治，只要不违规违法，给学校和同学造成损害，校方从不加以干涉。

一般而言，学生会是学生的最高组织，学校都很重视，因此，其组织与工作多少渗透着校方的意愿。西南联大学生自治会却与此不同，学校从不予以干涉，表达的完全是绝大多数学生的意愿。正如其名称"自治会"所示，没有任何外部干扰，完全是学生自治。首先，西南联大学生自治会的成立是学生自发组织的。在学校生活中，学生们感到有必要成立一个组织来团结同学，协调行动，于是发起成立学生自治会。从草拟章程，到代表推举，再到选出领导，全是学生自主完成的；组织起来后，设立下属机构及其活动，也全由学生自己安排；本届任期到后，改选下届组织也都是学生自己做主。学校从未参与过学生自治会的任何意见，改选时，老师和训导长都不出席会议，会议的内容完全由理事会安排。理事会代表学生自治会行使权力，处理日常事务，遇到大事与同学代表商量，可以代表同学向校务会议反映意见，甚至以学生自治会的名义直接给教授会上书，体现出高度的自治。

群社也是一个自治的典型组织。1938年，一些学生感到需要组织一个团体来互相交往，联络感情，举行学术报告和开展文娱活动，便由二十几人共同发起，贴出启事，阐明团体的宗旨，征求社员，得到三四十人报名后，便召开成立大会。会上讨论了章程，选举了干事会和社长。再由干事会设立下属组织机构，聘请导师，开展活动。群社在同学中产生了广泛影响，社员发展到二百多人。由于社员增多，1940年，一些小组便分化出来，成为独立的社团开展活动，冬青文艺社、热风漫画社、腊月壁报社、群声歌咏队便是这样产生的社团。在群社的组织活动与发展改组的过程中，学校也没有介入，活动完全是学生自主的。

　　不但如此，训导处还对社团开展活动给予了多方支持。《西南联大学生会社管理规则》第九条规定："凡经准许登记之会社，得请求借用学校房舍家具。"[1]虽然此规则出台时，训导处尚未成立，但训导处成立后即以此作为会社管理的规则，支持了学生的活动。例如，社团开会时所用的教室、桌椅等用具，剧团演出时所用的舞台、设置，晚会所用的灯光、扩音设备等全由学校提供。有一次，群社组织了五六百人去远郊的桃园旅游，摘桃子吃，回来时天黑了，学校十分担心，于是联系了公路局，派车接大家回学校。

　　而在政治气氛险恶的时刻，训导处、学校则站在学生一边，保护了有危险的学生。"皖南事变"后，共产党员和表现积极的进步学生处境危险，党组织通知他们撤退到乡下，群社解散了，冬青社、戏剧研究社、热风漫画社、腊月壁报社都停止了活动，琳琅满目的壁报不见了，丰富多彩的艺术演出停歇了。三青团中央组织处处长康泽奉命来昆明，企图逮捕进步学生办集中营，遭到学校的抵制，云南当局也不予支持，未能得逞。先后疏散出去的一百多名学生，学校和训导处是清楚的，但未提供名单给康泽。形势好转后，学生回校复课，学校从未追问。1941年，香港沦陷，不少著名人士因缺乏交通工具无法撤离。孔祥熙等达官贵人则垄断中航公司，用飞机运送私人财物，甚至运回洋狗。消息传来，西南联大学生组织了一次"倒孔游行"，并出了壁报。康泽再来昆明追查"倒孔"主使，被学校劝阻。

　　所以说，西南联大训导处管理学生生活，不是管制，而是引

---

①《西南联大学生会社管理规则》，北京大学等编：《国立西南联合大学史料》第5卷，昆明：云南教育出版社，1998年10月，第624页。

导、扶持和保护。西南联大的课外活动开展得生气勃勃，与训导处的关心支持分不开。也许有人会说，这是就一般的社团而言，并不特指艺术生活与团体。对的，艺术生活是课余生活的一种，艺术社团是所有社团之一类，在这个平台上，艺术生活与艺术社团没有特殊性，了解了一般社团的组织与活动特点也就了解了艺术社团。为了消除这种疑问，下面再简介一下高声唱歌咏队的发起组织与演出情况。

抗战时期，西南合唱团常在文林街基督教教堂练习唱歌，由于教堂离西南联大比较近，一些同学便自发去参加练唱，学会了《老黑奴》、《故乡的老亲人》、《可爱的家》等思念家乡的外国歌曲，这些歌曲唱出了远离亲人和家乡的游子心声。他们回到学校便情不自禁地唱，宿舍、路上、课后的教室，到处都飘荡着他们的歌声。也是在这个时候，基督教青年会组织学生到部队去慰问，他们中的一些同学便参加了慰问队。在慰问中，他们不仅自己表演节目，还教战士唱歌，很受欢迎。回来后，有七八个男生时常聚在一起唱歌，另外一些爱好音乐的同学闻声参加进来，人多了，他们便借基督教青年会学生服务处进行练习。为了便于召集与联络，便起名"高声唱歌咏队"。歌咏队成立后，队伍更为壮大，便固定了时间、地点，每周二、五晚上在新校舍南区三号教室练唱。练唱得到了训导处的支持，借与教室、桌椅、灯光等。可见上述过程，完全是学生自发而为。歌曲练唱熟悉后，他们参加了昆明市组织的悼念冼星海演出，在学生自治会组织的"五四"纪念活动中，还主动联合昆明市一些歌咏队演出过《黄河大合唱》。在演讲会开始前，歌咏队往往坐在台下放声歌唱，制造气氛。在"一二·一"运动中歌咏队的歌唱为夺取斗争的胜利立下了汗马功劳。到西南联大结束前，歌咏队发展成为多声部演唱的合唱团，并多次演出。在这些活动中，训导处从来没有对歌咏队提出过任何要求。

训导处对于学生课外生活所做的主要工作是引导。上面所说的保护、支持、鼓励、启发是引导，对学生的劝告、制止也是引导。1944年"五四"以后，校园里的壁报如雨后春笋一般涌现出来。学校为了规范壁报，支持和鼓励学生，同时防止校外不良人员混入，出台了《本大学学生壁报管理办法》。《办法》全文如下：

1. 凡学生组办壁报应先由其负责人向训导处申请登记并于每期报端将各该报负责人列注。

2. 各壁报文字撰述人应将姓名书于每篇首行，不得用笔名。倘有用社团名义者必须由该社团负责人署名方得揭载。

3. 壁报所登稿件若有措辞失当或违反校规者，除令该报停刊外，其负责人及本文撰述人应各予惩处。

4. 本大学学生壁报应以同学间互相观摩作学术上之研究及练习负责发表言论为原则，校外人士来稿概不得揭载。

5. 各壁报应由负责人请定本校教授为各该报导师。①

如果所出壁报违反了此《办法》，训导处会予以制止。但"制止"的似乎仅为"措辞失当"问题。有回忆说："有一版学生墙报对国民党作了尖锐的批判……查良钊亲自把墙报撕了。"②1941年"皖南事变"后，校园死气沉沉，三青团组织教授在报纸和电台上

①《本大学学生壁报管理办法》，北京大学等编：《国立西南联合大学史料》第5卷，昆明：云南教育出版社，1998年10月，第628页。

②张凤祥：《我在联大学习和工作的回忆片断》，中国人民政治协商会议云南省委员会文史资料委员会编：《内迁院校在云南》，昆明：云南人民出版社，1998年8月，152页。

发起"青年的志气和思想"的讨论。有文章说青年没有志气，只会闹事，不关心国家大事等，两学生办壁报《春秋》，进行针锋相对的反驳，且多用杂文笔调。查良钊便找主编谈话，劝他"不要再出这种壁报"①。主编听从劝告，停刊了《春秋》。以上两例都牵涉到政治问题，后一例还处于特殊的政治环境中，即在康泽来昆明准备抓学生不久的时候，训导处做这样的处理恐怕出于对学校和学生的安全考虑。没有材料表明查良钊为国民党办学，即使对于国民党和三青团在学校的负责教授，也没有人说他们出于党派的利益而教学的。民主自由的西南联大，各种学术思想、各种党派观念都允许存在，但在特殊时刻，学校必定有特殊处置。而《办法》的其他一些条款，包括到训导处登记、署真名发文、请教授做导师都没有认真执行，实际是训导长查良钊无意执行。因此，训导处的工作从根本上来说是为丰富校园文化生活服务的。

其实，训导的工作主要是由导师完成的。1939年的《规则》和1944年的《办法》都规定社团需请本校教师为导师。在署名的社团中，除少数社团没请导师外，多数社团是请了的。导师们对社团的指导有多有少，其关系有密有疏，但从总体上看是起了良好作用的。社员在后来的回忆文章中多有记述。有些教师的观点，不仅引导了社团的方向，而且指引了社员一生的道路。李广田对文艺社，闻一多对剧艺社、阳光美术社和新诗社的指导是典型的。由于本书研究艺术社团，这里以新诗社——阳光美术社为例做简单阐述。闻一多指导新诗社，首先强调两点：做人和写"新"诗。闻一多认为："写作的问题，便是一个做人的问题。做人的火候到

---

① 熊德基：《我在联大从事党的地下工作的回忆》，云南省政协文史资料研究委员会等编：《云南文史资料选辑》第34辑，昆明：云南人民出版社，1988年10月，375页。

了，写出来的东西，自然是对的。""我们的诗社，应该是'新'的诗社，全新的诗社。不仅要写新诗，更要做新的诗人。"[1]根据前一点，新诗社——阳光美术社社员一生讲正气、求进步，像导师那样，为真理而生活；根据后一点，新诗社的写作思想和形式都有别于过去的朗诵诗，从而把二十世纪四十年代的中国朗诵诗推进到一个高度，阳光美术社以现实生活为题材，以漫画为形式，弘扬正气，鞭挞丑恶，充实了漫画的幽默讽刺特性。

总之，西南联大的艺术教育观强调学生的自发、自主和教师的引导，而其效果是相当显著的。

四、艺术教育的环境：校园与生活

学校的艺术活动与艺术教育首先是在校园的环境内开展的，因此利用学校资源，创造校园艺术便是大学艺术活动及其教育的追求。西南联大正是恰当地利用了已有的艺术资源，美化了校园环境，提升了校园生活的文化品位，大家生活在其中，自然受到熏染陶冶，收到了育人的效果。

大学的优越条件，首先是教师，其次是学生，再次是设备，最后是校园。西南联大拥有许多艺术造诣深厚的教师，文学院、师范学院、理工学院的许多老师都精通艺术，理论上不说，在具体艺术种类的实践中有突出表现的就有剧作家陈铨、沈从文，导演孙毓棠、郑婴、赵诏熊，音乐家张清常，美术家闻一多、魏建功、吴晓铃等。他们指导了西南联大的艺术活动，参与了西南联大的艺术创造。高等教育的一个优势是利用了初等和中等教育的成

---

[1]史集：《闻一多先生和新诗社》，赵慧编：《回忆纪念闻一多》，武汉：武汉出版社，1999年9月，第249、246页。

果。西南联大的学生中有一些是中学或其他院校的"艺术生"，这些艺术学生在西南联大的艺术活动与教育中发挥了巨大作用。例如，中学时代就著名的女高音歌唱家谭庆双，二胡手胡积善，逢戏必演的丛硕文，在艺术专科学校受过专业训练的王松声、郭良夫、温功智、严宝瑜等。这些学生就是西南联大艺术活动的骨干，开展实施艺术教育的依靠力量。大学有教室，有礼堂，有课桌椅，还有其他设备，这些是开展艺术活动的场所和用具。大学有宽敞的校园及优美的环境，便于组织大规模的艺术活动。西南联大有效地利用了这些条件，对全体学生实施了良好的艺术教育。

校园是全体师生活动的场所，它不仅仅是房屋墙壁、树木花草、广场球架、草坪湖泊，也不只是屋内的图书仪器、黑板桌椅，更是一园文化。一所经营优良的大学，即是一所文化殿堂，置身其中，人会感到所有的物象设置都有文化，即使空气也散发着文化气息。因此，优秀的教育家总是致力于校园文化的建设。1939年8月，西南联大新校舍建成投入使用，崭新的平地路面和房舍围墙，尚未透露出文化气息。因此，西南联大办学的一个方面是着手校园文化的营造。而营造校园文化，艺术体育是重要的一环。学校的体育由马约翰教授挂帅来抓，艺术则号召师生共同创造。在学校的鼓励下，很快有一批艺术形式涌现，充当了校园文化建设的先锋。一马当先的是壁报。西南联大具有出版壁报的传统，早在长沙岳麓山下，文学院学生就出版过壁报。文学院迁到云南蒙自，又在海关大院出过《南湖》壁报，学院迁回昆明后，南湖诗社更名高原文艺社，社员在昆华农校出了《高原》壁报。群社成立，即以壁报《群声》为喉舌。新校舍建成，《群声》搬进校园，亮相墙壁，成为学校课外文化的第一个因子，紧接着，《腊月》、

《热风》、《微言》、《联大青年》、《明报》、《指南针》、《大学论坛》、《冬青》等纷纷登墙，构成了西南联大校园文化的一道亮丽风景。同时，活跃于校园的是戏剧和音乐。联大话剧团在新校舍建成前就公演了《祖国》和《原野》，名声火炽，进入新校舍后，剧团继续排练《夜未央》，于1939年10月公演，1940年10月再演出《雷雨》。同年新学期开学，青年剧社成立，排练《前夜》，于暑期演出，次年春再排演《地牢》。此间，还有南开校友会排练演出《日出》，北平八校校友排练演出《雷雨》，均以西南联大学生为主。群社戏剧小组于1940年5月扩大为戏剧研究社，排练《阿Q正传》，于9月公演获得巨大成功。群社的歌咏小组独立为群声歌咏队，组织同学练唱《我们在太行山上》、《春天里来百花香》、《黄水谣》等歌曲，歌声飘荡在校园夜空。1940年5月，群声歌咏队扩大组成西南联大歌咏团，归学生会管属，在校内练唱歌曲，8月，昆明广播台成立，应邀举办广播音乐会，演唱《保卫黄河》、《游击队歌》、《旗正飘飘》等，9月，参加昆明歌咏协会主办的音乐会，演唱《黄河大合唱》。以上艺术活动，再加上文学、生活、时事、政治、读书等方面的壁报，各种演讲会议以及晚会、游园等活动，建成不久的西南联大新校舍已弥漫着浓浓的文化气息了。

学生和老师创造了西南联大的校园文化环境，反过来，校园文化环境又给师生以精神滋养。以艺术教育而言，首先是参与艺术活动的同学得到了教育，一方面，他们把自己的艺术才智奉献出来，增添了美育的含量，另一方面，他们又在参与的过程中获得新知，得到提高；其次是使观赏的同学受到直接教育，在观看艺术表演或阅读壁报的过程中受到美的感染，提高了审美情趣，或者得到了某种思想的启示和创造的灵感，哪怕只是心灵的愉悦也是一种收获和教育;再一方面,使身临其境的人受到熏陶,文化因素扩散在校园中,每当进入校园,便会感到特别的意味,受到文化感染。曾有一个新生入校时,感受到了一种全新的氛围,连呼吸都是新的,于是他在诗中写道:"那阳光照亮了我的眼 / 那号声嘹亮的响呀 / 那图书馆中坐满了人 / 那空旷的场子上 / 人们在奔跑 / 那高大成排的树 / 洒下一片凉荫 / 那爽快的风 / 把我出汗的额角拭干 / 这新天地 / 这新天地呀 / 我将是你中间的一个人。"①作者的兴奋之情溢于言表! 如果只是一块空场,作者绝不会感觉到这"新的呼吸"。

"环境育人"即是此意。但那时没有这个词。西南联大只是在做,创造文化氛围浓厚的校园环境,培育审美品位较高、人格高尚健全的"新民"人才。这是西南联大的努力,同时也是西南联大育人效果显著的原因之一。这种文化环境,在"皖南事变"后遭到严重破坏,直到1943年秋季才开始改变,1944年"五四"恢复原貌。在西南联大后期,艺术活动出现了前所未有的活跃,以至成为昆明市的"文化风景",吸引群众参观,有些校外人员还参加学校的艺术活动,高声唱歌咏队、阳光美术社、新诗社等社团都有校外人士加入。

我们一再说明,西南联大的艺术活动并不是校方出面组织,而是学生自发而为的。这反映出西南联大艺术教育的另一个观念:生活化。艺术是人类生活的产品,伴随人类生活而存在,只要有人群的地方,就有艺术,换言之,艺术是人类生活不可缺少的内容。西南联大把握艺术与人的这种关系,把艺术从专业者、上层社会那里解放出来,还给民间,让它存在于学生和老师的日常生

---

① 尹落:《新的呼吸》,《扫荡报·扫荡副刊》第203号,1944年10月31日。

活中。自然，艺术作为一种独立的文化形态，有其广泛性，它在被上流社会赏玩于高雅殿堂的同时，也顽强地生存在民间，保持着它的天然性。这是艺术能够被推行于学生之中，并在学校的日常生活中发展壮大，开花结果的原因。《训导处工作大纲》中"对于学生之训练与管理，注重自治的启发，与同情的处置，以期实现严整的生活，造成淳朴的风气"，"就学生日常团体生活，培养互助为公之团体精神"数语对这种生活化、学生化（民间化）的文化观（艺术观）说得很明白。因此说，艺术生活化是西南联大创造校园文化的工作方针。

由于艺术生活化，社团活动日常化，其施行方法也是课余的。西南联大虽然没有完备的艺术教育条件，但能够开设艺术课的教师是有的，不需要用许多高档设备的艺术课是可以开的，事实上，有的教师就结合自己的教学内容指导学生排练戏剧并公演过。可是，西南联大没有安排过一门艺术课。这不是学校认为艺术课不重要或者认为艺术课无高深的学问讲授，而是决定于艺术生活化的工作方针。艺术生活化增加了训导处工作的分量，也说明了训导处工作的重要价值。

由于艺术生活化，能够淡化许多功利意识。参加者不是为了获得艺术之外的其他东西而进行活动，因此活动起来也表现得轻松、积极。学校充分相信学生，学生开展起艺术活动来也显得轻松自如。1944年12月，日军攻占贵州独山，西南告急。与此同时，西南联大有一百四十多名男生报名从军。这是西南联大的一件大事，学校准备欢送。而当时学校的艺术团体还不活跃，剧社、歌咏队都没有公开活动，组织艺术演出有困难。在这种情况下，训导长找到复学不久的施载宣，希望他邀集同学筹备一场演出。仅此一次谈话，没再过问任何事情，一场《草木皆兵》的戏剧演出就在

1945年1月19日开演了。就笔者掌握的材料看，《草木皆兵》是西南联大唯一一次校方"指示"的艺术演出。可以肯定地说，西南联大从来没有以学校的名义组织过艺术比赛，同学也没有为争取奖项而进行排练的想法。若说社团具有功利意识，那便是希望获得良好的演出效果。当然如果是公演，需要投入，是要计算成本的。

也是由于生活化，西南联大艺术活动的群众基础很好。住在新校舍、昆华工校、昆中北院的学生，参加艺术活动的很多，尤其是文科学生，很少有没参加过艺术活动的，有的学生同时参加多个社团，有的学生跨艺术门类而活动，例如，郭良夫、施载宣既是剧艺社的，同样也是新诗社的，叶华、何达既是阳光美术社的，同时又是新诗社和文艺社的。由于群众性广泛，参加人员多，戏剧研究社演出四幕话剧《阿Q正传》时，共动员了二百多名同学参加，规模之大可载入史册。高声唱歌咏队的分声部合唱演员有一百多人。新诗社举行诗歌朗诵会，参加者动辄上千人，由于新诗社的社员是动态的，愿意参加者即是会员，若要退出可随时走人，先后加入新诗社的到底有多少人，不得而知。群众参加艺术活动的热情非常之高，许多学生用艺术活动把课余时间填得满满的。

生活化后，艺术成为日常生活的内容之一，是学生每天必做的事情。于是校园生活在得到文化充实的同时，还增强了美感，让人感到生活在美中，生活就是美，即使物质生活清贫困苦，精神生活也是充实愉悦的，精神生活虽不能代替物质生活，但可以在一定程度上缓解一些物质生活贫困带来的痛苦，所以，西南联大师生在抗战的艰苦岁月里，精神状态总是奋发昂扬的，难怪林语堂对西南联大师生作出这样的评价："你们的物质生活不得了，你们的精神生活了不得。"①美的生活净化人的灵魂，激发起人的激情，让人感到生龙活虎，有滋有味——这或许就是师生们数十年后仍念念不忘的西南联大校园生活。

凡是成功的事业，体现出的意义往往是多方面的。对于其意义，后人从不同的角度可以得出不同的结论。对于西南联大的艺术观念，除以上所述的几个方面外，还可以从多个角度去概括。但以西南联大主要的也是最有特色的艺术教育观而言，我们以为是上述四个方面：以培养审美情趣，提高审美能力，参与学科育人，塑造健全人格为宗旨；以培养团队精神，涵养三校校风，提高时代觉悟，明确青年责任，参加抗战建国为目标；以注重自发，尊重自主，培养主动，提供服务，侧重引导为方法；以创造校园文化，培植"文化景观"，使艺术成为生活的一部分，让师生生活在艺术氛围之中为教育环境。在这些艺术观的指导下，西南联大的艺术活动开展得生机勃勃，并在此过程中，显示出艺术教育的最大效果。对于今天的公共艺术教育来说，这些观念或许仍有指导意义。

## 第三节　艺术在学校与社会互动中的作用

研究中国高校史，或许会得出这样的结论：一所大学的成功与它所处的时代和环境有一定关系。固然不能把时代和环境看成决定因素，但否定其作用也是不对的。这不意味着自我否定

①林语堂语，转引自李曦沫：《西南联大——中国教育史上的一座丰碑》，西南联大北京校友会编：《我心中的西南联大：西南联大建校70周年纪念文集》，北京：清华大学出版社，2008年9月，第14页。

吗——本书研究的成功大学西南联大就处于战乱时期的边疆云南？不是。因为，首先，在抗战时期，北京和天津等地不如昆明平静；其次，当时云南并不落后，它是大陆与境外联系的前沿城市；最后，云南地方政权与中央政府的矛盾形成了宽松的办学空间。这样，可以说，在那个半壁河山沦亡的年代，昆明提供了中国办大学的最佳环境。

西南联大很好地利用了昆明及云南的环境，与社会构成了良好的互动关系。一方面，融入社会，向社会学习，从中吸取营养，另一方面，对社会开放，服务社会，输出思想知识，而艺术则充当了与社会互动的开路先锋，通过艺术开路搭桥融洽社会关系，进而将思想主张推向社会，转移世风，获取"新民"的最大办学效益。

因此，本节所说的互动，包括了西南联大与云南社会的多个方面，而主要还是以艺术为媒介的。本节旨在考察艺术在西南联大与社会互动过程中所起的作用，以及学生得到的艺术教育嘉惠。

一、融入社会

西南联大迁昆明，首先得到云南省当局的热烈欢迎。云南省政府主席龙云颇有远见，他苦心经营云南，望其富强，但落后的教育与文化成了掣肘。在梦寐之中忽然来了几所大学，不啻天雨甘霖！他要求政府积极支持热情接待，亲笔批示"将省立农师工三校舍各予暂酌借一部分"给西南联大做校舍，并把自己的公馆腾出大部分让西南联大使用，还设家宴为部分教师接风洗尘。由于龙云的重视，西南联大得到云南各级政府的帮助，得以在云南立足。云南人民淳朴的民风则是西南联大生根发芽、开花结果的养分。云南各民族杂居，相处和睦，多年的生活积淀，形成了热情好客的文化传统。西南联大师生所到之处，均得到了云南人的热情接纳。冯至回忆说："我在昆明搬过几次家，每家房主人男的常说，'我们是交朋友，不在乎这点房租'；女的站在旁边说，'还不是因为抗战，你们才到昆明来，平日我们是请也请不来的'。……我们就在这样和蔼的气氛中解开行囊，安排什物，心里想，这样可以住下去了。"①汪曾祺纳闷："昆明有些人家也真是怪，愿意把闲房租给穷大学生住，不计较房租。"②无论官方或民众，从根本上说，其情怀都出于共同的国家和民族感情。正如陈岱孙所说："在当时大敌深入，国运艰难的时候，在蒙自人民和分校师生之间，存在着一种亲切的同志般的敌忾同仇、复兴民族的使命感和责任感。"③这是西南联大能够融入云南社会的政治、文化和民俗背景。

抗战前，昆明城内只有十多万人口。抗战后，这座小城，一下子拥入数以万计的人，实难容纳。而对于上千人的大学，更难有集中统一的房舍来安置。在多方支持下，西南联大采取分散办学的办法，将理学院设于大西门外昆华农校，工学院设于拓东路的几家会馆，文学院和法商学院只好远设蒙自。一学期后，文法学院迁回昆明，置于昆华工校和农校，又增设师范学院于昆华中学。学生大致集中住宿，老师则自行租用民房，有的学生也去外面租住民房。这样，西南联大的用房几乎遍及昆明全城，于是有了这样一句

---

① 冯至：《昆明往事》，《冯至全集》第4卷，石家庄：河北教育出版社，1999年12月，第344页。

② 汪曾祺：《觅我行踪五十年》，《汪曾祺全集》第5卷，北京：北京师范大学出版社，1998年8月，第157页。

③ 陈岱孙：《西南联大在蒙自·序》，蒙自师范高等专科学校等编：《西南联大在蒙自》，昆明：云南民族出版社，1994年12月，第2页。

话：昆明城有多大，西南联大就有多大。

1939年8月，新校舍竣工，文、理、法商学院搬入，师院和工学院仍在外面。也是从这时起，日本飞机频繁轰炸昆明，许多老师只好移居城外，各研究所也全部设于远郊。昆明城东南西北远近郊区都有西南联大的住所和师生的行踪。这时，差不多昆明坝子有多大，西南联大就有多大了。

生活的融入是基本的融入。由于生活在一起，许多事情难分彼此，大家联结在一起了。师生加入市民生活，市民参与学校活动，形成了良好的互动关系。

这里举几个具体事例来认识西南联大与昆明社会的互动情况：

### （一）校外人员参加学生游行

由于激愤于孔祥熙及其家人在香港沦陷前用飞机抢运私人物品乃至洋狗回国，置许多著名人士和群众的撤离于不顾，西南联大学生举行了一次"倒孔"游行。千人队伍从新校舍出发，一路高喊"打倒孔祥熙！""打倒贪官污吏！""打倒日本帝国主义！"途中，云南大学、中法大学、英语专科学校、昆华中学、南菁中学共十多所大中学校师生陆续加入，也有市民参加进来，队伍扩大到两三千人。走到正义路时，一些文具商店老板把粉笔、油墨拿出来给学生写标语。此次游行震动昆明，影响达整个大后方。

### （二）校外人士为保卫学校而牺牲

在著名的"一二·一"惨案中，牺牲了四位青年。他们被安葬在西南联大西北角小山丘卜，称"四烈士陵园"。时至今日，每年都有许多学生去祭扫，凡是去参观西南联大故址的人都会去凭吊。人们却很少去注意烈士的身份。"四烈士"中，潘琰和李鲁连是西南联大师范学院的学生，而于再是南菁中学的教师，张华昌是昆华工校的学生。是日，于再路过西南联大，见一士兵准备往校园扔手榴弹，便上前阻止。"该士兵情急气愤，立将手榴弹与于再同时推至路旁。为挽救联大多人，于再不幸重伤头部。"①师院学生被武装特务逼迫，退进昆华工校求援，"张华昌便号召数十位同学越墙赶至师院，他在最前面领导，手中舞着一根大木棍，同那些特务拼斗"②，特务扔下手榴弹，炸中他的头部。在危急时刻，他们忘却自己外校人员的身份，挺身而出，参加保卫西南联大的斗争，做到与师生同生共死，所以，西南联大把他们视为自己的烈士。后来，"一二·一"运动发展成全昆明市学生的运动了。

### （三）昆明学生救济会进驻西南联大

　　1943年秋，昆明学生救济会委员会鉴于西南联大进步力量大，还举行过"倒孔"运动，遂在西南联大设立学生服务处。经梅贻琦常委同意，学生救济处建在南院东边，训导长查良钊出席了成立会。学生服务处专门为学生服务，设有礼堂供同学开会、放映美国新闻片、演戏等；阅览室备有多种报刊，供同学阅读；茶室供同学读书、作业、聊天、交朋结友，茶水免费；淋浴房和理发室供同学搞个人卫生服务。艺术社团的一些活动，例如剧艺社的小剧场演出，高声唱歌咏队成立初期的练唱，新诗社的半周年纪念会等就是在学生服务处的礼堂举行的。鉴于同学们经济困难，学生服务处办起早餐供应点，低价供应同学早餐，解决了许多同学的饥饿问题。学生服务处还对沦陷区的同学提供救济助学金，发放可解决生活费的金额，受理了三百人。还设立"国际学生奖学金"，奖励品学兼优的学生三十人，金额足够每个学生全年的杂费

①一二·一运动史料编写组编：《一二·一运动史料选编》上，昆明：云南人民出版社，1980年12月，第97—98页。

②一二·一运动史料编写组编：《一二·一运动史料选编》上，昆明：云南人民出版社，1980年12月，第110页。

和生活费。除这些具体的生活服务外，学生服务处还利用假期组织学生去部队慰问将士，支持学生的民主爱国运动。

**（四）嫁女予西南联大学生**

由于学生与社会人士交往密切，有的租住了市民的房子，有的做过孩子的老师，朝夕相处，了解深刻，一些人家选他们为女婿，将女儿嫁给他们，有许多西南联大学生在昆明获得学习与爱情的双丰收。王瑶、朱德熙、于立厂、秦光荣等娶的就是云南姑娘。

以上是社会各界人士参与西南联大活动的例子。下面则是西南联大师生参与社会各界活动的例子：

**（一）与昆明各大学共同组织活动**

西南联大在昆明开学后，很快与昆明各类学校建立了联系，并且共同开展了一些活动。

1939年"五四"，云南青年举行"五四"纪念活动，西南联大与云南大学等校学生自治会在云南大学举行纪念会，会后举办救国献金，晚上举行火炬游行。"这次纪念活动，把联大学生和云南青年亲密地融合在一起了，使大家进一步认识了'五四'精神的力量。"[①]1945年"五四"，西南联大、云南大学、中法大学、英语专科四校联合举办"五四"纪念周，活动内容有：1. 科学晚会，2. 音乐晚会，3. 诗歌朗诵会，4. 青年运动总检讨会，5. 纪念大会，6. 上街大游行，7. 文艺晚会等。1946年"五四"，西南联大结束，许多师生还是参加了"五四"纪念周的文艺晚会、青年运动检讨会、戏剧晚会等。

1938年昆明市各界举行纪念"七七"抗战周年大会，梅贻琦

---

① 李光荣：《西南联大的"五四"纪念活动》，西南联大北京校友会编：《我心中的西南联大：西南联大建校70周年纪念文集》，北京：清华大学出版社，2008年9月，第302页。

代表学校出席。1939年昆明各界举行"七七"抗战二周年纪念会,师生参加献金、画展及宣传活动,师生的献金得到政府嘉奖。1944年"七七",学生壁报协会与云南大学、中法大学、英语专科学生自治会联合举行抗战七周年时事座谈会。1945年,学生自治会与云南大学、中法大学学生自治会联合举办纪念抗战八周年晚会。

最为紧密的联系是在"一二·一"运动中,由于昆明市全体学生的联合斗争,夺取了"一二·一"运动的最后胜利。学生战胜军警,在历史上实不多见。

### (二)与"文协"共同组织活动

中华全国文艺界抗敌协会云南分会(1939年1月8日更名为"文协"昆明分会)成立后,西南联大师生与昆明分会共同组织了许多活动。1944年10月19日,冬青社、文艺社、新诗社及云南大学学生自治会与昆明分会联合发起,举行鲁迅逝世八周年纪念晚会。1945年5月5日,国文学会、外语学会、文艺社、冬青社与昆明分会、云大文史学会、中法大学文史学会联合主办文艺晚会。9月4日,学生自治会与昆明分会及云南大学、中法大学学生自治会等联合举办"从胜利到和平"演讲晚会。

### (三)对于报纸杂志的支持

抗战时期知识分子大量迁入,促进了云南报刊业的兴盛。西南联大是参与和创办报刊的主力军。抗战前,昆明只有《民国日报》、《云南日报》、《新滇报》、《社会新报》等不多的几份报纸,抗战后,从外地迁来了《益世报》、《朝报》等,有的报纸如《中央日报》、《扫荡报》等在昆明开辟新版,而多数报纸是1943年开始涌现的,例如《文林》、《云南周报》、《正义报》、《观察报》、《自由论坛》报、《评论报》、《昆明周报》、《春秋导报》、《云南晚报》、《社会周刊》、《生活导报》、《海鸥周刊》、《中南报》、《文艺新报》、《联大通讯》、《独立周报》等。其中，有的报纸如后三种是西南联大学生主办的，有的报纸副刊如《中央日报》、《中南报》、《观察报》、《云南晚报》等报的副刊曾一度为西南联大师生主编，而几乎以上所有的报纸都刊发过西南联大师生的文章，其中大部分报纸靠西南联大师生的文章支撑。杂志的情况也大致如此。值得注意的是西南联大主办或参与创办了《国文月刊》、《今日评论》、《当代评论》、《边疆人文》、《自由论坛》、《时代评论》、《民主周刊》、《文聚》、《十二月》、《匕首》、《战国策》等杂志。以上报纸杂志，主要不是艺术方面的，但又不是与艺术无关，如对艺术演出的介绍、评论及演出广告就是在这些报纸杂志上刊登的。

　　以上所举活动主要不是艺术的，但也不是修建铁路、机场，勘测地质、矿藏，采集植物标本，生产肥皂等西南联大所做的与艺术完全无关的工作，由于艺术活动是学校活动的一个方面，常常和其他活动联系在一起的，难以截然分开，所以作了介绍。这些活动对于西南联大融入云南社会大有作用，它们本身就是融入社会的表现。所以，以上虽然举例较为广泛，但对于论述主题是恰当的。

　　西南联大初到云南，正是通过这些活动，把自己"推荐"出去，让社会了解，获得社会的接纳，最终融进了云南社会。

　　二、从社会学习

　　西南联大在融入社会，参与社会各界活动的过程中，也从社会学习了许多东西。这些东西包括从生活到思想的方方面面，这里取音乐和戏剧的活动论述之。

### （一）文林堂的音乐活动

在文林街离大西门不远之处，有一座基督教的教堂。教堂不大，设备简单，有一间大厅，摆了七八排木长椅，可容四五十人，基督教徒每礼拜在那里活动，平时也举行其他一些公益活动，音乐会是其中之一。所谓音乐会，并不是演奏或演唱，而是放唱片，唱片音乐会。每逢星期五晚上，举办唱片音乐会，用一台手摇留声机放胶制大唱片。主持人给留声机上好发条，然后拿起唱片，向听众念印在唱片上的曲名、乐章、作曲、演奏和指挥的名字，再把唱片置于留声机上，开始播放。主持人是西南联大的学生，听众也多是西南联大的学生。唱片的音质，与今天的CD、DVD碟片相差甚远，但已是那时的最高质量的录音器材。播放的多是巴赫的咏叹调、贝多芬的交响乐、舒伯特的小夜曲和舒曼的梦幻曲一类名曲。听众沉浸在其中，心旷神怡。外文系学生黄沐说："在这里，我们陆陆续续听了欧洲从十七世纪至十九世纪几乎所有音乐大师们的作品，等于修完一门欧洲音乐史，这对我们的学习是一个很好的补充，不但从中得到很好的休息和娱乐，而且培养了欣赏能力和对音乐的爱好，从此乐此不疲，终身受用不尽。"[1]

还有一个路人曾多次驻足街边，享受教堂里飘出的美妙音乐："有时我深夜偶然路过那里，若断若续的贝多芬的交响乐每每将我吸引而不忍离去。实际上，那时的留声机唱片的声音既单薄又微弱，在院内屋里播放而在大街上听，即使是夜深人静时，所能听到的也只是交响乐里的一些最强音，要靠听者用自己的音乐修养来连缀它才成为乐章。由于听者专心致志地捕捉任何一点微

---

[1]黄沐：《文林堂——联大回忆之一》，西南联大北京校友会编：《西南联大北京校友会简讯》（内刊）第46期，2009年10月，第72页。

弱的音符,精神高度集中,调动自己每一个脑细胞的最高功能,对乐曲的印象极其深刻。在战争年代,这就算是我,一个穷教书匠最高的精神享受了。"①说这话的是《西南联大校歌》的曲作者张清常。试想,在空寂无人的夜晚,皓月当空,微风拂面,一个音乐家静静地聆听时强时弱的旋律,聚精会神地捕捉每一个音符,情依节拍而动,心随旋律向远,那是一幅怎样的画面?

文林堂也举办歌咏会。二十世纪四十年代初,昆明以西南联大校友为主的社会人士,吸收西南联大同学组织了一个西南合唱团,经常在文林堂练唱,每周一至二次。指挥巫宝善,唱中外名曲,外国歌用英文唱,福斯特的《老黑奴》、《故乡的老亲人》,肖普的《可爱的家》和亨德尔的清唱剧《弥赛亚》选段等都唱过。住在新校舍的文、理、法商学院学生离文林堂不远,参加合唱的人较多,外文系的黎章民、傅冬菊、李志的、萧斧等最初就在那儿练唱,他们后来都是高声唱歌咏队的主力。离文林堂较为遥远的工学院学生,也有同学参加,关德正、王里仁等就是合唱团成员。当时道路曲折,从工学院到文林堂接近十里远。每逢练习之日的晚饭后,他们三三两两,从拓东路出发,经过金碧路、三市街、正义路、华山路、翠湖南路、钱局街,到文林街,步行约一个小时参加练习,风雨无阻,每唱必至,唱完又步行回去。既学会了许多名曲,提高了音乐鉴赏能力,又锻炼了身体。

**(二)昆明金马剧社和国防剧社的戏剧活动**

金马剧社是二十世纪三四十年代昆明较为有名的剧团,为云南戏剧运动做出过巨大贡献。张定华说她的戏剧经历是从金马剧

---

①张清常:《忆联大的音乐活动——兼忆联大校歌的创作》,北京大学校友联络处编:《笳吹弦诵情弥切——国立西南联合大学五十周年纪念文集》,北京:中国文史出版社,1988年10月,第349—350页。

社开始的①。1938年夏，她从天津去昆明投考西南联大。由于路途遥远而迂回，9月中旬才到达。错过了考试时间。战争环境下，迟到的同学不少。大家要求西南联大再开考一次。学校同意，并安排了考试。在等待发榜的时间里，她被推上了戏剧舞台。先她到达昆明来投考的董葆先、陈其谦参加了金马剧社的工作。当时，金马剧社正在排练石凌鹤编剧的抗战五幕剧《黑地狱》。在演出前十天左右，演女主角金姑娘的演员因丈夫的工作调到四川而离去。没了女主角，剧团很着急。董葆先、陈其谦向她说起此事，她便向他俩推荐演过戏的堂姐，解决了问题。可是，堂姐看了剧本后，决定不演。因为角色是一个暗门子。此时离演出日期只有一个星期了。他们去跟导演王旦东说，他急得要命，又花一两天还是没找到演员。这时，董葆先和陈其谦来施激将法，说："定华你这事做得不好，不但影响了咱们同当地人的关系，而且影响了抗日宣传。你说怎么办？"张定华说："我认识的人都没演过戏，我也很着急。假若我会演，我就来演了。"他们说："我们等的就是这句话。"不容分说，就把她拉去排练场。演霸占女主角金姑娘的坏人是名演员马金良。有一场是这样的：坏人被游击队员杀在屋子里，金姑娘上台见其尸体，吓得怪叫，从楼梯上滚下来。她试演，毫无惊恐感。一次排练，马金良拿一块黑布涂上红红绿绿的怪颜色蒙脸躺在地上，她上楼见状，以为真死，吓得叫着从楼梯上滚下。王导演扶住她说"好极了！就这么演"。如此这般磨炼了几天，剧如期开演。一位五幕剧的女主角就这样诞生了。

　　一天演出时，南开校友劳元干来后台看她，交谈中知道她以

①关于张定华演戏的材料，来自李光荣访问张定华记录，2004年10月3日，北京张寓。

前从没演过戏，一下就出任大戏的女主角，很佩服。同时也指出，她把手伸到"窗户"外面去不对，并指给她看坐在台下看戏的西南联大教授陈铨、闻一多，以及孙毓棠和凤子。

西南联大第二次考试发榜，张定华考上了。开学后，同学们排演《祖国》。一天，两个同学来找，要她参加排练。凤子演女主人，她演仆人。戏开场，女主人心情苦闷，絮絮叨叨地与仆人讲心事，台词一大段，女仆人只说了一句话。可这一句话就把戏剧气氛造出来了，收到较好的剧场效果。在排练与演出过程中，她跟凤子学到很多东西。

《祖国》之后，联大剧团演出了《原野》并参加了《黑字二十八》的演出，由剧作家曹禺亲自导演。曹禺当时在迁到四川江安的南京国立戏剧学校任教，是闻一多、孙毓棠、凤子等以国防剧社的名义邀请他到昆明执导的。国防剧社是当时昆明实力最强的戏剧演出团体，由于有官方支持，资金雄厚，可以聘请著名演员担任角色，也可以举办一些大型公演活动。闻一多、孙毓棠等老师商量，请国防剧社支付曹禺来昆明的往返路费和在昆明的接待费，故请国防剧社出面邀请曹禺。同时，他们也考虑让联大剧团的演员多接触名师，演名剧。1939年7月13日，曹禺飞抵昆明。经研究，《原野》由曹禺任导演，孙毓棠任舞台监督，闻一多和雷圭元负责舞台设计，演员主要由联大剧团出任。《黑字二十八》人物众多，场面大，由曹禺、孙毓棠、凤子、陈豫园、王旦东组成导演团，闻一多任舞台设计，演员从联大剧团、云大剧团、国立艺专[①]、省立艺师等单位挑选。张定华在《原野》演出中做后台工作，在《黑

---

① 1940年底，国立杭州艺术专科学校与北平国立艺术专门学校合并而成的国立艺术专科学校迁到昆明，简称国立艺专。

字二十八》中演一位进步的女学生。女学生的父亲是一个小汉奸,由曹禺演。在演出中,张定华亲炙大师,技艺提高很大。

由于有以上学习机会,张定华成了联大剧团的主要骨干演员,并且参演了《夜未央》、《雷雨》、《玩偶之家》、《塞上风云》、《雾重庆》、《妙峰山》、《阿Q正传》、《草木皆兵》等剧。这些经历使她领悟了戏剧艺术的真谛,真正爱上了戏剧,后来以戏剧为职业,一生从事演剧、编剧和做后台工作。

像张定华这样从社会学习,从实践学习,从名师学习,而后终生从事艺术工作,成为艺术家的西南联大同学还有好几位。

**(三)新中国剧社的音乐和戏剧活动**

1944年秋,日本侵略军大举进攻桂林,新中国剧社撤出,经过长途跋涉,于1945年春到达昆明。由于西南联大师生与新中国剧社有诸多旧交,很快又有了新的合作往来。1945年5月18日,西南联大文艺社举行"高尔基逝世九周年纪念晚会",邀请新中国剧社参加。在晚会的最后,剧社演唱了《茶馆小调》。歌词反映了现实的压抑、沉闷,表达出"在沉默中爆发"的力量,抒发了一个有良心的茶客亦即大多数中国人的心声,而语言民间化、口语化,具有茶馆里的说书风格,听者乐于接受。歌曲采用民间说唱音乐的格调,旋律起伏变化,充满机智、诙谐和嘲讽情调,末尾唱出战斗豪情。"到《茶馆小调》唱毕,全场的情绪达到最高潮,人们都坐不住了,先是拼命鼓掌、欢呼,后来又喊口号、唱歌,形成了震撼天地的怒潮。"①晚会后,《茶馆小调》在西南联大传开了,学生们随口唱着,歌声飘满校园,唱遍茶馆,回荡于大街小巷,高声唱

---

① 曹珉语,转引自王景山:《西南联大和〈茶馆小调〉》,《炎黄春秋》,2003年第10期。

歌咏队的成员参加劳军，去部队演唱，还教会了战士唱，成为一首云南的"流行歌曲"，后来歌曲还被三校复员的学生带到北京和天津演唱。闻一多有感于新中国剧社"能把握人民现实生活"①的态度，作《"新中国"给昆明一个耳光罢》一文以称赞。西南联大从新中国剧社学到的是人民的立场和现实的态度。

　　剧艺社与新中国剧社的共同创作更多一些。昆明的"一二·一"惨案，西南联大师生震怒，昆明人民气愤，新中国剧社社员也义愤填膺。郭良夫遍搜同学潘琰的事迹，写成三幕剧《潘琰传》让剧艺社举行排演。由于剧艺社同时演出其他剧目，排演《潘琰传》的力量不够，新中国剧社给予了大力帮助，"正在新中国剧社养病的演剧四队著名导演张客抱病担任导演，新中国剧社无保留地供应了演出需要的布景、灯光等舞台器材"②，群众演员也由新中国剧社出任，李鸣、王劲和黄国伦三人从头至尾参加演出。那是在随时会遇到军警镇压的情况下进行的。新中国剧社冒着危险，为提高演出质量做了大量工作。昆明学生"停灵复课"后，新中国剧社排演奥斯特洛夫斯基的《大雷雨》，剧艺社前去参加布景制作、装台和其他舞台工作。之后，洪深从四川来昆明为新中国剧社导演《鸡鸣早看天》和《牛郎织女》，演员不够，剧艺社社员虽在期末大考期间也没有放过参加排演的学习机会，参加了新中国剧社的排演。萧荻、徐树元、聂运华、张天瑉在《草莽英雄》中充当演员，汪仁霖在《鸡鸣早看天》中饰演重要角色。后

①闻一多：《"新中国"给昆明一个耳光罢》，《闻一多全集》第2卷，武汉：湖北人民出版社，1993年12月，第234页。
②萧荻：《承前启后的战斗集体——忆联大剧艺社》，西南联大校友会编：《笳吹弦诵在春城——回忆西南联大》，昆明：云南人民出版社，1986年10月，第403页。

来，新中国剧社排演吴祖光的《牛郎织女》，剧艺社也前去帮忙。新中国剧社在昆明演出的每一个戏，都有剧艺社社员付出辛劳，同时，剧艺社社员也从新中国剧社那里学到了许多东西。例如，在《草莽英雄》的排练中，他们看到了大导演洪深对于艺术一丝不苟的态度：排戏在一个三合院的天井里，洪深端坐廊上，身后坐着场记、剧务、舞台监督及舞台各部门负责人。排练前，他先讲戏，演员对词，排练时，先走大台位，反复走熟，再细排，他会突然叫停发问："你为什么走到这里？""你做这个动作心里是怎么想的？"若有问题，他再详为讲解，并亲自示范。

萧荻、徐树元等社员在新中国剧社的历次演出中都参与了布景制作和舞台装置工作，在工作中学到了一些技术和创造的本领。《大雷雨》有一场戏，要求在瞬间把一座建筑物变成一座花园，这在当时的条件下是相当困难的。他们做了一块特大景片，绘上建筑物，换景时，灯闸一拉，用滑轮把布景挂上，挡住建筑物，于是大功告成。在《牛郎织女》中，织女上天的表演则做个平台，织女站在上面，利用滑轮让平台在云雾中冉冉升起，形象逼真。新中国剧社利用现实条件，解决技术难关的方法和才智，通过实际排演操作，为剧艺社社员所拥有了。

所以，萧荻说："联大剧艺社的社友，不仅从新中国剧社学习到抗敌演剧队的战斗传统，也在参与新中国剧社的演出活动中得到许多表演艺术和舞台技术的教益。"[1]这是当事人的恰当总结。

---

[1] 萧荻：《承前启后的战斗集体——忆联大剧艺社》，西南联大校友会编：《箫吹弦诵在春城——回忆西南联大》，昆明：云南人民出版社等，1986年10月，第405—406页。

### 三、对社会开放

西南联大对于昆明社会的文化交往，不是单方面的索取，而是取予相对，公平"交易"，只是以一所学校对一座城市，量有大小而已。西南联大从社会学习的当然不止于音乐、戏剧以至文艺，回报给昆明社会的也是多方面的，因主题的限制，此处主要谈艺术罢了。

新校舍建成以前，西南联大师生遍布全城，新校舍建起来以后，西南联大虽然有了围墙和大门，仍然是一所对社会开放的大学。

新校舍建有学生宿舍，学生统一住宿，大房间，双层床，四十个人一间，每个新生都能分到一个床位。但初期管理不严格，分配无体系。既不按学院或班级分配，也不以年级为单位，而是有空床即住，学生自己找床位。西南联大学生流动大，有的考试不及格，退学了；有的学习期间到外地兼差，休学了；还有的去外面租房，搬走了，反正空床总会出现。由于用床不收费，人走时无须向总务处报告。住宿者可以自由组合，一般是同学、朋友，合得来的人住在一起，搬来搬去都可以。不是熟人，合不来也没关系，各人做事不同，作息时间不同，虽然上下床位，一学期难见几次面。汪曾祺在新校舍25号宿舍住，"睡靠门的上铺，和下铺的一位同学几乎没有见过面"[1]。

这里不是讲西南联大宿舍管理的松散，而是讲自由与开放。别人谈西南联大的学风，重点是民主与自由，汪曾祺却在其后加了个"开放"。一种定型的风格恐怕不止表现在某一个方面，而会有

---

[1]汪曾祺：《新校舍》，《汪曾祺全集》第5卷，北京：北京师范大学出版社，1998年8月，第391页。

多面的表现。汪曾祺说西南联大的学风"开放"，恐怕不仅表现在
教学上，也表现在生活上。他认识的作家曹卣，就住在新校舍学生
宿舍25号写了两年的小说。曹卣是同济大学的学生，酷爱文学，小
说和散文写得很好，年纪轻轻就在全国很有影响的大报和大型文
艺刊物上常发表作品，巴金主持的文化生活出版社还为他出版过
作品集。当时同济大学还在澂江，他随校而来，却不去学校上课，
而住在西南联大搞文学创作。李典是文聚社的最初发起人之一，
搞美术，尤长木刻和漫画，《文聚》杂志出版，封面就是他参加
设计的，《文聚》中也有他的木刻作品。但他不是西南联大学生。
"他是一个华侨，喜爱木刻，住在西南联大学生宿舍，因此参加过
西南联大的一些活动。他现在在香港，是有名的美术家。"①校
外人住在新校舍，还参加学生活动，毫不自外。李典参加过的社团
除文聚社外，还有群社和热风社。王彦铭老师为这种情况作了证
明："西南联大学生很自由，入学报到时分给一个床位，管你住不
住或住什么人。有的外人不仅住在学生宿舍，还去旁听老师讲课，
参与学生活动。"②王彦铭1941年考入西南联大，比汪曾祺和方
龄贵晚三年，毕业后留校任教。西南联大学生住宿的自由与开放
大概是一贯的。

　　西南联大的学生宿舍是开放的，教学活动也是开放的。

　　首先，西南联大教师上课任何人都可以去听。住在学生宿舍
的校外青年，有许多是为了听课才住在那儿的。有的在里面住上
几年，把一些重要的课都听完了。他们因自己的学力不够或其他
原因考不上大学，却以旁听的方式念了大学，大多数则是听了一段

---

①李光荣访方龄贵记录，2004年5月21日，昆明方寓。
②李光荣访王彦铭记录，2004年3月8日，昆明王寓。

时间的课又走了。王彦铭老师曾对笔者说："陈晓华先生告诉我，他的宿舍里就有这种人。有一个人更奇，消失了一段时间又回来听课，谁也不知道他是干什么的。"[①]许多学生回忆闻一多讲课，教室里的过道上坐满了人，窗外、门口也站满了听者，其中有一些是外校的学生和校外人士，有的是来听具体内容，有的是慕名而来领略风采的。而当空袭警报声响，讲课中断，有时老师把课堂移到茂密的树林中继续讲授。这种"课堂"就是全面开放的了。有一次，陈达在黄土坡外树林下坐在泥坟堆上讲社会学，引得路过的群众站在旁边聆听[②]。

其次，派教师去外校和各种培训班讲课。一些老师为两所学校兼课，如费孝通既是云大教授又是西南联大教授；魏建功、罗庸相继兼任中法大学中文系主任，闻一多、唐兰等都去上课；该校中文系的课程基本上是西南联大的老师去开的。"联大曾在1938年暑假与云南大学、中央研究院等联合举办过中等学校在职教师暑假讲习会，并与省教育厅合作，先后于1939年和1944年举办过两期一年制的在职教员晋修班，后来又举办过为期三个月的中学理化教员实验讲习班，并发给实验器械。"[③]1941年为支持中国抗战，美国空军大量援华，需要翻译人员，应政府军事委员会之请，西南联大派员举办译员培训班，从教师到班主任全是西南联大教师。

最后，师生外出兼课。西南联大开初，有教师未经学校批准

---

①李光荣访王彦铭记录，2004年3月8日，昆明王寓。

②陈达：《浪迹十年》，上海：商务印书馆，1946年10月，第201页。

③西南联大北京校友会编：《国立西南联合大学校史——一九三七至一九四六年的北大、清华、南开》，北京：北京大学出版社，2006年1月，第80页。

不能到校外兼课的规定。此规定随着社会交往的要求和物价飞涨的实际而被冲破。王力兼任粤秀中学校长，闻一多在昆华中学兼课，戴世光、陈达在呈贡中学兼课。闻一多挂牌治印，做手工活计，梅贻琦、蒋梦麟、熊庆来三校长和冯友兰等九位教授为他做推荐人，浦江清教授为他写广告词，何其隆重！更何况教书育人以养家活口，为的是生存需要。学生到中学兼课的就更多了。不仅在昆明的中学，还到了外地，如建水的建民中学、石屏中学、曲靖中学等都有西南联大的同学。西南联大同学还在昆明创办了天祥、五华、长城、建设等中学，甚至去墨江创办了磨黑中学。许渊冲依据天祥的教师——西南联大的学生后来大多成为国内外一流学者的阵容，把天祥中学称为"天下第一中学"①。

如此开放的教学，受惠的当然是云南那些求知的人士了。

课堂开放，课外活动就更为开放了。

西南联大课外活动的丰富是著名的，一些重大的课外活动并不是关起门来搞，而是对外开放，欢迎校外人士参与的。这里以社团组织和晚会来作一些观察。

开放应该视为西南联大社团的一个传统。老师组织的社团出版刊物，如《战国策》、《自由论坛》、《今日评论》、《国文月刊》等与校外合作，发表社会人士稿件等自不待言，学生组织的社团也是开放的。最典型的是南荒文艺社、文聚社、新诗社。南荒文艺社以高原文艺社为主，吸收同济大学、中山大学、同济附中的学生作者参加，写出的作品在《大公报》和其他著名的报刊上发表，成为一个著名的文学社团。文聚社创办《文聚》公开向社会

---

①许渊冲：《追忆逝水年华》，北京：生活·读书·新知三联书店，1996年11月，第135页。

发行。其社团成员，基本作家队伍，办刊者乃至组稿者是西南联大师生，但它向社会约稿，刊载外校、昆明地区、大后方和延安的稿件。由于作者面宽，稿源丰富，编辑力量强，刊物很快就名扬社会。新诗社一开始就抱定了开放的办社宗旨，宣称诗社的"大门永远开着"。"参加新诗社活动的朋友，不必履行什么手续，愿意来的随时可以来参加活动，不想再参加的，随时可以不告而别。"[①]这样，新诗社到底有多少人，无人知晓。社会上有多少人加入，也无人知道。笔者在本世纪初采访文化老人，许多都说自己是新诗社成员。原中法大学学生杨明说："《死在战场以外的中国兵》在反内战群众大会上朗诵，第一次发表就是闻一多先生朗诵的。闻先生在新诗社的诗歌朗诵会和其他集会上多次朗诵过。"[②]新诗社在昆明社会有很高声誉，除新诗的力量外，与其开放的组织方式有关。艺术社团中，联大剧团、高声唱歌咏队、阳光美术社、剧艺社也是开放的。在联大剧团中，凤子、李文伟不是西南联大人。在高声唱歌咏队中，徐菊英、陈端芬是昆华女中的，沈希文和熊凤英是培文中学的。阳光美术社的两位技术指导，林聆是逃亡昆明的孤儿，杨祖述是译员训练班的教官，此外还有中学教师加入。剧艺社在初期的小剧场演出中，有国立剧专来昆明的同学凌琯如、陈健、胡庆燕等参加，后期的演出得到新中国剧社的多方协助。可以说，西南联大的艺术社团很少没有校外人员参加的。

　　社团组织开放，社团活动更为开放了。限于篇幅，这里举新诗

---

①史集：《闻一多和新诗社》，赵慧编：《回忆纪念闻一多》，武汉：武汉出版社，1999年9月，第264页。

②李光荣访杨明记录，2004年4月14日晚，昆明医学院第一附属医院干疗科。

社的活动为例。1945年4月21日，新诗社与文协昆明分会举办马雅可夫斯基逝世十五周年纪念会，田汉、李何林、光未然、常任侠等出席。5月5日，新诗社等昆明七个文艺团体举行第一届"文艺节"晚会，吕剑、楚图南、尚钺、常任侠、李何林、周钢鸣等作了报告。6月14日，新诗社等十六个文艺团体举办"诗人节"晚会，姜亮夫、田汉、徐嘉瑞、尚钺等出席并讲话。以上名人均非西南联大教授。9月中旬，新诗社举行"为胜利，为民主、和平、团结而歌"大型诗歌朗诵会，旅昆诗人光未然朗诵自己的新作《民主在欧洲旅行》，还有一些文艺界人士和中学生朗诵诗歌。

最大的开放是"一二·一"运动。"一二·一"运动是西南联大的胜利，是昆明全体学生的胜利，同时也是昆明各界人士的胜利。"一二·一"之前的"一一·二五"时事晚会就是由西南联大、云大、中法、英专四所高校联合举行的，邀请作演讲的教授除西南联大的钱端升、伍启元、费孝通外，有云大的潘大逵。"一二·一"死难者中，有中学教师于再和昆华工校学生张华昌。罢课是昆明中等以上学校联合举行的。停灵期间，西南联大图书馆设为灵堂，昆明市平民乃至省内外人士前往吊唁，昆明各大、中、小学校校长，各行各业领导，乃至昆明市市长、云南省政府主席前往吊唁。图书馆成了诗的海洋、画的海洋，开门对外，让大家倾诉悲痛、吸纳力量，夺取斗争的胜利。何达的《图书馆》一诗记录了这种情况：

千万人

读着

抄着

谈论着

拥挤着

眼中有泪

心头有火

脑子里有了决定


这是历史的转捩点

这是一个伟大的时代

大学打开了门

图书馆打开了门

让千万人进来

　　戴着老花镜的

　　缠着蓝头巾的

　　抱着小娃娃的

　　……

都进来

从来没有进来过的

千千万万的人

都进来


都进来

认识一下自己的道路

这是为反内战而死的

　　烈士的棺材

这斑斑点点的

　　为争民主而流的血

你，刽子手

也进来啊

认识一下人民的愤怒①

开放让社会各界进入了西南联大，开放使西南联大融入了社会。学校与社会融为一体，学校的事就是大家的事，大家齐心协力斗争，共同赢得了"一二·一"运动的胜利。

也许，开放是大学走向成功的通途。

四、为社会服务

西南联大为云南的服务是多方面的，概括起来，首先是教育方面，在提高教学质量和扩大学校招生两方面做出了重大贡献；其次是文化服务，创办报刊，整理地方文化遗产；再次是社会调查，调查了云南的人口、语言、地理、矿藏；最后是科技应用，设计新项目，开发新产品，解决生产生活中急需的问题。这里仅从艺术演出和文史讲座两方面进行阐述。

滇缅公路开通，大量物资需要运输。那时，国内的汽车驾驶员奇缺。爱国华侨领袖陈嘉庚在南洋号召青年同胞回国参加抗战，他们中的司机被派往滇西，在滇缅公路上运送物资，有力支持了国内的抗战。参加公路运输的华侨青年，被称为"华侨机工"。国民政府为感谢华侨机工的贡献，特于1939年5月在昆明举办"慰问华侨机工回国服务团大会"。联大剧团曾于是年2月在昆明公演话剧《祖国》，受到观众的普遍好评。国民政府便把《祖国》选为慰问节目。联大剧团欣然接受这一任务，于5月6、7两日在新滇大戏院连演两场。演出博得华侨机工一阵阵掌声，起到了鼓舞抗日情绪的良好作用。演出结束后，学校又邀请华侨机工到校参观，

①何达：《我们开会》，上海：中兴出版社，1949年6月，第139—142页。

和师生一道举行游园活动。此次社会服务的级别很高，从上说，这次慰问大会是国民党中央执委会海外部、国民政府侨务委员会、军委会西南运输处联合举办的，西南联大为会议演出和招待会议代表，便是为国民政府服务；从外说，观众来自南洋，演出是代表国家慰问华侨，其影响可以远达海外。这次成功演出是为国争光，说明联大剧团的演出水平达到了可以代表国家的程度，服务质量是相当高的。

公演是戏剧工作者为社会服务和坚持"文艺抗战"的一种主要方式。西南联大的戏剧社团虽是业余的，在昆明的公演却不算少。成千上万的观众看过演出，受到教育，获得了美的享受，提高了艺术品位，戏剧演出的社会效益得到了实现。现按首场演出的时间顺序，对西南联大各戏剧社团1939年至1942年的公演列举如下以获得初步印象：

| 序号 | 剧目 | 演出剧团 | 演出时间 | 演出地点 | 演出场次 | 备注 |
|---|---|---|---|---|---|---|
| 1 | 《祖国》 | 联大剧团 | 1939年2月18日 | 新滇大戏院 | 八场 | |
| 2 | 《原野》、《黑字二十八》 | 联大剧团等 | 1939年8月16日 | 新滇大戏院 | 三十二场 | 以国防剧社名义演出 |
| 3 | 《夜未央》 | 联大剧团 | 1940年2月20日 | 省党部礼堂 | 七场 | |
| 4 | 《阿Q正传》 | 戏剧研究社 | 1940年9月25日 | 省党部礼堂 | 十五场 | |
| 5 | 《雷雨》 | 联大剧团 | 1940年10月8日 | 大逸乐戏院 | 三场 | |
| 6 | 《玩偶家庭》 | 联大剧团 | 1941年7月8日 | 昆明大戏院 | 九场 | |
| 7 | 《野玫瑰》 | 国民剧社 | 1941年8月2日 | 昆明大戏院 | 七场 | |

续表

| 序号 | 剧目 | 演出剧团 | 演出时间 | 演出地点 | 演出场次 | 备注 |
|---|---|---|---|---|---|---|
| 8 | 《权与死》 | 青年剧社 | 1941年8月9日 | 昆明大戏院 | 五场 | |
| 9 | 《塞上风云》 | 联大剧团 | 1942年8月5日 | 西南大戏院 | 五场 | |
| 10 | 《妙峰山》 | 联大剧团 | 1942年10月12日 | 省党部礼堂 | 十场 | 以国防剧社名义演出 |

公演是为观众提供教育和娱乐性服务,将演出所得收入给予他人更是奉献式服务。西南联大的演出多为公益性质。例如,联大剧团"为前线将士募鞋袜"而演《祖国》,"为筹募劳军礼金"而演出《夜未央》,"为劝募公债"公演《玩偶家庭》,"为募集前线将士医药"公演《塞上风云》。戏剧研究会"为学生救济委员会筹集基金"而公演《阿Q正传》。这些演出是为前线将士和后方贫困学生所做的奉献,是西南联大师生以自己的特长为夺取抗日战争的胜利所做的工作。以上演出的收入确实送到对方手中并发挥了作用。例如,《益世报》告读者:

> 联大话剧团前公演《祖国》所得之票费国币一千一百八十元四角四分,当(尝)请本报转汇重庆全国慰劳抗战将士委员会总会,昨接重庆来信,称所寄之款,业经照收,即代购物品,将赠前方将士……该会并请本报代向联大话剧团致谢云。[1]

---

[1]《联大剧团捐赠公演票费　慰抗委会来信致谢》,《益世报》,1939年5月23日。

无线电广播在当时还是一件新鲜事。广播宣传面广、听众多、影响大，是当时传媒效果首屈一指的。因此广播是那时政治家争夺的对象之一。近代中国由于科技落后，广播事业举步维艰。1928年，中国第一家全国性的无线电广播电台中国国民党中央执行委员会广播无线电台（简称中央广播电台）在南京建成开播。1932年扩大功率，成为亚洲最大的广播电台。国民党的若干重要新闻、政治、文艺节目都从那里播出，影响广泛。1937年日本全面进攻中国，中央广播电台成为其重点轰炸对象，遂早迁到重庆，但功率小多了。国民党当局于是决定在昆明建一座更大的无线电广播电台。1938年开始筹建，1940年建成开播，系当时中国功率最大，覆盖面最广的广播电台，昆明广播电台每天播音七个小时，在国内外产生了巨大影响。

昆明广播电台开播，西南联大给予了高度的重视，积极的支持并充分的利用。昆明广播电台还在试播阶段，西南联大歌咏团就两次被邀请去电台演唱抗战歌曲。8月31日，"为响应募集寒衣"运动，得到昆明广播电台允许，西南联大歌咏团借电台音乐播音室举行小型音乐会并现场播放，歌曲全是抗战内容，其中有《黄河大合唱》全曲中的《黄水谣》、《河边对口曲》、《黄河颂》、《保卫黄河》等几支曲子。西南联大在昆明广播电台音乐戏剧节目中任专职或兼职助理干事的先后有刘蕙君、刘振汉、高小文、官知节、郑敏、罗翠玉、陈斐昂等人，其中刘振汉为西南联大师范学院音乐教师，在电台任音乐指导。师范学院的另一位音乐教师顾钟琳多次被请去演播小提琴。戏剧团体也利用广播把"演出"传向远方。联大剧团在《祖国》公演和慰问华侨机工后，应昆明广播电台邀请为广播演播。之后，又演播了《雾重庆》、《锁着的箱子》、《怒海余生》、《人约黄昏》、《未婚夫妻》等，联大剧团的声名传播至海内外。戏剧研究社应邀到昆明广播电台演播《上海屋檐下》和《夜光杯》①。

　　知识分子拥有知识,为社会服务自然首先是运用知识的智力服务。西南联大的教授们把自己所学传授他人,服务社会,做了大量工作。这里举几次比较集中的讲座,以窥见西南联大对社会的智力服务:

　　1943年5月,教育部发起文史讲座,昆明片区委托西南联大主讲,其演讲人有:鲍觉民、郑天挺、王信忠、邵循正、姚从吾、蔡维藩。1944年2月,教育部再发起史地教育讲座,委托西南联大主办昆明片区的讲座,主讲人及内容安排如下:

| 序号 | 主讲人 | 所讲内容 | 备注 |
|---|---|---|---|
| 1 | 吴　晗 | 中国文化史·社会 | |
| 2 | 孙毓棠 | 中国文化史·经济 | |
| 3 | 姚从吾 | 中国革命史 | |
| 4 | 袁复礼 | 新疆史地 | |
| 5 | 邵循正 | 蒙古史地·史 | |
| 6 | 张印堂 | 蒙古史地·地 | |
| 7 | 郑天挺 | 西藏史地·史 | |
| 8 | 张印堂 | 西藏史地·地 | |
| 9 | 王信忠 | 中国与日本·史 | |
| 10 | 鲍觉民 | 中国与日本·地 | |
| 11 | 蔡维藩、鲍觉民 | 中国与世界——史地比较 | |
| 12 | 崔书琴、王赣愚 | 中国与世界——中国在世界中之地位 | |

①关于昆明广播电台播出西南联大戏剧的情况,参考了戴美政《抗战中的昆明广播电台与西南联大》一文,见抗日战争与新闻传播学术研讨会编:《抗战广播史论文集》,北京:首都师范大学出版社,2006年8月。

内容如此丰富的讲座，堪称史地文化盛宴，其"服务（教育）"效果显然。

规模较大时间较长的一次是为云南省地方行政干部训练团开设的系列讲座。为了提高各级行政干部的文化素质，云南省特举办地方行政干部训练团，在外地的行政机关抽出干部集中于昆明，驻昆明的省属机关及昆明市各个机关轮派职员听讲，讲座地点在华山小学，时间为1942年全年，主讲人主要是西南联大和云南大学的教授而又以西南联大为主。每次讲座前，云南省地方行政干部训练团都给西南联大和云南大学发专函，写明请某教授于某时某地讲什么，并表示"欢迎贵校员生自由参加"。由于这些讲座的资料难以查找，现将主讲人和题目按时间先后顺序列表于下，以供研究者共享：

| 序号 | 时间 | 主讲人 | 讲题 | 备注 |
|---|---|---|---|---|
| 1 | 1月20日 | 曹仲瑜 | 乡村与国家 | |
| 2 | 2月24日 | 蔡维藩 | 世界大战与中国 | |
| 3 | 3月14日 | 潘光旦 | 抗战后的民族健康 | |
| 4 | 3月16日 | 周炳琳 | 政治与法治、人治及吏治 | |
| 5 | 4月13日 | 杨振声 | （题缺） | |
| 6 | 4月23日 | 汤惠荪 | 垦殖问题 | |
| 7 | 5月3日 | 潘大逵 | 世界和平之途径 | |
| 8 | 5月12日 | 王迅中 | （题缺） | |
| 9 | 5月12日 | 王伯琦 | 对于权利应有的认识 | |
| 10 | 5月17日 | 鲍觉民 | 中国工业化的地理背景 | |
| 11 | 5月20日 | 贺 麟 | 唯物史观与精神史观 | |
| 12 | 5月25日 | 傅恩龄 | 敌人今后之动向 | |
| 13 | 6月17日 | 陈友松 | 现代教育思潮 | |

续表

| 序号 | 时间 | 主讲人 | 讲题 | 备注 |
|---|---|---|---|---|
| 14 | 6月24日 | 沈来秋 | 云南在国防经济上之地位 | |
| 15 | 7月6日 | 赵雁来 | 煤炭应用合理化的检讨 | |
| 16 | 7月15日 | 汤用彤 | 中国之佛教 | |
| 17 | 7月29日 | 郑天挺 | 明清两代滇黔之开拓 | |
| 18 | 8月5日 | 吴泽霖 | 种族与历史 | |
| 19 | 8月12日 | 黄子坚 | 国家的教育 | |
| 20 | 8月26日 | 林同济 | 士气与吏治 | |
| 21 | 9月9日 | 朱自清 | 应用文的体制 | |
| 22 | 9月30日 | 朱自清 | 应用文的体制 | |
| 23 | 10月2日 | 费孝通 | 中国乡村工业之性质及前途 | |
| 24 | 10月7日 | 曾昭抡 | 战争的科学 | |
| 25 | 11月11日 | 赵迺抟 | 通货膨胀的影响 | |
| 26 | 11月18日 | 燕树棠 | 身份与责任 | |
| 27 | 11月25日 | 萧　遽 | 地方经济与国家经济 | |
| 28 | 12月7日 | 朱驭欧 | 如何划分中央与地方之权界问题 | |
| 29 | 12月22日 | 周先庚 | 心理学与人事管理 | |

　　从这些题目可以看出，此次讲座所讲范围相当广泛，既有历史又有现实，既有政治又有经济，既有战争又有生产，既有哲学又有教育，既有中央又有地方，既有城市又有农村，既有生活又有健康，等等。一方面可以看出当时的知识分子在研究一些什么问题，另一方面说明当时的云南省政府对行政干部的文化知识要求的程度。如果一个干部真正掌握了这些方面的知识，可谓博学之士了。西南联大实行的通识教育所能达到的深广度大概也只能如此。

　　西南联大为社会的服务及其影响应是一篇大文章，在此只能写出这些。

五、互动的效果

社会由若干个体组成。个体在社会中总是与周围构成若干种关系，生存环境即此意。个体与社会在交往中，准确地说是个体与社会中的其他个体在交往中如果只是单方给予，便不是一种良好的状态，且这种关系也是不会持久的，只有双方平等互利，相互往来，才是良好的交往，才能保持长久。简言之，互动是最好的交往状态。互动的结果是双方共同的，或者互赢，或者互亏。但双方因共同的利益关系，一致向好的方面努力，结果是互赢得更多一些。下面从几个方面看看西南联大在云南社会的交往中所得到的收获：

（一）艺术交际

西南联大新到昆明，人地生疏而又白手起家，尤其需要良好的社会关系，与多方构成互动，同时获得各种支持。这就必须利用学校上上下下的关系，各层出动，实行全方位交际，建立起全方位良好的互动关系。艺术在交际中具有特殊的作用，从特定的意义上讲，艺术在某种时候可以充当交际的工具。多国交往中互派艺术团体进行演出，有时国家领导人外出访问带文工团就是对艺术交际功能的运用。

西南联大在某些时候也利用艺术交往收到良好的效果。1943年6月25日，西南联大师范学院为欢送毕业同学在中法大礼堂演出京剧《卖马》、《法门寺》，中法大学部分师生出席观看。1945年1月19日，西南联大为欢送从军同学在昆华女中礼堂演出《草木皆兵》，昆华女中部分师生前往观看。西南联大多次与昆明的高校云南大学、中法大学、英语专科学校等及一些单位的艺术团体共同举行纪念会和艺术演出等。如1945年5月14日，昆明十六个文艺团体共同举办"诗人节"晚会，西南联大和云南大学的艺术团体表演了文艺节目，新中国剧社演唱了民歌，昆明文化界重要人物和各校学生数百人出席观看，大家情绪激昂，晚会从晚七时一直开到十二时。1946年昆明学联举办"五四"纪念周，由云大学生自治会承办，西南联大剧艺社于5月5、6日晚演出《芳草天涯》，各校学生均有代表观看。西南联大在学校以外的艺术活动，不少也具有交际的作用。例如，前述1939年5月6、7日为听从国民政府的选派，演出《祖国》慰问华侨机工回国服务团；同年7月7日，为纪念全面抗战二周年，西南联大师生参加昆明各界举行的活动，特举办画展；1942、1943年，西南联大学生参加基督教青年会组织的劳军宣传队，去驻扎在昆明附近的国民党军队和滇军部队慰问，演出话剧并教战士唱歌，表演苏联卫国战争时的歌曲《人不犯我，我不犯人》。1944年暑假、1945年寒假，又两次去驻扎在建水的部队中慰劳，教战士唱《保卫大西南》、《茶馆小调》等歌曲。1945年暑假，共产党云南省工委组织学生去路南圭山彝区工作，工作队主要由西南联大、云南大学等大学学生组成，王松声创作剧本《彝汉一家》演出以改善民族关系，他还发现了彝族民间歌舞的艺术价值，在闻一多等昆明文艺界名人支持下，组织了一支彝族青年歌舞队到昆明演出，让彝族人民对西南联大有了了解，加深了彝族和汉族同胞的感情。

　　学校和社会建立了良好的互动关系，许多工作就好开展了。西南联大学生"倒孔"游行，政府派警察沿途保护，直到把游行队伍送回学校。"一二·一"运动得到社会的广泛同情和支持，首先固然是正义所在，却也反映出西南联大良好的社会形象，人民群众才会站在军警的对立面，冒着危险支持学生运动。由于深入彝区进行宣传，做民族工作，同时把民族歌舞搬上都市大舞台，传到远处，彝族人民对西南联大有好感，一些西南联大毕业生能够去圭山彝区办学，做文化工作。桂黔滇边区挺进纵队解放云南，首选圭山为根据地，一些学生参加"边纵"，深入彝族同胞中开展工作，为云南的解放做出了贡献。有的同学毕业后或者休学在昆明或外地任教，有的同学甚至在社会上创办学校得到社会的支持，既解决了一部分毕业同学的工作，又开创了社会事业。"皖南事变"后，西南联大有一百多名学生疏散出去，得到人民群众的掩护。

总之，西南联大与社会建立了良好的互动关系，其结果是双赢的。艺术在互动关系的建立和巩固过程中所起的作用不应被忽略。

### （二）教育资源

资源能够互相为用，是社会制度良好的显现之一。云南社会利用西南联大的文化科学资源，办工厂、修机场、建造水电站、设置大戏院、普查人口、调查边疆、发掘滇中文化、撰修地方史志等等，西南联大则利用社会资源办学。请各方面人士到校演讲即是其一，此略选几项依时间为序列为下表：

1. 1937年12月至1938年1月，请陈独秀、徐特立、张季鸾、陈诚、张治中等到长沙临时大学演讲，题目未存；

2. 1939年11月17日，由云南基督教青年会请顾子仁博士到西南联大讲《抗战宣传问题》；

3. 1940年8月22日，请中山大学教授王季高在新校舍二食堂讲《世界政治之趋势》；

4. 1941年3月4日，请著名作家老舍在师范学院附校讲《抗战以来文艺发展情形》；

5. 1941年11月1日，请云南省政府委员缪云台在新校舍为西南联大成立四周年演讲；

6. 1942年2月11日，请国民政府教育部次长顾一樵在新校舍演讲（讲题不详）；

7. 1943年1月26日，请英国牛津大学教授陶德斯在新校舍讲《英国人世界观的改变》；

8. 1943年3月1日，请英国剑桥大学教授尼丹木在新校舍讲《科学在盟国作战上之地位》；

9. 1943年4月26日，请中国远征军司令长官陈诚在新校舍讲《民生主义与民生问题》；

10. 1943年6月18日，请英国牛津大学教授陶德斯在昆北院讲《近代英国教育的传统与实验》；

11. 1943年12月12日，请旅美作家林语堂在新校舍讲《精神文明与物质文明》；

12. 1944年4月3日，请国民党第五集团军总司令杜聿明在新校舍讲抗战形势；

13. 1944年11月8日，请国民党第二十集团军总司令霍揆章在新校舍讲《腾冲之役》；

14. 1944年12月21日，请中央大学师范学院院长邵鹤亭在昆北院讲《自由与教育》。

这些演讲让听众拓展了知识，开阔了眼界，了解了社会，充实了人格，大有利于教育。而在这里，要集中讲的是艺术方面的资源利用。

西南联大实行通才教育，但没有开设艺术课，而把学生的艺术修养放在课外，让学生自我修炼。学生的学习对象，一方面是本校教师，另一方面只可能是校外资源。这里所说的"互动"是指利用校外资源以弥补学校教育资源的不足。例如，在戏剧表演方面，凤子给了西南联大学生不少的教益。她首先是亲身示范，联大剧团的同学跟她一起排戏，品味她如何理解角色，如何表达感情，如何举手投足，如何把说白念得艺术些，近距离的观察模仿，最好的实践课也不过如此；其次是直接指导，在《祖国》的排练中，她亲自指导张定华如何把话说到位，如何走台步，如何用心把角色演好，其他同学也得到过同样的教诲。金马剧社、国防剧社、新中国剧社的大腕们也给过联大剧团和剧艺社的同学亲身教诲。曹禺是名冠全国的戏剧家，学生尤其是喜爱戏剧的学生对他很仰慕，他被邀请到昆明排戏，是学生千载难逢的学习机会，联大剧团的汪雨、黄辉实、郝诒纯、陈福英、孙观华等不仅在曹禺的指导下排戏，而且与曹禺同台演出，每天在一起工作，磨炼两个多月，提高是很大的。在音乐方面，那些爱好唱歌的同学，在组织高声唱歌咏队之前，许多同学如傅冬菊、李志的、萧斧、黎章民等曾是西南合唱团的成员，都在文林堂练过唱，"另一些同学则去文林堂听那里播放的西洋古典音乐或到西坝教堂唱圣诗"[1]。有的同学如周锦荪、胡邦宪、陈月开、温功智、李凌、李玉英、马如瑛等被选去建水劳军，参加唱歌、跳舞、演戏，还教战士唱抗日歌曲。这些都是向社会学习的例子。在绘画方面，开初，国立艺专迁到昆明，西南联大与他们交往密切，喜爱美术的同学曾向艺专的师生学习，观看老师的画展，学到很多东西；后来，另一些同学组织阳光美术社，请了两位技术指导，一位是流浪到昆明从事绘画艺术的林聆，一位是昆明译员训练班的教官杨祖述，他们对社员作画给予具体指导，使大家的绘画技法有所提高。

---

[1] 黎章民：《"我们的青春像……"——记高声唱歌咏队》，西南联大校友会编：《笳吹弦诵在春城——回忆西南联大》，昆明：云南人民出版社等，1986年10月，第416页。

### （三）创造业绩

教育工作的任务是育才,人才的贡献在于创造。西南联大借社会力量获得艺术教育,学生还未毕业出校门即还没最终成才,就创造了可以载入史册的业绩,显示了西南联大教育的不凡。

曹禺来昆明导演《原野》和《黑字二十八》是闻一多、孙毓棠、凤子促成的。西南联大教师孙毓棠参加了《黑字二十八》的五人导演团。两剧的舞台美术和服装设计都有闻一多的功劳。两剧都有联大剧团的演员,尤其是《原野》,几乎全是联大剧团演的。从8月16日开始,两部剧交替演出,至9月17日落幕,共演出三十二场。"当时话剧观众有限,一次演出,为期五至七天,顶多头三天能卖七八成座,后三天能卖六成已经很不错了。"[①]这两部剧的演出场次却为当时一部剧演五至七天的二至三倍,且场场满座,观众还要求续演。因曹禺要回四川工作,才宣布停演。这样的盛况,云南戏剧演出史上前所未有,在《原野》演出史上也是空前的。朱自清说:"这两个戏的出演,却是昆明一件大事,怕也是中国话剧界一件大事罢。"[②]云南戏剧史家吴戈把《原野》的演出视为"抗战时期昆明话剧舞台的三次高潮"之首(另外两次演出是杨村彬的《清宫外史》(第一部)和郭沫若的《孔雀胆》)[③]。《原野》的演出是开创历史记录的例子。剧艺社创作和演出的《凯旋》

---

① 翟国瑾:《忆一次多灾多难的话剧演出》,云南省政协文史资料研究委员会等编:《云南文史资料选辑》第34辑,昆明:云南人民出版社,1988年10月,第484页。

② 朱自清:《〈原野〉与〈黑字二十八〉的演出》,《今日评论》第2卷第12期,1939年9月10日。

③ 吴戈:《云南现代话剧运动史论稿》,北京:中国文联出版社,2001年9月,第114页。

也是开创历史的。《凯旋》是一部广场剧,作者一边创作,剧团一边排练,创作一结束就演出了,可见速成。即使这样,每场演出,观众的反响都很大。演员伍骅回忆说:"(《凯旋》)不管在哪儿演出,都取得了非常好的效果。每场演出结束,群众流着热泪,高呼'反对内战'的口号,台上、台下打成一片。"①这部剧不仅在昆明演,还在全国许多城市如重庆、武汉、南京、天津、北京演出,仅剧艺社在昆明和北京两地就演出了四十多场,是我国反内战剧作中演出场次最多、影响最大的一部。这样的效果和影响,在广场剧中,只有《放下你的鞭子》可以相比。王蒙说:"活报剧《放下你的鞭子》动员抗日,《凯旋》反对内战,演完了观众边哭边喊口号……这都是直接的眼前的正面的效果。"②崔国良说:"《凯旋》在中国话剧史上同抗日战争中《放下你的鞭子》一样,在动员人民反内战中发挥了重大作用。"③

　　高声唱歌咏队的《送葬歌》,是严宝瑜为"四烈士"出殡游行而作的。1946年3月17日那天,昆明各大中学师生三万人排成长龙为"四烈士"送葬,队伍举着标语,抬着烈士棺木,从西南联大出发,走过昆明市主要街道又回到学校。高声唱合唱队员分成几组穿插在队伍中,领着大家唱《送葬歌》:"天在哭,地在吼,风吹着摧心的歌……今天,送你们到那永久的安息地;明天,让我们踏着你们的血迹,誓把那反动的势力消灭!"歌声此起彼伏,响彻长

①伍骅:《我参加演出〈凯旋〉和〈潘琰传〉的点滴记忆》,《剧艺社社友通讯》(内刊)第29期,2005年5月。

②王蒙:《再说文艺效果》,《王蒙文集》第6卷,北京:华艺出版社,1993年1月。

③崔国良:《名家十日谈:王松声和街头剧》,《城市快报》,2004年11月26日。

街，表达出大家的悲痛和坚毅，站在路旁观看的市民受到深深的感染。那哀歌送葬的游行大场面，在昆明历史上还是首次。这首歌写成后，呈请音乐家赵沨审阅，赵沨看后说："就它吧！"①葬礼后，它仍然是大家寄托哀思、表达心声的首选歌曲，被若干人咏唱。

西南联大没有舞蹈队，不以舞蹈为主要艺术形式，却在歌舞方面开创了我国历史的新篇。1945年剧艺社骨干王松声去路南圭山彝族聚居地开展抗日宣传，发现彝族民间歌舞具有艺术魅力，联想到城市歌舞的萎靡，产生了把它搬到昆明演出的想法，他以此请教闻一多，得到闻一多的赞同。闻一多在昆明安排演出事宜，王松声去圭山组织节目。1946年5月，一台别开生面的彝族民间歌舞在昆明公演。晚会的三十多个节目全由彝族民间歌舞手完成，连演出的道具、器乐和演员的服装都是彝族青年在日常生活中所用的，演出歌舞都是原汁原味的彝族原生态歌舞，甚至歌词都用彝语演唱。闻所未闻的节目让观众赞叹不已。演出轰动了春城，万人争相观看，日演两场都供不应求。这台演出首次把彝族歌舞介绍给山外的民族，开创了彝族歌舞登上城市大舞台的历史，开创了艺术演出的一个新支——民族民间原生态歌舞。如此盛大的演出不是一两个人能够组织起来的，它"是全昆明社会贤达的赞助，是文学艺术界的总动员"②，但主要的策划人和组织者是闻一多和王松声，应将首功记在西南联大师生名下。

①严宝瑜：《"一二·一"反内战运动中的西南联大"高声唱歌咏队"和四烈士〈送葬歌〉》，《音乐研究》，2001年第2期。
②见《云南日报》，1945年5月23日。

### （四）转移世风

古代《大学》一书开宗明义："大学之道，在明明德，在新民，在止于至善。"梅贻琦认为："大学新民之效，厥有二端：一为大学生新民工作之准备；二为大学校对社会秩序与民族文化所能建树之风气。"①大学教育要做到使学生充分认识自我的知能，而后改造社会，转移世风，即"新民"。新民的一项任务是树立社会秩序与文化的风气。树立风气是由全体师生即大学去完成的。他接着说："学府之机构，自身亦正复有其新民之功用"，"一地之有一大学，犹一校之有教师也"②。若此，西南联大在昆明九年，即做了昆明的九年"教师"。所以，《国立西南联合大学纪念碑碑文》说："联合大学以其兼容并包之精神，转移社会一时之风气，内树学术自由之规模，外来民主堡垒之称号，违千夫之诺诺，作一士之谔谔。"③这是对西南联大新民之功的总结，是符合实际的。

首先，西南联大的戏剧活动对云南的戏剧运动有推进之功。云南的话剧演出并不晚，但要"培养"出话剧观众就难了。方言的发音和表演的形式限制了云南话剧的发展速度。云南艺术家经过艰苦的努力，打下了一片江山。及至西南联大到来之前，已有昆华艺术师范学校戏剧电影科、金马剧社等几家重要的戏剧团体，并多次举行戏剧演出。但昆明仍然缺乏戏剧大师和名演员，演出较

①梅贻琦：《大学一解》，北京大学等编：《国立西南联合大学史料》第1卷，昆明：云南教育出版社，1998年10月，第24页。

②梅贻琦：《大学一解》，北京大学等编：《国立西南联合大学史料》第1卷，昆明：云南教育出版社，1998年10月，第26页。

③冯友兰：《国立西南联合大学纪念碑碑文》，北京大学等编：《国立西南联合大学史料》第1卷，昆明：云南教育出版社，1998年10月，第284页。

为粗糙。西南联大从北方带来了戏剧艺术的传统和学院派的精致，在一定程度上提升了云南戏剧演出的品质。《祖国》的上演使观众耳目一新，《原野》的演出震撼人心，《阿Q正传》的演出让观众久久思索。人们通过对这些演出的观看，认识了话剧艺术的魅力，产生了观看话剧的兴趣，一代话剧观众培养起来了。演出这些话剧的西南联大也被观众认可，成为大家观剧时选择的对象。联大剧团、戏剧研究社之后，剧艺社再次雄起，演出了《风雪夜归人》、《凯旋》、《芳草天涯》等名剧，激起了观众观看戏剧的热情。以至抗战胜利后，西南联大北返，云南的戏剧运动都显得冷落下来。吴戈在《云南现代话剧运动史论稿》中写道："陆续的而且是大规模地'复员'，使云南文化人的比例下降，戏剧团体锐减，话剧运动显出了一时的沉寂与冷清来。"[1]可知，西南联大对云南戏剧运动的起落有直接影响。

其次，西南联大发起策划并组织的"圭山区彝族音乐舞蹈会"，对于发掘民族艺术和开掘民间原生态歌舞具有开创之功。在1946年彝族歌舞晚会举行之前，彝族歌舞隐藏深山，无人知晓，这次演出的彝族歌舞震动了文艺界，吸引了观众，传遍了昆明的大街小巷，从此，彝族歌舞走出了深山，走向城市，传向中国大地和世界。当晚首演的《阿细跳月》后来多次在国际艺术节上获得大奖，是中国舞台上常演不衰的保留节目。中国的民族民间艺术在建国后由一代又一代艺术家开发、研究，成为我国舞台的重要品种之一。近些年来，民族民间原生态歌舞受到文艺界的重视，艺术家争相开发，一批又一批歌舞亮相舞台，有人著文说，《云南

---

① 吴戈：《云南现代话剧运动史论稿》，北京：中国文联出版社，2001年9月，第140页。

映象》"就'原生态歌舞集'冠名……由此带来了一个话剧时尚，于是包括民间舞蹈在内的地方特产非'原生态'不美，一时间'原生态'如广告语一般流行开来"①。在2006年第三届全国少数民族文艺会演中，"'原生态歌舞形式'成为各个晚会打出的王牌节目，几乎所有晚会不约而同地选用了本地区、本民族在长期的历史沿革中发展生成的特有艺术形式"②。这种情形的源头，是西南联大主办的圭山区彝族音乐舞蹈会。

最后，西南联大穷且弥坚、矢志不移的学术精神对于云南学界有教化之功。云南多杰出人士，聂耳、张天虚是其代表。由于气候温和，物产丰富，衣食少忧，民风比较悠闲散漫。因无外力推动，无榜样效仿，无思想启发，难以改进也不思改进。这种作风熏染学界，学界也多自足自满，进步缓慢。抗战初期，李长之往云南大学任教，作《昆明杂记》，从昆明的牛说到昆明的人，认为昆明人"笃厚"、"可爱"，而比较麻木和懒散，遂起风波，以致被逐出云南。可见以个人力量去改变社会风俗，几乎不可能。西南联大以三校之众进驻云南，大师云集，精英荟萃，自成风气，对周围环境自然产生影响，收到转移世风之效。觉醒的云南人深刻地认识到这一点，在西南联大复员之际，写了一篇送别之文，感谢西南联大对云南的深恩大泽，把学界风气之转移列于首位。现录全段以为本章结尾：

　　滇人士之从事教育，垂五十年，虽用力甚勤，而观摩阙如。

---

① 刘晓真：《从田野到舞台：中国民族民间舞蹈的道路》，《舞蹈》，2008年第12期。
② 江东：《绽民族芳华　展中华气度》，《舞蹈》，2006年第11期。

自联合大学南来，亲见其蒙艰难，贞铘而弗舍，举亨困、夷险、祸福，胥不能夺其志。因推阐其本末一贯之理，知夫施诸治学，则为一空倚傍，实事求是；见诸行事，则为知耻适义，独立无惧；反之于身，则富贵不淫，贫贱不移，威武不屈；推之于人，则为直道而引，爱之以德。盖析之则为个人之品格，合之则为一校之学风，其不志温饱，特全德表著之一端耳。观联合大学诸先生，类多在事数十年，乃至笃守以终身，是岂菲食恶衣所能尽哉！惟其然也，故能以不厌不倦者自敬其业，而业乃久；以不忧不惑者自乐其道，而道乃尊。夫然后教育事业之神圣，学术思想之尊严，乃有所丽，而可久维于不敝。如是熏习而楷模焉，久与俱化，他日士气民风，奂然丕变，溯厥从来，必知有所由矣。此其关系为何如者！①

　　我们一再说明，艺术活动与艺术教育是西南联大课外生活的一部分，它与其他活动联系在一起，在与社会的互动中也是如此，所以在本章中对艺术以外的活动多有涉及，请读者谅之。但在西南联大宣传自我，服务大众，鼓舞抗战，支援前线，扩大交往，融入社会的过程中，艺术发挥的作用是先锋性的，巨大的。假若没有艺术来开路和联接，很难想象西南联大与云南社会各界的相处会那样融洽，办学会那样顺利并能取得巨大的效果。所以，我们在重视西南联大艺术成就的同时，还要注意西南联大艺术的社会作用。

---

①云南全省商会联合会、昆明市商会：《公送国立西南联合大学北归复校序》，云南省政协文史资料研究委员会等编：《云南文史资料选辑》第34辑，昆明：云南人民出版社，1988年10月，第531—532页。

# 第二章　西南联大的戏剧成就

## 第一节　西南联大戏剧发展历程

戏剧活动是贯穿西南联大历史全过程的艺术活动。西南联大在长沙的时候，就成立了剧团演出戏剧。到了昆明，戏剧爱好者又组织了新的剧团，创造了云南戏剧史上的演出高峰。之后，剧团纷纷涌现，演出异彩纷呈，形成了百花争艳的局面。高潮过后，剧团相继解散，风光不再。消沉近一年后，终于有一个剧团兴起，完成了西南联大戏剧活动的有力收束。根据这种情况，本章把西南联大的戏剧发展历程分为五个阶段：第一，1937年—1938年，临大剧团阶段；第二，1938年—1940年，联大剧团阶段；第三，1940年—1943年，多社团纷呈阶段；第四，1943年—1944年，无剧团阶段；第五，1944年—1946年，剧艺社阶段。阶段的划分必须依据一定的标准。这里依据的划分标准是西南联大戏剧社团活动的情况。由于历史的分段像折断的木头，断面参差不齐，西南联大戏剧的阶段与阶段之间虽然有一定的界限，但也有临近的两个阶段相互交叉的时候。

还需要加以说明的是，西南联大戏剧的阶段划分与其上一级概念西南联大艺术的时期划分不完全一致的问题。本书把西南联大的艺术划分为三个时期，戏剧却分为五个阶段。这里并未出现矛盾，而是戏剧的阶段划分更细致的缘故。在1940年春和1943年秋这两个时间节点上，戏剧分段与其上级概念即艺术的分期相吻合，不同的是，戏剧把艺术的第一个时期和第三个时期各截为两段了。由于西南联大的戏剧较早地进入市场轨道，演出于校外，因此，学校里的政治变化对戏剧活动的开展与否起不到决定性的作用，"皖南事变"对西南联大戏剧的影响不是很大，其他姊妹艺术在校内停止活动的时候，戏剧社团及其演出却较为活跃，而在文学和美术等艺术种类在校内的活动复苏且活跃的时候，戏剧剧团的组成及演出却显得有些艰难迟缓。

## 一、临大剧团崭露头角

1937年11月1日，国立长沙临时大学（简称长沙临大）开学，经过几个星期的酝酿，爱好戏剧的同学成立了国立长沙临时大学话剧团，排演有关抗战内容的话剧。长沙临大话剧团能够在西南联大各种文艺社团中率先成立并开展活动，具有以下三个原因和条件：

第一，在现代各种文艺中，话剧活动往往是开路先锋。1906年，中国现代第一个话剧组织春柳社在日本东京成立，十五年后的1921年，中国第一个纯文学社团文学研究会才宣告诞生。全民抗战开始，上海戏剧界于"八·一三"战争后成立救亡协会，并组成了十三个救亡演剧队，派出其中十一个演剧队赴前线、敌后及大后方宣传抗战。次年2月在武汉，抗日民族统一战线军委会第三厅在上海救亡演剧队的基础上，组成了十个抗敌演剧队赴各战区开展抗日宣传。此后距上海戏剧界救亡协会成立七个月，距武汉抗敌演剧队组成一个月后的1938年3月27日，中华全国文艺界抗敌协会才宣告成立。这种情况的出现，首先是由话剧在现代社会生活当中的强势地位决定的。在电视普及之前，话剧和电影是拥有最多观众因而是最有影响力的艺术，而电影需要特殊条件方能与观众见面，所以文艺界往往最先选择戏剧来开路。其次也说明戏剧家的组织观念较为强烈。戏剧本是团体艺术，在戏剧活动中，培养了戏剧工作者的团体意识。这是戏剧界往往最先组织起来的原因。

第二，长沙临大聚集了一批话剧人才。组成西南联大的北大、清华和南开都是中国话剧艺术的开拓者。我国第一个话剧剧本《终身大事》就产生于北大，"五四"文坛的易卜生热也是由北大教授们主编的《新青年》"易卜生专号"引发的；清华的戏剧十分活跃，洪深、曹禺两位大家都是在清华成长起来的戏剧家；南开从中学到大学可以算作中国早期话剧的一个基地，在演出剧目、创作剧本、培养人才及普及话剧等各个方面都做出了巨大贡献。因此，可以说戏剧是三校文艺活动的传统。到全民抗战前夕，三校的戏剧组织、三校的戏剧人才汇聚一起，组织起来演出话剧是顺理成章的事。

第三，话剧是各种文艺中最好的宣传形式。戏剧是一种娱乐方式，从宣传的角度说，它最大的特点是寓教于乐。话剧的特点还在于它的真实性（非假定性）：真实的演员，真实的场景，真实的动作，真实的发音等。真实性最能感染观众。抗战开始，活报剧、广场剧、街头剧、茶馆剧能够盛演于大江南北，可以说是追求戏剧真实性的结果。戏剧还有大众化的特性。文学影响大众的前提是拥有读者，而当时教育落后，识字者不多，尤其是在占国民总数最多的农民中识字的人极少，这就影响了宣传和普及的效果。而戏剧，识字的和不识字的人都可以看懂，且喜欢看，能够获得大众化的最佳效果。全民抗战开始，发动与组织民众形成坚强的抗日阵线，尤其是动员青年从军作战，是一项艰巨而处于前列的任务。完成任务的前提工作是宣传，因此，政治、思想、文化、教育、艺术界都投入了宣传工作。西南联大学生为自觉地担负起宣传抗战的责任，话剧艺术形式自然是首选。

　　基于以上原因，话剧演出团体首先在西南联大出现。1937年11月，长沙临大开学不久，就组织了临大学生会。学生会为参加社会上的救亡宣传活动，公开征求同学成立话剧团。平津地区的中学素有话剧演出传统，北大、清华、南开聚集着许多戏剧人才，因此很快组织起了一批爱好戏剧的同学，今天能知道名字的有高小文、邵曾扬、简焯坡、王乃樑、吴惟先、叶宗宪、李象森等，人数并不多。大家讨论，认为剧团既为临时大学的第一个剧团，就随学校之名，称"国立长沙临时大学话剧团"（简称"临大剧团"），请德文教授陈铨为名誉团长。关于演出剧本，大家认为应配合救亡宣传，选演抗日剧本。当时正流行着被称为"好一计鞭子"的几个短剧：《三江好》、《最后一计》、《放下你的鞭子》，而这些短剧较适合人少力量单薄的剧团演出。临大话剧团经过几天排练，便开始在群众集会场合演出，接着去慰问伤兵，举行募捐义演等。几十年后，高小文、邵曾扬还记得当时演出的情形："有一次我们为慰问伤兵演出《放下你的鞭子》，当戏演到流浪老汉鞭打女儿之时，我们布置在台下扮演群众角色的几位同学纷纷跳上台去加以制止，这是按剧本规定的要求，不料却竟带动了全场伤兵、观众的情绪。很多观众一齐跟着高喊：'不许打人！''放下你的鞭子！'坐在前几排的伤兵还发生了'骚动'，有几位一边高喊'把老东西拖下来揍一顿！'一边撑拐挂杖地想爬上台去拉人。幸而带队的军官及时吹哨，制止了他们，戏才得以继续演下去。最后当戏演到父女抱头痛哭时，台下也发出了不少饮泣之声。台下'打倒日本帝国主义'，'抗战到底

收复失地'的口号声此起彼伏，响成一片。接着台上台下一齐唱起了
《义勇军进行曲》、《牺牲已到最后关头》、《打回老家去》等抗战
歌曲，在高昂的情绪中降下了帷幕。"[1]你亲历过这样激动人心的
演出情景吗？观众进入剧情，与演员打成一片，甚至充当了剧中的
角色去主持正义、表达感情。临大剧团以富有艺术性的真实表演，
把抗日的思想情绪注入观众的心灵，实现了演出的目的。这场演出
堪称西南联大戏剧的"豹头"。

　　后来，长沙戏剧界为慰问伤兵组织联合公演，邀请临大剧团参
加演出，这说明临大剧团具有较高的演剧水平和知名度。公演计
划演出一周时间，每晚演出一至二场，应邀的单位共有十来个，每
个单位只演一场。独幕剧较普通，观众大多看过，多幕剧演出难度
较大。长沙临大初建，临大剧团实力有限。当时剧团除了十几个人
外，一无所有，服装、道具、布景等全都靠借。而且，那时候不少同
学为响应保卫大河北、大山东、大河南的号召，时有剧团成员离校
奔赴前线。演员少，设备短缺，选择剧本颇费心思，最终剧团接受
陈铨的建议，演出阳翰笙的《前夜》。这部剧虽然是四幕，但剧情
简单，人物不多，布景单纯，比较适合临大剧团演出。由于今天的
读者很少知道《前夜》，这里简介一下剧本的内容：天津大资本家
白次山富有实力和声望，但他做各种坑害百姓的生意，且多与日本
商人合作，全面抗战爆发后，他负责治安维持会为日本人服务。在
"卢沟桥事变"后的第四天，他悄悄运来日本商品，且与日本人谷崎
谋划合伙开银行。他家里的年轻人，姨太太郑文萱、助手侄女白青
虹和家庭教师林建平看出了他的汉奸嘴脸，便想法阻止并揭露他

---

[1]高小文、邵曾扬：《临大话剧团在长沙》，西南联大上海校友会编：《西南
　联合大学上海校友会简讯》（内刊），1985年12月。

的罪恶，最后，他带着打手来抓抗日青年，打死了林建平，带走了白青虹等。结尾汉奸获得了暂时的胜利，但却预示了汉奸永远的失败。剧本的结局虽然是悲剧，却能给观众巨大的鼓舞。角色分配后，演员立即投入排练，背台词，练动作，走台，加之民族义愤的催化，很快就排练成熟。至于服装、道具、布景等一应设施，由于那时各剧团都演抗战戏，容易借到，例如道具就是跟当晚同台演出的白雪剧团借的。演出的效果，因为剧本内容是抗日锄奸，与观众的情绪吻合，演员文化素质又较高，角色把握得较为准确，感情运用恰当，北平话说得准确等，现场反响热烈。但只按计划演了一场，影响力很有限。演出的收入全部由公演发起组织者负责，用于慰劳军队了。

《前夜》演出后，剧团接着筹演尤兢（于伶）的《夜光杯》，却因学校西迁未能演出。1938年2月，临大剧团的同学随学校一起迁往昆明。

到昆明后，临大剧团的骨干组织起来，继续演出《前夜》，并新排了《汉奸的子孙》进行演出[1]。《汉奸的子孙》与《前夜》大致相同，讲的是抗日锄奸的故事。某转运公司的经理吴鸣时，在学生们的抗日声浪中，继续为日本人运私货，遭到儿子及其同学的反对，他仍执迷不悟，私货检查队烧了他贩运的私货，阻止了他的发财梦和卖国行径。在全国一片抗日的声浪中，演出受到热烈欢迎。

这是临大剧团演出的尾声，同时也是西南联大在昆明的话剧活动的开篇。后来组成的联大剧团中就有临大剧团的成员。

临大剧团虽然在仓促中组建，除了几个同学的一腔热情外，

---

[1] 西南联合大学北京校友会编：《国立西南联合大学校史——一九三七至一九四六年的北大、清华、南开》，北京：北京大学出版社，2006年1月，第334页。

一无所有，团员完全靠白手起家，拼打天下，却能做到旗开得胜，显出实力，被长沙艺术界认可。剧团致力于"抗战戏"的演出，为鼓舞官兵的抗敌意志和向民众宣传抗战做出了努力。剧团把"抗战戏"从长沙演到昆明。在西南联大所有剧团中，临大剧团的演出路线最长，毅力最强。临大剧团为西南联大戏剧开了一个好头，其开创的戏剧精神如为现实服务，奉献他人，注重艺术品质，艰苦奋斗等成为西南联大的戏剧传统，被后来的剧团继承，在西南联大戏剧中发扬光大。虽然临大剧团的历史犹如其名称带着"临时"性，但剧团在西南联大戏剧史上的奠基作用值得充分肯定。

## 二、联大剧团一枝独秀

1938年12月新学期开学后，临大剧团成员有继续排演抗战戏之议。但学校迁徙甫定，同学居住分散，彼此限于交往，一时难以展开工作。其实，在暑假中，曾有同学参加了昆明金马剧社的演出，获得了演出经验。更为重要的是，这时原北大、清华、南开三校的"中华民族解放先锋队"与"云南抗日民族解放先锋队"合并，成为"中华民族解放先锋队云南地方队部"，开展抗日宣传工作；而文法学院也已从蒙自迁回，全校集中在昆明上课，又招收了新生，学生人数骤增，爱好戏剧甚或演过戏的同学更多了。中华民族解放先锋队云南地方队部注意到这种情况，便分头联络，鼓动同学演出抗战戏剧。由于同学中的戏剧人才较多，抗日热情很高，很快就在文学院、理学院、工学院、法商学院的同学中组织起了一支戏剧队伍。这时，陈铨完成了一个剧本的改编，从蒙自回来的文学院同学提供了这样的信息：闻一多当年曾经是清华剧团的骨干。发起人便去找老师请求指导，老师都表示积极支持。陈铨向同学提供了剧本《祖国》并担任导演，闻一多自告奋勇做舞台设计，还推荐孙毓棠参加演出工作。《祖国》根据法国萨都的同名剧本改编，写的是一位教授不计个人恩怨和安危，与群众一起同日寇和汉奸进行斗争，最后壮烈牺牲的故事。孙毓棠不仅欣然出任舞台监督，还介绍夫人凤子参加演出。同学们受到老师的极大鼓舞，立即组织排练。但西南联大校区多处，同学们住得很散，联络不便，每次集中排练多有困难。在这种情况下，成立剧团的意见一提出，立即得到大家的响应。

由于各方面条件都已经具备，无须再做筹划，名称沿袭国立长沙临时大学话剧团的命名思路，改为"国立西南联合大学话剧团"（简称"联大剧团"），请陈铨、闻一多和孙毓棠三位老师为导师，剧组成员是联大剧团的当然成员，再通知爱好戏剧的同学参加，于1938年12月底在昆华农校的大教室里召开成立会。三位导师早早来到会场，张遵骧、汤一雄、徐贤议、汪雨、刘雷、高小文、劳元干、黄实、丁伯骙、黄宣、徐萱、肖庆萱、侯肃华、孙观华、张定华等六十多名同学出席，会议气氛热烈，闻一多、陈铨、孙毓棠、凤子等老师先后讲了话[1]，同学们也踊跃发言，会上选举张遵骧为团长，选举汪雨、刘雷、高小文、劳元干、汤一雄、徐贤议、黄实（黄辉实）、丁伯骙等为干事会成员。成立会在热烈的气氛中结束。

在联大剧团的鼓舞和推动下，同学们排练《祖国》的热情更高。很快排练成熟，并于1939年2月18日，在昆明新滇大戏院首演，至25日结束。那时，一出话剧在昆明舞台上通常只能演出五六场。《祖国》则连演了九场，创造了云南话剧演出场次新纪录。昆

---

[1]凤子不是西南联大教师。因她具有丰富的舞台经验，在《祖国》的排练中帮助同学排戏，参与实际的指导工作，同学们视她为老师，称她"先生"。

明、重庆、上海的报刊迅速作了报道。后来，昆明举办"慰劳华侨机工回国服务团大会"，《祖国》被选为慰问节目，连演了两场。这样，共演出十一场。

《祖国》演出的成功，进一步激发了同学们的演剧热情。联大剧团接着又排练了"好一计鞭子"等独幕剧和云南方言剧到昆明郊区演出。"好一计鞭子"本是临大剧团演过的剧本，排练起来较为容易。1939年3月22日，学校放春假，联大剧团的演员带着行李，坐着卡车去嵩明县杨林下乡演出。一些同学在汽车上还在准备节目。忽然，汽车翻下公路，有的同学被抛到车外，有的同学被扣在田间的车厢里，多数同学都受了伤，张遵骧被摔成严重的脑震荡，正在用云南方言背台词的黄宣不幸咬断了舌头。下午学校派车接大家回去，伤员得到了治疗。这次事故对剧团成员的情绪产生了较为严重的影响，但抗战的决心始终没有改变。

初夏，同学们听说昆明国防剧社将邀请戏剧家曹禺来昆明指导排演《原野》，兴奋极了，纷纷向导师闻一多、孙毓棠和凤子打听。盼望中，曹禺如期而至，带来了《原野》和《黑字二十八》（又名《全民总动员》）。曹禺和闻一多、孙毓棠、凤子、陈豫源、龙秉灵等商量，根据昆明各剧团的实力，《原野》主要由联大剧团排练，《黑字二十八》由联大剧团、金马剧社、云南艺术师范影剧科等联合演出。这一决定说明，联大剧团在昆明各演出团体中具有举足轻重的地位。当时昆明有两大戏剧组织：国防剧社和金马剧社。国防剧社由于有官方的支持，实力雄厚，能够办事，如举办戏剧演出等，但它是一个空架子，演员全靠临时外聘。金马剧社由陈豫源主持，主要依靠云南艺术师范戏剧电影科的力量。而云南艺术师范戏剧电影科在演技方面除了王旦东等几位教师外，学生还不太成熟。所以，曹禺特别看重联大剧团。联大剧团参加排演这两部戏的演员是，老师孙毓棠、凤子，学生汪雨、黄实、樊筠、陈福英、张定华、郝诒纯等，闻一多做舞台设计，还有许多同学参与了后台工作。演出从1939年8月16日开始，先演《原野》，后演《黑字二十八》，应观众要求，再行加演，直到9月17日才结束，两剧共演了三十二场。演出中，场场爆满，盛况空前，成为昆明老百姓茶余饭后的谈资。其盛况，在"云南话剧运动史上可算是破天荒的第一次"[①]，被史家称为云南戏剧舞台上的四次重大演出之一[②]，由于两戏的演出汇聚了中国最著名的剧作家和昆明最优秀的演员，演出当时最为优秀的抗战大戏[③]，联大剧团的同学通过参加演出或后台工作，学到了很多东西。虽然《原野》的演出没有冠以联大剧团之名，但演员基本上是联大剧团的老师和学生，舞台也是闻一多设计的。演出的极大成功更进一步证明了联大剧团演出实力的强大。

　　正因为联大剧团连演两部多幕剧的成功，使得一些剧团成员高估了自己，认为联大剧团一定要演出大戏才能显示自己的实力，另一些成员则认为，根据剧团独自的能力，应多选短剧演出。两种观点相持不下，成员发生了思想矛盾。张遵骧伤情严重还不能主持工作，排演什么剧本决定不下。这样《原野》等剧演出后，剧团曾一度停止了活动。为了解决剧团的松散状况，在剧团第一届干事会届满一年之时，剧团举行了换届选举。选举结果，高小文为团

① 李济五语，转引自田本相：《曹禺传》，北京：北京十月文艺出版社，1988年8月，第258页。

② 见蒙树宏：《云南抗战时期文学史》，昆明：云南教育出版社，1998年4月；吴戈：《云南现代话剧运动史论稿》，北京：中国文联出版社，2001年9月。

③ 《原野》被闻一多解释为鼓吹反抗斗争并潜藏着抗战所需要的力的剧作。参见《〈原野〉演出说明书》和闻一多致曹禺的信。

长，徐贤议为副团长。干事会成员中进入了一些不演戏的三青团成员。这样的结果影响了大家的情绪，埋下了分化的伏笔。

换届之后，联大剧团选排的剧本是赵慧深改编的四幕剧《夜未央》。剧团请外文系赵诏熊教授担任导演，演员除李文伟外全是联大剧团的成员，共有二十多人，1940年2月20日，《夜未央》在昆明公演，到26日结束，共演出七场。演出场次虽然没有《原野》和《祖国》多，也还是算好的。《夜未央》是联大剧团一枝独秀的最后一道异彩，这以后西南联大就进入多剧团时期了。

在《夜未央》的排演过程中，联大剧团酝酿着分化。1940年春，青年剧社和戏剧研究社相继成立，西南联大戏剧结束了单一剧团现象而呈现出多剧团局面。新成立的两个剧团，其骨干都有联大剧团的成员。虽然他们未脱离联大剧团，在演戏方面仍然为联大剧团出力，但对于新剧团的责任与义务显然更大些，这就势必削弱了联大剧团的实力。进入多剧团并存时期后，联大剧团不仅演出剧目减少，每出戏的演出场次也不能同以前相比。

直到1940年10月，联大剧团才在昆明演出全本《雷雨》。虽然这时联大剧团的骨干全都上场，但由于没有曹禺、闻一多、陈铨、孙毓棠、凤子这些名家的金字招牌，而且半年前在昆明的北平八所中学的学生才演过该剧，这次的演出成绩便大为下降。《雷雨》只演了三场。虽然世事有高必有低，但在能趋高的时候反而走低却是令人惋惜的。

联大剧团认识到自己的问题所在，"皖南事变"后不久，选排《玩偶家庭》（通译为《玩偶之家》），再次请孙毓棠做导演，请凤子演娜拉，请昆明著名演员沈长泰演海尔茂，联大剧团未疏散下乡的实力演员齐上场。精心排练后，于1941年7月8日公演，至16日结束，共演九场。这是联大剧团历史上的又一演出好成绩，为分化后的衰落提振了一些士气。

1942年夏，联大剧团排练阳翰笙的《塞上风云》。剧本写蒙汉两族团结抗日、粉碎汉奸特务破坏民族关系的斗争，中间穿插了男女青年的爱情故事。排练成熟后，于1942年8月以"联大剧团"名义公演，演员基本上是西南联大学生，共演出五场。此次演出后，联大剧团再没有公开活动，大约自行解散了。

联大剧团在西南联大和云南戏剧史上具有重要的地位。联大剧团演出的《祖国》刷新了云南话剧演出的纪录，《原野》创造了云南戏剧演出的高峰，《夜未央》的演出场次也不算少，《玩偶家庭》再次振兴了联大剧团的演出。在云南戏剧团体中，联大剧团是实力雄厚的团体之一，在1938、1939年间还是演出水平最高的戏剧团体。联大剧团以高超的艺术水准和表演技巧吸引了众多观众，在边远省份普及了话剧艺术，提高了云南戏剧演出的水平和观众的艺术欣赏能力，为云南的戏剧发展做出了重大贡献。可惜后期新老社员衔接出了问题，在1942年老同学毕业之后，新同学未能支撑起这支队伍，使这个富有名望的剧团终结了历史。

## 二、多剧团异彩纷呈

1940年，西南联大的戏剧团体进入了多个社团竞放异彩时期。多个社团相互切磋，暗自竞争，促进了戏剧艺术的繁荣发展，形成了西南联大戏剧的鼎盛局面。这种局面一直持续到1943年末。这一时期的特点是社团众多，演出频繁，演出成绩良好，所以称为"异彩纷呈"。

这时期大约可以分为三个阶段：联大剧团的换届选举在西南联大话剧史上是一个重要事件，其中关于演多幕剧还是短剧的思想矛盾转化成了组织矛盾，预示着分化的产生。再加上政治意识的介入，不久便出现了青年剧社和戏剧研究社两个剧团，与联大剧团在1940年形成三足鼎立之势。这是这时期的第一阶段。1941年初，"皖南事变"拦腰一刀，阻断了西南联大各个方面的历史进程，虽然对话剧活动的影响短暂而不突出，但戏剧研究社消失，在几个月内没有话剧演出却是事实。也是在这一年，青年剧社发生分离，产生了一个新的剧团——国民剧社。西南联大联大剧团、青年剧社、国民剧社继续保持"三足鼎立"的活动态势。这是第二阶段。第三阶段，1942年在西南联大戏剧史上是一个重要的年份，联大剧团停止了活动，之前一年国民剧社也解散了，老剧团只剩下青年剧社，但又产生了怒潮剧社和山海云剧社，在开始的一段时间内仍然是三个剧团并存的局面，戏剧演出照样兴盛。下面按照各剧团成立的时间顺序分别予以介绍。

### （一）西南联大青年话剧社

1940年2月寒假期间，三民主义青年团西南联大分团部组织兵役宣传活动，三四十名学生举着"三民主义青年团环湖兵役宣传"的横幅，环绕滇池一周，向滇池沿岸的农民宣传抗战当兵的道理。在宣传活动中，大家认识到戏剧宣传作用的价值，戏剧爱好者便商量组织一个戏剧社团。回到昆明不几天，"西南联大青年话剧社"（简称"青年剧社"）宣告成立。主要成员大部分是联大剧团的成员，有贺蕴章、刘雷、陈誉、唐培源、高小文、张狂、庸举、董云、宋森、徐铨、张梓、王丽、赵英等，社长汪雨。

青年剧社首先排演的剧本是《地牢》。1940年5月，张伯苓常委从重庆来校视察工作，西南联大的五个学生社团即联大剧团、青年剧团、青年国剧社、南针社和木铎社联合欢迎，由青年剧社在学校食堂演出《地牢》。由于观看场地小，容纳不下很多观众，采取发票入场的方式，不料引起了那些想看戏而又没有票的同学的不满，他们纷纷来到场外，等到戏剧开演后，聚集在一起唱歌，被驱散后，其中一个同学在回宿舍的路上干脆进入配电房关掉电源，从而引起剧场骚乱，弄得演出不欢而散。此事经张伯苓常委查实解决。

接着，青年剧社选定《前夜》作为公演剧目。这个剧本对于西南联大的演员来说是驾轻就熟的，临大剧团在长沙和昆明都演出过此剧，青年剧社中就有当年参加演出的主要演员，因此《前夜》可以算作西南联大的保留节目了。担任此次演出舞台监督的是高小文，演员除了汪雨等本社演员外，还请了联大剧团的劳元干和昆明著名演员沈长泰等，舞台设计请的是国立艺术专科学校的邱玺。此剧排练时间较长，相对成熟一些。7月26日开始，在云南省党部礼堂演出，连演六场，至31日结束。《中央日报》和《云南日报》都刊登了广告。

次年春天，汪雨和他的"盟兄弟"发生矛盾，盟兄弟们退出青年剧社，该社实力遭到严重削弱，而这时，剧团正在筹备演出姜桂侬根据易卜生的《海妲传》改编的《权与死》，排练情形一下子变得严峻起来。汪雨不愧为社长人才，在主要演员离去的情况下，他仍然支撑住了此次演出。好在此剧人物不多，他抓住了王丽、赵英、劳元干、姜桂侬、翰英几位，又请校外的李文伟来援助，导演则请了大名鼎鼎的孙毓棠老师，而更令人瞠目的是请动了裴存藩做"演出者"。裴存藩是当时的昆明市市长。"演出者"相当于今天电影的"出品人"。演出前在《中央日报》和《朝报》上做了预报，广告中有"世界四幕著名话剧"、"易卜生晚年成功作"，"是权与死的搏斗，爱与恨的交流"、"诗一样的故事！火一样的情节！"、"一段比一段精彩！一幕比一幕紧张！"、"希特勒主义者未来命运的暗示"等颇具吸引力和震撼力的语句。演出中不仅刊登了《〈权与死〉观众倍致赞扬》的消息，还请陈铨教授写介绍《权与死》的文章发表。演出从1941年8月9日开始，连演五场，场场满座，至13日结束。

　　1942年6月4日，青年剧社公演《野玫瑰》。头天在《中央日报》打了广告，预报演出时间为6月4日至7日，共演四场①。光从演出的角度说，此次演出可谓"生不逢时"：《野玫瑰》3月在重庆演出后受到了批判，声誉已经不好。在这种情况下，青年剧社逆势而为，风险是注定的了。果然，在《野玫瑰》上演当天，《朝报》就发表范启新的文章宣布"《野玫瑰》的失败"，并强调作品"忽略了戏的'社会意义'"。不过，《朝报》的态度仍是讨论式的。在第二天连载范启新文章，指出作品把一个汉奸——"华北政委会"的主席塑造成了悲剧英雄，同时又刊登了署名"宸"的一篇文章，肯定了《野玫瑰》的内容②。但就总体而言，演出形势有些严峻。西南联大学生和昆明的左派势力均予以反对，大家相约不去观看，报纸也没对演出情形做多少报道，演出的冷清可想而知。这次演出后，由于青年剧社的主要演员毕业等原因，剧团未再活动。

### （二）西南联大戏剧研究社

　　联大剧团改选干事会之后，左翼势力多有不满。而这时，西南联大第一个综合社团"群社"的各文艺小组也相继独立为社团，"冬青文艺社"、"热风社"、"腊月壁报社"等便是这时独立的。群社中原有一个戏剧小组，这时也在谋求独立，他们便自然地与联大剧团中不满现状的同学联系，筹划组织新的戏剧社团。于是由黄实拟了一份征求社员的启事张贴出去，很快有三四十人报名。

---

① 《中央日报》，1942年6月3日。
② 《朝报》，1942年6月4、5日。

1940年5月，"西南联大戏剧研究社"（简称"戏剧研究社"）宣告成立，成员有黄实、潘申庆、施载宣、林元、李典①、金连庆、冯家楷、李芳、孙观华等②，其中有一些是联大剧团成员。关于剧团的名称，黄实作过说明："之所以定名戏剧研究社，而不称为剧团的缘故，固然是为了区别于联大剧团，更重要的是当时联大许多戏剧爱好者觉得抗战后方的话剧运动，与抗战结合得还很不够，在剧本写作、表演、舞台装置、布景化装等各方面都需要进一步研究，以便充分发挥它动员抗战的作用。"③

　　戏剧研究社成立后，昆明学生救济会的负责人龚普生提出，希望剧团举行一次义演，将收入用来捐助西南联大贫寒同学，演出费用由学生救济会垫付。这也正符合戏剧研究社的愿望，于是剧团很快选定了剧本《阿Q正传》。《阿Q正传》是田汉根据鲁迅小说改编的，《阿Q正传》小说名气很大，但老百姓还不一定了解，演出正适合大多数观众的需要，而在当时，"儿子打老子"，"不准革命"等具有现实意义，演出效果必然很好。但这是一部大戏，人物众多，场面复杂，难以驾驭。戏剧研究社刚成立，虽然有些演员富有经验，但一开始就演大戏，是有风险的。可是在当时适合演出而又未曾在昆明演出过的剧本实难寻觅，大家还是决定迎着困难上。剧团请刚从日本学习回国，任教于西南联大师范学院国文系

①李典不是西南联大学生，但住在西南联大，经常参加西南联大的文艺活动。
②关于张定华是否是戏剧研究会成员的事，萧荻在回忆文章中说"是"，张定华在自己的回忆文章中没有说，笔者2004年10月访问张定华先生时，她说自己"留在联大剧团发挥作用"，因此，笔者不认为张定华参加了戏剧研究社，故此处没列她的名字。
③黄辉实：《联大戏剧研究社和〈阿Q正传〉的演出》，西南联大校友会编：《笳吹弦诵在春城——回忆西南联大》，昆明：云南人民出版社等，1986年10月，第355—356页。

的郑婴老师任导演，排练中还请外文系的陈嘉老师做过指导。经过一个暑假的排练，可以公演了。

演出时在《朝报》上刊登广告。广告上写的是：导演郑婴，舞台设计林抡元，舞台监督高小文。实际上，由于该剧演出规模庞大，远不是几个人能够完成舞台调度与设计的全部工作的。例如舞台设计，负责人是林抡元，但参加设计工作的有李典和李白引等。李典与林抡元关系较好，所以帮助林抡元做舞台设计。舞台设计做成模型或试演后，先请郑婴、吴晓铃和闻一多先生看，他们提出意见，再做修改。布景则由潘申庆和施载宣等负责，做成景片，再由林抡元和李典等绘制完成。

《阿Q正传》的演出把西南联大的话剧演员和戏剧热心者以及许多同学的积极性都调动起来了，因此，参加演出和工作的人员是西南联大戏剧史上在一部戏的排演中最多的。演阿Q的是黄实，演小D的是施载宣，其他有李芳、孙观华、姚念华等等，出场的演员就有四十多人，而台前台后参加了演出和服务工作的共有二百多人①。为了演出时能够有效地贴上长辫子，黄实和施载宣剃成了光头，演尼姑的女生则把头发剪成男式小分头，再戴上猪尿泡②，这种方法在演出时产生了真实的效果。

1940年9月25日开始，《阿Q正传》在云南省党部礼堂举行首演。首演的当天，导演郑婴在《朝报》上发表《〈阿Q正传〉的演出》一文向读者介绍排演的一些情况。《朝报》也及时地报道了

---

① 《〈阿Q正传〉演出说明书》上载有参加演出工作的一百五十多人，但参加当年演出的两位重要人物黄实和萧荻的回忆都说是二百多人。考虑到有些参加了工作但没有列名于《说明书》上的情况存在的可能，此处采用后说。

② 最早的记录见《联大八年》，北京：新星出版社，2010年6月，第158页。

演出的情况和观众的感受。30日，发表孙伏熙的《关于〈阿Q正传〉》一文。孙伏熙即约鲁迅发表《阿Q正传》的编辑孙伏园的弟弟。文中，孙伏熙介绍了当时《阿Q正传》的创作与发表的一些情况，并对戏剧研究社的演出做了一些评价："我于26日晚上得看此剧，对戏剧研究社此举深表感激和钦佩。诸演员艺术极认真而匀称……"这是最早对于此次《阿Q正传》演出的评价。这篇文章的开头即称："《阿Q正传》的演出，轰动了干燥沉寂的昆明。"① "轰动"的话并非虚夸，可以由演出场次得到证明。《阿Q正传》原计划演七场，由于观众反响热烈，一再加演，以至加演场次比原计划演出的场次还多一场，一共连续演出十五场。这在当时的演出业绩中是一个奇迹。

演出的收入结余三千多元，全部捐给学生救济会，由学生救济会在新校区创办了一个学生消费服务社，后来发展成学生服务处。戏剧研究会对西南联大学生的贡献不小。

《阿Q正传》演出后，戏剧研究社稍作休息，但不久"皖南事变"发生，群社及由群社各小组独立出来的社团被迫全部停止了活动，戏剧研究社也因此解散。

### （三）西南联大国民剧社

1941年春，青年剧社内部发生分离，社长汪雨的几个盟兄弟离他而去。5月的一个星期六晚，在翠湖北岸的竹安巷6号翟国瑾的住处，西南联大国民剧社宣告诞生，社员主要是从青年剧社分化出来的同学。在成立会议上，选举了组织领导：社长翟国瑾，副社长贺蕴章，总干事陈誉，副总干事唐培源，下设八部：剧务部主任陈毓善、舞台部主任高小文、舞台设计主任刘雷、宣传部主任

①孙伏熙：《关于〈阿Q正传〉》，《朝报》，1940年9月30日。

严达等，组织规模大得吓人。会议决定将在暑假举行一次盛大的演出。社员了解到陈铨教授正在创作剧本《野玫瑰》，便决定争取来演出。而且一厢情愿地做出了这样的决定：剧本，《野玫瑰》；导演，孙毓棠先生；演员，姜桂侬、姚念华等。可是，陈铨教授的《野玫瑰》还没有定稿，而青年剧社和另一个剧团洽商在先，要获得演出权并无十分把握。国民剧社只好采取"浑水摸鱼法"：一天晚上，大家相约而去陈先生家看剧本，陈先生拿出手稿让大家传阅，几个同学跟陈先生讨论正酣时，一个同学乘其不备将剧本拿走，等完璧归赵时，已经增加了油印本了。陈先生自然高兴同学的厚爱，只好同意让国民剧社首演。剧本落实后，再去请导演孙毓棠先生。而这时孙先生已是青年剧社《权与死》的导演，难以分身，但经不住大家软磨硬泡，还是答应了。演员的安排是：姜桂侬——夏艳华，姚念华——王曼丽，劳元干——王立民，陈誉——王安，李文伟——刘云樵，孙观华——王妈，高小文——警察厅长。可是，此时姜桂侬、劳元干和李文伟都在青年剧社同期演出的《权与死》中担任了重要角色，很难相助，经过大家的苦苦相求，最终他们都答应了。本来，现在国民剧社的几位骨干退出青年剧社后，青年剧社就大为恼火，这时，国民剧社又步步紧逼，从争夺剧本到争夺导演再到争夺演员，大有搞垮青年剧社之势，青年剧社不得不奋起还击。而最后的争夺阵地是剧场。当时，昆明最好的舞台是昆明大戏院，而最理想的演出时间是8月10日前后。青年剧社是隶属三青团的剧团。而昆明大戏院属昆明市的财产，昆明市市长又是云南三青团的负责人，青年剧社便把演出最理想的时间定在8月9日至13日。这就逼得国民剧社不得不把时间提前。国民剧社紧赶慢赶地抓紧排练，终于如期演出。

　　然而，事情还远远不止这些。首先是剧本的问题。陈铨先生是四川富顺人，不会说流行的北平腔国语，剧本用四川话写成，据翟国瑾回忆："她（按，姜桂侬）在看到剧本之后，又认为对白生涩，而且剧情夸张之处不少，格调不够高雅，非得从头到尾彻底修改不可。于是我和凤子、孙毓棠、姜桂侬又用了几天的时间，进行剧本的修订精简。"①其次，临时换演员。排完第二幕时，孙观华不干了。原因是"人家立场不同嘛"。"皖南事变"后，西南联大许多学生的政治倾向渐渐分明。国民剧社主要由三青团人员组成，而孙观华则是联大剧团、戏剧研究社的，属群社一边，所以"立场不同"。接着是姚念华不辞而别。后来才知道，她误入一个黑恶势力人家去做家教，若不抽身，怕引出意外事件，于是秘密订机票飞往成都了。女主角"王曼丽"和"王妈"没有了，这戏怎么演呢？费尽周折，剧团最后请到王定远顶替孙观华演王妈，请到汪灼锋演王曼丽，最终解决了演员问题。再次，经费难筹。学生无法垫付演出经费。幸好这时云南省党部正在响应宋美龄的"草鞋劳军"号召，剧团前去联系，以演出结余全归省党部做劳军专款为条件，借得少量经费，大量经费东赊西借，终于支撑到演出结束。演出卖得的票款捐给云南省党部一万元后，所剩无几，可是，有几笔借款还没有付，弄得社长搬家躲债，筹款付账，直至最后还有少数款项没有付清——此是后话。

　　经过种种努力，《野玫瑰》于1941年8月2日在昆明大戏院演出。演出前送出许多"荣誉券"，实际收款一百元一张。开演当日，在《中央日报》和《云南日报》上做广告，宣称："云南省党部国民剧社劝募战时公债公演四幕国防间谍剧《野玫瑰》。"连做了一

①翟国瑾：《忆一次多灾多难的话剧演出》，臧履谦编：《学府纪闻·国立西南联合大学》，台北：南京出版有限公司，1981年10月，第266页。

周广告。观众的情况《中央日报》适时做了报道，其中有"誉为年来昆明剧坛中不可多得之佳剧"①，"虽连日天雨，而观众仍极踊跃"②，等等。至8日演出结束，连演了七场。这次演出可谓成功：观众场场爆满，若不是与剧场签订的合同限制，还可以续演几天。

　　这是《野玫瑰》的首演，也是国民剧社的首演和终演。由于筹办演出的艰难，演出经费入不敷出，此次演出后国民剧社不欢而散。但这次演出是有较大影响的，至于以后对于《野玫瑰》的批判，与此无关。

### （四）西南联大怒潮剧社

　　1941年年末，"皖南事变"后疏散出去随朱家璧打入滇军的萧获出差到昆明，秘密回到学校与戏剧研究社成员且参加过《阿Q正传》演出的孙观华等同学联系，希望组织一些同学在春节期间到驻开远的部队中慰问演出。孙观华于是与李芳、许令德、陈羽纶同学共同商议，组织一个剧团，以剧团的名义去演出。大家把剧团起名为"怒潮剧社"。他们四人便是怒潮剧社最初的发起人。他们分头联系了马桂官、张世富、丛硕文、华人杰、罗镇球等戏剧爱好者，在新校舍的一间教室里召开了成立大会，出席会议的有二三十人。因"皖南事变"后戏剧研究社停止了活动，未能再演戏，大家压抑了很久，现在能够聚在一起成立剧团搞演出，更何况这一次演出还将要出远门，到先前没有去过的地方慰问抗日部队，因此大家都很兴奋。会上，同学们纷纷发言，表达心愿，希望搞好这次活动。会后，剧社选定了几个抗日独幕短剧进行排练，其中有描写我军英勇作战的《最后一颗手榴弹》，讲究情调的

---

① 《〈野玫瑰〉今日继续上演》，《中央日报》，1941年8月6日。
② 《〈野玫瑰〉昨为第二日　观众极拥挤》，《中央日报》，1941年8月4日。

《人约黄昏》等。华人杰、罗镇球还是西南联大工学院铁马体育会的成员,他们动员了篮球队员钟泉周、何东昌、冯耀宗等,和怒潮剧社一起开赴开远。这样,这一次慰问便成了怒潮剧社和铁马体育会联合组织的慰问部队活动。慰问时间定在1942年2月旧历的春节期间。春节前夕,怒潮剧社和铁马体育会乘滇越铁路的火车一起奔赴开远,这次活动的邀请者朱家璧率领萧荻等到车站迎接,大家深受感动。当天晚饭后即开始演出,《最后一颗手榴弹》由马桂官等同学演出,《人约黄昏》由张世富与孙观华等演出。第二天,篮球队与部队官兵比赛篮球,跳花灯,又教官兵唱抗日歌曲。这一个春节既是西南联大学生愉快而难忘的春节,也是部队官兵愉快而难忘的春节。一周后怒潮剧社与铁马体育会依依不舍地告别部队官兵,回到昆明。

由于怒潮剧社是为慰问部队而临时发起组织的,任务完成后就没有动力了,更兼四个发起人中,有三个是大四学生,面临着写毕业论文和找工作等现实问题,无暇再开展新的工作,怒潮剧社也就自行解散了。怒潮剧社的存在历史大约不到两个月,但怒潮剧社与铁马体育会的开远之行开启了西南联大慰问部队的历史。

据萧荻回忆,"1942年,辛志超同志领导的基督教青年会军人服务部滇缅办事处到云南开展工作,首先和朱家璧同志建立了联系。这年暑假(按,寒假),军人服务部和昆明学生救济委员会联合主办了第一批学生假期劳军宣传队,这是联大同学在以后每年假期到滇南等地劳军宣传,参加'兵运'工作的开端。由于军人服务部和学生救济委员会的负责人都是基督教青年会的进步人士,第一批劳军宣传队主要由联大工学院铁马体育会的成员(如钟泉同、何东昌、冯耀宗等)和新校舍的怒潮剧社(其中有参加过

《阿Q正传》演出的李芳、孙观华等）串联同学组成的。这种劳军形式，受到滇军官兵的欢迎，所以一直保持下来，直到抗日战争胜利，每年假期都举办。"①怒潮剧社虽然历史短暂，但它开创的西南联大慰问部队的历史却延续了好几年，其功绩不能忽视。

### （五）西南联大山海云剧社

1940年，学校创办叙永分校，以做日寇进攻昆明的迁校准备，置一年级新生于叙永。但在办学条件简陋，通讯与交通不便的情况下，跨省两地办学，困难太大。一年后分校迁回昆明。叙永分校的学生习称"叙永级"。叙永级学生回到校本部后，爱好文学的同学组成文学社，爱好戏剧的同学筹组"山海云剧社"。"'山海云'三字取义于象征组成联大的三校的特色：南开大学艰苦卓绝，坚定如山；北京大学兼容并包，渊博如海；清华大学人才辈出，智慧如云。"②1942年初，西南联大学生得知在香港大撤退时，许多文化名人包括西南联大教授陈寅恪等都买不到飞机票无法撤离，而民国政府要人孔祥熙的女儿却牵着大狗坐飞机，人狗轻重倒置，学生们群情激愤，有人一声号召，全体同学涌上街头，呼喊"打倒孔祥熙"、"打倒贪官污吏"等口号，这次游行，被称为"倒孔运动"。"倒孔运动"唤醒了同学们"皖南事变"后沉睡的热情，于是有成立剧团之议。不久，山海云剧社诞生，社员有李辛、徐伟、朱文、柳凝、李昕、张轩子、林取、樊鸽、丛硕文、施巩秋等，共三十多人，社长周大奎。

---

① 萧狄：《承先启后的战斗集体》，西南联大校友会编：《箫吹弦诵在春城——回忆西南联大》，昆明：云南人民出版社等，1986年10月，第391页。
② 西南联合大学北京校友会编：《国立西南联合大学校史——一九三七至一九四六年的北大、清华、南开》，北京：北京大学出版社，1996年10月，第342页。

　　剧团成立后，选演曹禺的《北京人》。经过一段时间准备，1942年8月10日在西南大戏院演出。演出时在《云南日报》上做广告。8月9日预告说："联大山海云剧社演出，怒潮剧社参加演出。"11日的广告说："昆华中学校友会、中国银行业余剧社合办，募集前方将士医药公演，曹禺编剧，联大山海云剧社演出。"[①]两份广告为我们提供了这样几点认识：第一，主办者不是山海云剧社。学生剧团一般没有经费垫付，经费资助者大约都可以获得挂名权。国民剧社演出《野玫瑰》就是云南省党部解决预付经费而在广告上打出"云南省党部"之名的。由于广告上"国民剧社"紧连在"云南省党部"之后，还让后来的戏剧史家误认为国民剧社隶属于云南省党部呢。由此推知，昆华中学校友会和中国银行业余剧社是演出的资助者，而没有参与实际工作。第二，演出的目的是"募集前方将士医药"。公益演出可以看作西南联大的戏剧演出传统，西南联大的许多演出，从联大剧团、戏剧研究社到国民剧社的多场重要演出都是以募集某项公益经费之名进行的。第三，怒潮剧社是否参加了演出？因为怒潮剧社的发起人李芳、陈羽纶等参加了此次演出，所以，第一份广告说"怒潮剧社参加演出"。实际上，从团体活动的角度看，怒潮剧社从开远回来后已停止了活动[②]。由于原怒潮剧社的四个发起人中有二人参加，说"怒潮剧社参加演出"并无不可，但怒潮剧社的成员是以个人名义参加演出的，因而在正式的广告上没再打"怒潮剧社参加演出"字样。所以，准确地说，怒潮剧社没有参加此次演出。《北京人》一连演了五天，至

---

① 《云南日报》，1942年8月9日、11日。
② 孙观华：《忆怒潮剧社开远之行》，西南联大北京校友会编：《西南联大北京校友会简讯》（内刊）第43期，2008年4月。

8月15日结束。在此前昆明已有几家剧团演出过《北京人》的情况下，山海云剧社还能连续演出五场，可算是好成绩了。

第一次演出就取得这么好的成绩，剧团受到极大的鼓舞，同时也感到一种压力：以后的演出应该比它更好。剧团认真研究，总结经验，认为演出的成功与剧本的质量有很大的关系，观众的认可则说明本社具有演出大戏的能力，于是，大家决定仍然选演曹禺的作品。由于曹禺改编自巴金的《家》还没有在昆明演过，剧团决定知难而上，演出这台五小时的真正"大戏"。为了演好这出戏，剧团外请范启新先生为执行导演。范启新是昆明戏剧界的著名人物，最初组织了野草剧社，后来曾主持金马剧社的工作。因思想进步，所导演的戏大多刺痛了当局而遭遇危险，于1939年离开昆明去重庆投考了迁至四川江安的国立南京戏剧专门学校，那时曹禺还在剧专任教，他曾跟随曹禺学习，学成后返回昆明。这种学习经历使他对曹禺的戏剧体会深刻。现在回来不久，正想把对老师作品的独有心得展示给家乡的观众呢。所以，山海云剧社请他导演《家》，正合他的心愿。他导演得非常认真，同学也排练得非常认真，全本演出需五个小时，同学每次排练都坚持到底。经过整个暑假的苦练，准备成熟。1943年10月初，在云南省党部礼堂隆重推出。并在《中央日报》和《云南日报》上分别打了广告。广告说是"山海云剧社第二届公演，为本市中国建设中学筹募基金"，演员除上面提到的剧社成员外，还有方凡、陈逸、胡蕊、罗勒、婴子、宗辽、孙鲁、何愚、群添、邹景孟、白蒂、朱莱、邹小玲、曼璇、刘乔、刘萤、刘浪、雾雪斋主人等。广告提醒"观众特别注意"，"全剧四幕八景演足五小时每晚六时半开场"①。关于演出的时

①《中央日报》、《云南日报》，1943年10月2日。

间, 两报1943年10月8日前的广告说是2至8日;《云南日报》8日的广告说是3至9日,11日的广告说是"续演二日(11、12两日)";《中央日报》9日的广告说"演至9日",10日的广告说演至10日,12日广告说是"最后一日"。尽管两报对时间的提法不尽一致,个别时间有所出入,还是可以得出这样的判断:演出的起始时间是10月2日,原计划演到8日,由于观众踊跃,续演至9日,但广告上误把起始时间打成了"3日",由于观众仍很踊跃,又续演至10日,最后决定再续演二日,到12日结束。这样,共演出了十一场。这是十分令人欣喜的成绩,远远超过了上一届演出的《北京人》,虽然比不上1939年曹禺亲自导演的《原野》,但仅次于戏剧研究社演出的《阿Q正传》而位居西南联大单部戏剧演出场次的第三位。

众所周知,曹禺剧本写得精彩,但演出却有难度。山海云剧社以曹禺剧本为"开场戏",并接连演出获得成功,证明山海云剧社是一个演出实力雄厚,艺术水准较高,善演大戏的优秀学生剧团。

就在《家》演出后不久,学校接到教育部令,"1943—1944学年度春季,将征调几所大学所有应届四年级身体合格的男生为美军翻译员"[1]。山海云剧社的主干均为"叙永级"学生,此时全部进入四年级,都在应征之列。剧团因而停止了活动。

上文曾说过,联大剧团在这一期间仍然活跃。1940年10月,演出全本《雷雨》,1941年7月,演出《玩偶家庭》,1942年8月,演出《塞上风云》。此后,联大剧团就自行解散了。

此外,中文系学生为欢送毕业同学,排练了吴祖光的《风雪夜归人》,于1943年5月25日,借中法大学礼堂演出。外文系有一门

---

[1] 西南联合大学北京校友会编:《国立西南联合大学校史——一九三七至一九四六年的北大、清华、南开》,北京:北京大学出版社,2006年1月,第65页。

"西洋戏剧"课，赵诏熊教授讲授，为加强同学对戏剧的掌握，曾组织学生排演剧本，有一次，选演伊丽莎白时代的喜剧《鞋匠的节日》(*The Shoemaker's Holiday*)，剧本主要讲述英国鞋匠当上了伦敦市长的故事。此剧人物众多，多数学生都可以参加演出而得到训练，故赵教授选演此剧。1943年6月10日，在云南省党部礼堂用英语演出，"不仅座无虚席，而且台上台下气氛活跃，欢笑声不绝"[1]。这两出戏都是"内部演出"，属教学实践活动之类，既没有演出几场，也未见公开报道。

1940至1943年，西南联大戏剧最为活跃，联大剧团、戏剧研究社、青年剧社、国民剧社、怒潮剧社和山海云剧社六大剧团同时或先后存在，竞相呈彩，是西南联大戏剧的繁荣时期。在西南联大的历史上，再未有过如此多剧团并存的情形。在较短的时间内出现这么多的剧团，恐怕不独西南联大的其他时期不见，别的大学恐怕也是少有的，西南联大戏剧之盛以此可证。六大剧团相继演出了多部重要的剧作，展示了较高的艺术水平，向民众普及了话剧艺术，推动了昆明戏剧的发展，演出成绩也可圈可点，《玩偶家庭》、《阿Q正传》、《权与死》、《野玫瑰》、《家》的演出都在云南戏剧史上留下了记载。"三足鼎立"是这一时期西南联大剧团存在的面貌特点，在这一时期的三个阶段中，每一阶段都有三个剧团存在，前面的剧团消亡了，新的剧团又产生，三个剧团并存大约是西南联大戏剧的最佳状态。

1941年爆发的"皖南事变"曾对西南联大的生活造成了严重影响，群社及由群社分化出来的各种社团停止了校内的活动，三

---

[1] 赵诏熊：《戏剧课堂内外》，云南省政协文史资料研究委员会等编：《云南文史资料选辑》第34辑，昆明：云南人民出版社，1988年10月，第204页。

青团支持的社团也停止了活动,琳琅满目的壁报消失了,生动活泼的校园一片沉静,唯有戏剧保持着活力。戏剧对于活跃西南联大的艺术空气,丰富同学们的业余生活功不可没。在"皖南事变"后戏剧也有过短暂的停顿,但沉默很快过去,剧团开始选排剧目,而且在几年间的戏剧排演过程中,除了戏剧研究社因政治原因停止活动外,其他各个剧团都没有受到政治和其他外在因素的过多干扰。我们还注意到,联大剧团的社长高小文、戏剧研究社的社长贺蕴章、青年剧社的社长汪雨、国民剧社的社长翟国瑾都是国民党三青团一方的,山海云剧社社长周大奎的政治面貌不清楚,怒潮剧社负责人孙观华属于群社一边,这说明在演戏这一点上,大家的追求是一致的,无论何党何派,"左"或"右"还是"进步"与"落后",都在积极演出,追求高超的艺术表演。

从这一时期西南联大各剧团公演的剧目看,直接反映现实的剧作除短剧外可能只有《塞上风云》和《野玫瑰》,这是抗战剧本短缺的实际决定的:那种既具有深厚的抗战内容,又具备高妙的艺术性的作品实在不多,所以西南联大的剧团多选择"艺术剧"演出。西南联大演出"艺术剧"在当时就为有的评论者"诟病"。如果此"病"成立,那么这也应该是抗战时期各大艺术剧团的"通病"。

四、戏剧的枯萎季节

1943年冬至1944年秋,是西南联大戏剧活动最低沉的日子。老剧团全部停止了活动,新剧团并未产生,丰富多样的公演没有了。戏剧演出是有的,但都是内部的,较为小型的,即使有演出也不是面向社会的公演。在沉静的戏剧活动之中,有以下两次演出:

1944年4月，外文系结合教学，在民众教育馆演出萧伯纳的《康蒂姐》（*Candida*）。由于排练演出具有教学性质，舞台语言用的是英语，普通大众听不懂，仅供西南联大学生观摩。

1944年暑假，基督教青年会组织以西南联大为主的学生去驻昆明郊区的云南地方部队（第十八师）和中央军第五军慰问。由于外文系在教学中曾演过英文独幕剧《锁着的箱子》，慰问团的外文系同学便把剧本改编翻译后带去部队演出。

为什么这一时期西南联大的戏剧活动会如此低沉呢？原因不甚分明，但可以排除政治的压力，其中有三个原因值得考虑：一、老演员毕业离校。学校的特点是送往迎来，新旧交替。一个学生通常在大学学习四年，老生去了，新生替上。一个剧团，如果老演员离去，新演员跟不上，必然完结。西南联大的各个剧团大多是因后继乏人而结束的。1943年的剧团，也处于新老演员衔接不上的处境，所以在这时解散了。二、男生集体从军。这个时期的最后一个剧团是山海云剧社。山海云剧社本没有解散的迹象，1943年冬教育部要求西南联大大四的男生全部从军做美国军人的翻译，而山海云剧社的基本成员，这时都进入了大四，必须做从军的准备，因而无暇顾及剧团，很无奈地让剧团瘫痪了。三、缺乏戏剧组织者。1944年的西南联大也有一些戏剧爱好者且不乏好演员，下面将述及的《草木皆兵》的演出就是证明。但是，这时没有人出面组织新的剧团。由于没有领袖，散兵游勇是布不成阵的，所以没有举办大型的戏剧公演。这一点结合下一时期剧艺社的组织筹备过程可以看得更清楚。而深层的原因，还有待总结。

五、剧艺社独立寒冬

1944年暑假后，参加基督教青年会组织去慰问部队的西南联大同学归来，便想组织一个剧团，在学校里演戏。但是，他们深感人员不够，条件不具备。于是便先办一份壁报，通过壁报联络同学，团结戏剧人才，待条件成熟后再演出戏剧。这样，便产生了《剧艺》壁报。

1944年秋，日本大举进攻我大后方，蒋介石动员十万知识青年从军，西南联大学生积极响应，报名者达三百多人。为欢送从军的同学，训导处于1945年1月组织同学在昆华女中礼堂演出《草木皆兵》。由于是学校出面组织的，再加上"皖南事变"疏散出去的一些戏剧演员回校复课，又有一些戏剧功底较好的新生入学，组织了当时较强的演出阵容，演出效果很好。虽然是内部演出，却连演了三场。接着学校放寒假，基督教青年会再次组织西南联大学生去部队慰问，同学便把热演过的《草木皆兵》搬去慰问，连演了几场，都在部队内部。

《剧艺》壁报宣传了戏剧，吸引了部分戏剧爱好者，两次《草木皆兵》的演出又团结了一大批新老戏剧骨干，组织剧团的条件业已具备。

1945年春季开学后，同学们便与基督教青年会商量，借用他们负责管理的学生服务处的小礼堂来做排练场地，得到青年会的同意。于是，这些爱好戏剧的同学七手八脚把小礼堂改造成了小剧场，并选定陈白尘的《禁止小便》和《未婚夫妻》进行排练。这两个剧本都是讽刺国民党统治的。参加小剧场活动的主要是《剧艺》壁报的王松声、萧荻、程法伋、张源潜、郭良夫、游继善、何达、丛硕文、温功智、罗长友等，另外加入了张天珉、施巩秋、胡素雯、陈柏生等，当时旅居昆明的原国立剧专的凌琯如、陈健、胡庆燕等也参加了活动。演出成功后，接着选定剧本《镀金》和《诗人与警察》举行第二次排演。《镀金》是曹禺根据法国剧作《眯眼的沙子》翻译改编的剧本，反映资本主义国家中人与人的金钱关系。《诗人与警察》是陈健和胡庆燕从国立剧专带到昆明的，演技倾倒全场。小剧场只能容纳一二百人，利用星期六和星期天演出，演出效果极好。这两次演出正式打出了"西南联大剧艺社"（简称"剧艺社"）的名义，演出使"剧艺社"的名声大振。这两次演出和一年多以来的演出不同的是"售票"。售票为西南联大中后期的剧团从内部走向外部，或者说是走向市场迈出了一步。

　　这时，剧艺社觉得组成一个中等剧团，演出大戏的时机成熟了。于是在1945年秋季开学后，贴出海报，以"剧艺社"的名义公开征求社员，很快有三四十人报名，加上老社员，共有五十多人，约在9月下旬，召开迎新大会。会上，选举了领导班子，施载宣为社长，王松声、程法伋、温功智、孙同丰、罗长友等为干事，负责研究、联络、总务三组。聘请闻一多为导师。

　　1945年11月1日，西南联大举行八周年校庆。此时，剧艺社正在排演吴祖光编剧的《风雪夜归人》。这部剧写一个名伶与一个高官宠妾的爱情故事，表现了普通人的价值追求，不落俗套，由王松声、施巩秋、郭良夫、聂运华、温功智、丛硕文、刘薇、彭珮云、吴学淑等演出。由于戏剧需要较长的排练时间，校学生自治会把此剧作为校庆系列活动的最后一项活动安排。果然，演出时演员的表演相当到位，受到同学的热烈欢迎，为了满足同学的需求下连演了三场。此剧的演出让人们看到了剧艺社不只是能演独幕小戏，也能演多幕大戏。剧艺社社员倍受鼓舞，人人摩拳擦掌，准备大干一场。但就在这时，一场运动改变了剧艺社的发展方向。

　　西南联大以民主运动著名，被誉为"民主堡垒"、"民主坦克"。抗战胜利前后，国内政治形势严峻，西南联大经常举行大会，宣讲民主政治问题。1945年11月25日晚，西南联大联合昆明的几所大学，在校园的"民主草坪"上召开"反内战时事晚会"，遭到国民党军队鸣枪威胁和特务破坏会场，遂引起同学的罢课。剧艺社几位骨干聚集在一起，讨论下一步该怎么做，大家认为要发挥自己的特长，利用戏剧的宣传功能，以演戏作为斗争的方式，而第一步自然是写剧本。紧接着"一二·一"惨案发生。在强烈的刺激和愤怒中，剧艺社一下子拿出十个剧本：《匪警》、《凯旋》、《审判前夕》、《告地状》、《血债》、《光明进行曲》、《江边故事》、《民主是哪样》、《两可之间》和《民主使徒》（《潘琰传》）等。剧本刚一写完，大家就聚在一起排练，甚至作者一边修改，演员一边排练，以最快的速度与观众见面。这些剧本大多是披露晚会实况，揭露国军镇压民主运动的真相，呼吁和平，宣传民主的，除《民主使徒》是三幕剧外，其他都是独幕剧、广场剧、街头剧、活报剧等，因此排练得很快，演出后在运动中起了很好的作用。让我们看看其中几幕剧的创作和演出情况吧：

"一一·二五"晚会一结束，王松声就开始构思并写作广场剧《凯旋》，在"四烈士"牺牲后一小时，他噙着眼泪完成了剧本。这部剧写抗战胜利后中央军一位班长在上司逼迫下开枪击毙抗日少年自卫队队长，事后得知队长就是自己日夜思念的儿子，羞愧难当，拔枪自杀的悲剧。脱稿后，剧艺社社员连夜边抄写，边排练，12月2日举行首场演出，观众群情激愤，反响强烈。接着由"罢课委员会"组织的几支宣传队分头排练，到街头、农村、工厂演出，观众无不为之动容，有些国民党军人和警察也感动得和群众一起高呼口号。此剧仅剧艺社就演出了四十多场，后来，剧本还在重庆、武汉、南京、北平、天津等地被排演过，三校复员后，北大剧艺社、清华剧艺社、南开剧艺社亦常演此剧。演出的场次和观众的反响足以说明剧本创作的成功。12月4日，昆明警备司令部公审"一二·一"惨案凶手，采用偷梁换柱手法，将两个死刑犯当作凶手审判。郭良夫根据这一黑幕，立即编写出独幕剧《审判前夕》揭露其阴谋。剧艺社马上排练，于12月5日晚演出，及时有效。与此同时，另一些社员在排练王松声的另一个街头剧《告地状》。剧本描写"一二·一"惨案真相和烈士家人的痛苦，真实深刻，12月6日在昆明街头演出，效果极佳。在凭吊"四烈士"过程中，郭良夫搜集了潘琰的生平材料，连续三天三夜创作出三幕剧《民主使徒》即《潘琰传》。剧本写潘琰的一生，性格鲜明，成就突出。剧艺社及时排练，于1946年1月27至30日在昆华女中礼堂演出，观众潮涌，座无虚席，剧团只好每晚连演两场，以使更多的人能够看到，可知此剧影响极大。《凯旋》、《审判前夕》、《告地状》、《民主使徒》四部剧本是西南联大剧艺社在"一二·一"运动中创作的几部思想和艺术质量较高，演出效果很好的剧本，其中《凯旋》和《民主使徒》演出场次较多，影响巨大，可以看作剧艺社的代表作品。

　　残酷的现实迫使剧艺社放弃了演大戏的方向，而让其获得了创作剧本的动力，那一批剧本的产生让我们认识到剧艺社社员文学功底和艺术修养的深厚。

　　1946年5月4日西南联大宣告结束。为纪念母校的终结，剧艺社准备演出夏衍创作的《芳草天涯》。剧本描写几位知识分子在战争离乱中的爱情纠葛，情调凄婉，感动人心。由萧荻、吴学淑、胡小吉、张天珉、聂运华和王恳出演，演员揣摩人物心理透彻，表演细腻深刻，尤其是胡小吉，把孟小云那少女情怀表现得真切动人。此剧在西南联大东食堂连演三场，场场满座。《芳草天涯》又使我们看到了那个能演大戏的剧艺社。遗憾的是，这是西南联大的告别演出了！

也是这年的5月24日，王松声等在闻一多的指导下参与筹备、组织了路南彝族民间歌舞在昆明的演出。演出轰动了昆明，每日白天晚上各演一场仍不能满足观众的需求。由于农忙时节逼近，不得不于6月3日结束，让演员及时回去种地。此次演出抒写了民族民间原生态歌舞登上城市舞台的历史篇章，为云南和中国艺术史留下了光辉灿烂的一页。

彝族民间原生态歌舞演出后，剧艺社社员随学校师生分批离开了昆明。复员后，剧艺社在北大、清华、南开仍有组织，且演出了多种戏剧。

数十年后，剧艺社社员仍经常联系，组织聚会活动，所编《剧艺社社友通讯》直至2012年才停刊。

剧艺社是西南联大后期唯一的戏剧剧团，从1944年秋创办《剧艺》壁报，到1945年春开展小剧场活动，再到秋天正式组成领导机构，其间历时一年。这一年，剧艺社宣传自我，吸引新人，团结同道，积蓄力量，磨炼技艺，条件成熟后才组成社团，其态度的慎重踏实，是所有西南联大剧团中仅见的。凭着剧艺社扎实的基本功和较强的组织能力，具备了演大戏的水平，《风雪夜归人》的演出受到好评就是证明。在这样的功底上，后来还得到新中国剧社的指导和扶持，完全有条件和能力成为一个影响力巨大的社团。可是，"一二·一"斗争迫使他们创作和演出短小精悍，富有战斗力的戏剧，来不及在艺术上做精心打磨。运动过后重蹈前路，但此时西南联大的办学历程已临近结束，剧艺社再没有发挥的余地。剧艺社生不逢时，英雄无用武之地，让人惋惜！其历史让我们认识到，剧艺社既能演战斗力强的短戏，也能演深邃抒情的大戏；不仅能演戏，而且会创作。剧艺社是西南联大唯一做到自己创作并演出的剧团。其他社团也曾有人创作过剧本，但本团并没有排演自己社员创作的剧本，也有本团演员任导演的，但演的是他人的剧本，唯有剧艺社，能够自编、自导、自演，能量非常大。

在西南联大所有艺术门类中，戏剧开始最早，持续时间最长，成绩最为显著。临时大学草创于长沙，在匆匆忙忙，条件尚不具备的情况下，同学就先行组织了戏剧队伍，演出抗战戏，慰问伤兵，参加长沙市的会演，显示出较高的水平。到了昆明，临大剧团一马当先，继续演出，开创了西南联大在昆明的演出史。继之而来的联大剧团凭借强大的实力成为昆明戏剧界的一匹黑马，创造了云南话剧演出场次最多的纪录和《原野》演出史上的第一座高峰，是昆明戏剧界演出水平最高的剧团之一。由于联大剧团的分化和学生党派意识的分歧，西南联大很快进入了多剧团竞相展现的时期，老牌的联大剧团和新起的青年剧社、戏剧研究社、国民剧社、怒潮剧社、山海云剧社各献其艺，创造了西南联大戏剧史上最为辉煌的历史，推动了云南戏剧演出的发展。虽然这些剧团在组织意图、演出历程和遭受挫折上各不相同，但对艺术的执着追求精神是一致的，正是他们的不懈努力使西南联大的戏剧出现了异彩纷呈的局面，创造了西南联大戏剧的繁荣时期。凡事有高必有低，有涨必有落。黄金时期过后，西南联大戏剧进入为期一年有余的低沉期，剧团消失了，公演停歇了，仅有几场小范围的内部演出，未能在昆明剧坛上造成影响。后经剧艺社一年的经营，组织起了一支较为强大的戏剧队伍，从小剧场到大舞台，锋芒毕露，步步走高，然而，枪声与鲜血烧燃了他们的激情，在与杀人者短兵相接的斗争中，转向了活报剧。当斗争结束再转到艺术剧的演出时，西南联大已走到了尾声，剧艺社再也没有发挥演剧艺术的可能了。若以单个剧团而论，在西南联大的剧团中，联大剧团和剧艺社的队伍最为壮大，演技水平也最高，联大剧团以演技高超增添了云南和中国戏剧史演出的记载，剧艺社则以独创的优秀剧本和组织民族原生态歌舞演出被载入史册。

# 第二节　联大剧团及其演出

联大剧团全称国立西南联合大学话剧团，是西南联大在昆明组织的第一个戏剧社团。联大剧团以其卓越的演出成绩享誉社会。

在中国现代戏剧史上，联大剧团取得了这样的功绩：书写了《原野》演出史上的第一次轰动历史，创造了云南戏剧的第一座演出高峰；在推进话剧艺术发展的同时，普及了话剧艺术，与其他戏剧团体一道，把话剧艺术根植在祖国边疆的红土高原上；以戏剧演出的方式宣传抗日，为鼓舞后方人民的抗敌情绪，坚定抗战必胜的信心做出了不可磨灭的贡献；以极高的水平奠定了西南联大话剧社团及其活动的坚实基础，尤其是培养了一批话剧人才，在西南联大后来的话剧社团中发挥了骨干作用；开创了西南联大戏剧社团走到校外，与其他团体合作的历史，并使之成为传统，为西南联大后来的戏剧社团继承。所以，联大剧团在西南联大社团中具有崇高的地位，是云南现代演出实力最强的几个戏剧社团之一，也是中国现代戏剧史上一个重要的社团。

一、《祖国》的排演与联大剧团的组成

由于日军战火威胁，由北大、清华、南开组成的国立长沙临时大学被迫于1938年2月西迁云南。一部分师生从长沙步行前往昆明，费时两个多月，从而影响了西南联大新学期的开学①。第二个学期的开学时间也因此顺延，直到1938年12月1日才开始上课。开学后，一些爱好戏剧的同学出于民族大义，准备演出宣传抗日救国的话剧。大家知道，在中国全面抗战前，话剧在北京、天津、上海、武汉等大城市较为普遍。从这些城市考入西南联大的学生，由于经常看戏，有的还参加过演出，已有一定的话剧基础。而北大、清华、南开的戏剧演出早已著名，尤其是南开，作为中国话剧的成长地之一，话剧已成为其传统。因此在西南联大的学生（包括新生）中，有许多人已有演出话剧的经验。再说，长沙临大话剧团的同学和曾参加过昆明社会上的戏剧团体演出的同学已为西南联大同学知名②。这样，以王亚文为首的同学很快组织起一帮人马，酝酿排戏。这一愿望得到老师的赞许和支持。文学院的学生推荐排演陈铨教授新近改写的剧本《祖国》。几个同学找到在外文系任教的陈铨先生，他欣然应允排演自己的剧本，并同意出任导演。清华同学中有人知道中文系闻一多教授曾在国立北平艺术专科学校参与创办了戏剧科，于是便去请他帮助，他全心支持并自告奋勇承担舞台美术工作。还推荐从日本学习戏剧艺术归来不久的孙毓棠先生参加演出工作。同学又去请孙先生，他毫不推辞，答应负责舞台监督工作③。在谈到女演员人选有些困难时，他

---

① 国立长沙临时大学迁到昆明后，改称国立西南联合大学。
② 长沙临大曾组织过话剧团，宣传抗日并参加当地剧团的劳军会演，到昆明后，部分同学还演出过在长沙曾演出的《前夜》等戏，此其一；其二，由于新学期开学较晚，一些同学包括未进学校报到的新同学，在假期中曾参加昆明金马剧社演出《黑地狱》等话剧。
③ 孙毓棠当时旅居昆明，还未进西南联大任教。

愿意请夫人凤子女士出山。得到四位老师的大力支持[1]，同学们排戏的热情极高。演员确定为：汪雨演教授吴伯藻，凤子演教授夫人佩玉，刘雷演教授的学生刘亚明，张定华演教授家的婢女小云，高小文演警察厅长潘有才，劳元干演敲钟老人老郭。排练借一户人家的客厅进行。排戏时，一般是孙先生帮助同学分析剧本，研究角色，给予示范，陈先生、闻先生、封先生（即凤子）在一旁观看，并提出改进意见。同学们白天上课，晚上排练，许多时候都到夜间十二点才结束，几位先生也陪到结束才回家，排练气氛紧张热烈而又感人。

同学们想，如果剧组发展成为一个社团，对于长期开展戏剧活动，对于抗日宣传都有利，王亚文一提出，就得到了汪雨、刘雷、张定华、高小文、劳元干、黄实、张遵骧、汤一雄、徐贤议、黄宣、李善甫、孙观华等同学的附议，大家便分头串联，共同发起成立话剧团。倡议同样得到了四位老师的赞成。经过积极筹备，1938年底的一天，在昆华农校大楼的一间大教室里召开了"国立西南联合大学话剧团"（简称"联大剧团"）成立大会。教室里的桌椅被同学一圈圈地围起来，闻一多、陈铨、孙毓棠、凤子四位老师和《祖国》剧组的成员早早到场，一些爱好戏剧的同学也前来参加，共有六十多人出席大会。会议首先由发起人说明成立话剧团的宗旨、报告筹备成立的经过，而后请老师和同学发言，最后选举团长和工作人员。同学们在发言中都表示同意成立联大剧团，并愿意在剧团里努力工作，为研究戏剧艺术、开展抗日救国戏剧活动、丰富学校文化生活尽力，同时也希望自己在剧团里得到老

---

[1]凤子，名封禾子，虽不是西南联大教师，但她艺名显赫，同学们把她视为老师。这样联大剧团便有"四位老师"之说。

师的指导，并和社员切磋砥砺，以提高戏剧表演水平。几位老师
在发言中都肯定成立话剧团，开展戏剧活动是一项很有意义的工
作，希望大家认真对待，不辞劳苦把戏演好，使剧团产生影响。闻
一多特别提醒同学莫忘前方浴血奋战的将士和身处敌人铁蹄下
的沦陷区同胞："成立剧团，开展戏剧活动是一项有意义的工作，
但要想到前方在抗战，同胞们在敌人的铁蹄下受苦难，你们能来
后方上大学是很不容易的。剧团成员要演戏，但不能荒疏学业，一
定要认真读书。"[1]孙毓棠告诫大家："参加剧团，开展爱国的戏
剧活动，不仅要认真演戏，首先要认真做人。"[2]会议选举张遵
骧为剧团团长，平时热心戏剧工作的同学如刘雷、汪雨、黄实、汤
一雄、高小文、劳元干、徐贤议、丁伯骙等被选为干事会委员。根
据后来各方面的材料汇总，先后参加联大剧团的同学有：王亚文、
刘雷、汪雨、黄实、汤一雄、丁伯骙、高小文、劳元干、徐贤议、张
定华、孙观华、李善甫、樊筠、黄宣、徐萱、陈欧生、肖庆萱、侯肃
华、罗宏孝、安美生、许令德、邹斯颐、孔令仁、郝诒纯、陈福英、
刘辉、霍来刚、邵儒、陈誉、张狂、刘长兰、邹德范、杨郁文、王松
声等。导师是闻一多、陈铨、孙毓棠。后来剧团人员变动，另选领
导，任团长的是高小文，副团长徐贤议。

　　联大剧团成立，《祖国》的排练有了切实的组织领导，排练因
而更有成效。

---

①闻一多语，转引自张定华：《回忆联大剧团》，西南联大校友会编：《笳吹
　　弦诵在春城——回忆西南联大》，昆明：云南人民出版社等，1986年10月，
　　第344页。
②孙毓棠语，转引自张定华：《回忆联大剧团》，西南联大校友会编：《笳吹
　　弦诵在春城——回忆西南联大》，昆明：云南人民出版社等，1986年10月，
　　第344页。

　　1939年2月18日，《祖国》在昆明举行公演。公演前，2月16日《朝报》上刊登了广告："西南联大话剧团为前线将士募鞋袜，第一次公演爱国四幕剧《祖国》，导演陈铨，主演凤子，舞台设计闻一多，舞台监督孙毓棠。时间：十八日起连演五场。地点：光华街云瑞中学礼堂。"这次演出是西南联大话剧团首次向社会公开亮相。《祖国》被定义为"爱国四幕剧"，演出的目的是"为前线将士募鞋袜"，演出地点是云瑞中学礼堂。演出的当天，《朝报·副刊》刊登了骉子的文章《介绍〈祖国〉》。文章对戏剧的内容和情节作了介绍，目的是让观众进入剧场前对剧情有所了解。同一天，《云南日报·南风》栏目刊登了王一士的《联大剧团公演〈祖国〉》。文章点明演出《祖国》是为前方将士募集鞋袜的义举，内容虽为介绍，却具有评论性质。也是同一天，《益世报》第四版作为《联大剧团公演〈祖国〉专页》出版。版面上刊登了陈铨的《联大剧团筹演〈祖国〉的经过》、潘家洵的《舞台上的说话》、孙毓棠的《谈演员》、景星的《我们的祖国》、凤子的《我的话》、李鹏的《祖国与家乡》、汪雨的《一个永恒的灵魂——纪念吴伯藻型的受难者》、联大话剧团的《敬谢赞助本团的人们》等八篇文章，对联大剧团、《祖国》内容、主要人物形象、话剧艺术、筹演情况等作了介绍。出版"专页"，意在使读者对剧情及其排演有较清楚的了解，从而收到最佳观看效果。

　　《祖国》本来是一部法国剧本，由陈绵教授翻译成中文，内容写在敌人占领的一座城市中，一批爱国志士秘密图谋恢复的故事，这情形很像当时的北平（今北京）。马彦祥遂把它改编成《古城的怒吼》，使之更具中国风味。但由于改编时间仓促，改编本中矛盾错谬较多。陈铨再把它增补删削为《祖国》。陈铨改编的《祖国》，是一部大悲剧，写的是日军占领下的北方某城市，一位教授组织力量，筹划举事反抗侵略者，但因事泄密，举事者全体被捕，最后壮烈牺牲的故事。但剧本并没有过多从正面去写反抗者的活动，而是以教授夫人的爱情作为剧情的转枢，推动剧情的发展。吴伯藻教授的夫人佩玉是一个"爱情至上"者，她爱上了丈夫的学生刘亚明，希望和亚明远走他国，过一种纯情的日子，但她的婚外恋被丈夫吴伯藻发现，吴宣称：一旦发现是谁，定有以报之。于是，佩玉抢先下手，向日伪警察厅长告密。当吴伯藻和义士在起义地点集中时，被布控的日军一网打尽，其中也有亚明。佩玉向警察厅长求情放出亚明，并要他一起出走。亚明晓以大义，决心"以民族国家为第一"，继续斗争。这时枪声响起，吴伯藻等斗士英勇就义。满怀欣喜的警察厅长进来准备与佩玉同庆，却发现亚明与佩玉在一起。早已垂涎佩玉的厅长见状，妒火中烧，拔枪相对。亚明夺枪击毙厅长。警卫乱枪打死亚明和佩玉。亚明临死时高呼"中华民族万岁！"

《祖国》的抗日爱国内容和演员的成功表演，深深打动了观众。首场演出一炮打响，观者奔走相告，相约来看，出现了前所未有的盛况。

当时演出的情形，据婢女小云的扮演者张定华女士回忆说："从第一天上演起，就出现了令人振奋的盛况。剧中人物的台词时常引起观众的笑声或慨叹。剧场不断响起掌声。当剧中人物英勇就义高呼'打倒日本帝国主义'、'中华民族万岁'时，观众随着高呼口号，台上台下喊成一片，洋溢着高涨的爱国热情。这个以抗日救国为内容的戏，深深吸引、打动了观众的心，演出场场满座，报纸也连续发表消息和评论，称赞演出完整，艺术精湛，教育意义深刻，振奋人心。《祖国》轰动了昆明，一时成为人们谈话的中心议题，引起各界人士的关注。"①张定华的回忆与当时报纸上的报道相符。1939年2月22日《朝报·副刊》发表署名"臻"的《观〈祖国〉后》可以证明。臻是一位从"下江"流亡到昆明的妇女，流亡生活使她对娱乐有所节制，但《祖国》"盛传一时"，她不能不慕名观看，看后大为赞赏。"盛传一时"之语与张定华"一时成为人们谈话的中心议题，引起各界人士的关注"之语相吻合。

评论界虽然指出了《祖国》的一些不足，但总体上是肯定和赞许的。最早的评论文章是2月18日刊登在《云南日报·南风》上的《联大剧团公演〈祖国〉》，然后是第二天刊登在《朝报》上的《伟大的祖国》，两文的特点是在介绍和报道中蕴含着评论。比较正式的评论（包括观后感）是2月20日、22日发表在《云南日报·南风》上的《致联大剧团一封公开的信》和《看了〈祖国〉以后》，2月26日发表在《朝报·副刊》上的《观〈祖国〉归来》。尤其是后一篇《观〈祖国〉归来》值得注意，它是著名的话剧导演和理论家陈豫源先生写的，其观点和表述更符合话剧艺术的特点。综合这些评论以及其他文章中的论述，当时对《祖国》的看法主要有以下一些：

关于剧作——观众都肯定剧作的抗日题材及其思想意义，赞许教授吴伯藻和青年刘亚明等的国家民族意识。大家对这两个形象极为欣赏，有人称吴伯藻是"钢铁斗士"②，有人表示"我们应该学习刘亚明，他是我们民族解放运动中的模范战士"③。对于佩玉，有人引凤子"佩玉这一角的性格是不真实的"之语，接着

①张定华：《回忆联大剧团》，西南联大校友会编：《笳吹弦诵在春城——回忆西南联大》，昆明：云南人民出版社等，1986年10月，第344页。
②王一士：《联大剧团公演的〈祖国〉》，《云南日报》，1939年2月18日。
③俞志刚：《看了〈祖国〉以后》，《云南日报》，1939年2月22日。

说"我想能做吴伯藻先生对象的佩玉,决不是一无知识一无理智的女人……一个略具理智的人,决不会爱令智昏至如此地步,将无数爱国同胞生命所系甚至国家民族存亡关键的情报,向万恶的仇敌去告密的"[1]。戏剧家陈豫源分析说:"她之于吴伯藻,仅仅是不满意,经伯藻发现了以后恼羞成怒,至多不过是加倍的不满意,聪慧的佩玉,可用激动的行为,仅可去情杀,自杀(剧中佩玉原有自杀的动意),私奔,离婚……她跟伯藻并无多大仇恨……不满与仇恨距离得很远,所以密告的行动叫人觉得可能性太少。"[2]剧本把故事发生的地点放在中国的城市,把外国风格的剧作改成了中国风味,把大段大段的人物内心独白改成人物对话,甚至淡化了许多罗曼蒂克的气氛等都是成功之处。陈豫源认为全剧以第二幕最好。而第二幕正是作者改动较大,较具中国作风的一幕。

关于导演——《祖国》的导演是其改编者陈铨。他早年就学于清华,毕业后去美国获得硕士学位,又去德国研习哲学和文学,1933年,以《德国文学中的中国纯文学》获得博士学位,回国先在武汉大学任教,接着去了清华大学。他虽然以小说作品著名,但对戏剧也有深入研究,抗战前,他曾有剧本问世。此次自编自导,更能准确发挥剧作家的意图。虽然《祖国》的导演之名是陈铨,但其他几位老师也参与了指导。陈铨曾说:"谈到导演,我们第

① 锌:《观〈祖国〉后》,《朝报》,1939年2月22日。
② 豫源:《观〈祖国〉归来》,《朝报》,1939年2月26日。陈豫源曾毕业于原北平大学艺术学院戏剧系,是云南戏剧界的核心人物,此时主持金马剧社和昆华艺术师范戏剧电影科,主编《云南日报》副刊《艺术评论》、《正义报》副刊《影与剧》,发行戏剧杂志《戏友》,创作了多部剧本,导演了多出戏剧,1939年夏,他任云南省教育厅第一剧乐歌巡回教育大队队长,下乡宣传抗日斗争。

一个要感谢的,就是中国艺术界的老将闻一多先生⋯⋯以后几次重要的排演,闻先生都亲身参加,贡献许多最可宝贵的意见。假如这一次公演,能够有相当的成功,那么闻先生是我们第一个功臣。"[1]孙毓棠是著名的诗人,曾去日本留学,对戏剧颇有研究,又是历史学家。他有很好的艺术感觉和丰富的舞台经验,因此能够较准确地把握艺术分寸并且有效地调动全局,创造性地完成剧作家的创作意图。演员回忆说:"孙毓棠先生带领同学分析剧本,研究角色,排戏时对于一个动作、一句台词也不轻易放过,给予指导和示范。"[2]联大剧团的丁伯骙说:"演技方面,如果不是陈铨和孙毓棠两先生的指导,恐怕还得不到这样差强人意的收获。"[3]陈铨的"第一个功臣"多赞誉,丁伯骙的"差强人意"是谦辞,不过,有一点可以肯定,《祖国》是集体导演的成果,未挂名的导演闻一多和孙毓棠,与挂名导演陈铨三位老师共同指导了《祖国》的排演。由于他们的精心指导,很好地实现了戏剧演出。昆明的著名戏剧家陈豫源从一个导演的眼光看《祖国》,对它的场面调度和舞台运用给予赞赏,同时也指出导演对群众场面没处理好,显得零乱[4]。这是专家之论。由此可以确信,《祖国》的导演效果突出,也有不足,但瑕不掩瑜。

　　关于演员——凤子的演技得到大家一致的赞扬。夏江说:"凤子的演技是纯熟的,对佩玉这一灰色人物的个性有了充分表

---

[1]陈铨:《联大剧团筹演〈祖国〉的经过》,《益世报》,1939年2月18日。

[2]张定华:《回忆联大剧团》,西南联大校友会编:《笳吹弦诵在春城——回忆西南联大》,昆明:云南人民出版社等,1986年10月,第343页。

[3]丁伯骙:《关于〈祖国〉的继演》,《云南日报》,1939年2月24日。

[4]豫源:《观〈祖国〉归来》,《朝报》,1939年2月26日。

现。"①陈铨认为："这一本戏的女主人翁，是一个最难表演的角色，她有复杂的心情，她有矛盾的性格，她有灵魂的痛苦，她有希望的光明，这一次要不是凤子小姐来担任，恐怕很难达到满意的地步。"②凤子在演出之前曾直言不讳地说："佩玉这一角的性格是不真实的。"③陈豫源在分析了佩玉的矛盾性格后赞美道："佩玉这种不可能的行动与性格，叫凤子女士表演得那样逼真可能，那样的毫不牵强，这是《祖国》的绝大成功的最可宝贵处，这才是演戏的真功夫。"④其他的演员也得到了观众较为一致的肯定，例如："张定华女士的小云一角，第二幕开场全靠她散布满场的空气，来描写女主人翁内心的痛苦，看起来似很简单，演出来却不容易，然而张女士却能够作得非常美妙。其他如高小文的警察厅长，刘育才的刘亚明，汪公望的吴伯藻，劳元干的老郭，都达到了相当的高度。"⑤不过，对于潘有才形象，人们有不同看法，朱自清在日记中写道：俞先生认为《祖国》一剧中"潘先生向吴太太表示爱情颇为逾常。演潘先生的演员活像文明戏中的小丑。我有同感"⑥。

关于舞美——闻一多设计并制作的舞台布景，获得大家一致的好评。夏江说："舞台面的设计，简单而美丽，际此物质艰难的抗战期间，我们在后方能看到如此活泼的舞台装置，也着实

①夏江：《伟大的祖国》，《朝报》，1939年2月19日。

②陈铨：《联大剧团筹演〈祖国〉的经过》，《益世报》，1939年2月18日。

③凤子：《我的话》，《益世报》，1939年2月18日。

④豫源：《观〈祖国〉归来》，《朝报》，1939年2月26日。

⑤陈铨：《联大剧团筹演〈祖国〉的经过》，《益世报》，1939年2月18日。

⑥《朱自清日记》（1939年2月21日），《朱自清全集》第10卷，南京：江苏教育出版社，1998年3月，第12页。

颇不容易了。"①丁心赞美道:"闻诗人设计的布景,电灯,使每个观众满意,特别是在色彩上,例如第一幕和第四幕,是同一地点,但是为了两幕是不同的场合,一是忠勇的场合用了黄色的灯光,一是悲惨的结果,用蓝色。同时两种不同的色彩,也分别了日夜。"②

关于声音等表现技巧——声音是话剧最主要的表现手段,因此,语言和音响的运用是话剧艺术首先所追求的。潘家洵先生写了《舞台上的说话》一文从理论上阐述音响和语言在话剧中的意义,同时也对《祖国》的"说话"进行了点评③。陈豫源满怀感情地写道:"饰潘有才、小云、吴伯藻、刘亚明、老郭的几位演员带来了十足北平腔调的乡音。""演员们严整的阵容,他们的良好的演剧体格和喉咙,真令人羡慕无穷,如汪雨的声音,真是舞台剧的标准声音。再加上他们优良活泼的演技,情感发挥的恰到好处,叫谁能说它不成功呢?"④王一士也写道:"明确流利的对白,使场面的现出与转换,成为非常的自然而有力了。语言的运用,故事的穿插也都可见出编者的功力。"⑤

一次演出能够得到观众和学术界如此高的评价,在此以前的云南演剧史上并不多见。

演出场次也能说明《祖国》演出的成功。话剧毕竟属于文化人的艺术,欣赏它须具有一定的条件,起码要有良好的语言感受力。而当时的昆明,文化人不多,国语使用不太普遍,观众不很踊

---

①夏江:《伟大的祖国》,《朝报》,1939年2月19日。
②丁心:《致联大剧团一封公开的信》,《云南日报》,1939年2月20日。
③见《益世报》,1939年2月18日。
④豫源:《观〈祖国〉归来》,《朝报》,1939年2月26日。
⑤王一士:《联大剧团公演〈祖国〉》,《云南日报》,1939年2月18日。

跃，所以，话剧缺少群众基础，一般的话剧演出经费大多入不敷出。翟国瑾回忆1941年昆明的演出情形说："当时话剧观众有限，一次演出，为期五至七天，顶多头三天能卖七八成座，后三天能卖六成已经很不错了。"[①]而在两年前的1939年初春，观众的情况还没有这样好。因此，《祖国》的演出最初只定了五场，2月18日开始，22日结束，每晚上演。由于反响热烈，20日白天加演了一场，计演了六场。但观众踊跃，要求强烈，又加演了三场，至25日晚结束。这样，一共演出了九场，而且"场场满座"[②]，甚至一些看过演出的观众，还希望再看一次，"好多观众，来询下次公演的日期"[③]。这种盛况在云南戏剧演出史上前所未有。这盛况说明，《祖国》的演出轰动了昆明。

　　《祖国》不仅得到了群众的热烈赞扬，而且得到了政府的肯定。1939年5月，国民党中央执行委员会海外部、国民政府华侨事务委员会及军事委员会西南运输处在昆明联合举办"慰劳华侨机工回国服务团大会"[④]，将《祖国》选为慰问节目，请联大剧团于5月6日和7日在新滇大戏院连演两场。数百华侨机工观看了演出，并给予一致好评。此次演出的意义不仅在于观众的满意程度，更主要的是提升了《祖国》一剧的身份和地位。它是国民党中央、国

---

① 翟国瑾：《忆一次多灾多难的话剧演出》，云南省政协文史资料研究委员会等编：《云南文史资料选辑》第34辑，昆明：云南人民出版社，1988年10月，第484页。

② 张定华：《回忆联大剧团》，西南联大校友会编：《笳吹弦诵在春城——回忆西南联大》，昆明：云南人民出版社等，1986年10月，第344页。

③ 丁伯骙：《关于〈祖国〉的继演》，《云南日报》，1939年2月24日。

④ 中国全面抗战开始后，南洋华侨青年响应陈嘉庚的号召，回国参加抗战，他们大多在滇缅公路上开汽车运输物资，为夺取抗战胜利立下了功劳。参与公路运输的华侨青年，被称为"华侨机工"。

民政府和中央军委确定为代表国家水平对外演出的艺术剧目。获得这种殊荣的剧目在中国现代话剧史上寥寥无几。就当时的背景看，云南也有好几个剧团演出过多部话剧，而被政府选为国家水平代表的仅此《祖国》一剧。由此可见联大剧团虽为学生社团，其演出水平至少已居云南剧团之前列了。

二、《原野》的演出与联大剧团的鼎盛

《祖国》演出成功后，联大剧团成员个个摩拳擦掌，准备大干。但当时正值"剧本荒"[1]，可供上演的"抗战戏"少得可怜。正在大家为寻找剧本发愁的时候，听到了曹禺愿意来昆明排戏的消息，社员们很想目睹这位大剧作家的风采，更期望在他的指导下演戏，于是纷纷找导师闻一多、孙毓棠鼓动，请他们设法促成曹禺来昆。其实，这原是闻一多、孙毓棠的意思，他们正在考虑用什么方法和条件请曹禺来。当时昆明的戏剧演出团体，除了各学校的剧团外，有国防剧社、金马剧社、大鹏剧社、戏剧俱乐部等几家，其中实力最强的是国防剧社，尽管它是一个空架子，排戏前临时从各处聘请演员担任角色，但其主持人龙秉灵是云南省主席龙云的亲戚，背景强硬。由于有官方的支持，可以举办一些大型公演活动。闻一多、孙毓棠、凤子商量，准备以国防剧社的名义邀请曹禺来昆明，并让其支付曹禺从重庆到昆明的往返机票费。1939年初夏的一天，凤子和孙毓棠走进国防剧社日常工作负责人李济五的办公室，与他商谈此事。李济五听后很高兴，立即请示上司龙秉灵。得到同意后，他立即告诉孙毓棠和凤子，请他们发电报给曹禺。同时他以国防剧社名义发去正式邀请电报。闻一多又另给曹禺

---

① 闻一多：《宣传与艺术》，载《益世报》，1939年2月26日。

写了一封信说："现在应该是演《原野》的时候了。"[①]并表示愿意
为《原野》作舞台设计。曹禺本来对《原野》问世后的索寞不甘心，
现在收到邀请他排演的电报和信，自是高兴，他很快给国防剧社复
了应邀电。7月13日，曹禺飞抵昆明。第二天，龙秉灵代表国防剧社
为曹禺接风洗尘，凤子、孙毓棠、闻一多和李济五出席，席间商定
演出剧目为《原野》和《黑字二十八》（又名《全民总动员》）。

　　排演班子是由曹禺和凤子、孙毓棠、闻一多等研究决定的。
《原野》由曹禺亲自导演，孙毓棠任舞台监督，闻一多和雷圭元负
责舞台设计。《黑字二十八》人物众多，调度困难，成立了由曹禺、
孙毓棠、凤子、陈豫源、王旦东五人组成的导演团，舞台设计由闻
一多担任。演员的挑选则颇费踌躇，经过反复讨论，决定《原野》
的演员主要从联大剧团中挑选，《黑字二十八》的演员从联大剧
团、云大剧团、国立艺专、省立艺师等单位挑选。最后《原野》的
演员确定为：凤子扮金子、孙毓棠扮常五、汪雨扮仇虎、樊筠扮焦
母、李文伟扮焦大星、黄实扮白傻子。这个阵容中的演员，除了李
文伟外，都是联大剧团的骨干。其实，李文伟与联大剧团有较深的
联系，他曾在联大的各种演出中多次担任重要角色，是联大剧团
的特别社员。因此，可以说1939年昆明演出《原野》是曹禺和联大
剧团的合作。

　　曹禺的工作作风向来是一丝不苟。在《原野》排练之前，他
找每一个演员谈戏，讲明自己的创作意图及人物性格要求，要演
员准确把握。他把导演的重心放在人物内心世界的刻画上，要求
演员表现出人物的复杂心态。如果演员把握不好，他会要求一遍

———————

①闻一多致曹禺信，转引自田本相：《曹禺传》，北京：北京十月文艺出版社，
　1988年8月，第253页。

又一遍地练下去，直至达到要求为止。一个动作、一句台词的效果都不轻易放过，即使像凤子这样的老演员，甚至对他自己也不例外。例如：在焦大星与仇虎相遇的一场戏中，扮演焦大星的李文伟把握不住艺术分寸，动作缺乏真实感。曹禺示范后，要他反复练习，弄得他汗流浃背。据担任场记的龙显球回忆："排练工作紧张严肃，休息时虽然谈笑风生，却无嬉戏无聊的打闹。每个人（包括导演、演员、场记、剧务）都集中思想于剧本再创造的琢磨之中。在初步排位时，全场鸦雀无声，只听到导演T.lwe，D.one，W.thgee（指桌、门、窗位置）的指示声。"[①]排练地点设在昆明城东北的长春路，西南联大师生居住在城西南角，两地大致形成对角。每次排练，演员都需穿过昆明城，十分辛苦。实地排练时，借到的舞台要到每晚十点钟等京剧演出结束后才能使用，这样，有些时候排练到深夜三四点钟，大家都毫无怨言。联大剧团的社员，除了主演《原野》和担任《黑字二十八》的演员外，几乎承担了所有的后勤工作，不少人身兼数职，日夜奔忙。上演前，有人为赶制服装或道具等通夜不眠，有人为装台和照料演出用品夜晚就睡在舞台上[②]。大约经过三个星期的苦练，举行了公演。

公演前，国防剧社举行记者招待会，介绍筹备的经过、剧组的情况、演出的动机、寄托的希望等等。1939年8月12日，首先在《朝报》上打出广告，第二天，《云南日报》和《中央日报》同时登出巨幅广告，《益世报》稍迟，于15日才刊出广告。此前，这几家报纸从未登载过如此巨幅的广告。声势造足后，8月16日晚7时，

①龙显球：《一九三九年曹禺在昆明》，《春城戏剧》，1983年第3期。
②张定华：《回忆联大剧团》，西南联大校友会编：《笳吹弦诵在春城——回忆西南联大》，昆明：云南人民出版社等，1986年10月，第349页。

以"滇黔绥靖公署政训处国防剧社第三届公演话剧"的名义，在新滇大戏院亮相舞台。大幕拉开，期待已久的观众立刻被台上原始神秘的"大森林"吸引住了，随着剧情的展开，观众沉入其中，不能自拔……演出结束，消息被观众带到全城各个角落，人们都想先睹为快，戏票很快被抢空。8月正值雨季，头几天，虽然大雨滂沱，但观众天天满座。有的观众临场徘徊，无票而归。有位远道而来的观众企图闯进剧场观看，与检票员发生了冲突。按计划，《原野》共演八天，至8月23日结束。24日休息。25日换演《黑字二十八》十天，至9月3日结束。但观众纷纷要求加演《原野》。辛苦劳累的剧组只好说服国防剧社，推迟演出《黑字二十八》五天，加演《原野》，至8月29日结束；再换演《黑字二十八》，至9月8日结束。由于观众要求，9月9日起再续演《原野》七天，至15日结束。但是观众仍不满足，纷纷强烈要求续演，剧组只好再续演《原野》两天。由于曹禺在国立剧专有教学任务，不得不于9月17日最终落幕。两剧共演三十二场。

如此盛况，在昆明演出史上，前所未有！著名教授朱自清当即撰文记述说："看这两个戏差不多成为昆明社会的时尚，不去看好像短着什么似的。"接着他指出此次演出的地位和影响："确是昆明一件大事，怕也是中国话剧界一件大事罢。"①以《原野》的演出而言，《原野》1937年一问世，上海业余实验剧团就于8月7日在卡尔登大戏院举行了首演，可是，不几日，"八·一三"的战火，迫使演出中断了。之后，仅1939年5月在重庆江安，地方剧团用四川方言演出过一次，因地处偏狭未引起多大反响。昆明此次演出，是

---

① 朱自清：《〈原野〉与〈黑字二十八〉的演出》，《今日评论》第2卷第12期，1939年9月10日。

《原野》演出的第一次轰动，也是二十世纪八十年代以前《原野》唯一的一次演出盛况。在云南戏剧演出史上，此次演出被戏剧史家公认为云南戏剧舞台上的三次高潮之一。另外两次是《清宫外史》和《孔雀胆》的演出。三次高潮《原野》居其首[①]。如此盛大的演出，是《原野》的成功，是曹禺的成功，同时也是联大剧团的成功。

　　昆明的观众为何如此欣赏《原野》、赞美这次演出？当然是《原野》的艺术魅力所致。但细分起来，有以下一些原因：

　　首先是名人效应。《雷雨》、《日出》早已奠定了曹禺著名剧作家的地位。在此次演出前，昆明已上演过曹禺的剧作，因此戏剧爱好者无不知道曹禺的大名。而这一次却是曹禺远道而来，亲自导演自己创作的《原野》，这种机会对昆明的观众来说是不可多得的（事实上是唯一的），所以戏剧爱好者慕名前往，一睹为快。另一位名人凤子，是著名的话剧演员。此前，她曾在上海扮演四凤，曾赴日本扮演陈白露，不久前，观众曾在《祖国》中领略过她的丰采，而此次她扮演金子，不知又会有何等精彩的表现，这也是吸引观众前往观看的因素。再一位名人闻一多，其诗名早已响彻中国，而舞台艺术设计的才华似乎是他到了昆明才显示出来，《祖国》的布景和灯光已让观众钦佩，《原野》的设计又会出什么新招，将会带给观众怎样的艺术感受？人们翘首以待。还有一位名人孙毓棠，他曾是《祖国》的舞台监督，他的诗名可能知者不多，但他的戏剧才华却为昆明观众激赏，人们对观看《祖国》的好感还记忆犹新，又有了欣赏他另一部戏剧的机会，遂有争先恐后之

---

[①] 吴戈：《云南现代话剧运动史论稿》，北京：中国文联出版社，2001年9月，第114页。

情。并且，他此次不仅是舞台监督，还是演员，他的表演怎样呢？这也是引人之处。此外，联大剧团的各位演员也是大家赞赏的，对于他们新的表演，大家当然也想一睹为快。这是当时人们的心理，并非今天的揣测推论。不信请看当时《朝报》上发表的一篇评论，文章开头就写道："《原野》是曹禺的杰作，这次能得作者亲自来导演，自然能把剧本的好处，表现无遗。且这次演员，又尽是昆明第一流名手，连布景的设计，灯光的管理，也请专家负责，我们很可放心地说，《原野》这次演出，是集各种专家的大成，无怪它的成就，也是空前的。"[①]著名评论家朱自清分析两部大戏吸引人的原因时也说了同样意思的话："而曹禺先生的戏，出演的成绩是大家都知道的。再说这回是他自己导演，也给观众很大的盼望。还有，两个戏的演员，很多斫轮老手，足够引起观众的信心。"[②]

其次是艺术魅力。名作家、名导演、名舞美、名演员以及名剧团的吸引往往在开演之初力量较大，如果演出本身不精彩，观众很快会流失的。《原野》8月16日开场，9月17日收场，虽然中间插演了《黑字二十八》，但演出的起止都是《原野》。能够在前后一个多月的时间里牢牢地吸引住观众，做到场场满座，恐怕不仅只是名家的声望，而是艺术表现的魅力了。中国文学史家余冠英以极其犀利的评论家眼光来看这部戏，他说："我以为曹禺君的三部名著中《雷雨》是最雅俗共赏的戏，《日出》稍不同，惟《原野》最为不俗。""《原野》最值得称赏处是人物的创造。本剧重要人

①易：《看〈原野〉以后》，《朝报》，1939年8月19日。
②朱自清：《〈原野〉与〈黑字二十八〉的演出》，《今日评论》第2卷第12期，1939年9月10日。

物的性格都很强，以焦大妈为最，其次金子，其次仇虎。这三个人物在中国文学里都是崭新的。中国文人笔下虽也出现过狠毒的婆婆，养汉的媳妇，复仇的英雄（我现在就联想到《水浒传》、《金瓶梅》里的人物），但刻画都不到这样深，所以面目大不同。"①这样新鲜而又强悍的人物形象自然是有吸引力的，而《原野》又以人物的心理表现为特长，把人物内心深处不可视听的思想感情用卓越的技巧淋漓尽致地表演了出来，让人们看了心惊肉跳。《原野》的故事虽不复杂，但情节却极为细致生动，笔触犀利深入，谁看了都会留下深刻印象。而剧情的规定情景、场面和气氛又是那样特殊别致，很可能迷醉观众。这样艺术性高超的剧作，由一群才能超拔的艺术家把它呈现在舞台上，不可能不产生出强烈的艺术魅力。被名家吸引进剧场的观众，看了《原野》的演出，心灵受到振动，感到享受的快意。他们出场后把感受讲述给他人，并推荐他人去观看。这样一传十，十传百，以至于观者如堵。这是艺术魅力所致。朱自清记录说："观众看了这两个戏，可以说是满意的。在这种物质条件下能有这样成绩，真是不容易！从演员的选择与分配，对话的节奏，表情的效果，舞台的设计等等，可以看出导演以及各位演员各位职员都已尽了他们最善的努力。"②《朝报》也报道说："看完《原野》全剧，觉得置景是那么伟大，演技是那么精熟，灯光与效果都是那么适应。"因而赞叹："毕竟是成功之作！"③

　　再次是演员表演。艺术魅力已包括了演员表演，这里专门提

①冠英：《谈谈〈原野〉》，《今日评论》第2卷第13期，1939年9月17日。
②朱自清：《〈原野〉与〈黑字二十八〉的演出》，《今日评论》第2卷第12期，1939年9月10日。
③江夏：《曹禺导演的〈原野〉昨晚开始公演》，《朝报》，1939年8月17日。

出来谈，是因为戏剧被称为"表演艺术"，一出戏是通过演员的舞台表演最终完成的。《原野》是一个争议颇大的剧本，对于它的思想和艺术，见仁见智，从来没有统一过。演员对剧本的理解肯定也各有千秋，同一人物，演员表演出来会各有特色。再加上观众对角色的理解有异，对演员表演的期望自然也有不同。这样，观众对《原野》演员表演的评价就有差异，甚至出现相反的意见。下面引三条当时的文字以求对原况的认识。《今日评论》的署名文章说"此次演出的孙毓棠君之常五最无懈可击，次为樊筠女士之焦大妈。金子一角以凤子女士之技术经验演来竟未厌人望（有人说她不肖村妇而带智识味）。饰演仇虎的汪君也是老手，但在第三幕甚难令人满意"，作者把对两位演员的失望"归咎于剧本"①。而《益世报》上的报道则充分肯定凤子的表演，同时认为其他角色的表演同样出色："凤子饰焦花氏，不但言语态度恰到好处，而动作表情，亦可算得胆大难能。樊筠饰焦母，泼辣老妇活现舞台，观众莫不称绝，此外如孙毓棠饰常五，汪雨饰仇虎，黄实饰白傻子，李文伟饰焦大星等，均能抓住剧中要点，表现个人戏剧天才。"②《朝报》上的署名特写也全面肯定了各个演员："汪雨的仇虎，性格是显得那样粗暴，黄实的白傻子，也创造了一个独特的典型……樊筠饰焦母，十足表现了厉害泼辣的旧女性，凤子的金子，灵巧、尖刻而热情，孙毓棠的常五，是那么个糊涂人，李文伟之焦大星，一个懦弱无用的典型男人，在这部戏里，都有一个明朗的性格表现。"③以上对每个演员的表演虽然臧否不一，但有

---

① 冠英：《谈谈〈原野〉》，《今日评论》第2卷第13期，1939年9月17日。
② 《国防剧社公演〈原野〉》，《益世报》，1939年8月17日。
③ 江夏：《曹禺导演的〈原野〉昨晚开始公演》，《朝报》，1939年8月17日。

一点是明确的，即总体上持肯定赞扬态度。评论家和记者的态度如此，普通观众对演员的表演更是普遍的叫好。以评论意见相左的凤子为例。凤子接受金子角色后，有的朋友曾劝她放弃，因为金子是一个"风骚泼辣"的角色，而凤子性格温和，外表柔弱，与角色的性格反差较大，朋友担心她演砸了。可她想开拓戏路，决心一试。结果，她硬是凭艺术家的创造才能把金子演得惟妙惟肖。演出后，那些曾为她提心吊胆的朋友跑到后台向她祝贺："你在舞台上我们真认不得啊！""你这么一个好性子的人，怎么能使得出那样的脾气来？"[1]由不相信到认可，是多大的转变，多么诚挚的赞美啊。许多人就是为了看凤子、看孙毓棠、看联大剧团名角的表演而走进剧院的。

最后是舞台设计。舞台是戏剧的生成空间，是观众注目的地方，理应受到戏剧家的重视。可是，中国的传统戏剧讲求虚拟性，舞台布景缺少丰富性和现实感，早期的话剧也由于种种原因对舞台布景重视不够。美术家闻一多参与戏剧工作则不同了。他把自己的美术才华运用在舞台上，把舞台真正变成了"美的所在"[2]，使舞台美术成为戏剧美学的一部分。舞台美术有它特殊的要求，它必须符合戏剧的情景，参与戏剧气氛的创造，同时好的美术置景又能强化戏剧氛围，增强艺术效果。闻一多根据《原野》的规定情景，对舞台进行了精心的设计。他首先在家里找出几个装美孚石油桶的木箱，放倒当作舞台，再用硬纸壳制作成布景和人物模型，然后在"舞台"上摆来弄去，反复琢磨，还不时征求夫人和孩子的意见，最后选定一个方案与其他人共同研究决定。对于舞

---

[1]凤子：《台上·台下》，北京：中国戏剧出版社，1985年6月，第42页。
[2]闻一多诗歌《死水》里的话。

台设置，他绘出平面图后，与雷圭元等一起商讨，然后制成模型，再广泛听取意见后投入制作；对于舞台布景，则绘成小样，与大家共同商量定稿后，亲手绘制而成。李济五曾亲眼见到闻一多和曹禺、孙毓棠、凤子讨论舞台设计的情景："在设计焦大妈家的桌椅时，曹禺说明了他的创作意图和剧中人物的性格后，闻一多思索了很久……用手比划着说，焦大妈堂屋里的桌子必须给人以 massiness（即沉甸甸的意思）的感觉，曹禺表示完全同意。"① 在仇虎逃跑一幕中，他用许多黑色长条木板于舞台后半部大小错落地排列起来，焦母提一盏小红灯笼在其间穿来走去，台下看去，大森林幽暗深远，焦母的喊声发乎其间，神秘恐怖至极。曹禺对此称赞不已。布景多采用虚实结合甚至某些抽象技法，再配以幽暗的灯光，把荒原孤村和黑森林阴森恐怖的气氛表现了出来，显

《原野》在昆明公演结束后全体演职员与曹禺（前排左五）饯别时的合影

① 李济五：《记国防剧社》，《春城戏剧》，1986年第1期。

示出荒原的原始、野蛮，有力地配合了悲剧剧情。曹禺十分肯定地说："闻先生的美术设计增强了《原野》的悲剧气氛，是对《原野》主题的最好诠释。"①演出效果证明了闻一多设计的极大成功——观众对《原野》的舞台美术好评如潮，有人甚至为了看舞美而去看《原野》。《益世报》上的文章说："（《原野》的）布景灯光在该剧中变化可谓复杂……亦能使一切背景活活出现。"②《朝报》上的文章说得更细致："第一幕，布景是那么美丽，一条铁路线的旁边，囚徒仇虎和白傻子的对话中，剧情是慢慢地展开了……第二幕在焦宅客室中，有焦阎王遗像，焦母佛台，十分布置得富丽堂皇……最后一幕，而且接连四场的换景，都是森林丛丛的原野，在黑夜的大森林里，我们除了看到舞台之美丽画面外，还实际感觉了一个人生的严重问题，那就是爱欲与仇恨的冲突。"③这样生动真实的舞台设计在中国戏剧史上前所未见，昆明观众自然没有见过，其召唤力当然是强烈的。不过，多数观众进剧院只是去感受剧情，不一定是为了欣赏舞美，但懂戏剧的人没有不说它好的，就连否定《原野》剧作思想意义的文章也承认："一般人对着那一幕幕的布景，都会说'美丽得很！'"④

　　由于以上四个方面的原因，《原野》似有魔力一般把昆明城内外的人吸引到剧院，李乔说，"在万人哄动中曹禺先生的《原野》已在新滇剧院上演了五六天"，并且"看过这剧的人，大概不

---

①曹禺语，转引自王松声、李凌：《闻一多和戏剧》，赵慧编：《回忆纪念闻一多》，武汉：武汉出版社，1999年9月，第315页。
②《国防剧社公演〈原野〉》，《益世报》，1939年8月17日。
③江夏：《曹禺导演的〈原野〉昨晚开始公演》，《朝报》，1939年8月17日。
④李乔：《看了〈原野〉以后》，《云南日报》，1939年8月23日。

会说不满意吧？"①这是历史的记录。

　　以上是就《原野》的艺术表现而言的，对于《原野》的思想意义，人们则有不同的看法，概括起来有两种：一种认为《原野》表现了反抗斗争的思想，这种思想对于激发人们的抗日力量有用；一种认为《原野》的复仇思想会把人引向私仇宿怨，对于民族的抗战无益。前一种以闻一多为代表，后一种以李乔为代表。两种观点虽然相对，但没有正面交锋，因此没有形成论争。这是对剧作的思想和艺术表现的不同理解，与表演无关，因此剧组人员都保持着沉默。从当时报刊上发表的文章来看，起初是头一种观点占主导地位，后来就是后一种观点占上风了。无论哪一种观点，都是知识分子的理性思考，而普通观众似乎不考虑这些抽象的意义，他们只是看戏，进入剧院只是为了"好看"。《原野》正好提供了这种满足，所以他们趋之若鹜，先睹为快。当然，看戏总会受到思想影响，但观众首先考虑的恐怕不是接受思想教育的问题。因此，尽管后来评论界倾向《原野》不符合抗战剧的要求，但群众仍然纷纷前往观看，以至观者如堵，造就了云南戏剧演出史上的第一座演出高峰。

　　这座高峰的形成，是曹禺的辉煌，也是联大剧团的辉煌！

　　联大剧团从1939年2月《祖国》的出演，到9月演完《原野》，在短短半年多的时间内就达到了顶峰。这说明联大剧团的起点相当的高，而社员艺术的修养、工作的投入亦相当出色。考其原因，一方面有孙毓棠、凤子、闻一多、陈铨、曹禺等名师的贡献，另一方面联大剧团成员如汪雨、黄实、樊筠、劳元干、张定华等的艺术敏感也是令人叫绝的。随着这两部戏的演出，联大剧团之名已

──────────

① 李乔：《看了〈原野〉以后》，《云南日报》，1939年8月23日。

在昆明人心目中生了根，联大剧团被云南戏剧界公认为昆明最好的演出团体之一，甚至联大剧团已作为一个有名的剧团载入了中国戏剧史册，因为，《原野》的演出"也是中国话剧界一件大事"。

### 三、联大剧团的分化及其他演出

《祖国》、《黑字二十八》演出的成功，尤其是《原野》引起的轰动，给联大剧团以极大鼓舞，使社员增强了信心，大家都希望能够演出更多更好的戏。在这种情形下，一些社员也过高地估计了剧团和个人的能量，认为联大剧团已具备了演大戏的能力，以后必须选演大戏，才能显示出剧团的本领，才能使剧团兴旺发达。这种观点忽略了剧团借助名家帮助而获得成功的条件，把几部戏的演出成绩全部归功于己，夸大了同学在演出中的作用。因此，一些社员不同意这种高估自己的看法，在剧目的确定上，主张选一些难度较小，剧团能独立承担的"抗战戏"。持这种观点的主要是一些群社社员，有的还是中华民族抗日解放先锋队的队员。两种观点发生了争论，使演剧工作受到影响，引发了社员的不满情绪。再加上联大剧团本身只是戏剧爱好者的自由组织，许多社员先前并不认识，高低年级之间、来自各地的同学之间存在着思想和文化差异，剧团又不可能制定严格的规约，大家只是排剧时才聚在一起，不排时各行其事，一句话，没有组织基础、思想基础和政治基础。在这种情况下，小团体思想、个人情绪都会产生。由以上观点的分歧引起，加之固有的组织松散，更兼个人意气的爆发等原因，联大剧团出现分化势所必然。

1940年初，联大剧团干事会任期已满一年，且团长张遵骧因车祸受伤不能主持工作，遂举行改选。这本是正常的事，但有的人却早有预谋，想获得领导权，便拉了一些不是社员的人来参加投票，结果获胜。许多社员对此结果甚为不满。之后，本已产生了思想裂痕的那些社员便拒绝参加活动，且设法另谋发展。2月，青年剧社成立，主要成员是从联大剧团分化出来的同学，社长汪雨。5月，戏剧研究社宣告成立，主要社员也是从联大剧团分化出来的同学，社长贺蕴章。虽然两个剧团的成立有其政治背景，青年剧社属于国民党三青团，戏剧研究社属于共产党的外围组织群社一派，两个剧团的组建各有自己的目的，但由于骨干社员都是联大剧团的成员，这就势必削弱了联大剧团的力量。通过两次分化，联大剧团元气大伤，此后的活动减少，演出的剧目也减少了。

联大剧团在改选干事会和酝酿分化的过程中，正在排练赵慧深根据廖抗夫小说《夜未央》改编的《自由魂》，但仍名《自由魂》。分化虽然严重影响了大家情绪，但排练并未终止。1940年2月20日，《夜未央》以"国立西南联大学生自治会筹募劳军礼金"的名义，在云南省党部大礼堂举行公演。导演是外文系教授赵诏熊，舞台监督是高小文，演员是罗宏孝、汪雨、刘辉、刘雷、李文伟、黄实、刘长兰、邹德范、高小文等二十余人。《中央日报》刊登了广告。演出按原计划，到26日结束，共演了七场，演出成绩不错，但未见其他宣传报道和评论。

联大剧团分化后，到1940年10月，在大逸乐电影院公演《雷雨》。这次演出包括序幕和尾声，是《雷雨》的全本。看得出，这是"演大戏"思想指导卜选定的剧目。演员阵容是：许令德扮繁漪，汪雨扮周朴园，张定华扮鲁妈，劳元干扮周萍，孔令仁扮四凤，邹斯颐扮周冲，刘雷扮鲁贵，高小文扮鲁大海，罗宏孝和安美生扮修女。戏剧研究社的萧荻、冯家楷应邀协助舞台工作。此前，昆明曾几次上演过《雷雨》，五个月前，以西南联大同学为主的北平八校校友为前方将士征募药品曾在昆明公演过，间隔这么短就演一次，而且演员中没有凤子、孙毓棠这样的"大腕"，虽然剧团的台柱汪雨、劳元干、高小文、刘雷、张定华等都出场，能否有足够的魅力把观众吸引进剧场，大家心里没底。由于这次演出难度很大，成功的把握较低，因此，计划只演三场。演出的宣传工作也做得较差，没有提前刊登广告，也没有写介绍文章，只是演出的当天在几家报上登过一次广告。广告内容为："国立西南联合大学话剧团第三届公演，舞台设计劳元干，舞台监督高小文，戏的阵容：罗宏孝、安美生、孔令仁、许令德、张定华、汪雨、高小文、劳元干、霍来刚、邹斯颐、邵儒、刘琪、陈誉、张狂。"[①]演出时间是10月8、9日下午7时半，9日下午1时半加演日场。演出既未见消息报道，也未见评论文章，在低调中进行。由于事先没有抱过高的期望，所以对于演出结果大家还较为满意。张定华几十年后的记忆是"场次还可以"[②]，《国立西南联合大学校史》则说"演出效果很好"[③]。

　　从此次《雷雨》的演出可以看到，虽然联大剧团分化不久，大家的意见仍然相左，情绪还存在对立，但对联大剧团的名誉，大家都是维护的，当联大剧团准备演戏，需要大家共同出力的时候，无论青年剧社还是戏剧研究社都给予了支持，所以，早期联大剧团的名演员，除黄实外，都聚首于《雷雨》了。而黄实，也许是9月份将主持演出《阿Q正传》并主演阿Q，抽不出身来参与《雷雨》

---

①《朝报》，1940年10月8日。

②李光荣访张定华记录，2004年10月3日，北京张寓。

③西南联合大学北京校友会编：《国立西南联合大学校史——一九三七至一九四六年的北大、清华、南开》，北京：北京大学出版社，1996年10月，第441页。

的排练，也许是其他原因没能来参加。这次老演员重新合作，也说明联大剧团这面旗帜的召唤力和留在联大剧团里的骨干演员所起的作用：老骨干高举联大剧团旗帜，这面旗帜又把老演员重新召回。其实这种团结还可以追溯到《夜未央》和《阿Q正传》的演出。激烈的分化在排演《夜未央》的过程中进行着，但大家还是通力合作，完成了《夜未央》的演出。而《阿Q正传》的演出，人物众多，场面宏大，共有四十多个人物登场，剧团先后动员了二百多个同学参加了前后台的工作，虽然主持排演者是戏剧研究社，但它是西南联大全体戏剧爱好者的通力合作，因此才有演出的成功。在这两次协作的基础上，大家又团结协作完成了《雷雨》的演出。

我们是否可以得出这样的结论：联大剧团早期的骨干演员，虽然因意气之争而另立门户，但在维护联大剧团的名誉上，在推进戏剧发展的追求上，在宣传抗日救国的大义上，还是一家。

"皖南事变"发生，联大剧团亦遭到冲击，一些暴露了身份的共产党员和群社社员在共产党组织的安排下疏散到边疆和农村隐蔽，联大剧团的实力遭到削弱。在学校里，进步思想遭压制，文艺社团停止了活动，壁报萧条，气氛沉闷。在这种情况下，联大剧团的活动也暂时停止了。而后来首先冲破沉闷，开展文艺活动的仍然是联大剧团。1941年夏，联大剧团开始筹演易卜生的《玩偶家庭》（《玩偶之家》）。剧团再次请凤子和孙毓棠两位大家出马，孙毓棠任导演，凤子演主角。排练后，于7月8日在昆明大戏院公演。演出前，于7月5日在《中央日报》上登出广告，7月7日又在《朝报》上登广告。广告的内容是："战时公债云南劝募总队西南联大劝募分队公演易卜生名著《玩偶家庭》（即《娜拉》），导演：孙毓棠，演员阵容：凤子、沈长泰、姜桂侬、许令德、汪雨、劳元干、吴全、黄云、严仪、刘琦、贾平。"①演出开始的当天，《朝报》刊登了鲍尔的文章：《〈玩偶家庭〉剧本介绍（三幕剧）》，简要地介绍了剧作者、剧本的故事情节和人物特点，目的是让观众在观剧前对剧情有一个大致的了解，以便观剧时能够得到更大的艺术享受。但观剧后报纸上发表的文章，意见却颇为严厉。文章集中在《朝报》上，有鸣公的《〈玩偶家庭〉观感》、家光的《参观〈玩偶家庭〉小感》、心芹的《观凤子演〈娜拉〉剧感作》、先春的《〈娜拉〉观后》等。这些文章观点不一致甚至针锋相对，一方面笼统地肯定剧作演出成功，一方面则具体地挑剔演员的毛病，例如，"台上的对白有时候太快，坐在后面的人，不大听得清楚"②，"娜拉背场太久，方位没有变动，使舞台成了相当时间的不平衡"③，有的演员习惯性地背手站在台上等。不过，总的来说，大家对演员的表演还是比较满意，尤其称赞凤子，只是她得到的好评不及以前所演的几场多。也许鸣公的一段话具有代表性："至于演员方面：人才齐全，配搭允当，各有特长发挥，可嘉！特别我要在此说的，是饰娜拉主角之凤子女士，凤子全部台词之娴熟流利，真可说'如数家珍'，表情有声有色，确是中国话剧界第一流人才，综观凤子一贯作风之特长，是活泼生动，犀利俊逸，尤以偏激表态最为传神！只在沉郁方面稍缺刻划，但此不足为病，因凤子自有其成功之天才与造诣。"④以上文章基本上是观感性的，几乎没有理论的概括分析。看得出，作者都是联大剧团和凤子的老观众，但他们毕竟不是评论家。而

①《朝报》，1941年7月7日。
②先春：《〈娜拉〉观后》，《朝报》，1941年7月22日。
③家光：《参观〈玩偶家庭〉小感》，《朝报》，1941年7月18日。
④鸣公：《〈玩偶家庭〉观感》，《朝报》，1941年7月18日。

评论家呢？他们没有发言。评论家的沉默是一个奇怪的现象。回想对于《原野》的评论，此次沉默大概与"抗战戏"理论有关：既然你们一定要演与抗战无关的戏，我们保持沉默！对于这一点，导演孙毓棠似乎曾有过预感，他曾作过解释：因劝募时间"迫促"，不能选场面巨大，人物众多，排练困难的"抗战戏"，并把剧作的意义解释成"针对现实"。但是，没有用。由于抗战形式的严峻，人们倾向于看思想内容更为直接的"抗战戏"。无论导演怎么解释，评论家就是不买账，干脆缺席。由于评论家不发言，《玩偶家庭》的演出成就很难评定。不过，从演出的场次看，观众仍然较为踊跃，也可以说是满意于演出的。此次演出从7月8日开始，每天一场，到16日为止，共演九场，这在当时算是较好的成绩。原计划只演到14日，因观众要求强烈，才加演了两天。其实还可能再加演下去，只因戏院突然停电不得不停业，演出才戛然而止。

联大剧团骨干张定华女士撰写《回忆联大剧团》一文，说联大剧团还演过宋之的的《雾重庆》、《刑》，陈白尘的《草木皆兵》等剧。但《雾重庆》是以"国防剧社第八届献金公演"的名义演出的，没打联大剧团的牌子，广告上列出的十四名演员中有张定华、樊筠、孙观华、周序东等几位是联大剧团成员，其他的联大剧团师生是演出顾问孙毓棠和舞台设计劳元干，因此，《雾重庆》恐怕只能说是联大剧团参加演出。《刑》的演出者是社会剧团，虽然导演是孙毓棠，但十二名演员中只有张定华一人属联大剧团，可以看出他们只是应聘参与的。查两剧的演出都在1942年。另据程法伋、孙同丰文，"联大剧团留校同学（按：指"皖南事变"后未疏散的同学）和昆明戏剧界人士联合演出了《雾重庆》、《刑》、《妙峰山》"①，此言可信。前两剧演出情况已叙述如上，《妙峰山》以"国防剧社第九届公演"的名义演出，联大剧团人员有：导演孙毓棠，舞台设计劳元干，演员汪雨等。演出时间是1942年10月12—21日，地点在云南省党部大礼堂。关于《草木皆兵》的演出，《国立西南联合大学校史》载明是1945年1月19日。据多人回忆，张定华、黄实、萧荻、王松声、温功智、丛硕文、张源潜、郭良夫、黄伯申、杨郁文等参加了演出。显然，主演中只有张定华、黄实等是联大剧团的老演员，而黄实在联大剧团分化之后，主要精力在戏剧研究社，便极少参加联大剧团的演出了。据萧荻回忆，这次演出是训导长查良钊找他邀集同学筹演的，没有考虑剧团名义，目的是为欢送参加"青年军"的同学，"因是临时拼凑起来完成学校交给的任务，大家也还没有成立剧团的想法，演完之后就散了"②。所以，此次《草木皆兵》的演出不能算在联大剧团名下。

而阳翰笙的《塞上风云》却是以联大剧团的名义演出的。此剧虽然是"云南省、云南各大学、昆华中学校友会为募集前线将士医药"举行的公演，但打出的旗号是"联大话剧团演出"。演出前，曾在《云南日报》上刊登广告，演职人员是：顾问会主任顾问：杨立德、徐继祖，演出委员会主任委员：杨竹庵，副主任委员：保国强，舞台设计：高小文，舞台监督：陈誉，演员阵容：刘萍、苏澈、樊筠、李文伟、陈颂声、高小文、唐培源、马如龙、熊明、王肖

---

宗、路云升、吴承幼、贺骥。从演职人员看，绝大多数是西南联大学生，虽然联大剧团的老演员只有高小文、樊筠和陈誉等几人，外加特别社员李文伟，但高小文是联大剧团团长，他可以代表联大剧团行事，他也有号召力和组织能力，因此，演员基本上是西南联大的学生。所以说，《塞上风云》是联大剧团的演出。此剧的演出时间是1942年8月5—9日，每晚七时半；演出地点是西南大戏院。《塞上风云》演出后，以"联大剧团"名义公演的戏剧再未出现过，亦即联大剧团自行消散了。

## 四、联大剧团的贡献及其经验教训

国立西南联合大学话剧团从1938年底成立，至1942年8月演出最后一场戏，共存在近四年。这四年的历史显示，联大剧团是一个实力雄厚的话剧演出团体，在宣传抗日救国的同时，联大剧团为中国戏剧艺术的发展、为云南戏剧运动的开展、为西南联大戏剧的兴盛做出了不可磨灭的贡献。归纳起来，其贡献大约有以下三个方面：

### （一）树立了云南乃至中国戏剧史上的演出里程碑

云南的话剧演出开展不算迟，但云南毕竟地处偏僻，话剧的发展较为缓慢，到1937年初，还展开过一场关于舞台语言是"使用方言还是使用国语"①的论争。那时，观众对话剧艺术的观赏还不太热心。当然，真正有艺术魅力，能产生广泛社会影响的话剧演出也尚未出现。当时，一部剧本的演出，仅为三至五场。昆明最大的演出组织是昆华艺术师范戏剧电影科和国防剧社，但它们

---

①见《云南日报》1937年1月15日发表的张子斋《由艺师公演再谈语言问题》
　等文。

都未曾有过产生轰动效应的演出。在这种背景下，西南联大话剧团的出现无疑是异军突起。联大剧团首次演出《祖国》就创造了加演三场和连演九场的两个新纪录，振兴了昆明的戏剧运动。后来还被国民政府选为慰劳归国服务的"华侨机工"的演出剧目，再演了二场，声名传播海外。两次相加，共演出十一场。《祖国》演出的意义在于说明：好的艺术是能够赢得观众的；它让观众认识了话剧的魅力，让戏剧工作者看到了话剧的影响力和前景，从而增强了从事戏剧工作的信心；同时也显示出联大剧团能演大戏、演好戏的实力，并且能够代表国家演出。接着，联大剧团的导师出面，以清华大学的关系、地位和影响邀请清华校友曹禺到昆明导演《原野》和《黑字二十八》，虽然演出的名义单位是国防剧社，但实际是以联大剧团为主：《原野》由联大剧团主演，《黑字二十八》由昆明戏剧界联合演出，联大剧团参演。两剧演出共计三十二场，"在云南话剧史上可算是破天荒的第一次"[1]。这两出戏的演出成为昆明人街谈巷议的对象，大家争相观看，因买不到票而懊恼，与票房争执或试图无票闯入而与检票员冲突的事时有发生。毫不夸张地说，这两部戏的演出轰动了昆明，震动了剧坛，创造了云南戏剧史上的演出高峰。《原野》和另外两部戏的演出被史家认为"是昆明戏剧运动史上的里程碑"[2]。

　　此次《原野》的演出，不仅是云南戏剧史上的里程碑，而且是我国《原野》演出史上的里程碑。《原野》诞生后，首先在上海演出，演出未完，因上海遭日本飞机的轰炸而停止；第二次演出在重

[1] 李济五语，转引自田本相：《曹禺传》，北京：北京十月文艺出版社，1988年8月，第258页。

[2] 蒙树宏：《云南抗战时期文学史》，昆明：云南教育出版社，1998年4月，第218页。

庆江安，不可能产生巨大影响；这第三次演出则轰动城乡，引起社会广泛的关注，这是《原野》的第一次，也是建国前唯一的一次演出高潮。此次演出后，《原野》沉寂了数十年。1944年，遭重庆图书杂志审查委员会禁止，1949年后，又被打入冷宫，受到批判，几为人们忘记。直到1987年，随着电影《原野》的放映，它的艺术魅力才又被人们重新认识，人们争看电影，有的剧团重新排演话剧，以至观者如潮，报纸杂志竞相发表评论文章——中国大地上掀起了一股"《原野》热"。反观历史，可以说，1939年昆明观众对《原野》的热情是80年代"《原野》热"的预演。如果说《原野》的演出已形成了两个里程碑的话，1939年的演出是第一个。

### （二）为抗日救亡运动贡献力量

在国家民族生死存亡的紧要关头，一切文艺都在为抗日救亡服务，戏剧作为直观并且有强烈感染鼓动力的艺术，几乎被当作抗日宣传的工具在使用，正如闻一多在《宣传与艺术》中所说的那样，"文字宣传究不如那'不落言诠'的音乐图画戏剧等来得有效"[1]，所以戏剧的宣传工具作用一直被发挥着。联大剧团一方面是演戏，追求艺术的品位，另一方面也是在做抗战工作，把戏剧作为工具为抗日救亡服务。联大剧团用戏剧工具为抗战服务有以下三种形式：

### 1. 征募演出

在联大剧团演出的剧目中，有以下一些是在广告上标明征募演出的：《祖国》——"为前线将士募鞋袜"公演；《夜未央》——"为筹募劳军礼金"公演；《玩偶家庭》——"战时公债劝募总队

---

[1] 闻一多：《宣传与艺术》，《闻一多全集》第2卷，武汉：湖北人民出版社，1993年12月，第190页。

西南联大劝募分队公演";《塞上风云》——"为募集前线将士医药公演"。这些演出所得的收入都直接用于抗战了。例如,《祖国》演出的目的是为前线将士募集戎衣,赢利款额如数汇给政府有关部门,请他们为前方将士购置鞋袜了。《朝报》曾报道:演出"全部收入达国币二千有余,除去开支外尚余一千余元,闻将悉数汇寄重庆军委会政治部,为前方将士制办鞋袜之用云"[①];《益世报》亦曾告读者:"联大话剧团前公演《祖国》所得之票费国币一千一百八十元四角四分,当(尝)请本报转汇重庆全国慰劳抗战将士委员会总会,昨接重庆来信,称所寄之款,业经照收,即代购物品,将赠前方将士……该会并请本报代向联大话剧团致谢云。"[②]

2. 演出"抗战戏"

上文说过,在非常时期,一切文艺都打上了抗战的印记,都在为抗战服务,即使是提供休闲娱乐的演出剧目,也是作用于在战斗间隙时人的生命需求。联大剧团也是这样认为的,他们能够从蛮荒的景象中看出原始人的力量,能够从复仇的行为中看出抗日的决心,希望观众借鉴,这是他们公演《原野》的用意。当然,这种戏不能产生出直接而迅速的抗战力量,它只能通过激发情绪以增强观众敌忾同仇的意志,有一个曲折的转换过程。因此他们演出"抗战(国防)戏"了。联大剧团第一次公演的《祖国》就是一部"抗战戏",剧本写的是爱国知识分子反抗侵略军的故事,广告上标明"爱国四幕剧"就是这个意思。其他在广告上标明"抗战(国

---

① 《联大剧团公演结束》,《朝报》,1939年2月26日。
② 《联大剧团捐赠公演票费 慰抗委会来信致谢》,《益世报》,1939年5月23日。

防）戏"的有《夜未央》、《塞上风云》以及参演的《雾重庆》、《妙峰山》、《刑》等。这些戏剧的演出，对于增强人们的抗敌信心，鼓舞人们的战斗意志起了直接作用。

3. 到工厂、农村宣传抗日救亡

1939年3月的一天，联大剧团团长张遵骧和剧团同学带着行李，坐在卡车车厢里前往昆明郊区的杨林，此去是为演出独幕剧《放下你的鞭子》、《三江好》、《最后一计》和一幕云南方言话剧。由于排练未熟，车上，有人默诵剧本，有人对台词，有人练唱歌，突然，车子翻到田里，许多人受了伤，有几位被送进医院。这是一次未完成的演出，但宣传抗日救亡的行为却传扬开去，受到人们的赞扬和崇敬，云南省主席夫人顾映秋曾代表主席龙云到医院慰问伤员。联大剧团并没有因为翻车事故而停止下乡。之后，剧团又和群社一起组织节目，利用假日和星期天，到昆明近郊的黑林铺、龙头街和工厂、部队演出了不少独幕剧。1940年去龙头街用昆明方言演出《放下你的鞭子》等剧目，情景感人，许多人终身不忘。

**（三）奠定了西南联大戏剧发展的基础**

戏剧是西南联大最主要的文艺形式，它贯穿于西南联大的始终，一方面，戏剧为西南联大增添了光彩，另一方面，西南联大又为戏剧艺术的发展做出了贡献，所以，研究西南联大戏剧活动就是研究西南联大历史的一个方面。而联大剧团作为西南联大在昆明的第一个剧团，对西南联大戏剧的发展有着奠基的作用。这种奠基的作用可以概括为两个方面：

首先，良好的开端。联大剧团的演出，一举成名，二举登峰，产生了以下一些效果：一是传扬了西南联大的美名。西南联大初来乍到，人们对它一无了解，从戏剧这个窗口进入，人们可以知道西南联大是一所高质量的学校，这就为学校的发展做了铺垫。二是增强了师生对于戏剧的信心。师生看到戏剧那样受群众欢迎，开展戏剧运动的兴趣倍增，这就形成了推动戏剧在西南联大发展的力量。三是为后来的戏剧团体建立了良好的发展平台。联大剧团开拓了道路，其他剧团沿着这条道路前进，发展就较为顺当。例如，联大剧团在演出的剧目方面，多选名剧，这样容易吸引观众，产生巨大影响；在内容方面，多选宣传抗战且艺术水平较高的戏，这样容易产生较大的社会作用；在演技方面，精益求精，努力追求，用精湛的艺术去感染观众；在操作方面，注意与外界联合，借其他单位的条件发展自己。这些做法为后来的青年剧社、剧艺社等戏剧团体所沿用，它们共同创造了西南联大戏剧的辉煌。

其次，培养了人才。西南联大的戏剧人才来自两种渠道：一种是外来人才，他们原先就学习戏剧或从事过戏剧表演，后来考上了西南联大，继续演戏；另一种是西南联大自己培养起来的人才，培养的场所与方式主要不是课堂，而是剧团及其演出，许多人凭着对戏剧的热情加入剧团或者因角色的需要被剧团拉入，在剧团的培养带动下，逐渐成长起来，直至成为名角。联大剧团作为西南联大在昆明的第一个戏剧社团，培养戏剧人才的"任务"很重，它出色地完成了"任务"。导师孙毓棠和名演员凤子是联大剧团中最好的老师。孙毓棠不仅对每一个演员讲解人物性格、角色要求、表演事项等，帮助演员理解人物、进入角色，在排练中还亲自做示范表演，这样，跟他排练一出戏便学到了许多表演本领。凤子不仅自己演戏，而且耐心细致地辅导同学，一个动作一个动作地教，与同学共同完成剧情，以求得最佳整体效果，在她的言传身教下，带出了许多人才。在联大剧团里，每个演员都有所成长，原先演过戏的更加成熟，新入剧团的得到提高。从联大剧团出去的演员，有的成为青年剧社和戏剧研究社的骨干，有的继续留在联大剧团里发挥作用。这些人才在新的剧团里又培养出新的人才，例如，有的成为山海云剧社、怒潮剧社和再后来成立的剧艺社的发起人和演出骨干，这样良性循环、不断发展，西南联大的戏剧人才辈出，直到后来学校返回京津地区后，北大、清华、南开的戏剧活动也依赖他们展开。

联大剧团的聚散兴衰也为后人提供了宝贵的经验和教训。总结起来，主要经验有两点，教训有一点。

经验一，借重名人的声誉。

纵观联大剧团的演出，凡是演出场次较多，影响巨大的几部剧作都与两个人的名字联系在一起：孙毓棠和凤子——《祖国》是这样，《原野》是这样，《黑字二十八》还是这样，《玩偶家庭》仍然是这样，且通常是孙毓棠任舞台监督或导演，凤子演主角。舞台监督和导演的名声在当时可能不为一般人看重，可事实上，一场戏体现的主要是导演的意图，舞台监督则把导演意图实现在舞台上。孙毓棠的本行是研究中国历史，但他的文艺造诣极高，他是诗人，留学日本时曾研究戏剧，他能深入地领会剧作以及导演的意图，把握艺术分寸，调动全局，实现最佳艺术效果。于是，《祖国》演出以后，观众便开始认识这位舞台监督兼导演的艺术才能了。凤子来昆明前，曾几次担任曹禺剧作的主角，也演过别的剧目，早已闻名遐迩，许多人想一睹她的演出风采却无机缘，而这次她是送艺到家门，昆明人以及旅居昆明的人当然要一睹为快了，因此，凤子出场本身就是巨大的召唤力。毕竟，戏剧是名角的艺术。联大剧团有他俩的参与便是如虎添翼。

闻一多本是中国话剧界的老前辈。他早在二十世纪初就读于清华学校时就热心于戏剧,以至"奔走剧务,昼夜不分,餐寝无暇"①,是集编、导、演于一身的全才。1922年出国,又利用绘画之长,做起了舞台设计。由于酷爱戏剧,胸怀振兴国剧的抱负提前回国,几经周折,在北京艺术专科学校主持创办了第一个戏剧学科,培养戏剧人才。不过,人们对他的戏剧才能恐怕并无多少了解,如雷贯耳的是他的诗名。对于观众来说,这就够了:"新月派"的代表诗人兼理论家,唯美主义的艺术巨匠做舞台设计并亲手制作布景。大幕拉开前,观众不知道他将创造出怎样迷人的舞台氛围来,因此,许多人也是抱着目睹闻诗人的创作而去看《祖国》、《原野》和《黑字二十八》的。

曹禺如一颗闪亮的新星出现在戏剧界,早为人们注目。在西南边疆,能够看到这位戏剧大师的剧作演出已属有幸,而他能亲自来西南边疆导演自己的作品更是人生难逢的幸事。

总之,剧作者本人亲自执导,再加之名演员和美术家、诗人闻一多等共同努力,掀起了云南戏剧运动的高潮,本是情理之中的事。

联大剧团得这些名人鸣锣开场,真是一大幸运!

经验二,借助他人的力量。

联大剧团演出的剧目,除《祖国》和《雷雨》为联大剧团独立公演外,其他所演各部戏都打出了其他单位的名义,举凡《原野》和《黑字二十八》为"国防剧社第二届公演",《夜未央》为"国立西南联大学生自治会为筹募劳军礼金"公演,《玩偶家庭》为"战时公债劝募总队西南联大劝募分队公演",《塞上风云》为"云南

---

① 闻一多:《仪老日记》,《闻一多全集》第12卷,武汉:湖北人民出版社,1993年12月,第427页。

省、云南各大学、昆华中学校友会为募集前线将士医药公演"，等等。这实际是将主办权交给了其他单位。为什么这样做？大约出于节省演出事务的考虑。大家知道，主办演出不仅需要人力物力，还需要有经验和关系，才能应付各种常见现象甚至突如其来的事态，筹办中哪个环节出差错，哪个细节考虑不周都会出问题，甚至影响到全部演出，所以，主办演出也是一项专门的业务。业余剧团的主要精力在演戏，办理演出事务不是所长，与其自己劳神去料理演出之事还随时担心出问题，不如把办演事务交给专业单位或者有能力办演的团体，自己专心演出更好。至于收入与分配问题，联大剧团是较为超脱的，他们首先不是为钱而演戏，而是为了宣传抗日救亡和追求艺术趣味，所以并不担心他人"分一杯羹"。这样做，既利用了他人的力量，又避免了演出入不敷出的风险。这是关于主办方面。

在演员方面，联大剧团也借助了他人力量。《黑字二十八》与云南大学话剧团和艺术师范戏剧电影科共同演出是显著的例子。如果说这次演出的演员选定权不在联大剧团，因而此次合作不能算联大剧团的主观意愿的话，那么，《玩偶家庭》、《夜未央》、《塞上风云》等剧则能体现出联大剧团的"借力"策略。这里不说仰仗凤子这样的名演员，也不说邀请团外的其他同学合作，还不说依赖李文伟这样的特别社友，就是马金良、沈长泰这样的昆明名角也几次出现在联大剧团公演的剧目中。由于力量强大，提高了演出的水平层次自不待言。

教训是，分化必然削弱力量。

联大剧团在《原野》演出后便发生了裂痕，而在《夜未央》演出结束，分化便成了事实。分化之后，青年剧社和戏剧研究社两个剧团相继成立，其核心人物和主要演员均为联大剧团成员，联大剧团的实力必然遭到削弱。虽然大家识大体、顾大局，维护联大剧团的声誉，当需要时，大家能够不计前嫌，重新回到剧团中来担任角色，共同完成联大剧团的演出，但毕竟精力分散，重心转移，对联大剧团的贡献不如从前那样专一了。最典型的是，1940年7至10月，出现了青年剧社演出《前夜》，戏剧研究社演出《阿Q正传》，联大剧团演出《雷雨》的情况，在如此短的时间内，三个剧团先后公演，力量的分散是明显的，尽管《雷雨》聚合了三个社团的力量，但演出的成绩远不如从前。即使是《玩偶家庭》的演出，又请出了孙毓棠和凤子挂帅，青年剧社的骨干也参与，结果演出场次虽然与《祖国》初演持平，但观众的态度已不如从前那样热烈，舆论界的调子显得低了。

纵观联大剧团的演出，分化前《祖国》、《原野》已创佳绩，分化中的《夜未央》居中，分化后的《雷雨》、《塞上风云》则远不如前了，尽管《玩偶家庭》振兴了一下，还是不可能再创造出分化前的轰动效果，得到观众一致的好评。尽管联大剧团衰落的原因不止一个，演出衰落的因素也不仅是分化，但力量不如从前是客观存在的事实。所以，分化的教训应该记取！

# 第三节　剧艺社及其演出与创作

剧艺社是西南联大最后一个戏剧团体。它继承了临大剧团和联大剧团开创的戏剧传统，面对现实，演出抗战戏和反内战、争民主的戏剧，追求艺术品位，用高超的艺术为现实斗争服务，以突出的"艺术"特质，推进了学院派戏剧艺术的发展。在西南联大诸多剧团中，剧艺社是唯一能够自编、自导、自演的剧团，同时也是唯一拥有戏剧演出的全方位司职人员的剧团，并且还是唯一出版过戏剧壁报和进行过戏剧理论研究的剧团。其成功的剧作可以和抗战时期著名的戏剧《放下你的鞭子》相提并论。在抗日战争的艰难岁月里，剧艺社和新中国剧社相互扶持，结下了深厚的友谊。剧艺社还发起并参与筹划组织了一台彝族民间歌舞的演出，开创了原生态民族歌舞登上城市大舞台的历史。西南联大北返后，剧艺社分化为北大、清华、南开剧艺社，推进了三校戏剧活动的新进程。在我国校园戏剧史上，剧艺社不仅是西南联大戏剧活动的有力收束，而且是承上启下，开拓北大、清华、南开戏剧新篇的剧团。

## 一、剧艺社的诞生

关于西南联大剧艺社的诞生时间，剧艺社内部都没有统一认识，有人认为诞生于1945年春，其标志是《草木皆兵》的演出[1]，有人认为诞生于1945年秋，其标志是干事会的产生[2]，被视为剧艺社"社史"的《为人民大众呐喊的校园戏剧——回忆西南联大剧艺社》则采取中和的态度："两次《草木皆兵》的演出[3]，准确地说，不能算作剧艺社的演出，因为那时剧艺社尚未作为演剧团体出现，而只是一个壁报团体。但参加两次演出的许多人都是后来的剧艺社主要成员，剧艺社就是在这两次演出的基础上发展起来的。从这个意义上说，把《草木皆兵》看作剧艺社演出的开端，

---

[1] 鬼斗的《剧艺社》一文最早提出，后为张源潜等坚持。鬼斗文见西南联大除夕副刊社主编：《联大八年》，昆明：西南联大学生出版社，1946年7月。

[2] 萧荻：《承前启后的战斗集体——忆西南联大剧艺社》，西南联大校友会编：《笳吹弦诵在春城——回忆西南联大》，昆明：云南人民出版社等，1986年10月。另，2005年5月萧荻给笔者信，专门强调了这一点。

[3] 指1945年寒假前和寒假中的演出，演出情况见下文。

也是可以的。"①这种态度模棱两可，实际只是史家的存疑方式。剧艺社到底从何时算起，迄无定论。其实剧艺社的诞生时间应为1944年秋，标志是《剧艺》壁报的诞生。理由有五：一、办壁报的目的是为了吸引人才，壮大队伍，组织演出；二、壁报首次打出了"剧艺社"的名称；三、壁报的主要人员正是后来剧艺社的干事和演出团体的骨干；四、壁报的刊头徽记一直是剧艺社的社徽；五、剧艺社的导师，从壁报时期到演出时期都没有变。外在的根据是，西南联大训导处的社团登记表中只有一个剧艺社，没有两个，也就是说，学校从没有把剧艺社分为"剧艺壁报社"和"剧艺演出社"来看待。

现在就从《剧艺》壁报谈起。1944年暑假中，基督教青年会学生服务处拟举行一次慰问昆明郊区驻军的劳军活动，劳军人员将从西南联大学生中征集。由于征集到的女同学不够，便从昆华女中挑选。这样，劳军队员便由西南联大和昆华女中学生充当，最终组成了由学生服务处负责人辛志超为领队，西南联大学生萧荻任队长，何达任副队长的一支十多人的劳军队伍。劳军活动的一个内容是演出文艺节目。剧本选定独幕剧《锁着的箱子》。《锁着的箱子》不久前曾作为教学剧由同学演出过，大家比较熟悉，所以选演。但该剧是英语版，有的情节也不适合中国口味，于是剧本再由张源潜改编润色，由萧荻任导演，罗长友管后勤，程法伋、游继善和昆华女中的张琴仙（张进）等任演员。演员中多数人是初次涉足戏剧，其演出水平可想而知。尽管如此，官兵还是较为满意。这给参加演出工作的同学很大鼓舞。秋季开学后，这些同学

①程法伋、孙同丰：《为人民大众呐喊的校园戏剧——回忆联大剧艺社》，《清华校友通讯丛书·校友文稿资料选编》第6辑，北京：清华大学出版社，2000年9月，第180页。

便拟继续在学校里演戏。但演戏光他们几个人远远不够，其他条件也不具备。于是他们决定先办一份壁报，以壁报的形式宣传戏剧，扩大影响，吸引人才，以期将来能够组织演出。这时，又有王松声、温功智等同学参与谋划。张源潜根据"孤岛"时期的上海剧艺社和重庆的中华剧艺社之名，提出用"剧艺"命名壁报，得到大家的赞同。大家遂推举张源潜主持壁报的组稿和出版工作。经过简单筹备，一份面目全新的《剧艺》壁报出现在校园中。

　　1944年"五四"前后，西南联大的民主风气空前高涨，校园里壁报满墙，形成靓丽的风景。但在数十种壁报中，还没有一种是关于戏剧的。因此，《剧艺》壁报立即吸引了师生的目光，尤其是它那喜剧形象的刊头，新鲜别致。这个刊头是张源潜设计的。他后来说："所谓'设计'，我只是在一本《戏剧月报》封面上看到两种希腊戏剧的面具，一个是悲剧的，长方形，瘦瘦的一副苦相；另一个是喜剧的，脸圆圆扁扁的，嘴巴张得大大的，很讨人喜欢，便描下来，放大了，给几位老朋友（松声、萧荻、硕文、法伋）看，在嘴巴里安上'剧艺'二字，作为壁报的刊头，他们认同了，就用剪纸方式（比用色笔描画色调均匀）贴了出去。"[1]这幅希腊喜剧形象面目十分显眼，轻松活泼，引人发笑，于是受到广泛好评。《剧艺》壁报每期都随着这副夸张的笑脸面具亮相校园，读者老远望见刊头，就知道它是什么壁报，渐渐地，大家便把它作为《剧艺》壁报的象征，后来也就做了剧艺社的社徽。此是后话。

　　《剧艺》壁报不定期出版，共出几期尚不清楚，大概只出了两三期。因为剧艺社的主要兴趣不在戏剧理论研究，而在于戏剧演

---

① 张源潜：《关于本刊头徽记的史话》，《剧艺社社友通讯》（内刊）第29
　期，2005年5月20日。

出实践上，所以办壁报不像一些社团那样积极，出刊不多，它主要是打出"剧艺社"的招牌，宣传剧艺社的主张，以期引凤来巢，目的达到，就改弦更张，转为演出戏剧。《剧艺》壁报上的文章，据剧艺社社员回忆，有王松声的《戏剧之成为艺术的理论与实践》，温功智关于舞台灯光的文章，程法伋《清宫外史》观后感[1]，张源潜的几篇"读剧随笔"等。

由于学生社团大增，壁报繁多，学校于秋季开始执行5月份出台的《本大学学生壁报管理办法》，要求各社团严格登记。《剧艺》壁报刊出后，按照学校的通令，需到训导处去补办登记手续，萧荻委托王松声和另一人（迄今不知其名）去办理。训导处的老师曾问：你们未演过戏，为何称"剧艺社"？王松声答：我们是出版《剧艺》壁报的那个社，不是演戏的剧团。于是作为壁报团体登记了。这是很明显的，剧艺社最初是作为壁报团体出现的，而不是演出团体。他们在登记表的相应栏目，填上负责人王松声、施载宣（即萧荻），导师闻一多。至于成员，表上没有要求登记，他们当然是《剧艺》壁报的最初参与谋划者何达、张源潜、程法伋、游继善、罗长友、温功智、丛硕文等人了。壁报不等于演戏，但壁报为演戏张了目。《剧艺》壁报完成使命后，剧艺社便转入演戏了。

这年秋，日军大举进攻我西南后方，抗日战争进入极为艰难的时期，蒋介石发表告青年书，动员十万知识青年从军。云南省组织了知识青年从军征集委员会，省主席龙云任"征委会"主席，西南联大常委梅贻琦、云南大学校长熊庆来等为委员。11月29日，西南联大在东食堂举行集会，由教授多人向学生演讲，勉励青年从军，梅贻琦、冯友兰、钱端升、闻一多等都讲了话，收到了良好

---

[1]《清宫外史》1944年9月在昆明上演。

的动员效果。至12月9日，西南联大报名从军者达340人。为欢送同学参军，学校举办多种活动，其中一项是演出话剧。据萧荻回忆："由于大家知道我曾演过戏，训导长查良钊便要我负责邀集一些同学筹备演出。我便找了原戏剧研究社的张定华等[1]，和曾在校内演过戏的王松声、温功智、丛硕文等同学，串联一些同学排了夏衍同志的三幕喜剧《草木皆兵》，借用昆华女中礼堂演出了三场。"[2]这段话包含了丰富的信息：第一，这次演出是学校交办的任务，不是剧艺社的计划内容，因而未打剧艺社的牌子；第二，找萧荻负责，是因为他"曾演过戏"，并不是因为他是剧艺社负责人；第三，萧荻"邀集"同学时并不局限于剧艺社成员，而是在全校范围内挑选。所以，这一次《草木皆兵》不能算剧艺社的演出。不过查先生在考虑找萧荻时是否有他是剧艺社负责人的因素呢？因为"演过戏"并且名声很响的还有其他同学。再以西南联大的各剧团而论，"皖南事变"前后，剧团较为兴盛，演剧颇多，到了1943年秋以后，各剧团的演出活动消歇，以剧团名义的演出几乎没有，1944年剧艺社是唯一以戏剧团体名义开展活动的组织，尽管此时它不演戏，但它的性质属于戏剧团体，这样，找这个团体的负责人组织演出最为恰当。因此，学校把这个任务交给萧荻，也与他是壁报团体剧艺社的负责人有一定关系。萧荻组织的人马主要是西南联大原先各剧团的老演员，如原联大剧团的张定华、黄实、黄伯申、杨郁文等，后三位同时是戏剧研究社的成员；原山海云剧社的丛硕文，此时也是剧艺社的骨干；剧艺社的张源潜、

---

① 张定华不是戏剧研究社成员。
② 萧荻：《承前启后的战斗集体——忆西南联大剧艺社》，西南联大校友会编：《笳吹弦诵在春城——回忆西南联大》，昆明：云南人民出版社等，1986年10月，第394页。

温功智、王松声、郭良夫等。从这个阵容看，《草木皆兵》集中了当时西南联大的戏剧尖子，演出力量很强。排练后，《草木皆兵》于1945年1月19—21日在昆华女中礼堂连演三场。此次演出虽然不能归在剧艺社的名下，但演出对于剧艺社具有重要意义，它是剧艺社由学术团体变为演出团体的重要转折。

　　紧接着，基督教青年会学生服务处又组织西南联大学生去建水劳军，他们便把《草木皆兵》搬去演出，此次的演员有温功智、王松声、齐亮、李明、李凌、马如瑛、裴毓荪等。劳军队伍于1月29日出发，整个寒假都在建水度过，演出了多场《草木皆兵》。此次还是不能算作剧艺社的独立演出，因为一方面它是上次演出的承袭，另一方面演出没有用"剧艺社"之名。此次演出的意义是再一次发现了戏剧人才，为剧艺社以后开展活动和壮大队伍做了进一步准备。

　　正式以"西南联大剧艺社"名义从事演出的是1945年3月开始的小剧场活动。春季开学后，大家演戏的愿望更为迫切。一天，萧荻、王松声、温功智、郭良夫、程法仮等同学在一起商量演戏之事，大家觉得困难很大，于是想起了中文系老师郑婴介绍过的小剧场。郑先生在日本留学期间，曾参加过"筑地小剧场"的演出，大家觉得，何不从小搞起，开展小剧场活动，准备条件，再考虑演大戏，便决定找基督教青年会学生服务处的负责人李储文商量，想借服务部的小礼堂开展小剧场活动。由于两次劳军工作中都演出过戏剧，演员们和李储文彼此熟悉，萧荻还当过李储文的助理干事，所以这个想法一提出，就得到李储文的热情支持，并愿意将外国友人捐赠的幕布、化妆品和服装提供使用。场地解决后，大家热情更高，劲头更足，齐心协力，参与小剧场的建设。学生服务处的小礼堂在新校舍南区，整所房子是木板结构，长方形，东头有一个小舞台，座位可以容纳一二百人。大家在舞台的后壁开了一道小门，把后台设在屋外；萧荻又设计了一堂可以拆拼的活动布景框架，请黄实制作①；大家再把服务处的幕布挑选改造后悬挂起来，小剧场的舞台便制作成功了。演员方面，主要是剧艺壁报社的社员和《草木皆兵》在建水演出的队伍，再加上大家约请来的本校同学。王松声和温功智还把留在昆明的原国立剧专的学生凌琯如、陈健、胡庆燕等请来参加。这时，演员的实力已较为雄厚了。

　　大家首先选排陈白尘的《禁止小便》和《未婚夫妻》两出剧。这两出剧都是抗战时期优秀的独幕喜剧。《禁止小便》"抓住国民党官僚行政机构的一些本质特征，辛辣地讽刺了衙门作风的腐朽和丑恶，高度发挥了讽刺艺术的现实主义精神，是现代戏剧史上一出脍炙人口的喜剧佳作"②。《未婚夫妻》是后来《结婚进行曲》的初本，"通过一对未婚夫妻在租房、求职和婚姻自由的矛盾中遇到的种种叫人啼笑皆非的尴尬事，暴露了国民党统治下扼杀人民基本权利的黑暗现实，也表现了对青年人争取自由、幸福的斗争的赞扬"③。剧艺社选演这两个剧本，表现出对国民党的腐败和黑暗的不满。《禁止小便》由温功智、丛硕文和王松声三人合演，温功智演主角老文书。《未婚夫妻》由张天珉（张添）和施巩秋主演。演出前，以"西南联大剧艺社"的名义贴出海报，日期是周末和周日，出售座票。剧艺社社员程法伋等后来回忆："演出场

①黄实已毕业在一家工厂工作。

②陈白尘、董健：《中国现代戏剧史稿》，北京：中国戏剧出版社，1989年7月，第529页。

③陈白尘、董健：《中国现代戏剧史稿》，北京：中国戏剧出版社，1989年7月，第530—531页。

场满座,气氛十分热烈。"①演出成功,大家倍受鼓舞,接着再演第二次。这一次选定剧本《镀金》。《镀金》是曹禺根据法国剧作家拉比什《迷眼的沙子》改编的。原剧为两幕,曹禺把它改为独幕,目的是供南京国立戏剧学校的学生教学用。这出戏通过对以金钱作为唯一标准衡量一切的资本主义社会中人与人的独特关系的描写,揭露了社会的众生相,"有风度、有幽默、有趣味"②。这出剧由萧荻、张天珉、傅素斐、陈柏生、张源潜等人演出,效果很好。演出日期为1945年4月。"在演此剧之前,还请陈健和胡庆燕客串演出了独幕喜剧《诗人与警察》。他们二人的精彩演技使全场为之倾倒。"③这两次小剧场演出是剧艺社挂出社牌、独立演出的开始。

这年"五四",西南联大举办纪念周,学生自治会计划由剧艺社演出曹禺的《日出》。虽然因时间仓促,未能演成,但说明剧艺社此时已是全校认可的能独立演出的戏剧团体了。的确,1945年剧艺社的地位有如1939年联大剧团的地位,是西南联大唯一能够演出大戏的剧团。

1945年9月3日,新学期开学。剧艺社为了组织力量,壮大队伍,进行大规模的戏剧演出,乃以广告的形式征求新社员。广告贴出,应者踊跃,几天内有三四十人报名。人多了,就需要成立领

①程法伋、孙同丰:《为人民大众呐喊的校园戏剧——回忆联大剧艺社》,《清华校友通讯丛书·校友文稿资料选编》第6辑,北京:清华大学出版社,2000年9月,第181页。

②曹禺:《镀金·后记》,田本相编:《曹禺文集》第5卷,北京:中国戏剧出版社,1996年7月,第109页。

③程法伋、孙同丰:《为人民大众呐喊的校园戏剧——回忆联大剧艺社》,《清华校友通讯丛书·校友文稿资料选编》第6辑,北京:清华大学出版社,2000年9月,第181页。

导班子。按照西南联大的传统,组织领导必须实行民主选举。再说,新加入的社员互不认识,影响相互间的交流,有必要聚在一起作些介绍。于是大约在9月下旬,剧艺社在一家茶馆里举行了迎新会并选举领导。大家边喝茶边开会,气氛热烈轻松。举行选举时,先由主持人宣布选举要求,再经过自由提名,然后举手表决,结果萧荻当选社长,王松声、程法伋、温功智、罗长友、孙同丰、王××①当选干事。接着干事会作了分工,把六名干事分为总务、研究、联络三个组。剧艺社的社员有哪些,因当时没有登记,剧艺社的组织原则又是开放式的,愿意来的都可以参加,不愿意的可以离开,所以没人记得住。连剧艺社同仁近年所写的"社史"都说:"联大剧艺社的社员究竟有多少,谁也说不清楚,有的是早期筹划的元老,有的是演出时自愿或邀请来帮忙的同学,还有的是在公开贴布告招收新社员时自动报名参加的。"②当事人都弄不清,后人恐怕更难弄清了。笔者根据各种材料和走访当事人所得,认为这时的社员除上述当选为干事会的成员萧荻、王松声、程法伋、温功智、罗长友、孙同丰、王××和已经离校的张源潜、卢坤瑞等人外,主要有丛硕文、裴毓荪、李凌、马如瑛、黄钟英、游继善、过冉、张天珉、施巩秋、傅素斐、陈柏生、郭良夫、阎昌麟、聂运华、刘薇、彭珮云、吴学淑、杨凤仪、汪仁霖、冯建天、李志的、许健冰、张魁堂、张燕俦、闻立鹤、徐树元、程远洛、童璞、张祖道、吴征镒、王恩、胡小吉、汪兆悌、刘海梁、万文伟、伍骅、萧明、沈叔平、吴岱法、刘瑞歧、虞锡麟、钱惠濂、江景彬、傅姬、郑一标、

---

①王××是国民党党员,没有人记住他的名字。在剧艺社的所有材料里都用"××"代替,此照用。

②程法伋、孙同丰:《为人民大众呐喊的校园戏剧——回忆联大剧艺社》(未刊稿)附录。该文在发表时略去了附录部分。

周锦荪、常正伟等①。从这个阵容可知,这时的剧艺社不仅人数众多,而且具备了各个方面的戏剧人才,是一支较为成熟的演出队伍了。

剧艺社从1944年秋诞生到1945年选举产生组织领导,正好一年时间。在这一年里,剧艺社由几个人发展到几十人,由少数戏剧专长者组成的团体扩展为戏剧爱好者济济的队伍。在此间的诸多活动中,小剧场演出的效果最为显著,它是剧艺社由学术团体转为演出团体、由幼稚走向成熟的起点。剧艺社不像联大剧团,借助了名人的力量一举成功,而是靠自己的能力稳步走向成熟。具备这样一支队伍的戏剧团体,当然要在戏剧舞台一展才华了。

二、剧艺社的演出

演出是戏剧团体的主要功能,也是剧艺社所追求的。现在,人才齐备的剧艺社自然要大显身手了。他们首选多幕剧,因为多幕剧更能显示演出水平。吴祖光的《风雪夜归人》就适合他们的要求。且这出戏1943年5月为欢送毕业生,中文系在中法大学礼堂演出过,有的演员现在还是剧艺社社员,由于熟悉剧情,排演起来容易把握,演出成功的可能性较大。于是,选定《风雪夜归人》作为剧艺社扩大组织后的第一个演出剧本。

剧本选定后,接着张罗排练之事。干事会决定,导演由王松声担任,演员安排如下:王松声演魏莲生,施巩秋演玉春,郭良夫演苏弘基,聂运华演徐辅成,温功智演李蓉生,丛硕文演陈祥,王××演王新贵,刘薇演兰儿,彭珮云演小兰,吴学淑演大婶,杨凤

---

①此名单根据各种材料汇集整理,并参照了《为人民大众呐喊的校园戏剧》
　（未刊稿）附录"社员名单"。错漏不可免,祈望方家指正补充。

仪演二傻子，汪仁霖、冯建天演乞儿，李志的、许健冰、张燕俦、万先荣等演学生，张天珉、常正文、江景彬等饰演群众。这些演员中，王松声和温功智曾在迁往四川江安的国立剧专读过书，受过正规表演训练，有丰富的演出经验，郭良夫曾毕业于北平国立艺专，是演戏的行家里手，丛硕文中学时就喜爱演戏，曾是怒潮剧社和山海云剧社的骨干演员，施巩秋曾在山海云剧社的《家》中演过主角，聂运华从中学开始就是演戏的活跃分子，其他演员也分别在一些戏剧和小剧场演出中有过锻炼。可以说，这些演员基本上集中了当时西南联大校内学生中的戏剧精英，构成了1945年西南联大较为强大的学生演出阵容。剧组其他人员也相当出色：萧荻任舞台监督，程法侃、张魁堂管灯光，萧荻、徐树元、程远洛管布景，童璞管化妆，孙同丰任剧务，前台由张祖道负责。由此亦可见，剧艺社的演出部门已相当完备。此次演出过后，剧艺社便形成了专人专职，分工明确的后勤剧务团体，正如萧荻所说："剧艺社不仅有相当强的演员队伍，而且有一支可以自己进行制作的专职舞台工作队伍。"[1]这在西南联大戏剧史上所有的社团中是唯一的。

这时，正值西南联大建校八周年校庆，校学生自治会组织筹备"校庆周"，便把演出《风雪夜归人》列为校庆活动之一。这又给剧组人员带来了鼓舞。"五四"纪念周时因时间紧迫条件不具备没有演成《日出》，大家心中过意不去，这次喜逢校庆纪念周，大家便有一定要奉献一出好戏的决心。剧组人员在为母校献礼的思想鼓舞下，排练的热情更高，到演出时，经过了一个多月的

---

[1] 萧荻《承前启后的战斗集体——忆西南联大剧艺社》，西南联大校友会编：《笳吹弦诵在春城——回忆西南联大》，昆明：云南人民出版社等，1986年10月，第397页。

排练, 已准备得相当充分了。校庆周从10月29日开始, 每天安排了节目, 校庆活动的组织者校学生自治会特意把《风雪夜归人》的演出作为"压轴戏"放在最后。11月3日, 等待已久的全体演职人员在学校东食堂鸣锣开场, 献艺师生。在演出中, 王松声、施巩秋、郭良夫、温功智、丛硕文、聂运远、王××等人的表演准确到位, 细腻生动, 赢得了全场的阵阵掌声。由于演出反响强烈, 原计划演出一天的话剧续演了两天, 共演出三场, 至11月5日结束。校庆周也随《风雪夜归人》的收场落下了帷幕。连日来, 夜晚的东食堂成了学校最热闹的地方,《风雪夜归人》的演出成了师生谈论最多的话题。不过, 这是内部演出, 没有在报纸杂志上做宣传报道, 今天难以查找到专家的评论和观众的反响意见, 只能从当年的观众和演员的"口述历史"和回忆文章中知道演出的成功与影响。

此次演出受到普遍赞扬, 大家一致看好剧艺社。剧艺社也为自己的成功演出而自豪, 更为自己拥有一批优秀的演员和良好的全方位舞台工作者而高兴。按照这条路走下去, 剧艺社完全可以成为能演大戏, 同时也能深入群众演小品的戏剧团体, 进而发展成为云南的一支独具实力的艺术队伍。但此时, 一场突如其来的政治灾难改变了剧艺社的方向和道路。

抗日战争胜利, 中国人民终于舒了一口长气。而这时, 内战的阴云渐趋浓厚起来, 云南的局势也随之发生了变化。1945年10月3日, 蒋介石命令昆明防守司令杜聿明带部队包围云南省政府, 胁迫云南省政府主席龙云下台, 接着任命卢汉为云南省政府主席, 暂由李宗黄代理。云南政治被蒋介石完全控制。11月1日, 西南联大《习与作》、《生活》等壁报刊登"反内战专刊"。11月中旬, 梅贻琦常委和临时代理北大校长及联大常委工作的傅斯年因公相继暂离学校①，他们的工作由叶企孙和汤用彤代理。11月25日晚，昆明的四所大学学生自治会在西南联大举行"反内战时事晚会"，遭到国军第五军武装士兵鸣枪放炮威胁，导致了西南联大和昆明市大中学生全体罢课。

西南联大罢课以后，剧艺社全体社员聚集在召开时事晚会的"民主草坪"上，讨论该做些什么、怎么做。剧社的特长当然是演戏。抗战以来，戏剧一直被作为宣传鼓舞群众的工具和进行思想战斗的武器使用，大家决定发挥戏剧的宣传战斗功能，以演戏来揭示真相、唤起民众、鼓舞师生，向杀人者展开斗争。演戏需要先有剧本。会议决定，现在该做的第一件事就是写剧本。

剧艺社首先拿出来的剧本是活报剧《匪警》。作者是那个不知其名的王姓国民党党员。作品是针对国民党中央社"匪警枪声"的污蔑报道而创作的。剧本写出后，剧艺社突击排练。11月29日，该剧作为学校罢课委员会组织的文艺宣传活动内容之一，在被污为"匪警"交战的"民主草坪"演出。由于剧本是赶写而成的，演出也是突击排练的，谈不上多少艺术性，但戏剧的现实意义却很强，起到了正人视听，揭露阴谋，回击敌人的作用。当时的报道是：演出的"话剧有《凯旋》及《匪警》，其中尤以《匪警》一剧，实情实景，颇得观众同情"②。如果说闻家驷的《当真是匪警吗？》是最早写出的揭露文章的话，活报剧《匪警》则是还击污蔑的第一篇作品和表明真相的第一出戏剧。

剧艺社演出的第二个剧本是广场剧《凯旋》，作者王松声。时

①蒋梦麟1945年6月出任行政院秘书长一职后即辞去了北京大学校长及西南联大常委等职，教育部任命胡适为北京大学校长，未到职前暂由傅斯年代理，并任西南联大常委。
②《罢委会通讯》第2期，1945年12月2日"综合报道"。

事晚会结束后，王松声开始创作《凯旋》，三四天后写出初稿，经过剧艺社试排，演出效果不错。作者根据演出情况再作修改，在"一二·一"惨案发生的当天，作者含着眼泪修改完毕。由于作者边修改，剧艺社边排练，第二天便在学校民主草坪的舞台上演出了。剧本讲述了张德福一家的悲惨遭遇：国军某班班长张德福离家抗战八年，现在跟随部队"凯旋"，盼望见到自己朝夕思念的父亲和儿女。部队到达河南省中部一个村镇，执行命令以"剿共"为名向当地的抗日少年自卫队发起进攻。之后，中央军某团团长来"宣慰"村民。在战斗中挂彩回家的少年自卫队队长张小福不幸被他们抓住。团长迫于日本军官（现为"剿共志愿军"军官）和原伪县长（现为"国军先遣军"参谋）的压力，命令张德福将张小福枪杀。事后，张德福认出自己的父亲和女儿，知道他亲手杀死的正是自己日夜想念的儿子，悲痛不已，加上羞愧难当，拔枪自杀。作品通过张家的悲剧，揭露了抗战带给老百姓的所谓"胜利成果"，控诉了内战的罪恶，表达了反内战的思想。演员是：温功智饰爷爷，杨凤仪饰张德福，伍骅饰小凤，聂运华饰团长，丛硕文饰原伪县长，江景彬饰日本军官。演出时，观众密密麻麻地坐在台下，闻一多、吴晗等先生也在其中。和以往的演出场面不同的是，观众极其安静，好像是等待着什么事情发生一样，静静地等候着启幕。此时，"一二·一"四烈士的尸体就停放在舞台背后图书馆的阅览室里，悲愤的感情像铅一样压在演员的心上，他们走上舞台，完全忘记了自己，真的变成了剧中的角色，内心的悲愤转化成了角色的语言，朗诵台词实际是在抒发内心的情感。这种演出不能用"进入角色"来形容，而要用"融化"二字，即演员完全"融化"在角色之中了。温功智是小有名气的演员，"他说还从来没有一个戏为他在演出中提供过如此震撼心灵的创作激情，他几乎是一拿到剧本就进入角色,他用他那浑厚的嗓音在台上控诉:'八年前一开仗,你们就走了,丢下我们走了,我们叫日本鬼子残杀,受汉奸的虐待,我们一点也没有屈服。黄河决了堤,冲了我们的家产;天旱蝗灾,没收成,我们都忍着——我们天天在想,等着吧,等着吧,等到有一天我们的中央军回来。如今你们回来了,可是你们不是回来帮我们杀日本鬼子、汉奸,给我们那些屈死的冤魂报仇,你们反而带着日本鬼子、汉奸来……残杀我们自己的骨肉……'这段血泪控诉使许多观众泣不成声"[1]。他哪里是在演戏,而是在"现场"哭诉!演小凤的伍骓不仅在台上悲伤不已,而且在演出完后仍常常抽泣不止。剧终前有一段台词是王松声自己朗诵的:"我的朋友,感谢你流着眼泪,看完了这个悲惨的故事,你感动了,你哭了,可是你拭干了眼泪想一想,为什么会有这种悲剧发生啊!朋友,这是因为内战。因为内战,使我们生活痛苦,因为内战,使我们骨肉残杀。就在今天,此刻在华北!在东北!在江南!在塞外!正有许多类似的悲剧在发生。"王松声说:"演完,当我站在人群中朗诵最后几句念白时,激动得手都麻了。"[2]汪仁霖说:手脚麻木不只是王松声一个人的感觉,"当时台上的许多演员也都有这种手脚麻木的感觉"[3]。这说明,演员和角色已经融为一体了。正是他们的动情演出,使观众也恍惚身在剧情之中,悲痛不已。在整出剧的演出过程中,没有掌声,只有哭声。因为剧情太真实,太感人,而现

---

①汪仁霖:《〈凯旋〉的创作和演出》,《西南联大北京校友会简讯》(内刊),第19期,1996年4月。

②王松声:《关于联大剧艺社的一些情况》,《一二·一运动史料选编》下,昆明:云南人民出版社,1980年12月。

③汪仁霖:《〈凯旋〉的创作和演出》,《西南联大北京校友会简讯》(内刊),第19期,1996年4月。

实又太令人悲伤：昨天的惨案还在眼前，一周前的枪声还记忆犹
新，就在对面不远处舞台背后的图书馆里，烈士的尸骨未寒——
现实和剧情紧密地联结在一起，焉能不令人感动！艺术来源于生
活，融汇于生活，拥抱生活的理论在这里变成了现实的场景。

　　此次演出后，《凯旋》的名声传开了。许多没看过的人想看，
看过的人还想再看，剧艺社又在校内多次演出。更由于当时的形
势需要，西南联大罢课委员会把《凯旋》作为宣传内容，组织同学
去其他学校、工厂、农村演出。西南联大附中宣传队还把它带到石
屏、建水等地的部队中演出。在著名的"反内战"和"一二·一"运
动中，《凯旋》发挥了巨大的宣传教育和鼓动战斗作用，成为戏剧
服务于现实的典范。三校复员，剧组人员全部返回北京大学，《凯
旋》成了北大剧艺社的保留节目长期演出。解放战争期间，全国许

1946年4月在昆明龙云公馆演出《凯旋》后于花园合影。前排左
起：王松声、王恳、汪兆悌、胡小吉、丛硕文、聂运华、汪仁霖、郭良
夫、李贤能，后排左起：李志的、温功智、程远洛、童璞、吴学淑、
刘海梁、杨凤仪、伍骅、张天眠、江景彬

多地方如重庆、武汉、南京、天津等地都演出过此剧。据不完全统计，从1945至1947年，仅在昆明、北平两地就演出了四十多场。

在反内战的民主运动中，没有哪一出剧能够在全国各地如此广泛地演出，也没有哪一出剧的影响有《凯旋》这么大，所以说，《凯旋》是反内战斗争中最著名的戏剧。

"一二·一"惨案发生后，剧艺社的社员还写了一个活报剧《血债》，控诉反动派的罪行，表达师生的复仇决心。剧艺社立即决定排演。经过简单谋划，剧务主任孙同丰带着剧本去女生宿舍落实演员，准备排练。不意途中被特务跟踪，孙同丰跨进女生宿舍之门，剧本被突然冲上来的特务夺走。因此《血债》未能演出。

12月4日，反动派迫于压力，公审"一二·一"惨案元凶。他们采取偷梁换柱手法，将两个死刑犯当作凶手进行审判，企图蒙蔽群众，一则开脱自己的罪责，二则平息反内战运动。郭良夫根据这一黑幕，连夜编写活报剧《审判前夕》，揭露反动派的阴谋诡计，以正视听。作者一边写作，同学一边复写剧本，剧艺社一边排练，第二日就在"民主草坪"上演出。演员是聂运华、丛硕文、张天珉、童璞、闻立鹤等。由于现实针对性强，演出收到了较好的效果。以后的演出中，孙同丰、刘薇等社员也出了场。闻一多不仅关心此剧的演出，而且还为剧本题写篆书"审判前夕"。

在排练《审判前夕》的同时，剧艺社的另一些社员在排练另一出剧《告地状》，伍骅饰姐姐、汪仁霖饰弟弟、张天珉饰教师、吴学淑饰李鲁连的母亲、过卫钧饰大学生。《告地状》是王松声创作的街头剧。演出地点在昆明市中心的云瑞公园大门口，时间是12月6日。主题为反内战。内容是姐弟二人从沦陷区来昆明寻父，得知父亲抗战胜利后随国军调往东北打内战去了，姐弟无以为生。无奈，姐姐摆下地状，愿自卖其身，以助弟弟去东北寻父。

"一二·一"死难烈士之一李鲁连的母亲从千里之外来昆明看望儿子，万万没有想到的是儿子化作了一坛骨灰。母亲急疯了。此时她抱着骨灰坛从公园的山上走下来，挤进地状的围观者中看热闹，但她不认识姐弟了。姐姐痛苦万状，向地状的围观者讲述了他们和李母一路来昆明的经历和各自的遭遇，控诉内战给人民造成新的灾难的罪恶。听者信以为真，感叹流泪，看过演出后并传言：李鲁连的母亲到昆明来了。

　　在罢课期间，郭良夫抑制不住对烈士的崇敬和怀念，多方收集材料，用三天三夜的时间，写出三幕剧《民主使徒》（即《潘琰传》）。剧艺社倾全力排演，时国民政府军事委员会政治部第三厅抗敌演剧队第四队导演张客正在昆明修养，剧艺社请他任导演，舞台监督程法伋，裴毓苏饰潘琰，萧荻饰潘父潘致和，吴学淑饰潘致和的太太，陈幼珍饰潘琰的生母、潘致和的二太太潘王秀英，孙同丰饰潘琰的七堂兄潘瑞璋，伍骅饰潘琰的堂侄女潘倩如，常正文饰潘琰的三堂兄潘瑶璋，汪兆悌饰潘琰的女友萧素华，参演者还有丛硕文、胡小吉和张天珉、杨凤仪、汪仁霖、程法伋、刘海梁、闻立鹤、刘薇等，不下二三十人。排练时，潘琰的尸首还停放在图书馆灵堂，大家悲愤难抑，感情沉重，排演起来极为认真投入，效果显著。闻一多、吴晗、楚图南、尚钺、夏康农等教授给予了关怀和指导，闻一多还为剧本"民主使徒"题写篆书。剧作计划于1946年1月27日在昆华女中礼堂举行演出。反动当局极其害怕，企图加以阻止，遂指令昆华女中校方以"礼堂是危房"为由拒绝租借。剧艺社请清华大学土木系校友陆云龙爬上屋顶，对梁柱一一检查，并由他写出"礼堂安全，可供演出"的鉴定书，凭条租借礼堂，挫败了阴谋。反动派无奈，只好把阻止变为限制，要求昆华女中只租借四天。为了让更多的观众看到演出，剧艺社便用加演场次的方式来弥补天数的不足。在昆明学联的支持下，剧艺社每晚连演两场，以满足观众的需要。演出如期举行，观众极为踊跃，引起震动，以至田汉、洪深都亲临观看并指导。演出时演员们仿佛不是在演戏，而是在回忆和潘琰亲密相处的日子，因此，演得极为真切，也特别感人。大型话剧每晚连演两场，演员的辛苦自不待言，饰演潘琰的裴毓苏，戏特别吃重，有时到了后台就发晕。社友冲些白糖水给她喝，上台时又精神抖擞了。两场演完，往往是凌晨一点左右，总有许多观众（多数是中学生）护送剧艺社社员回学校，一路上，大家手挽着手，唱着歌，阔步前进，共同分享着胜利的快乐。

　　西南联大剧艺社演出的最后一出戏是《芳草天涯》。每年"五四"，西南联大都举行庆祝，1945年开始发展为联合昆明各大学举办"'五四'纪念周"。由于西南联大决定"五四"这一天宣告结束，"五四"前大家忙于考试、结束、北返等事务，这年的"纪念周"移到云南大学去主办。鉴于剧艺社的声望，主办者仍要剧艺社承担演剧一项。剧艺社也欣然接受了这个任务，双方一拍即合。剧艺社大概出于三个方面的考虑：一、纪念"五四"，二、庆祝结业，三、告别昆明。选演的剧本是夏衍的《芳草天涯》，写的是知识分子在战争离乱中的婚姻和爱情问题。剧本的内容和风格与剧艺社在"一二·一"运动中所演的戏大相径庭。演出人员确定为：聂运华演尚志恢，王恩演石咏芬，胡小吉演孟小云，张天珉演许乃辰，萧荻演孟文秀，吴学淑演孟太人。演出地点在西南联大东食堂，日期是5月4日至6日每晚一场。演出以委婉细腻和含蓄隽永吸引了许多校内外师生和文化界人士，较好地体现了夏衍的创作意图和艺术风格，获得观众的普遍赞许，特别是演孟小云的胡小吉，把那少女的情怀表现得真切动人，受到新中国剧社的专业导演和演员们的称赞，人们对于剧艺社的评论是：联大剧艺社不仅能演活报剧，演出艺术质量要求较高的大戏，也是很有水平的。

《芳草天涯》的演出表明，剧艺社又回复到演出《风雪夜归人》的路子上了，而且艺术水平也有了提高。可惜这是西南联大剧艺社在昆明演出的最后一出戏，人们不能看到剧艺社更进一步的风姿了。不过，这出戏以适当的情调表达了"告别"的心情，留给人们深刻而又隽永的念想。

国立西南联合大学1946年5月4日完成其历史使命，接着分批北返复校，7月11日，最后一批车队开离昆明。剧艺社的社员也由此一分为三，分别进入北大、清华、南开。但他们在一段时期内仍以西南联大剧艺社的名义开展活动，后来才分别成立了北大、清华、南开剧艺社，延续着西南联大剧艺社的"生命"。

### 三、剧艺社的创作

剧艺社最早的创作是程法伋的《胜利以后》和王松声的《彝汉一家》。两部都是独幕剧，是为适应当时的情况而即兴创作的。那是1945年暑假，在抗日战争的最后时期，基督教青年会组织学生组成劳军队到部队和农村宣传抗日斗争，成员以西南联大学生为骨干，剧艺社社员参加者较多。

到驻扎在建水的云南地方部队第二十二师劳军的同学带去了小剧场上演过的独幕剧《禁止小便》，演出受到部队官兵的欢迎。但在慰问过程中，日本宣布投降。八年的抗日战争终于取得了胜利，剧艺社社员和全体慰问队员与官兵都沉浸在胜利的欢快当中，同时，内战的阴云也笼罩在大家的心头。慰问队决定把抗日宣传改为反内战宣传，便由剧艺社首先创作一剧本。程法伋便用了一晚上的时间写出《胜利以后》,作品以反内战为主题思想。剧本的故事梗概是:抗战胜利的消息传来,一家人高兴万分,爷爷盼望在国军某部当连长的儿子回家团聚,果然,儿子利用部队调动路过家乡之机请假回来了,但他所在的部队是被调去进攻解放区的,全家人大为震惊,在爷爷的支持下,儿子逃往他乡。营长带着人来,找不到连长,便将爷爷带走,投入大牢。剧本的内容极为显豁,劝谏意义明确。写完即投入排练。这时,第二十二师接到命令将去越南接受日本部队的投降,师长看过戏后,要求把结尾改为欢送部队出国受降。结果,故事情节不统一,结构遭到破坏。劳军队慰问回来,剧艺社在一次联欢会上,按原剧本演出了一场。急就章固然谈不上多高的艺术性,但思想教育作用是很大的,而这正是当时的局势及军民所需要的。这部戏可以算作抗战胜利后西南联大的第一部反内战作品。

王松声和另一些同学则参加了去路南(今石林)圭山彝族地区的宣传队。他们白天和老乡一起劳动,晚上住在天主教堂里。由于历史上其他民族与彝族曾为争夺土地或其他利益发生过械斗,老百姓心里有隔阂,很不愿理睬宣传队员,工作一时难以展开。为了表达对彝族同胞的平等友爱,拉近与乡亲们的心理距离,便于开展宣传工作,王松声创作了话剧《彝汉一家》,并指导宣传队队员排演。演出在彝族同胞中产生了良好的影响,为宣传工作开拓了道路,宣传队队员很快融入老百姓之中。可惜这个剧本没有保存下来,而且大家很快沉浸在彝族民间歌舞之中,新的创作被搁置一边了,所以今天不知道该剧的具体内容。

《胜利以后》和《彝汉一家》两出剧的创作和演出表明,剧艺社是一个能编、能导、能演的剧团。这在西南联大所有戏剧社团中是唯一的。本来,剧艺社也是选演他人作品的,从小剧场活动到欢送从军同学上演的都是名作。如果按照这条路子走下去，有可能公演许多大戏并赶上联大剧团的演出成绩，成为昆明市一个著名的演出团体，可是不久，云南省当局制造了"一二·一"惨案。反动派的嘴脸必须揭露，同学的仇恨必须申诉，社员内心的悲愤必须倾吐。在现代社会的大激荡中，在感情燃烧之时，戏剧从来都是宣泄的方式、宣传的工具和战斗的武器。剧艺社当然要发挥戏剧的战斗功能为现实斗争服务了。可反内战的运动兴起不久，"一二·一"惨案刚刚发生，适合演出的现成剧本不可能有，剧艺社不得不自己创作。这就是剧艺社走向创作的历史背景。除上述两部剧本外，剧艺社的其他剧本都是"一二·一"运动中产生的。"一二·一"运动过后，剧艺社就没有创作出作品了，甚至《民主使徒》的第三幕丢了，作者想补出都没有实现。因此，"一二·一"运动是我们理解剧艺社剧作的关键。

剧艺社在"一二·一"运动中写出的剧本共有十部。它们是：王××的《匪警》和《血债》，王松声的《凯旋》和《告地状》，郭良夫的《两可之间》、《审判前夕》和《民主使徒》（又名《潘琰传》），佚名的《光明进行曲》和《民主是哪样》，孙同丰的《江边故事》。这些剧本中，《匪警》、《血债》、《两可之间》、《光明进行曲》、《民主是哪样》、《江边故事》均不存，只有《凯旋》、《告地状》、《审判前夕》和《民主使徒》可以见到。在这四部剧作中，王松声说街头剧"《告地状》太粗糙"[1]，郭良夫说《审判前夕》"只能算是一个速写"[2]。作者的这些话虽然带有谦虚的意味，

---

[1] 王松声：《松声文稿》，《剧艺社社友通讯》（内刊）第20期，2002年7月10日。

[2] 郭良夫：《"一二·一"运动片段回忆》，《剧艺社社友通讯》（内刊）第29期，2005年5月20日。

但也道出了实情。其实,"一二·一"运动中的剧作都有"速写"的性质,"艺术上是粗糙的"①,但是,它们又都有自己的价值和意义。可以将《凯旋》和《民主使徒》视为代表作。

王松声的广场剧《凯旋》虽然诞生在反内战斗争和"一二·一"运动中,但其素材已积累很久,构思好长时间了。反内战晚会遭破坏和"一二·一"惨案只是一种催生剂。王松声讲到《凯旋》的创作时说:剧本的素材来自1944年春去河南中部的一次旅行,"《凯旋》一剧早已在我腹中酝酿,而写出来则是在'一二·一'学生运动这个特定的历史环境中"②。一部短剧,酝酿构思一年半的时间,可以说相当成熟了,所缺的唯有创作冲动。而这时,国民党军队威胁民主运动的枪声正好为作者提供了感情爆发的契机,在极度的愤怒中,作者久埋心底的感情决堤而出,汇成了剧作《凯旋》。

《凯旋》为什么能够获得这么大的成功?除演出的情景外,还可以从剧作的思想感情和艺术表现两个方面寻求解答。

作品以反对内战为思想核心,而在表达上又具有巧妙的方法和强烈的效果。作品把剧情放在抗战结束(剧本写作时抗战结束不久),人民需要安定,恢复生产,重建家园的时候,这时国民党发动内战,违背人民群众的愿望——反内战的思想由此提了出来。作品把故事的发生地放在黄河水泛滥,造成百姓灾难的地区,更有典型性:为了阻止日军南下,蒋介石政府不惜炸开黄河花园口大堤,致使下游老百姓的房屋被冲毁,土地被淹没,老百姓无家可归。"黄泛区"老百姓为抗战做出的牺牲超过其他地方的人

①郭良夫:《"一二·一"运动片段回忆》,《剧艺社社友通讯》(内刊)第29期,2005年5月20日。
②松岭:《〈凯旋〉的创作和演出》,《新文化史料》,1999年第6期。

们。抗战胜利,"黄泛区"老百姓急需返归家园过日子,可这样的生活基本愿望也被剥夺——反内战的思想由此突出地提出来了。作品又将故事集中在一家人中,日军侵入,张德福的妻子遭侵略军强奸而自杀身亡,为了报仇,他报名参军去了。他走后,家园被黄河水淹没,父亲带着孙子小福和孙女小凤流浪他乡。历经颠沛流离,最终得以返回家乡。抗战胜利,张德福满怀希望随部队回家探望亲人,部队进村后,他误杀了自己日夜思念的儿子张小福!鉴于此,父亲和女儿不认他了。他悲痛欲绝,自杀身亡。悲剧如此惨痛——反内战的思想深刻地表现了出来。再从当时的时代要求看,八年抗战,人民疲惫不堪,厌战心切,急需和平,流亡者渴望返回故里,每个人都希望过上安定幸福的生活,而战争的阴云越来越浓厚,有识者则采用各种方法制止战争。《凯旋》提出反内战的思想适应了时代的思潮。如此鲜明突出的时代思想,当然能够引起观众的共鸣。

　　作者在总结《凯旋》的创作经验时反复提到"激情"二字:"首先是它感动了我,使我产生了激情。在写作《凯旋》的那几天,我一直生活在故事情节中,生活在剧中人物的喜怒哀乐里。大段的台词是我自己反复吟诵、字斟句酌后写出来的。常常半夜里我在双层木床的上铺默诵台词时哭了起来,把下铺的同学也惊醒了。故事情节和人物的命运冲击着我的心灵,使我产生了激情。"①"修改第二稿时,正赶上'一二·一'。那天校门口特务在打人,攻校园,我放下笔,跑出去和大家一起把敌人打退,回来又继续写,心里充满了战斗激情。最后修改定稿是'一二·一'惨案

────────

① 王松声语,转引自汪仁霖:《〈凯旋〉的创作和演出》,《西南联大北京校友会简讯》(内刊)第19期,1996年4月。

发生的第二天。在联大图书馆的一个小角落里，旁边隔着一块布幕，同学们满怀悲愤地在为死难烈士洗尸体，准备装殓；窗外，则有一些准备上街宣传的同学们在练习刚刚谱写出来的挽歌，'你们的枪口不能再对内啊，弟兄们站过来啊'。歌声满含悲愤激情，清晰地传到我的耳朵里，我心潮起伏，思绪万千，一口气将它写完……"[1]可见，时代催生了激情，激情又反映了时代。作品中燃烧的激情，点燃了同一环境中人的感情，反内战的时代思想也就能够引起内战前后人们的强烈共鸣了。

可以这么说，时代的思想加上悲愤的感情，再加恰当的艺术表现是《凯旋》获得成功的原因。

作为独幕广场剧，《凯旋》在艺术上有其特点，尤其是构思上体现了作者的匠心。

首先看剧作的人物设置。独幕剧不能安置太多的人物，但也不可太少，多了容易造成走过场，难于刻画出典型性格，少了则易流于单调，缺少丰富性。《凯旋》的作者深知此道，安排了七个人物。这七个人物各有其功能：张氏一家四人是灾难的承受者，通过他们主要完成剧作的悲剧任务和负载反内战主题；其他三人，一个国军团长，一个前伪县长，一个日本军官，他们是张家悲剧的制造者，参与完成反内战主题，同时，还通过他们揭露了国军性质的改变，即国、伪、日合一，共同消灭共产党——在剧中是屠杀共产党的外围组织抗日自卫队。因此，《凯旋》的人物设置相当得体。

其次看剧作的开场和结尾。独幕剧很讲究剧情的开场和结尾，它犹如短篇小说的起止一样，必须找到那个最恰当的切入点

---

[1]王松声：《关于联大剧艺社的一些情况》，一二·一运动史料编写组编：《一二·一运动史料选编》下，昆明：云南人民出版社，1980年12月，第282页。

和收束点。《凯旋》从一场战斗结束，枪声渐息开始。这个开头既交代了故事的背景，又创设了戏剧气氛。人物在这种情况下登场，各自的心理和行为就会有所不同，这个开头既便于展开故事情节，又为刻画人物性格提供了条件。因此，这个开头恰当而有利于剧情，是一个成功的开头。《凯旋》的结尾收束在悲剧结束之时，这当然是水到渠成，该止则止的关节。但我们也看到，这不仅是故事的结尾，同时也是人物心理的展示：原伪县长和日本军官大为高兴，团长气急败坏，小凤和爷爷悲痛难当，爷爷以至于精神失常。这一结尾不仅只是交代人物，还是刻画人物性格的，因此是一个好结尾。

再次看人物性格。独幕剧不可能细致地刻画人物性格，更不可能写出人物性格的发展变化，只能做到把人物性格突出地显示出来。《凯旋》中的七个人物，基本上做到了性格鲜明、形象突出。张爷爷老成持重，处事温和得体，说话柔中有刚；小凤天真单纯，充满幻想，虽爱憎分明却向敌人乞求解救哥哥；张小福刚强无畏，勇于报仇雪恨，和敌人战斗到底；张德福亲仇分明，但服从命令，误杀亲子，难以承受痛苦而自杀；前伪县长奴颜婢膝，一副汉奸嘴脸；日本军官凶残狠毒，恶性不改；团长思想正确但软弱屈从，终致犯下罪过。这些性格既从他们的戏剧动作，又从他们的语言对话中显示出来，因此这部剧的人物动作和语言基本上达到了个性化的高度。一部独幕剧，能够刻画出如此鲜明的性格，尤其是塑造出这许多的人物形象，实在是难能可贵的。

最后看戏剧的技巧运用。张德福枪杀小福，不光是为了执行命令，还因为有枪杀之仇。他们在村东头沟边相逢，开枪互击，为后来张德福执行命令埋下了伏笔。张德福后来开枪，多半是执行命令，少半是为了报仇。张德福离家八年，回来时小福已经十七岁了，父子相见不相识。为使他们相认，作品用了一支钢笔。这支钢笔是张小福为母报仇的证据。他杀了一个鬼子祭献母亲，从鬼子手里得到一支钢笔，便把它保留下来，还把日期刻在笔杆上，为将来作为曾经报仇雪恨的证物给父亲看。但他的父亲德福当兵多年，染上了一些丑行，见那支笔漂亮便把它偷了。小福临死时向爷爷交代那支笔，被德福听见，知道了小福是一个好孩子，可这时小福已经中了自己射出的子弹！这支笔是作品运用得很好的一个细节。剧本还多次使用了误会：一开始打仗，老百姓还以为是日本军队，后来才知道是中央军，可中央军借消灭共产党打击老百姓的抗日自卫队；小凤和爷爷给自卫队做饭，张德福还以为是做给中央军的；最大的误会是父亲杀儿子，儿子日夜想念父亲，父亲朝夕思念儿子，可父子相见却开枪对射，最后父亲误把儿子当作仇人杀了！这些误会产生出了强烈的戏剧性。从以上可知，《凯旋》的戏剧技巧运用是较为成功的。

关于反内战主题，剧中人物反反复复地说，确实有些太直露，太琐碎。但这恰巧是广场剧的特点。从写作意图说，广场剧不是为了艺术，而是为了宣传。向观众宣传某种思想意图，这就决定了作者会"现身说法"，即使通过人物之口也是实现作者的宣传目的。从观众方面说，作者创作时想到的不是那些文化修养较高的人，而是普通大众，他们可能只字不识，如果寓意高深，就达不到宣传的目的，剧中有必要反复"宣讲"，让其明白，这是作者不厌其烦地表述同一个意思的原因。《凯旋》以场外朗诵开始和结束，也是同样的目的——让观众明白创作意图。今天看来，或者用艺术的眼光看来，这样的说教有些画蛇添足。但在当时，在广场剧那里，却是必要的。它让观众一开始就带着一个观念去看戏，不至于出现理解的偏向，结尾再作归结，让观众把认识集中在某一点上。《凯旋》结尾的念白还有一个作用，就是把观众的悲痛升华为反对内战的思想意识。观众被剧中的人物悲剧感染得痛哭流涕，作者通过朗诵的"说教"把观众的悲伤转化为反内战的思想和行动。这样，演出给观众的不仅仅是悲伤的情绪，而是思想观念和行动了。

从以上看来，《凯旋》的艺术是成功的。尽管作品没有为戏剧艺术史提供多少新东西，但它对独幕广场剧是有着重大贡献的，我们用广场剧的艺术标准去衡量，便会发现作品是优秀的。广场剧是纯大众化的艺术，有强烈的目的性，一部剧作成功与否，还要看演出的效果。《凯旋》的演出效果，还可以引演员的回忆为证："在'一二·一'运动中，《凯旋》演出了许多场，有时在学校，有时在近郊农村，不管在哪儿演出，都取得了非常好的效果。每场演出结束，群众流着热泪，高呼'反对内战'的口号，台上、台下打成一片。"①剧组去昆明北郊龙头街云南大学附中演出，"演出一结束，台下的云大附中同学们就哭成一团，怎么劝也不肯走，在无可奈何的情况下，只好由王松声出来说：'别哭了，那是演戏。'一下子同学们都惊呆了……"②一次，剧组去呈贡演出，"演出结束后，好几个老大妈硬把煮鸡蛋往演员口袋里塞，哭着说'你们演得太好了！'"③

《凯旋》这样的演出效果和影响，在广场剧中，恐怕只有《放下你的鞭子》可以相比，所以人们喜欢把这两部剧作相提并论。

①伍骅：《我参加演出〈凯旋〉和〈潘琰传〉的点滴记忆》，《剧艺社社友通讯》（内刊）第29期，2005年5月20日。
②见松岭：《〈凯旋〉的创作和演出》，《新文化史料》，1999年第6期。
③汪仁霖：《〈凯旋〉的创作和演出》，《西南联大北京校友会简讯》（内刊）第19期，1996年4月。

王蒙《再说文艺效果》一文开篇就说："文艺的作用有直接的、眼前的、正面的；与间接的、长远的、侧面的乃至反面的之别。活报剧《放下你的鞭子》动员抗日、《凯旋》反对内战，演完了观众边哭边喊口号……这都是直接的眼前的正面的效果。"[①]崔国良说："《凯旋》在中国话剧史上同抗日战争中《放下你的鞭子》一样，在动员人民反对内战中发挥了重大作用。"[②]汪仁霖说："'七·七'事变前后的一些青年学子是在看了《放下你的鞭子》后走上抗日战场的。抗日战争胜利后，国民党又发动内战，当时的学生中有不少人是看了《凯旋》后投身到解放战争的革命队伍中来的。"[③]

再来看《民主使徒》。郭良夫写了《审判前夕》后，接着写出了《民主使徒》（又名《潘琰传》）。"一二·一"惨案发生，全昆明乃至全国爱好和平的人们都处于悲痛之中。安放"四烈士"遗体的图书馆大厅设为灵堂，每天前去吊唁的群众络绎不绝。据载：在"一个半月里，前来灵堂致祭的学校、工厂、企业等团体近300个，各界人士达15万人次（当时昆明市人口为30万）"[④]。郭良夫出入于灵堂，感受着人民群众对于死难者的深情，对烈士的崇敬之情油然而生，决心发挥自己的戏剧创作优势，写出潘琰的一生。他抑制着悲愤，历时一个多月，多方收集潘琰烈士的生平事迹，

---

①王蒙：《再说文艺效果》，《王蒙文集》第6卷，北京：华艺出版社，1993年1月，第406页。

②崔国良：《名家十日谈：王松声和街头剧》，《城市快报》，2004年11月26日。

③汪仁霖：《〈凯旋〉的创作和演出》，《西南联大北京校友会简讯》（内刊）第19期，1996年4月。

④西南联合大学北京校友会编：《国立西南联合大学校史——一九三七至一九四六年的北大、清华、南开》，北京：北京大学出版社，2006年1月，第357页。

经过若干同情、忧伤、惋惜、痛苦的感情煎熬，潘琰的形象渐渐清晰地浮现出来，在不得不倾吐之时，仅用三天三夜的时间，一气呵成三幕剧《民主使徒》。剧本以潘琰渴望自由、向往光明、追求真理并且勇于奋争的思想行为为主线，描写了潘琰在短暂一生中的奋斗历程。剧本写成后，剧艺社全力排演，在观众中产生了很大影响。同时，剧本一边修改，一边以檀艮的笔名在《十二月》杂志上连续发表。《十二月》在《第二期"编后"》中，有这样一段话："《民主使徒》这一期本来可以全部登完，但因为篇幅的关系，同时作者檀艮先生认为还需要加点时间修改第三幕，因为它是全剧的中心，而需要特别强调和增补的。所以我们只好让它放在下一期……"[1]但是没想到，《十二月》才出了两期，就被当局查禁了。《民主使徒》的第三幕也因此未能和读者见面，以致成为历史的遗憾。当时排练用的剧本是油印的，使用后便散失，西南联大复员后就再也找不到了。所以，今天我们无法见到第三幕。作者说："1946年暑假我到徐州潘琰的家庭里进行了访问，但是时过境迁，也还是不能补写出第三幕来。"[2]就这样，剧本成了残本，因此 我们在这里也只能根据第一、第二幕来作分析。

　　传记文学要以事实真相为依据。先让我们看看潘琰的经历吧：1915年秋，潘琰出生在徐州一户名门望族，全家三十多口人，叔伯兄弟好几个。父亲是一个半开明的封建人士，娶了两个太太，潘琰是姨太太所生。堂兄弟姊妹都去上学，潘琰被留在家里照料家事。可她酷爱读书，遂叫堂兄弟们教她念书写字，约四五

---

① 《〈十二月〉第二期编后》，西南联大十二月文艺社编：《十二月》第2期，
　　1946年1月20日。
② 郭良夫：《"一二·一"运动片断回忆》，《剧艺社社友通讯》（内刊）第29
　　期，2005年5月20日。

年，她学完了"四书"和《诗经》，能够记流水账了。后来念了几年私塾，读了许多文学作品，她憧憬外面的世界，希望像兄弟姐妹一样去念书。1933年，她离家出走，但很快被家人追回。这次偷跑的成果是争得了上学的机会。次年，她考入徐州立达中学。在学校里，她如饥似渴地读书，积极参加体育锻炼，眼界大开。初中二年级时，父亲不幸去世，家庭衰落，她以同等学力考进免费食宿的省立女子师范学校。更不幸的是，在女师只念了一个学期，抗日战争爆发。她毅然放下书本去学习看护并做救护工作。1937年底，她离开医院参加第十一集团军的学生军，开往安徽寿县训练。第二年春，部队由安徽开往河南潢川，编入青年军团。由于受训期间表现出色，她当上了区队长。受训结束，她和几个同学被派往家乡工作。一到家乡，徐州就被敌人包围。他们随军突围往潢川归队。途中整整三天三夜没吃一点东西，但终于成功。1938年10月，部队退到汉口，当即又撤往宜昌，途中倍受磨难。1939年1月，国民党下令解散这支学生军。2月，她考进了疏散到建始县的湖北第一女子师范学校。她在学校积极宣传抗日，被反动派列为捕杀黑名单的前十名。这时她害了一场疟疾，由于身体衰弱，无钱治疗，几乎死去。1941年初，她到了重庆，进手工业纺织人员训练班受训一个月，分配到川北工作。1942年春调回重庆。1944年秋，怀着对西南联大学术声誉和民主自由的向往，考入西南联大师范学院。抗战胜利，她兴奋不已，回母亲的信说，将在学校复员时回家看望母亲，再去北京完成学业。"一二·一"运动中，她表现积极，在反动军警攻打学校时，冲锋在前，被暴徒杀害，年仅30岁。

潘琰的经历确实体现出反抗、奋斗、追求的性格特色。作者郭良夫抓住了这一性格特色并把它表现在作品中，所以，作品中的潘琰是一个爱憎分明，性格坚强，敢于反抗家庭，刻苦读书，探索真理，追求光明，高尚纯洁的青年。她出生在一个封建家庭，受到封建礼教的种种束缚。为了读书，她曾离家出走过，终于争到了受教育的权利。抗战爆发，她再也不能安心读书了，又和堂兄、侄女及同学一同去参军，抗击日寇。家里不同意，设法阻止，他们仍然采取偷偷离家的办法。在生母的支持下，他们冲破了封锁，走出了家门。到了部队，团部让潘琰她们挑选进政治组或艺术组，可潘琰偏挑军事组。团部不同意，潘琰提出严重抗议，得以进入。她们做了许多抗日宣传和后勤工作，因劳苦功高，1939年，潘琰由分队长晋升为区队长。5月，她们离开了部队，和萧素华、潘情如一道进了一所学校读书。没想到那儿如同一座监狱，她们又设法逃离。到了重庆也一样痛苦，经常失业不说，还受特务的监视，极不自由。为了能够"呼吸一点儿新鲜空气"，她和萧素华、古兆珠投考了西南联大。没有路费，她们四处筹借，终于奔向昆明。剧本分三幕，第一幕写潘琰和伙伴们逃出徐州的家庭投奔抗日队伍，第二幕写潘琰和伙伴们在重庆筹钱买票去昆明，第三幕写潘琰在昆明西南联大的生活。通过第一、第二幕的描写，我们可以看出潘琰是一个反抗封建，追求幸福，以国家民族命运为重，有真才实学的果敢、坚决、执着的优秀青年。

《民主使徒》以潘琰为主人公，但没把潘琰拔出众人，写成一个孤胆英雄，这是剧作的一个鲜明特色。作者崇敬潘琰，歌颂潘琰，但注意潘琰与环境的关系，潘琰的觉醒不是单打独斗，甚至她的行动都是有同伴的，她离家从军是和素华、瑞璋、情如一起，她在军中一直和素华、情如在一起，她来西南联大也和素华、兆珠一起，她并没有高人一截，独往独来，只是她比别人显得更沉稳，更有方法罢了。这样处理的人物关系更符合生活实际。我们看到,剧中的主人公潘琰形象是成功的,其他人物形象的性格也清楚明晰。

作者不愧是学戏剧出身的中文系高才生,《民主使徒》中使用的技巧大可令人击节赞叹。例如,场景的选择与集中。第一幕写潘琰二十二岁时和伙伴们一起离家出走,在这二十二年间,有许多事情值得描写,作者把它们集中在一天下午完成,故事显得紧凑;第二幕为1944年11月29日的一个晚上,此时,潘琰离家七年,其间的风雨坎坷难以书写,作者把它们放在潘琰与伙伴即将离开重庆的时候作集中交代;第三幕当然是写"一二·一"当天的潘琰了。这种写法符合戏剧的"集中律"。而且,三个场景,三段时间,三个城市,既是潘琰的生活经历所决定,又是经过选择的,它们是潘琰人生道路上的三个转折点,因而具有典型性。又如一些细节的描写:第一幕中的笼中小鸟,开初潘琰收拾东西的时候,小鸟在屏风后面叽叽喳喳地叫;后来小鸟在外面叫;再后来不知情的瑶璋担心鸟笼门没关好;当潘琰他们出走之后,瑶璋提着空鸟笼大叫"鸟都飞掉了"。这笼中鸟既制造了戏剧气氛,又是一种象征,它映衬了潘琰的离家。第二幕中江上的各种声音也有同样的功效。第一幕中潘琰箱子上的字母"P"也是一个很好的细节。贴着"P"字的这只箱子出门,潘家便知道潘琰要走。第一次是潘琰的母亲看到箱子知道了潘琰的心思,第二次是瑶璋见到箱子上的"P"后认定潘琰要走,可不识字的大太太不相信。这些细节都是独具匠心的。再如,剧作对剧中人物、故事背景、舞台布景等有详细的描述,对时间、地点和一些人物动作也有交代。这有点像曹禺剧作,说明作者很懂得舞台及表演。

从第一、第二幕看来,作者很尊重历史事实,所以《民主使徒》可以当作潘琰的传记(又名《潘琰传》)来读。这是剧作的历史价值。但也正是这一点，束缚了作者的手脚，作者过多拘泥于事实，放不开思维，展不宽想象，结果伤害了艺术性。剧作的矛盾冲突比较淡，人物心理刻画较单薄，有时候耽于经历的交代和事件的描述，情节发展显得迟缓，人物对话较为冗长，读来感觉有些沉闷，这在第二幕尤为突出。也许到了第三幕由于生活中矛盾的紧张突出而不再有这些不足，或者竟至于紧张激烈而扣人心弦也未可知。若如此，第二幕的平淡舒缓就是作者故意安排的矛盾波谷了——作者的匠心处处隐伏。

传记文学的价值通常与传主的身份地位有关。潘琰只是一位学生，还没有取得突出的社会业绩，若不是她在"一二·一"运动中惨死，恐怕没有多少人知道她，即使今天人们纪念"一二·一"运动和"四烈士"，也讲不出潘琰除了生命遭毁灭外，还有多少更大的历史价值，所以，选这样的人物作为传主是很难与名人大传媲美的。郭良夫把《民主使徒》写成这样，应该说已相当难能可贵。今人对《民主使徒》，也许不感兴趣了，这主要是今人缺乏当时那种感情的缘故。可这部作品在当时，是十分感人的。当年参加演出《民主使徒》的刘海梁说："郭良夫创作的三幕剧《潘琰传》，剧本一写出，我们马上排演，向社会控诉国民党反动派的滔天罪行。台上台下齐声怒吼：'血债要用血来还！'收到很好效果。戏剧家田汉、洪深看过戏，也一致好评。"[1]剧艺社社员吴代法回忆说："由剧艺社的裴毓荪演潘琰，演出很成功……老太婆看得嚎啕痛哭，我们去安抚一下。"[2]而裴毓荪说："《潘琰

①刘海梁：《回忆峥嵘岁月》，《剧艺社社友通讯》（内刊）第29期，2005年5月20日。
②吴代法：《"一二·一"催人进步》，《剧艺社社友通讯》（内刊）第29期，2005年5月20日。

传》引起群众的强烈反响，成为推动民主运动前进的一股巨大力量……观众极为踊跃，反响十分强烈。为了满足观众要求，除了夜场，每天还要加演日场。"①可见，这部作品在当时，是十分感人的。

为什么《民主使徒》的演出能够收到这样好的感人效果呢？主要是剧本反映了当时的实际情况，表达了人民群众的感情和愿望。就剧本的艺术处理而言，大的方面当然不错，但由于是急就章，许多地方还缺少推敲。只不过，当时的人都因为感情强烈的缘故，演员和观众都对艺术方面的欠缺忽略不计了。

《民主使徒》是"一二·一"运动中产生的唯一一部多幕剧作，获得这样的成功是值得肯定的。非常遗憾的是剧作只留下残本，如果有朝一日能发掘出当年的油印本第三幕，这部剧作的艺术光彩一定会熠熠生辉。那时，上面的文字也将会重写。

四、剧艺社的外联

剧艺社的对外联络较为多样，例如温功智、丛硕文等多次参加校外其他剧团的公演，萧荻等参加国立剧专校友在昆明演出《棠棣之花》并负责后台工作，社里曾派社员去辅导一些中学剧团演出等。这里主要讲慰问部队、帮助新中国剧社和组织彝族歌舞演出三件事。

昆明学生假期慰问部队的活动在剧艺社成立之前就开始了，是基督教青年会组织的。慰问队伍通常以西南联大学生为主体，慰问内容基本上由西南联大学生策划，整个活动由西南联大学生

①裴毓苏：《忆60年前我演潘琰》，《剧艺社社友通讯》（内刊）第29期，2005年5月20日。

完成，其中包括演剧。

1944年暑假，由辛志超任领队，萧荻任队长、何达任副队长，有后来成为剧艺社社员的多位同学参加的劳军队，去昆明郊区中央军第五军和云南地方部队第十八师慰问，演出经过改编的独幕剧《锁着的箱子》。这部戏曾作为外文系"西洋戏剧"课的练习节目排演过，外文系的同学比较熟悉，但用的是英语演出。为了适合部队官兵们观看，张源潜把剧情作了精简压缩并翻译成中文，萧荻任导演兼主演，程法伋、游继善和张琴仙（昆华女中学生）为演员。除萧荻外，几位演员都不会演戏，仅凭几天的练习就登台，演出较为生涩。尽管如此，还是赢得了部队官兵的欢迎。演出为增进军民之间的友谊发挥了作用。第五军还借机邀请华罗庚、吴晗、闻一多等十一位教授去部队举行"目前局势与中国反攻问题"座谈会。这次劳军对于剧艺社壁报和剧艺社的诞生起了奠基作用，也可以视为剧艺社外联的预演。

剧艺社成立后作为演剧主体参加慰问，并在其中发挥重要作用的主要是1945年的两次劳军。

1945年寒假，基督教青年会学生服务处又组织一批西南联大学生去建水慰劳云南地方部队第二十二师。劳军队由李储文任领队，李明任队长，齐亮任副队长，队员中有王松声、温功智、罗长友等剧艺社骨干。剧艺社社员把在昆明演出过的三幕剧《草木皆兵》搬去演出。演剧由温功智任导演，演员有温功智、王松声、李明、齐亮、李凌、马如瑛、裴毓荪等，阵容较为强大。劳军队伍整个假期都在建水的部队中生活，与官兵唱歌、跳舞、打球联欢，内容丰富，生活愉快。《草木皆兵》演出了多场，差不多每个战士都观看了，大家反应热烈，评价很好，演出对于抗日爱国思想的宣传，对于亲和军民关系起到了良好作用。这是剧艺社成为演出团体后第一次到外地演出。

1945年暑假,基督教青年会学生服务处再次组织西南联大学生去建水云南部队第二十二师慰问。这次劳军的领队是辛志超,队长许寿谔、副队长李晓,剧艺社准备了温功智等同学演出过的《禁止小便》等独幕剧。由于此剧内容浅显易懂,戏剧效果十分明显。但劳军之中,日军投降了。国内主要问题变为打内战与否的问题。所以劳军队决定改变宣传方向,演出反内战的戏剧。为此,程法伋紧急创作出独幕剧《胜利以后》。剧艺社社员迅速进行排练,由温功智饰演爷爷,李晓饰演当连长的儿子,卢坤瑞饰演儿媳,裴毓苏饰演孙女,阎昌麟饰演营长。剧本写的是抗战胜利后,连长为拒绝随部队开拔去进攻解放区,中途回家探亲时,在爷爷的支持下逃往他方,而爷爷则被营长抓走了。可在排练过程中,该部队将被派往越南去受降,师长于是坚决要求把剧作的结尾改为欢送部队出国,弄得剧作出现了矛盾。虽然该剧因现实的变化由悲剧变成了"喜剧",留下一个可笑的历史故事,但就劳军以改善军民关系的角度说,还是起了作用的。该剧的原剧本还是剧艺社创作的第一出反内战戏剧。

这两次劳军是剧艺社与基督教青年会合作的。通过劳军活动,剧艺社建立起了与部队的联系,同时也是剧艺社为抗日战争和反内战宣传做出的贡献。

在剧艺社的历史上,值得重点书写的还有与新中国剧社的亲密关系和组织彝族歌舞到昆明演出两件事。

桂林战事吃紧,新中国剧社撤出,于1945年春到达昆明。初到一地,新中国剧社开展工作重重困难。这时,西南联大剧艺社伸出援助之手,帮助新中国剧社完成了许多演出,彼此建立了深厚的友谊。剧艺社和新中国剧社本来有许多老关系:孙同丰曾参加过新中国剧社在湘潭的演出，与新中国剧社的蒋柯夫、严恭、岳勋烈是故友；王松声和严恭的弟弟在延安鲁艺是同学；萧荻与社长瞿白音是旧交等。因此，两个剧团很快建立了联系并结成了亲密的伙伴，在以后的戏剧活动中，两剧团携手合作，几乎连成了一体。

新中国剧社是一支深入民间，了解民情，创作力旺盛的队伍。到昆明后，他们很快创作出了深受人民群众欢迎的作品。在1945年5月18日西南联大文艺社举行的高尔基逝世九周年纪念晚会上，新中国剧社应邀参加，并首次演唱了樊赓稣作词、费克作曲的歌曲《茶馆小调》。很快，《茶馆小调》就成为昆明的"流行歌曲"，并一直唱到解放战争时期，传遍了全国。闻一多有感于新中国剧社"能把握人民现实生活"的优长，撰写了《"新中国"给昆明一个耳光罢》[①]一文，加以褒扬。

"一二·一"运动中，剧艺社编演三幕剧《民主使徒》，"正在新中国剧社养病的演剧四队著名导演张客抱病担任导演，新中国剧社无保留地供应了演出需要的布景、灯光等舞台器材"[②]。新中国剧社的李鸣回忆说："联大剧艺社自编自演的《潘琰传》，舞台工作、舞台器材、群众演员由我们去支援。在那时的白色恐怖下，我们越干越起劲。我和王劲、黄国伦都是从头到尾参加演出的，也等于是他们中间的一员。可以说，在昆明当时的话剧运动

---

① 闻一多：《"新中国"给昆明一个耳光罢》，《闻一多全集》第2卷，武汉：湖北人民出版社，1993年12月。

② 萧荻：《承先启后的战斗集体——忆联大剧艺社》，西南联大校友会编：《笳吹弦诵在春城——回忆西南联大》，昆明：云南人民出版社等，1986年10月，第403页。

中，新中国剧社和西南联大剧艺社是联成一体的。"[1]

　　新中国剧社在昆明学生"停灵复课"后，排演俄国奥斯特洛夫斯基的《大雷雨》，剧艺社参加了布景制作、装台和其他舞台工作。此时已是新中国剧社社员的凌琯如对此有深刻的记忆："《大雷雨》是白音导演的，让我演卡琳娜一角，我们的制作费极少，有些东西都是自己凑合借来的。人手缺，是西南联大剧艺社组织了同学大力支援我们，热情帮助了我们。"[2]1946年初，洪深到昆明为新中国剧社执导阳翰笙的《草莽英雄》和他自己的《鸡鸣早看天》，演员不够，剧艺社即使在期末大考之时也立即派人参加工作，萧荻、徐树元、聂运华、张天珉在《草莽英雄》中当演员，汪仁霖在《鸡鸣早看天》中饰演重要角色。正如田汉所说：《草莽英雄》"演出规模是很大的。……亏着联大剧艺社和其他学校剧团同人来帮忙，所以不感竭蹶"[3]。后来新中国剧社排演吴祖光的《牛郎织女》，剧艺社也出过大力。可以说，新中国剧社在昆明演出的每个戏中，都有剧艺社的身影。特别值得记起的是剧艺社和新中国剧社的舞台工作人员制作布景以至发明创造的功绩。例如，他们用旧布或麻布片缝成所需的布，裱上纸，再涂上颜色，做出各种布景。用完后放在水中清洗过后，又可以使用。如此，节约了许多经费。再如，牛郎织女鹊桥相会的场景，是他们制作成伸缩架搭在空中，让演员在"星空"中实现的。这些创造有力地支持

---

① 李鸣：《倥偬年代》，转引自《清华大学校友通讯丛书·校友文稿资料选集》第6集，北京：清华大学出版社，2000年9月，第190页。

② 凌琯如：《难忘的两次演出》，转引自《清华大学校友通讯丛书·校友文稿资料选集》第6集，北京：清华大学出版社，2000年9月，第190页。

③ 田汉：《新中国剧社的苦斗与西南剧运》，《田汉文集》第15卷，北京：中国戏剧出版社，1986年12月，第530—531页。

了戏剧的演出，是可以载入史册的。

　　剧艺社帮助新中国剧社完成了许多演出，同时，业余的剧艺社社员也向专业的新中国剧社社员学到了许多东西，更为重要的是，他们结下了深厚的友谊。1946年元旦和春节，剧艺社和新中国剧社共同联欢，导师闻一多和吴晗、田汉、安娥、洪深、孟超、蓝马、尚钺、夏康农、楚图南等社内外文化名人出席。在元旦联欢会上，剧艺社演出京剧《鸿鸾喜》，两社合演滑稽文明戏《唐伯虎点秋香》，由熊伟、孟超、汪巩、萧荻、费克、严恭、蓝马、奚蒙共同完成，蓝马还表演了滑稽走钢丝等。在新春之日，两社按云南习俗，在天井里铺上青松毛，席地而坐，共进年夜饭，饭后演出节目。这一天，两社还为萧荻举行了婚礼。这时萧荻已加入新中国剧社，拥有剧艺社和新中国剧社双重身份了。田汉在一块红绸子上写了贺词，大家均在上面签名留念。两次联欢进一步加深了社员彼此间的情谊。五十余年后，西南联大剧艺社授予严恭名誉社员称号，新中国剧社亦授予郭良夫、王松声、孙同丰名誉社员称号，2006年，新中国剧社又为郭良夫举办九十岁寿庆，可见两个社团友谊的深厚与长久。

　　如果说彼此的合作与交往两社社员记忆深刻，在各自的"社史"中都有记载的话，组织彝族民间歌舞演出一事却被两社"社史"疏漏了。

　　1946年5月，一台原汁原味的彝族原生态民间歌舞演出在昆明举行，演出轰动全城，引得万人空巷，争相观看。这台演出是闻一多主持策划，王松声、毕恒光等发起并组织实施的，也是在西南联大学生自治会的支持和西南联大剧艺社、新中国剧社的帮助下，在昆明艺术界各团体和名人的配合下，以"圭山彝族旅省学会"的名义主办的。这里把它归在剧艺社名下加以论述，不仅因为剧艺社为演出做了大量工作，更主要是因为两个关键人物：剧艺社导师闻一多、剧艺社负责人之一王松声所起的关键作用。

1945年暑假，基督教青年会学生服务处组织"暑期服务队"，由彝族青年毕恒光做向导，去石林县圭山一带宣传抗日。服务队由王松声、侯澄、杨邦祺、陈月开、吴大年等同学组成。服务队到圭山后，住在海邑天主教堂，面向周围的村子开展工作。服务队队员们看到，彝族人民的生活极其简陋，但歌舞却非常优美。每到晚上，男女青年便聚在麦场上唱歌跳舞，快乐无比。艺术敏感力和鉴赏力很强的王松声，意识到这些歌舞中潜藏着巨大的艺术魅力，产生了把它们搬到昆明去演出的想法。他把想法告诉毕恒光，原来毕恒光也有此意。等服务队完成任务回昆明，抗战已经胜利，形式发生了变化，此事便搁置了下来。1946年春的一天，王松声带着毕恒光去找剧艺社导师闻一多请教，闻一多听了他们的谈话，大为赞同，并建议毕恒光带王松声和梁伦赴石林挑选演员，组织节目进行初步排练，把解说词写好，而后带演出队来昆明。他自己则在昆明联络各方，安排演出事宜。闻一多通过西南联大学生自治会，解决了垫付彝族演员来昆明的路费和住处等问题；得到了剧艺社和新中国剧社提供演出所需的全部设备的承诺；获得了昆明文化界前辈的支持。1946年5月17日，毕恒光、王松声和梁伦带演出队到达昆明，在编导团的指导下，对节目做了进一步整理提炼，而后定于5月24日起在国民党云南省党部礼堂公演。消息传开，座券提前销售一空，团体订票接连不断，演出日夜各一场仍供不应求。演出势头日益旺盛，可是演员们要回去收麦插秧，不得不于6月3日结束。

演出期间，昆明各家报刊纷纷报道演出情况，刊登评论文章。演出结束后，《今日评论》出版了《彝族音乐舞蹈会专号》，刊登了费孝通《让艺术成长在人民里》、梁伦《山城看彝舞》、尚钺《论保存中国民族艺术与彝胞舞踊》、高寒《劳动民族的健壮的乐歌和舞蹈》、徐嘉瑞《圭山区的彝族歌舞》等。闻一多则为专号题词："从这些艺术形象中，我们认识了这民族的无限丰富的生命力。为什么要用生活的折磨来消耗它？为什么不让它给我们的文化增加更多样的光辉？"[1]

此次演出是彝族民间歌舞登上城市现代舞台的开始。它不仅在昆明史无前例，而且在中国艺术史上也是第一次。它开创了把彝族原生态民间文艺搬上大雅之堂的历史。

发动并组织彝族民间歌舞演出是剧艺社一项开创性的历史贡献，也有新中国剧社的一份功劳，而其首功，应当归于闻一多和王松声。

## 第四节　导师的创作与指导

常言道：师高弟子强。西南联大学生剧团能够成为昆明的著名剧团，与剧团得到戏剧名师的指导分不开。

南开、清华和北大浓厚的戏剧传统，培育了许多戏剧名家，许多人即使不搞戏剧，戏剧修养也很高。在西南联大的教师中，懂戏的大有人在，从常委梅贻琦到新留校任教的学生中都有许多戏剧鉴赏者和实践者，其中陈铨、孙毓棠、闻一多、赵诏熊、郑婴、姜桂侬等参与了西南联大戏剧的演出工作，可为代表。陈铨、孙毓棠、闻一多三位被联大剧团聘为导师，指导了该剧团前期的

---

①闻一多：《为彝族乐舞团演出题词》，《闻一多全集》第2卷，武汉：湖北人民出版社，1993年12月，第246页。

《祖国》演出时，闻一多（左四）与孙毓棠（左三）、凤子（左二）、陈铨（左一）合影

演出，使其屡创佳绩。闻一多还担任了后期剧团剧艺社的导师，指导了该剧团的活动。导师们言传身教，金针度人，使演员们获益良多，他们共同把演出推向了艺术高峰，这是西南联大戏剧成功的秘诀之一。

在西南联大戏剧的导师队伍中，似乎还应加上凤子、曹禺和新中国剧社诸师，尽管他们既不是西南联大的教师，也不是西南联大剧团的导师。凤子参与西南联大的剧团演出过几部戏剧，在排演过程中，她既是演员又是导师，她把自己丰富的演技经验和深刻的艺术感受传授给学生演员，有时还一招一式、一步一态地做示范，手把手地辅导其他演员，演员们在耳濡目染的接触和观摩中感悟到了真知。在她的带领下，剧团的演剧水平达到了上乘。曹禺到昆明做导演只有一次，为时两个多月，但他给西南联大及云南戏剧界的影响是巨大的。他的戏剧精神感动从业人员，他的思想与艺术影响艺术家们，他的出现本身就能给戏剧爱好者以鼓舞。曹禺的指导意义主要不是针对某个具体细节，而是整体性的。新中国剧社来到昆明后，剧艺社与新中国剧社发生了广泛的接触，合作演出了多部剧作，剧艺社的剧作还得到过演剧四队张客的导演①，这些对剧艺社社员的学习提高是很有帮助的。

这里仅对西南联大剧团聘请的三位导师陈铨、孙毓棠、闻一多的主要事迹做些评述。

一、陈铨的剧作及《野玫瑰》的演出与争论

陈铨在西南联大的第一部多幕剧本是《祖国》。剧本描写一位教授组织抗日力量举事斗争却因妻子告发而壮烈牺牲的悲剧。但《祖国》不是新作，而是一部改编剧，是根据法国剧本改编的，

陈铨

改编时以马彦祥《古城的怒吼》为底本。陈铨的改编自有其特点，首先是把原剧的主题由指斥个人提升为国家观念，其次是增删了一些情节，使剧情更为统一，再次是改变了剧作的情调，使其更符合中国观众心理。剧本改编后，由联大剧团演出。联大剧团组织了当时最为强大的力量进行排练：陈铨任导演，孙毓棠任舞台监督，闻一多任舞台美术，凤子、汪雨等主演。1939年2月在新滇大戏院公演，一举成功，创造了昆明演出场次的佳绩。

①1938年春，抗日民族统一战线军委会政治部第三厅在上海救亡演剧队的基础上，组成了十个抗敌演剧队、四个抗敌宣传队和一个孩子剧团，后来演剧队和宣传队合并为十个抗敌演剧宣传队。

抗战以来，陈铨一直希望能以个人的力量为国家和民族做一点事情，这时，他觉得找到了自己能做的事及其方式，他的思想也在此后逐渐清晰起来。这期间，他和一些清华校友，尤其是归国留学生如林同济、雷海宗、贺麟等交往密切，他们的思想越走越近，并且他们都有为国家和民族服务的愿望，在这种愿望的驱策下，一本杂志——《战国策》于1940年4月诞生了。在《战国策》上发表文章的陈铨、林同济、雷海宗、贺麟、何永佶、沈从文、陶云逵、郭岱西等基本上是自由主义学者，他们都有民族精神，想从思想文化上着手达到国家民族重建的目的。尽管他们的观点仍有较大分歧，评论界还是把他们连同后来在《大公报》副刊《战国》上发表文章的作者一起归并为"战国策派"。而陈铨则是战国策派的核心人物之一，他苦心经营刊物《战国策》，并在上面发表了一系列文章阐明自己的思想。这时，他是以一个思想者的面目出现的。他的思想主要表现为"国家至上，民族至上"，"英雄崇拜"，推行尼采思想，提倡"民族文学运动"、主张浪漫精神等。

陈铨向来重视戏剧，《祖国》演出的成功使他更加坚信戏剧的力量和自己的创造能力。在这种思想前提下，他开始了戏剧创作的新旅程，最初的多幕剧作品即是《黄鹤楼》和《野玫瑰》。

《野玫瑰》为四幕剧，写国民政府高级间谍——上海红舞女夏艳华被北平伪政府政委会主席王立民看中，组织乘机派她委身王立民，伺机除掉他。夏艳华抑制着内心的痛苦秘密离开爱人刘云樵，随王立民来到北平。组织上觉得留下王立民有利于获得日军情报，便命夏艳华长期潜伏。刘云樵本是王立民前妻的侄子，刚留学归来，也参加了政府的间谍组织。为加强北平的工作，夏艳华向组织申请，派他来到王家。不意王立民的女儿王曼丽对他一见钟情，双双坠入爱河。随后刘云樵败露身份，无法脱身。夏艳华以宽厚的胸怀帮助他带着曼丽一起逃走,而后设计让王立民打死警察厅长,并在王立民病发服毒将死前宣布了他的彻底失败。最后,夏艳华孑然一身,不知又要漂泊到何方。

这不是一般的"抗日锄奸"故事,而是蕴含了作者独立思想的作品。文学作品的思想内容往往包含在人物形象之中。我们就来看看《野玫瑰》的两个主要人物形象:

王立民是一个大汉奸,但又不是一般的汉奸,他是伪北平政委会主席,代表北平最高政府,非单枪匹马的卖身求荣者。在作品中,他的形象并不是一个概念化的丑陋形象,而是一个有思想有感情,血肉丰满的活生生的官员形象。他是一个极端的利己主义者,毫无国家民族观念,无正错是非,无敌我概念,只要对自己有利的事,都可以不择手段地去干。他一生追逐权力,把政治看得比生命还重要,可是屡不得志,日本侵占了北平,在他看来是自己政治前途的"一次大转机",便紧紧抓住了它,当上了北平政委会主席,终于实现了自己的人生抱负。他所谓的政治就是做人上人,拥有权力,支配他人。他说:"国家是抽象的,个人才是具体的。假如国家压迫个人的自由,个人为什么不可以背叛国家?"[1]这真是叛徒的逻辑,汉奸的嘴脸。他在性格上具备了坚强的毅力,他说:"我有铁一般的意志,我要赤手空拳,自己打出一个天下来。世界上的力量,能够摧毁我的身体,不能够征服我的内心。我要别人服从我,尊重我。"[2]他知道自己死后,全中国的人都会骂他,因此他在病情发作失去支配能力后,决不能忍受别人的怜悯或奚落

---

[1]陈铨:《野玫瑰》,孔范今主编:《中国现代文学补遗书系·戏剧卷二》,济南:明天出版社,1991年8月,第554页。

[2]陈铨:《野玫瑰》,孔范今主编:《中国现代文学补遗书系·戏剧卷二》,济南:明天出版社,1991年8月,第551页。

侮辱，便自备了毒药，要自己了结生命。这种毅力的确不是一般人能够具备的。无论活着还是死，都要表现出人格的强大与骄傲，只不过他心中无国无民，无德无耻，无正义与是非，因而认贼作父，是民族的败类罢了。他对女儿曼丽怀着深爱，为她着想，关心她的未来，向她诉说内心等，是人性的表现。这些让我们看到王立民是一个日常生活中的正常人，而不是一个概念与机器。这也是他不同于其他汉奸形象，让人感到真实的地方。

夏艳华是作者倾力塑造的英雄形象。她有高尚的国家民族意识和牺牲精神，坚强地忍受着感情的煎熬和内心的痛苦，以及名誉上的损失，去做利国利民的大事。这是她最光辉的精神，也是她最感人的品质。为了执行秘密的特工任务，毅然悄悄离开感情深挚的男朋友，委身事敌，日夜周旋在仇人身边，这是一种多么龌龊的感觉，可她坚持了下来，做她该做的工作。这就不仅写出她为了国家民族牺牲自我，而且表现出她具有坚强的意志和顽强的毅力。由于感情煎熬的铭心之苦，他请求组织把这时也是政府间谍的刘云樵从南方调到身边加强工作。不知情的云樵鄙视她，说她是一个"极端的个人主义者"，她原谅了他。但云樵却在她的眼皮底下与她的继女曼丽相好了。由于云樵在来北京的路上已遭日军监视，他到王家后很快被敌伪警察发现，最后被包围在王家。在这紧急关头，又是夏艳华，机智而大度地帮助云樵和曼丽一起脱离虎口。这里既表现了她的工作责任心和能力，又表现了她的心胸和气度。随后，她完成了自己的杰作：激怒王立民击毙了自己的心腹警察厅长，再宣布王立民的彻底失败，刺破他那颗高傲的心，使他的精神彻底崩溃而死：

　　立民　……那么刘云樵是你放走的了？

艳华　警察厅长也是我叫你打死的!

立民　艳华,我承认你是我生平遇见最利害的敌手!

艳华　立民,我还不算你最利害的敌手。

立民　还有别的人吗?

艳华　立民,你最利害的敌手,就是中国四万万五千万人的民族意识。它像一股怒潮,排山倒海地冲来,无论任何力量,任何机智,都不能抵挡它! 立民,你失败了![①]

　　夏艳华结束了自己此次的间谍使命,也成就了自己作为一个舍身救国的爱国者的高大形象。应该说,作者笔下的夏艳华形象是新鲜别致的,她不同于以往的所有间谍形象和妇女形象,作者不仅刻画了她为民族献身的崇高形象,也描绘了她丰富幽婉的心灵痛苦,因而显得真实可信。作者赋予她的品质是牺牲、忍耐、大度,间谍工作不仅使她失去了爱人,还要忍受委身事敌的煎熬,承担同志的误解与身败名裂的风险,最后她还安排了爱人与他的新女友脱险,自己承担了最危险的善后工作。她有非凡的才能和坚强的意志,精明干练,智勇双全,为抗战的正义事业做出了个人应有的贡献。她身上寄寓着作者的民族主义思想。她是一个理想式的人物,她的理想、感情、智慧、行为和功绩在当时的现实中很难找到,作者完全是凭想象完成这个形象塑造的。

　　王立民和夏艳华形象代表了极端个人主义和国家民族主义两种人物类型。极端个人主义者为了一己的私利,可以不分敌我,不问是非,不顾名誉,不择手段地去追逐利益,但最终只能落得身

①陈铨:《野玫瑰》,孔范今主编:《中国现代文学补遗书系·戏剧卷二》,济南:明天出版社,1991年8月,第591页。

败名裂的下场。国家民族主义者为大众而工作，目标崇高，心胸开阔，品德高尚，身后有千万人支持，能够前仆后继，力量无穷，无论条件如何艰难，都能够取得最后的胜利。在作者看来，一个人无论选择哪一种立场，只要是成功者，都具有"英雄"的品质，那便是意志坚强，智慧超群，能力巨大，耐力出众，非一般人能够比拟。作为人，他们又都有一般的人性，具备普通人的感情，既有果决狠毒的一面，又不乏温柔的亲情。两种人都为自己的理想和目标而奋斗，其思想行为都不能以一般人的思想行为去衡量，所以不乏浪漫主义精神。他们的根本区别在于人生的目标是为自己还是为民族。以王立民为代表的极端个人主义和以夏艳华为代表的民族主义者较量，结果是极端个人主义者失败，民族主义者胜利。作家通过作品告诉我们，民族主义文学就是站在国家民族的立场上，宣扬大众思想，弘扬民族精神，鼓舞人民斗志，为实现国家民族复兴而努力的文学。

除了人物塑造与众不同外，作品在艺术上也具有特色。比如浪漫主义风格。陈铨在《金指环·后记》中说："实际上'浪漫'原来的意思，是人生理想的无限追求。浪漫主义在某种意义之下，也可以说是理想主义。"[1]夏艳华是一个理想主义者。她本是上海的一个红舞女，但她并未堕落成一个醉生梦死的享乐主义者，她有国家民族的理想，在国家民族的危难之中，她参加了政府的间谍组织，决心恢复国家的独立和民族的强大。这种精神绝对是一个高尚者才具有的。她富有冒险精神，敢为他人所不敢为，听从组织委派，随北平伪政委会主席北上，潜伏在敌人心脏，过着如履

---

[1]陈铨：《金指环·后记》，重庆师范学院中文系编辑组编：《国统区文艺资料丛编·战国派二》，重庆：出版社不详，1979年10月，第140页。

薄冰的生活，但她能够应付自如，不仅王立民言听计从，"就是这儿政府里边许多的要人，都要听我们太太的调度"①。这是夏艳华的理想，也是理想的夏艳华，自然表达着作者的浪漫畅想。王立民也是有理想的。他向往高位，崇尚权力，毅力过人，能够不择手段地追求目的，他抓住日本建立伪政权的机会，投敌叛国，成为政委会主席，实现了自己的人生目标。由于利令智昏，极端个人主义，不问是非，只求目的，成为民族的败类。这是王立民形象不同于那些脸谱化人物之处。理想的人物决定了理想的风格，《野玫瑰》整个故事都是当时的现实中并没有也不可能出现的。智力过人的政委会主席身边那么容易就安插进了间谍，那么容易就能够好人脱险，坏人灭亡，获得极大胜利？这些也都是浪漫狂想曲式的内容。

　　作品在艺术手法上也是较为讲究的。故事完整连贯，场面转换自然，尤其值得注意的是伏笔。例如"野玫瑰"，它是故事的主要意象，在剧中反复出现，甚至作了大段大段的叙述，从第一幕到第四幕，主要场景都写到它，因为玫瑰寄寓着人物形象，写玫瑰既是写花，也是写人。又如铁观音，第一幕王安介绍福建茶叶铁观音："它没有西湖龙井那样醇，没有北平香片那样腻，没有云南普洱那样粗，没有印度红茶那样俗，它的妙处就在简单而有力量。"②在第三幕王安和刘云樵对上暗号，王安告诉刘云樵逃离的办法时，夏艳华闯入，问他们谈什么，刘云樵便回答谈关于"铁观音的性格"。再如花瓶，也是这样，第一幕讲到书房里的花瓶

① 陈铨：《野玫瑰》，孔范今主编：《中国现代文学补遗书系·戏剧卷二》，济南：明天出版社，1991年8月，第523页。
② 陈铨：《野玫瑰》，孔范今主编：《中国现代文学补遗书系·戏剧卷二》，济南：明天出版社，1991年8月，第523页。

最好看，第三幕补叙那只花瓶被打烂了，刘云樵另送了一只放在书房，第四幕警察厅长说发现那只花瓶里安有窃听器。这些伏笔与照应足见作者的匠心。

《野玫瑰》的缺陷也是明显的。首先是太浪漫化。作品的人物缺乏现实依据，作家完全从主观概念出发，设计并塑造了几个人物形象，因而人物形象的性格有些夸张，情节稍显生涩，描写有不够圆润之处。其次，正如陈西滢早就指出，三个间谍集中在一个汉奸家而彼此不知情，这是戏剧情节安排上的错误①。再次，人物初次见面，谈话太直率也是不真实的，第一幕王安和曼丽与刘云樵的谈话都显得急躁。比如老间谍王安第一次与新来的客人交谈就告诉他太太为人如何能干，"你以后作任何事体，须得要提防着她"，甚至说"警察厅长，他简直是太太的一条狗"②。这有悖于间谍的职业要求，完全是作者急奔主题的表现。

《野玫瑰》创作于1941年春，还没完稿，就有西南联大的两家剧团相约演出，很快又有第三家剧团国民剧社来要首演权。于是，三家剧团展开了"智斗"。国民剧社社长翟国瑾是这样描述获得剧本的情况的：

> 陈教授的《野玫瑰》，此时才完成初稿，还没有定稿，而且青年剧团的汪雨，以及另外的一个剧团，也已向陈教授洽商在先了。要想取得此一剧本，势非采取特殊手段不可。经设计委员会数次商讨之后，乃采取人海战术，大家一齐涌至陈教授寓所，请

---

① 西滢：《野玫瑰》（书评），《文史杂志》1941年第3期。
② 陈铨：《野玫瑰》，孔范今主编：《中国现代文学补遗书系·戏剧卷二》，济南：明天出版社，1991年8月，第523页。

他将剧本手稿拿出来给大家瞧瞧。然后又在一阵乱哄哄的局面中，乘其无备，由一位同学将剧本揣起来，先行告别，然后再陆续散去。写文章的人，大都有点迷糊，直到我们已经赶写了油印本，前去通知他时，他才知道自己的作品已经出版了。不过他看到同学们如此重视他的大作，而且又听说将由当时昆明最优秀的演员演出，也非常高兴，一再对我们说"求之不得"，于是便决定将此剧交由我们演出。[①]

可见《野玫瑰》还未面世就被剧团热捧，这决定于作者陈铨在昆明戏剧界的崇高名望。剧本如此抢手，在戏剧史上并不多见。

国民剧社得到剧本后，立即组织排练。但是又发现了新问题：剧本不适合演出。姜桂侬"在看到剧本之后，又认为对白生涩（陈铨教授不会国语，讲的是四川话），而且剧情夸张之处不少，格调不够高雅，非得从头到尾彻底修改不可。于是我和凤子、孙毓棠、姜桂侬又用了几天的时间，进行剧本的修订精简（所有姜桂侬的台词，都是由她自己重写的），所以我们那一次演出的《野玫瑰》，对白简洁，趣味高雅，而且都是纯正的北平话，与任何其它剧团所演者不同"[②]。姜桂侬是《野玫瑰》中女主角夏艳华的扮演者，时任西南联大外文系助教，曾经是联大剧团成员，并应邀在昆明其他剧团演出的戏剧中扮演女主角，是昆明话剧界的著名演员。她的意见国民剧社自然要采纳了。这段话对于《野玫瑰》的文本研究非常重要，第一，初稿《野玫瑰》有许多问题，第二，初演

---

①翟国瑾：《忆一次多灾多难的话剧演出》，臧厉谦编：《学府记闻·国立西南联合大学》，台北：南京出版有限公司，1981年10月，第265页。

②翟国瑾：《忆一次多灾多难的话剧演出》，臧厉谦编：《学府纪闻·国立西南联合大学》，台北：南京出版有限公司，1981年10月，第266页。

本《野玫瑰》是修改过的，第三，初演本与其他演出本不同。根据文意，初演本仅供此次演出，并没有被陈铨采纳，也没有流传开去，所以后人无从知晓。

1941年8月2日，《野玫瑰》随着"四幕国防间谍戏剧"的广告宣传在昆明大戏院首演。演出并不像后人猜测的那样"轰动"，但也不是门可罗雀。演出平稳地进行，各报纸都登了广告，发了消息，并进行了报道。翟国瑾回忆说：

> 这次的演出，大致说起来，是极为成功的。因为演员阵容、剧本主题及故事路线，都已达到最高的水准，而富丽堂皇的布景，豪华优美的道具，在当时都是前所未见，属于第一流的，加以经过彻底修改之后的台词，格调高雅风趣，而且都是纯粹的北平话，听起来非常悦耳，所以在八月八日最后一场演出时，观众不但不曾减少，反而较前几场为多，实为罕有之现象。只以合同所限，未能延期。否则也许还能再延长几天。①

作为当事人，回忆起往事来有几分言过其实，如对布景、道具的赞美，但就总体而论，是较为客观的，知识界的反映尤其良好。演出期间，大家谈论较多，多所称赞。陈铨甚是高兴，借剧本，送剧票，广交朋友，忙得不亦乐乎。1941年8月4日《吴宓日记》载："适铨送来《野玫瑰》剧票五张。"②其中三张为吴宓购买，两张为陈铨所送。吴宓刚刚读完《野玫瑰》，感觉"甚佳"，所以托陈

①翟国瑾：《忆一次多灾多难的话剧演出》，臧履谦编：《学府纪闻·国立西南联合大学》，台北：南京出版有限公司，1981年10月，第277页。
②《吴宓日记》第8卷，北京：生活·读书·新知三联书店，1998年6月，第143页。

铨购票一观，还买票分送朋友。《朝报》刊登唐培源的评论《〈野玫瑰〉的特点》，着重分析作品的思想与人物的关系，指出剧中的夏艳华、王安和刘云樵是高尚的民族主义者，王立民是极端的个人主义者，夏艳华的人格极其高尚，因而她的内心是寂寞的。这篇文章与陈铨的思想极为吻合，对《野玫瑰》的把握极为到位，或许就是陈铨的夫子自道。文章对于引导观众正确地理解《野玫瑰》很有作用。如果说《战国策》的影响主要在思想界的话，《野玫瑰》的演出再一次把陈铨推向社会，推向大众，陈铨的名气更大了。

　　国民剧社归还剧本，据说就被贺麟推荐到重庆的《文史杂志》去。《文史杂志》随即将其连载。作品发表后，引起了广泛的关注。导演陈鲤庭想把它搬上舞台，被阳翰笙劝止。重庆青年剧社社长张骏祥写信给陈铨希望取得首演权。有意思的是，与昆明的情形一样，张骏祥还没有获得首演权，剧本又一次被人抢先演出了。导演是张怡，演员为施超、淘金、秦怡、路曦等。1942年3月5日，《野玫瑰》在重庆抗建堂开演，座票抢购一空，反响强烈。有研究者描述："它在重庆总共演出了十六场，观众达到了万人以上。……不但重庆有公演，很多学校和其他的一些业余剧社也纷纷排练演出，加上这些演出，它的演出次数就难以计算。当时人们已经把《野玫瑰》和郭沫若《屈原》的演出看成是两部最轰动山城重庆的演出。"[①]4月17日，教育部颁发年度学术奖，《野玫瑰》获文学类三等奖。

　　与此同时，左翼文化阵营对于《野玫瑰》的批判也开始了。

---

① 季进、曾一果《陈铨：异邦的借镜》，北京：文津出版社，2005年8月，第89页。

3月25日,《新华日报》刊登颜翰彤即刘念渠的《读〈野玫瑰〉》,4月8日始,《时事新报》刊登方纪的《糖衣毒药——〈野玫瑰〉观后》,左翼报刊纷纷刊登批判文章,把批判推向了高潮。在"1941—1942重庆演剧座谈会"上,有人提出停止公演《野玫瑰》,石凌鹤等二百多人要求取消教育部的年度学术奖。与此相应,国民政府要人竭力维护《野玫瑰》,右翼文人则发起对所谓《屈原》"破坏民族统一阵线"的批判,而赞扬《野玫瑰》的民族意识。这场戏剧批判,演变成了左右双方的政治斗争。后人叹息:"陈铨的《野玫瑰》实际上成了当时国民党和共产党意识形态争夺的一个牺牲品。"①

　　而在昆明,西南联大青年剧社这期间正在排练《野玫瑰》。这说明,重庆的批判没有引起昆明的太多注意。从今天掌握的材料看,虽然青年剧社是西南联大三青团支持的,但这次的演出没有过多政治色彩,也许可以看作一年前所预约的首演权失之于国民剧社的一个弥补。1942年6月4日,《野玫瑰》在昆明举行第二次演出。如果没有这次演出,此剧在昆明不一定会惹出太大的风波,一旦演出就引起更多注意了。《野玫瑰》尚在排练中,昆明左翼文艺界就有了动作,同样,云南省政府方面也有了表示。龙显球回忆说:"……当时,文化界王旦东、田鲁、万流、万经文等五十余人,基于热爱祖国的义愤,签名申请云南图书杂志审查处暂缓准予公演;同时,王旦东、万经文嘱告我从社会教育角度,签呈市长以市府名义函请图审处考虑。我正签办时,孰料图审处长陈保泰竟于1942年6月4日在《中央日报》发表谈话,认为《野》剧是教育部

--------

① 季进、曾一果《陈铨:异邦的借镜》,北京:文津出版社,2005年8月,第92页。

给奖剧本，内容是正确的，准予公演。从而引起了文化界及'中国记者学会'（范长江领导，昆明分会是刘惠之负责）、联大学生更大的愤懑，在报刊上发表文章猛烈批判。"[①]图审处处长选择在《野玫瑰》上演当天发表谈话，可见演出已经遭到了非议，他予以保护式的支持。也是这一天，范启新发表文章说《野玫瑰》因忽略生活意义而失败。第二天虽有一篇肯定《野玫瑰》内容的文章，但气势显然不如批判文章。昆明的情形和重庆的一样，呈现出一边倒的局面，左翼占据上风。青年剧社《野玫瑰》的演出在批判声中悄悄收场。

　　演出后不久，陈铨离开了西南联大，《野玫瑰》在昆明的演出风波渐渐平息了。

　　但是，《野玫瑰》的演出风波的后遗症并没有完全结束，它一直延续到抗战胜利，延续到新中国建立后，还延续到"文化大革命"时期，伴随了陈铨一生。

　　陈铨在西南联大还创作了剧本《王铁生》、《衣橱》、《婚后》和《金指环》、《无情女》、《蓝蝴蝶》等。其中《蓝蝴蝶》的创作时间不得而知，但可以认为，《蓝蝴蝶》的底本是在昆明创作的，剧本至少是在昆明构思过的。据云南文学史家、云南大学教授蒙树宏考察，云南大学时事研究会曾公演《王铁生》，三民主义青年团云南支团部话剧团演出《黄鹤楼》，陈铨是导演[②]。这就是说，陈铨在西南联大时期上演的剧本不止《祖国》和《野玫瑰》，任导

---

①龙显球：《抗战时期对"战国策派"及〈野玫瑰〉演出的斗争在昆明》，转引自吴戈：《云南现代话剧运动史论稿》，北京：中国文联出版社，2001年9月，第127—128页。

②蒙树宏：《云南抗战时期文学史》，昆明：云南教育出版社，1998年4月，第199页。

演的剧作也不止《祖国》。但《祖国》和《野玫瑰》的社会反响最大，《祖国》的演出使陈铨享誉社会，《野玫瑰》的演出则使陈铨名声鼎盛，同时也给他带来了灾难。一般认为，《野玫瑰》是陈铨的代表作，以创作论，确实如此，因为《祖国》是编译，《野玫瑰》是原创，它奠定了陈铨在中国戏剧史上的地位。

## 二、孙毓棠的戏剧导演

　　1938年，孙毓棠到昆明安顿下来不几日，就参加了西南联大的戏剧活动。那时，他还没有进西南联大。孙毓棠的戏剧功底是怎么打下的？西南联大又是如何知道他的戏剧才能的？这是需要预先回答的问题。

孙毓棠

　　孙毓棠的戏剧基础是在南开打下的。虽然我们找不到多少他在南开参加话剧活动的记载，但南开是中国话剧的发祥地之一，从那里出来的学生，其心灵中多少都受过话剧的熏陶，况且他与戏剧"小明星"曹禺是好朋友。1930年夏，他促成曹禺下决心与学校立下"军令状"——"考不上清华，就不准许再回南开"[①]，背水一战去北京考清华大学。结果，两人都考上了，孙毓棠进了历史系，曹禺进了西洋文学系。迷恋戏剧的曹禺，1932年初试牛刀，排演高尔斯华绥的《罪》，由孙毓棠演哥哥吉斯，曹禺演弟弟拉里，郑秀演少女汪达，演出获得成功，他们成了清华的名人。后来孙毓棠又迷上了文学，《梦乡曲》、《写照》、

①田本相：《曹禺传》，北京：北京十月文艺出版社，1988年8月，第118页。

《春之恋歌》、《橹歌》等，一首首诗歌相继发表，他一时成为颇有名气的诗人。后来，他以一首长诗《宝马》获得《大公报》文艺奖，享誉文坛。1935年，孙毓棠东渡日本，在那里他还研究过戏剧。

西南联大学生又是怎么知道孙毓棠的戏剧才能而请他去做指导的呢？可能是闻一多介绍的。闻一多是新月派的首领，中国诗坛的宿将，诗歌爱好者都知其名。他在清华时虽然远离了新诗创作，但诗人气质浓厚，诗名仍震响在诗坛。孙毓棠初学写诗，受新月派的影响很大，诗作还发表在新月社的刊物上，所以对闻一多仰慕有加。1932年闻一多回清华任教，孙毓棠便结识了他，向他学习诗歌。交往中，曾经是清华戏剧社骨干的闻一多了解到孙毓棠很有表演才能。离别数年之后，两位诗人兼戏剧爱好者异地相见，必然倍感亲切。2004年10月，笔者访问曾参加昆明金马剧社演出《黑地狱》的张定华，她说："有一天，日场演出时，南开中学的劳元干来后台看我，问我：'你怎么到云南的剧团里来演戏的？'我说：'来考联大。'……他说：'今天有几位搞话剧的联大教授在下面看呢。'他指给我看：那位有胡子的是闻一多，他左边那位是陈铨，他右边那位穿西装的是孙毓棠，再旁边那位女的是他夫人，著名演员凤子。"①这说明，在孙毓棠进入西南联大之前，在《祖国》排演之前，已经和闻一多有交往了。当西南联大学生找到闻一多，请他帮助排演《祖国》时，闻一多便把孙毓棠介绍给学生了。在《祖国》开演前，西南联大话剧团发表《敬谢赞助本团的人们》，文中说："当我们和他（按，孙毓棠）谈到《祖国》的演出而感到困难的时候，他欣然的应允了给我们以辅

①李光荣访张定华记录，2004年10月3日，北京张寓。

助，这应允的实践是他请凤子先生担任剧中佩玉这一角色。"①
由于闻一多的介绍，孙毓棠以他那诗人的热情和善良，不仅答
应出任舞台监督，还介绍舞台明星凤子承担主角。这时，孙毓棠
正在谋求西南联大的教职，如此积极地支持西南联大完全可以
理解。

舞台监督的任务是协调导演、演员、美术、灯光、音响及后台
等各部门的工作，把导演的意图完整地体现在表演中，使舞台最
大限度地实现剧本的价值，让演出达到最佳效果。在三十年代的
演出中，舞台监督是一个很重要的角色，有的演出淡化了导演，却
不能没有舞台监督。孙毓棠任《祖国》的舞台监督还起到了特别
的作用。《祖国》的导演是陈铨，而实际上是集体导演。陈铨会写
剧本，能把握剧作者的总体意图，但他对表演的修养有所不足，
所以指导起来有些困难。而孙毓棠正好弥补了陈铨的这一缺陷。
西南联大话剧团《敬谢赞助本团的人们》一文中是这样描述孙毓
棠的："在我们每次排戏的时候在演员的动作与表情方面给了我
们许多宝贵的指示与删改，他不辞劳苦的竭力地要使这出戏达到
最圆满的结果。在初春的料峭的晚风里他和我们一样的总是十二
点的深夜才回家去。"②联大剧团的丁伯骁说："演技方面，如果
不是陈铨和孙毓棠两先生的指导，恐怕还得不到这样差强人意的
收获。"③陈铨则说："至于实际上演员动作表情的导演，我们侥
幸又得着富有表演天才经验训练的孙毓棠先生。联大的同学们，
虽然曾经有好些演剧的经验，在长沙和在昆明上次的公演也曾经

①联大话剧团：《敬谢赞助本团的人们》，《益世报》，1939年2月18日。
②联大话剧团：《敬谢赞助本团的人们》，《益世报》，1939年2月18日。
③丁伯骁：《关于〈祖国〉的继演》，《云南日报》，1939年2月24日。

得着观众的好评，但是要讲严格的艺术训练，他们还差得很远。这一次孙先生凭他对人生深刻的观察，技术经验的宝藏，把剧中主要角色一个个加以很严格的训练。当然因为时间上的短促，演员天才的限制，还远不能达到孙先生的理想，然而联大同学这一次演技上的进步，同前几次公演，已经不可同日而语了。"[①]这话虽然包含了导演本人功高不居的谦逊，但肯定的是孙毓棠的导演功绩。陈铨在通篇文章中都没有说到舞台监督，只说了孙毓棠的导演之功，可见他对孙毓棠在导演方面的赞许。演员张定华回忆《祖国》的排练情况是这样的："孙毓棠先生带领同学们分析剧本，研究角色，排戏时对于一个动作、一句台词也不轻易放过，耐心给予指导和示范。闻先生、封先生也在一旁看排演，给同学们出主意，提意见。"[②]所以，《祖国》的导演是一个团体，而孙毓棠是导演团的第一导演。

可以说，孙毓棠在西南联大的导演工作是从《祖国》开始的。

《祖国》演出成功后，西南联大又筹划《原野》的演出，并且请到了剧作家曹禺来做导演。今天已无法知道是谁最先提出筹演《原野》的，但筹演的情况是可以理清楚的。当时曹禺在四川的江安国立戏剧专科学校任教，从江安到昆明需要从重庆走，走公路需经贵阳，费时又辛苦，走空中花钱较多，西南联大的师生难以负担，必须找一家能够出资的单位来运作。闻一多、孙毓棠和凤子商量后，决定请昆明的国防剧社来主办此事。1939年初夏的一天，孙毓棠和凤子去国防剧社找到主持该社日常工作的李济五，

---

①陈铨：《联大剧团筹演〈祖国〉的经过》，《益世报》，1939年2月18日。

②张定华：《昆明的联大剧团》，中国人民政治协商会议云南省委员会文史资料委员会编：《内迁院校在云南》，昆明：云南人民出版社，1998年8月，第131页。

向他谈邀请曹禺来昆明导演《原野》的事。国防剧社全称是"滇黔绥靖公署政训处国防剧社"，有官方背景，所以有经费，有实力，但缺少艺术家，他们一向缺少著名的艺术家组织有影响的戏剧演出，因此此前的两届演出都成绩平平，剧社也在谋求能够创造佳绩的演出。李济五一听，立即请示剧社主管龙秉灵。曹禺的名声他们早有耳闻，但没想到可以把他请来演戏，因此，很快就同意了。于是先以凤子、闻一多和吴铁翼的名义发电报给曹禺。凤子和吴铁翼是曹禺剧作的老演员，闻一多是曹禺的师长。闻一多还单独给曹禺写了一封信。曹禺迅速回电表示同意。国防剧社便寄去一张机票。1939年7月13日，曹禺从重庆飞抵昆明。第二天商定排演《原野》和《黑字二十八》。《黑字二十八》又名《全民总动员》，是曹禺和宋之的合作的抗日剧本。《原野》由曹禺亲自导演，剧中人金子由凤子扮演，仇虎由汪雨扮演，焦大星由李文伟扮演，焦母由樊筠扮演，白傻子由黄实扮演，常五由孙毓棠扮演。《黑字二十八》人物众多，场面宏大，调度困难，于是由曹禺、孙毓棠、凤子、陈豫源、王旦东五人组成导演团，在联大剧团、昆华艺师剧影科、云大剧社、云南省剧教队等剧团挑选演员。经过一个月的排练，于8月16日公演，演出获得巨大反响，昆明为之轰动。这次演出的首功是曹禺的，其次是孙毓棠、凤子、闻一多等众多名家的。他们每个人在其中起了多大作用，已很难分清。除参与导演外，孙毓棠的另一作为是在两剧中扮演角色，并获得了好评。作为《黑字二十八》导演团的成员，孙毓棠的贡献已融入全剧的整体艺术之中了。这里有一个表演的例子自然也可以说是导演的例子："有一场戏，夜晚常五要到焦大星家中去，上场之前，做效果的劳元干同学学着由远到近的狗叫声，跟在孙先生的身后，'汪汪……'地叫着，而孙先生边走边做轰狗的声音和动作走上台来，……逼真地表现出乡村夜深人静的规定情境。"①这种表演是创造性的，出自孙毓棠的心裁。

如果说《祖国》、《原野》和《黑字二十八》因集体导演，孙毓棠的个人功绩不彰的话，《玩偶家庭》（《玩偶之家》）则是他的独立导演的开始。1941年夏，联大剧团筹演《玩偶家庭》，这是易卜生在中国最为著名的剧作，可以称为现代舞台的传统剧了。剧团请孙毓棠做导演。时值凤子从重庆回来，孙毓棠便请她出马饰演娜拉。演员的阵容也较为强大，凤子、沈长泰、姜桂侬、汪雨、劳元干等著名演员全部上场。这部戏在孙毓棠心目中是为欢迎凤子归来庆祝自己家庭新生的献礼（尽管剧情内容恰恰与他的心愿相反，但剧本是剧团选定的），所以他格外用心指导。7月8日，由联大剧团以"战时公债云南劝募总队西南联大劝募分队"的名义在昆明大戏院公演。

演抗战剧还是艺术剧的问题，自抗战以来就一直争论着。此次又成为如何看待《玩偶家庭》的主题与抗战意识的问题。对此，孙毓棠早有预感，解释道："因为此次为联大分队劝募战债而公演，时间太迫促，演员太多的剧本不易排练，场面太大的布景不易制造，虽然《玩偶家庭》不是一个抗战剧，而自有其戏剧史上足以值得公演与介绍之价值，也正因为易卜生的剧本，多数提出一个社会问题，此剧于剧中人性之描写与布局，均极深刻而有充分表露，在目前中国之上级社会中，仍然有与此剧本有同样之事态潜伏，所以不是一个过时的历史剧，而是一个针对现实的剧

---

① 张定华：《昆明的联大剧团》，中国人民政治协商会议云南省委员会文史资料委员会编：《内迁院校在云南》，昆明：云南人民出版社，1998年8月，第137页。

本。"①但是，别人的看法却不一样，转述孙毓棠这段话的鸣公，就认为娜拉的某些思想行为不符合中国人的生活真实，剧情没有现实针对性，结论是该剧"为艺术而艺术，为演出而演出"②。当然也有持不同意见的。先春在《娜拉观后》中写道："几个朋友来和我闲谈，说到联大剧团是在演《玩偶家庭》。现在是什么时候，搬上了这么一个剧本，毫无一点抗战意识的宣传，这么过了时代的东西……"于是特意去看，而得到的观感是："中国已有无数个娜拉存在，中国应当有无数的娜拉诞生，中国需要无数的娜拉来追求真理，中国需要无数的娜拉来和疯狂的侵略者交战，中国需要无数的娜拉来参加这个战争，这个时代，娜拉只是千百万个参加者之一。"最后不禁喊道："我向联大剧团致敬，我向每个为娜拉上演而工作的同学致敬；……最后还要向孙毓棠先生敬一个礼！"③

联大剧团从演出《原野》开始，就听到有人劝诫指出：在这个时代要演抗战剧。可是联大剧团接着演出的却是与抗战无关的《雷雨》。而这次，更演一个时代和背景都在欧洲，与中国抗战相去甚远的剧本《玩偶家庭》。评论家生气了，干脆保持沉默。可以感到安慰的是，观众还愿意买账。《玩偶家庭》一共演了九场，场场满座，观众仍源源不断地来看演出，剧团准备继续演出，但剧场突然断电，演出无法进行，只好作罢。观众的反应说明，艺术剧还是大家所需要的。因此，在演出的技艺方面，观众也有一些评论，就评论的总休来看，在艺术方面，肯定者居多，也不乏批评意

---

①孙毓棠语，转引自鸣公：《〈玩偶家庭〉观感》，《朝报》，1941年7月18日。
②鸣公：《〈玩偶家庭〉观感》，《朝报》，1941年7月18日。
③先春：《娜拉观后》，《朝报》，1941年7月21日。

见，例如："联大战债劝募分队公演之《玩偶家庭》，昨晚于昆明戏院开始上演，以孙毓棠导演之完善，益以饶有话剧天才之凤子，姜桂侬、汪雨、沈长泰、劳元干等主演，阵容之整齐，可谓得未曾有，集中力量赴之，聚精会神，一幕比一幕精彩，尤以第三幕最为紧凑……"①

同时，观众指出了一些不足："幕启，布景并不值得赞美，娜拉，老王出来，我在报纸上不是明明看见是易卜生名剧《玩偶家庭》吗？为什么老王是既长衫又小帽，而且再加上一个红帽疙瘩，太怪了。"②"娜拉背场太久，方位没有变动，使舞台成了相当时间的不平衡"③，"转面背手，这是沈长泰君特别是汪雨君'典型'的表情动作，凤子呢，也极'高兴'把两手合握在胸前，不论在哪一剧里都可以多多看到，这次他们也不例外，而习惯性地不断演作着！"④

由以上意见可以看出观众的鉴赏水平有了较大的提高，与两年前的情形大不一样了。

演出存在的问题有孙毓棠的主观原因，也有客观原因。孙毓棠是想把《玩偶家庭》改编成中国风味，使它更亲近中国观众，所以出现了"既长衫又小帽，而且再加上一个红帽疙瘩"的老王，但这一改却改得不中不西，产生了滑稽感，以致连带出娜拉性格的"不真实"。例如，一个观众写道："一旦觉悟到与丈夫'讲正经话'，马上就非离家不可，这一点，似乎太近于突变，为什么竟没有改善再造之余地？因为最大的漏洞是在忽略了家庭之组织性，与

---

① 《昨晚始公演〈玩偶家庭〉》，《朝报》，1941年7月9日。
② 先春：《娜拉观后》，《朝报》，1941年7月21日。
③ 家光：《参观〈玩偶家庭〉小感》，《朝报》，1941年7月18日。
④ 家光：《参观〈玩偶家庭〉小感》，《朝报》，1941年7月18日。

夫妇生活间之有曲线性。"①是的，陶醉在丈夫的爱情之中的小鸟一旦发现丈夫虚伪就果断离开，而无"改善再造"之余地，就是一个非中国化的情节。产生这样的纰漏，其客观原因是，孙毓棠在这期间同时导演三部剧，实在忙得不能仔细推敲。而在他同期导演的三部剧中，《玩偶家庭》的老演员最多，便放心让他们去自由发挥，却不料疏忽了导演的职责。

　　1941年5月，青年剧社准备上演易卜生的晚年名剧《权与死》（《海妲》），请孙毓棠做导演。孙毓棠答应了。在此剧筹备过程中，联大剧团决定演出《玩偶之家》，又来请孙毓棠做导演。我们知道，孙毓棠是联大剧团的导师，联大剧团是他一直合作的单位，甚至可以说，他能获得西南联大师范学院的教职都与和联大剧团最初的合作演出有一定关系，况且，《原野》演出之后，他因妻子凤子远走重庆影响到心情就没有为联大剧团做导演了，这次找来，他不能推却。在《权与死》的筹备开始之时，还发生了另一件事情：青年剧社出现分裂，一些社员决定离开青年剧社，另组国民剧社。而这时，正值陈铨的《野玫瑰》完稿，新成立的国民剧社决定首演这个全新的抗战剧，企望一炮打响，也来请孙毓棠做导演。孙毓棠以无法分身为由拒绝。但国民剧社非他不请，并动员陈铨出马，与国民剧社社长一起请孙毓棠吃饭，一定要他出任导演。孙毓棠盛情难却，也不好拂了老搭档陈教授的面子，只好接受。但是，三部剧同时排练，且《权与死》新译，《野玫瑰》新写，其工作量可想而知。更兼学校期末，教学工作甚忙，孙毓棠难免有照顾不到的地方。而在三部剧中，演员对剧情比较了解的是《玩偶家庭》，因此角色容易把握一些，还有已从重庆归来的凤子充当

①鸣公：《〈玩偶家庭〉观感》，《朝报》，1941年7月18日。

主角,排练时她可以做些指导,孙毓棠多少也就疏于照顾了。却不料,"当局者迷",凤子自己在台上,关顾不了舞台全局的调度,也没有注意纠正大家的习惯动作,以致演出时留下了一些遗憾。

当时,西南联大只有联大、青年、国民三个剧团。三个剧团同时排演三部剧,三部剧都请孙毓棠做导演,而且各剧团非他不请这一事实,说明孙毓棠在西南联大戏剧活动中具有崇高的地位,是大家公认的首席导演。

在三部剧中,孙毓棠费时最多的是《野玫瑰》。因为《野玫瑰》的剧本尚有不成熟处,需要加工改造,最大的问题是"对白生涩,而且剧情夸张之处不少,格调不够高雅"①。陈铨不会说国语,剧本用四川话写成,不适宜在四川之外的舞台上演出,必须把台词改为国语,把夸张的剧情去掉,换成踏实的文字,把不够高雅之处改为高雅的语言。为此,饰演剧中主角夏艳华的演员姜桂侬和孙毓棠、凤子、翟国瑾用了几天时间,对剧本进行修订精简。而剧本独特的抗日锄奸内容,英雄主义和爱国主义精神,强烈的艺术色彩等,也与孙毓棠的思想情趣相符,孙毓棠很想把它导好,所以用心费时较多是自然的。

而这时,孙毓棠的感情经历了大起大落——由凤子归来的欢欣到凤子离去的痛苦。其间的争执吵闹更是折磨着孙毓棠的心灵。《玩偶家庭》演出之后,凤子决意要走,这正是《权与死》和《野玫瑰》上演前的紧张时刻,孙毓棠灰暗的心情对导演工作的影响不言而喻。

总之,三部剧集中在同一时间排演,夫妻的分道扬镳,剧本

---

① 翟国瑾:《忆一次多灾多难的话剧演出》,臧履谦编:《学府纪闻·国立西南联合大学》,台北:南京出版有限公司,1981年10月,第266页。

的加工改写等导致了孙毓棠的时间不够分配与心理状况不佳，最终影响了对于三部剧的细致揣摩，因此三部剧的演出未能把孙毓棠推向其导演生涯应该达到的高峰。

也许是情绪低落，也许是需要新的艺术养料的补充，这三部剧导演后，孙毓棠在很长一段时间没有指导剧团排演，只是在1941年秋天，应几个同学的邀请，导演独幕剧《可怜的雯迦》，由孙观华、李芳和马桂官三人在西南联大校内演出过一二场①。

直到1942年夏天，孙毓棠才出任宋之的创作的五幕抗战剧《雾重庆》的演出顾问。秋天，他接受邀请导演丁西林编著的五幕抗战幽默喜剧《妙峰山》，又于冬天导演宋之的编剧的抗战四幕剧《刑》。这三部剧均未以西南联大戏剧团体的名义演出，《雾重庆》为"国防剧社第八届献金公演"，《妙峰山》是"国防剧社第九届公演"，《刑》是云南社会服务处的社会剧团"为福利会征募基金首届公演"，但每一部剧都有西南联大的学生参加演出或做剧务工作。这就是程法伋、孙同丰所说的"联大剧团留校同学和昆明戏剧界人士联合演出了《雾重庆》、《刑》、《妙峰山》"②。三部剧的演出成绩都不错，但都没有获得轰动效应。

这三部剧的公演，说明两点：第一，孙毓棠的导演之名已经逾出了西南联大，知名于云南戏剧界；第二，孙毓棠离开了导演艺术剧的路子，导演的全部是抗战剧。

① 孙观华：《忆怒潮剧社开远之行》，西南联大北京校友会编：《西南联大北京校友会简讯》（内刊）第43期，2008年4月，第107页。
② 程法伋、孙同丰：《为人民大众呐喊的校园戏剧》，《清华校友通讯丛书·校友文稿资料选编》第6辑，北京：清华大学出版社，2000年9月，第177页。"留校同学"指'皖南事变'后未疏散出去的同学。实际上疏散出去的同学1941年秋季开始已陆续返回西南联大了。

　　孙毓棠在西南联大导演的最后一出话剧是《风雪夜归人》。1943年春，西南联大中文系为欢送毕业同学，选取吴祖光的剧作《风雪夜归人》进行排练，请孙毓棠为导演。演出后《云南日报》曾报道："中国文学系主任罗常培主持，该校教授孙毓棠导演，杨振声舞台监督，闻一多舞台设计，沈从文、罗膺中顾问，全系同学参加演出，成绩甚佳，观众无不赞誉云。"[1] 可见这次演出集中了中文系的全部戏剧人才，阵容相当强大。5月25日，在中法大学礼堂演出，受到观众热情赞誉，收到了良好的演出效果。可惜此剧仅在内部演出，没有公演，因而没有产生最大的社会效果，也未见更多的评论。

　　这之后，孙毓棠没有再在戏剧演出中露面，他告别了云南剧坛，或许可以说彻底告别了剧坛而专心做一个学者。他的戏剧修养与他的文学素养一样融入了他后来的研究之中。

　　可以将孙毓棠的导演活动列为下表：

| 剧名 | 演出者 | 首演时间 | 说明 |
| --- | --- | --- | --- |
| 祖国 | 联大剧团 | 1939.2.18 | 参与导演 |
| 黑字二十八 | 昆明戏剧界 | 1939.8.25 | 导演团成员 |
| 玩偶家庭 | 联大剧团 | 1941.7.8 | 独立导演 |
| 野玫瑰 | 国民剧团 | 1941.8.2 | 独立导演 |
| 权与死 | 青年剧社 | 1941.8.9 | 独立导演 |
| 可怜的雯迦 | 三人排演 | 1941秋 | 独立导演 |
| 妙峰山 | 国防剧社 | 1942.10.13 | 独立导演 |

---

[1]《吴祖光名剧〈风雪夜归人〉联大精彩演出》，《云南日报》，1943年5月26日。

| 剧名 | 演出者 | 首演时间 | 说明 |
| --- | --- | --- | --- |
| 刑 | 社会剧团 | 1942.12.25 | 独立导演 |
| 风雪夜归人 | 西南联大中文系 | 1943.5.25 | 独立导演 |

表中显示：孙毓棠的导演集中在1939、1941和1942年这三年时间里。作为一个业余导演，尤其是一个老师兼学问家，在三年的时间里导演了八部剧，这是一个很好的成绩，是孙毓棠为抗战、为艺术、为观众所做的巨大奉献。要知道，在同一时期中，孙毓棠除完成多门课的教学和师范学院史地系的教材建设外，还写出了诗歌和文艺论文、历史论文、人物传记以及时事观感等方面的诸多文章，充分显示出孙毓棠的勤奋用功。

三、闻一多的戏剧思想

闻一多的戏剧思想没有形成体系，而通过戏剧工作和戏剧论文两个方面表现出来。在西南联大九年中，活跃着许多剧团，从长沙临时大学开始，直到1946年西南联大结束都有剧团活跃着。各个剧团创作剧本，演出话剧，对于抗日宣传和云南现代戏剧运动的发展做出了不可磨灭的贡献。其中活动时间较长，影响较大的剧团是联大剧团、戏剧研究社、剧艺社、青年剧社等。青年剧社是国民党三青团支持组织的，闻一多没有参加他们的活动，另外三个剧团都得到过闻一多的指导。此外还有一些

闻一多

临时组织起来演出某一部剧本的社团,有的也得到过闻一多的指导。以指导社团的多少和指导的有效性而论,闻一多是西南联大首屈一指的戏剧社团导师。

　　1938年,西南联大的戏剧爱好者为了推动昆明戏剧运动的发展,并向社会广泛宣传抗日思想,发起演出话剧《祖国》,邀请闻一多做指导,闻一多担任了舞台设计工作,但在排练过程中,闻一多从挑选演员到演出准备都参加了,许多次和大家一起排练到深夜十二点才回家,在排练过程中他提出过许多宝贵意见,参与了排练的具体指导工作,被大家尊为"第一"导演。为了能够更好地团结爱好戏剧的同学,进行卓有成效的戏剧工作,排练组准备组成一个剧团。经过简单筹备,年底,排练组召开国立西南联合大学话剧团成立大会。这一天,闻一多早早来到会场。会议开始,发起人说明成立西南联大话剧团的宗旨并介绍筹备经过后,老师和同学踊跃发言,表达自己的愿望和感想。闻一多在讲话中说:"成立剧团,开展戏剧活动是一项有意义的工作,但要想到前方在抗战,同胞们在敌人的铁蹄下受苦难,你们能来后方上大学是很不容易的。剧团成员要演戏,但不能荒疏学业,一定要认真读书。"[1] 这是闻一多对剧团成员语重心长的教导。闻一多以夺取抗战的胜利为志向,并且蓄须明志,声称抗战不胜利不剃胡须,以致四十岁的人被别人误以为五十多岁,同学们都称他为"老教授"。《祖国》演出成功,他异常兴奋,再一次宣明自己的志向:"同学纷纷向老师祝酒,闻先生举杯邀大家共祝抗战早日胜利!

---

[1]闻一多语,转引自张定华:《回忆联大剧团》,西南联大校友会编:《笳吹弦诵在春城——回忆西南联大》,昆明:云南人民出版社等,1986年10月,第344页。

并说抗战胜利的那一天，他就要剃去自己的飘然长须。"①闻一多的爱国情怀和抗战到底的精神深深地教育和影响了学生，鼓舞着大家的抗日情绪。这样的指导可以说是对于思想方向的指导。

　　也是出于宣传抗日的愿望，闻一多参与倡议演出《原野》和《黑字二十八》。《黑字二十八》是曹禺、宋之的新近创作，在重庆演出反响颇大的抗战剧，在昆明演出正当其时。《原野》则与抗战无关，写的是一个农民复仇的故事，故事十分悲惨，结局是双方的死亡。可是闻一多却从故事里看出了抗战所需要的东西——原始的蛮力。辉煌灿烂的中华文化塑造了中国人文明的性灵，却丧失了雄强的力量，所以近代以来屡遭外族欺负，这一次日本军队全面进攻，企图亡我中华。我们怎么办，唯一的办法是以牙还牙，把他们赶出去。作为一个文学家，他开出的药方是在性格上强健自己的民族。怎样强健民族？他在这时呼唤人性中的原始蛮力，为此他倡导演《原野》。他的这种独特思想对联大剧团成员的启示是深刻的。当然，联大剧团成员特别希望能把曹禺邀请来，在他指导下排戏或者与他同台演戏，以期学到更多更好的东西，所以听说导师们有邀请曹禺的动议后大家就在导师面前鼓动②。这种愿望得到了闻一多等导师的满足，闻一多既参与发电报又单独写信给曹禺，促成了曹禺的昆明之行。曹禺来昆明做导演给联大剧团成员极大的鼓舞，尤其是确定《原野》主要由联大剧团演出，使参加演出的社员得到一次实际的学习锻炼，没上台演出的社员也得到了实地观摩的机会，这种机会十分难得，所以，大家对导师们非

---

① 张定华：《回忆联大剧团》，西南联大校友会编：《笳吹弦诵在春城——回忆西南联大》，昆明：云南人民出版社等，1986年10月，第345—346页。
② 李光荣访张定华记录，2004年10月3日，北京张寓。

常感激。闻一多担任《原野》和《黑字二十八》的舞台设计,他不仅亲手绘制了布景,确定了舞台摆设和演员的服装,还带领同学到当铺去购买所需服装,他对工作的认真与投入,深深地感动着剧团成员,成为大家学习的榜样。言传身教是西南联大教育的良方,这在闻一多的身上体现得尤其典型。

《原野》和《黑字二十八》演出之后,闻一多获得补休学术假的机会,由于日本飞机对昆明轰炸频繁,闻一多全家搬到晋宁县。一年休假期满后回来,担任了清华大学中文系主任,且继续住在远郊,对联大剧团的指导不那么直接具体了,但他的思想与精神仍然在联大剧团中发挥着指导的作用。

1940年9月25日,昆明学生救济委员会为募集清寒学生救济金,与西南联大戏剧研究会联合演出田汉改编的话剧《阿Q正传》。这在西南联大话剧史上是一件大事,剧组动员了二百多个同学参加演出,是西南联大话剧演出中最盛大的事件。剧本排练中,闻一多的家从晋宁搬回了昆明,也被聘为顾问。闻一多看了演出排练,提出过意见。负责舞台设计的林元和设计制作者李典、李白引等请闻一多观看舞台设计模型,闻一多也提出了修改意见。在看了第一次彩排后,闻一多指出:"《阿Q正传》写的是农村生活,吴妈等都是农村妇女,你们为什么在脸上搽那么多胭脂?"[①] 剧团听取闻一多的意见并作了改正后,《阿Q正传》的演出更贴近生活了。《阿Q正传》在昆明连演十五场,可谓轰动。演出取得良好的效果,也有闻一多的一份指导功劳。

1943年5月25日,西南联大中文系为欢送毕业生,在中法大学

①闻一多语,转引自萧荻:《我们应当写闻一多颂》,《闻一多纪念文集》,北京:生活·读书·新知三联书店,1980年8月,第321页。

礼堂演出吴祖光的多幕剧《风雪夜归人》。排练前，闻一多认真阅读了剧本，并对剧组人员说："这个戏写得有新意，表面上看像是写一般姨太太恋戏子的风流韵事，但不能这样去演。这不但庸俗，而且曲解了作者的原意。要努力表现出善良的人性和对美好的追求，要演成一出充满诗情画意的悲剧，演员对剧中的人物要寄予极大的同情，才能演好。"① 这对演员把握剧本的主旨和角色具有极好的指导意义。此时闻一多是清华大学中文系主任兼文科研究所文学部主任，住在离昆明二十里外的麦地村，学校的工作既繁忙且往来又不方便，但他仍然自告奋勇，担任此剧的舞台设计，可见闻一多对《风雪夜归人》十分欣赏。西南联大中文系对这次演出十分重视，调动了全系最精锐的人员进行工作，《云南日报》曾报道：西南联大"中国文学系主任罗常培主持，该校教授孙毓棠导演，杨振声舞台监督，闻一多舞台设计，沈从文、罗膺中顾问，全系同学参加演出，成绩甚佳，观众无不赞誉云"② 。其演出效果可以想见。不过，此剧没有公演，也就没能造成较大的社会影响。

　　1944年秋，西南联大剧艺社成立，聘请闻一多为导师。闻一多对如何开展戏剧活动提出了很好的意见。剧艺社在戏剧活动中由壁报社发展成为演出团体，由小剧场演出走向了大舞台演出。1945年秋季开学后，剧艺社筹演《风雪夜归人》，上次中文系演出的一些同学这时仍是剧艺社的骨干，筹演较为顺利。中文系的王松声任导演，施巩秋、郭良夫、聂运华、温功智、丛硕文等齐上场，演出阵容较为强大。闻一多的指导继续在排练中发挥着作用。11月1

①闻一多语，转引自王松声、李凌：《闻一多和戏剧》，赵慧编：《回忆纪念闻一多》，武汉：武汉出版社，1999年9月，第317页。
②《吴祖光名剧〈风雪夜归人〉联大精彩演出》，《云南日报》，1943年5月26日。

日是西南联大的校庆日，校学生自治会便把《风雪夜归人》作为校庆的节目，放在最后演出。校庆活动从10月29日开始，11月3日由剧艺社演出《风雪夜归人》。演出一举成功，大家赞誉有加，同学纷纷要求加演。于是学生会又要求剧艺社加演了两场。不过，此次仍然是西南联大的内部演出，没有获得广泛的社会评价。

剧艺社受到演出成功的鼓舞，正准备沿着演出《风雪夜归人》的路子继续前进，突如其来的"一二·一惨案"改变了剧艺社的方向。为抗议反动派的暴行，剧艺社迅速写出了十个短剧，从各个方面揭露了反动派的罪行。其中，反响最大，演出最多的是王松声创作的广场剧《凯旋》。剧本讲述国民党军队镇压村民的故事，表达反内战的思想。据作者说，此剧是在闻一多的启发下写成的①。演出后几天，王松声和许师谦去找闻一多商量工作，闻一多兴奋地谈起对《凯旋》的看法："这个戏把民族矛盾和阶级矛盾如此集中地纠结在一个农民家庭里，很有一点希腊悲剧的味道。尤其是剧中那段朗诵词写得好，把观众的悲愤情绪集中起来，落到反对内战的主题上了。"②闻一多同时指出剧中的一些缺点，并建议剧艺社多听取群众意见做出修改。后剧艺社对《凯旋》作了反复修改，演出的反响更为强烈。在"一二·一"运动中，宣传队曾把《凯旋》带到工厂和中小学校去演出，在反内战斗争中起到了广泛的宣传作用。

在"一二·一"运动中，西南联大剧艺社还编演了《匪警》、《审判前夕》、《告地状》、《潘琰传》（又名《民主使徒》）等剧。

①王松声、李凌：《闻一多和戏剧》，赵慧编：《回忆纪念闻一多》，武汉：武汉出版社，1999年9月，第318页。
②闻一多语，转引自王松声、李凌：《闻一多和戏剧》，赵慧编：《回忆纪念闻一多》，武汉：武汉出版社，1999年9月，第319页。

其中《审判前夕》和《潘琰传》为郭良夫创作的独幕剧和三幕剧。前一部讽刺国民党审判"一二·一惨案"的假凶手,后一部描写烈士潘琰的事迹。演出收到很好的效果。闻一多看过演出,大为赞赏,遂用小篆为这两部剧写了题签,可见他对这两部剧的嘉许。

1946年春,闻一多指导剧艺社负责人王松声策划了一台彝族民间歌舞的演出,演出轰动了昆明,开创了民族原生态歌舞在城市大舞台演出的历史。在彝族原生态歌舞的启发下,闻一多创作了剧本《〈九歌〉古歌舞剧悬解》,成为另一种绝唱。

从以上西南联大的戏剧演出与闻一多的思想言论可以看出,闻一多对西南联大戏剧工作的指导是卓有成效的。西南联大能够对云南戏剧运动起到推动作用,能够创造云南戏剧演出史上的高峰,能够在中国戏剧史上开创出几个"第一",与闻一多的指导分不开。从指导具体的剧团来看,闻一多主要指导了西南联大在昆明最初的剧团联大剧团和最后一个剧团剧艺社。这两个剧团一前一后,构成了西南联大戏剧史上的两座高峰,两个剧团的业绩代表了西南联大的最高成就,是可以写入中国戏剧史的剧团。

对于剧团的指导体现出闻一多的戏剧思想,而更明确的思想则表现在他的文章中。

我们知道闻一多是一位思想型的艺术家。他在戏剧活动中总是渗透着自己的戏剧思想。由于时间的紧张尤其是生命的短促,闻一多未能总结自己的戏剧思想,但他仍然留下了两篇戏剧论文:《戏剧的歧途》和《"新中国"给昆明一个耳光罢》。前一篇论文写于1926年,后一篇论文写于1945年。虽然两文前后相距近二十年,但其思想是相通的,所以,此处将两文联系起来谈。此外还有写于1939年的《宣传与艺术》等文涉及戏剧。几篇文章未能表达罄尽的思想,可以从闻一多的戏剧活动,包括指导剧团,组织演出，设计舞台，搬演歌舞，创作剧本等方面概括出来。在闻一多的论文和戏剧活动中，可以视为特色又能启迪今天的戏剧艺术思想的，有以下一些方面：

### （一）注重戏剧的宣传功能

广义的宣传指用某种思想去影响他人。从这个意义上说，一切艺术都是宣传。艺术家无论如何清高，都在做宣传工作。因此，艺术家必须重视作品所包含的内容，做到积极、健康、向上。戏剧艺术，由于气氛浓烈，感染力强，宣传效果也就较为突出。因此，每当一个社会运动掀起之时，人们往往借助戏剧进行宣传以扩大影响。尤其是在全民抗战的社会大行动到来之时，戏剧的宣传作用更突出地显示了出来，其宣传功能也就得到了充分的运用。利用戏剧宣传抗战是众多戏剧家的共同观点和行为，但多年来包括抗战以来一直钻在故纸堆里的闻一多，一走出书斋就能从社会的实际需要出发提出发挥戏剧的宣传功能，可谓难能可贵。针对抗战宣传中存在的种种问题，闻一多特作《宣传与抗战》加以讨论，强调抗战宣传的重要意义，要求宣传能抵达人心，能为广大群众接受，而有效的方法是调动宣传的艺术性。闻一多注重文学艺术尤其是戏剧的宣传功能的观点之正确性已为他自己后来的戏剧活动，和抗战时期众多戏剧艺术家的努力，以及整个战争的历史证明了。今天，这个观点仍然没有过时。我们尽管利用戏剧去努力追求更高的艺术目标，但只要是戏剧，就必然有一定的内容，而思想也就融于内容之中，一旦示之于人，其宣传功能也就起了作用。因此，凡是戏剧家都得注意戏剧的宣传功能。

### （二）注意戏剧的艺术特性

然而，戏剧的宣传又是通过艺术表现来实现的。离开了艺术的宣传不能叫艺术。艺术家必须处理好宣传和艺术的关系，不能忘了艺术是戏剧的特性。同时还要注意戏剧艺术的综合特性，切不可"因为注重思想，便只看得见能够包藏思想的戏剧文学，而看不见戏剧的其余的部分"①。这是闻一多的又一戏剧观。这一观点在1926年提出，有其现实针对性，它对于匡正当时戏剧因重视思想而忽视艺术的现状有警示作用。就在这篇题为《戏剧的歧途》的文章中，闻一多说"艺术最高的目的，是要达到'纯形'pureform的境地"，这和中国"纯诗"理论形成的时间相近，却比梁宗岱等北平"前线诗人"的正式主张早数年，只是由于这篇文章主要讲我国过于推崇"问题剧"而把戏剧引向了忽视艺术的歧途，而没有专论艺术的"纯形"主张，因此，这篇文章在当时没有引起学术界的重视。现在看来，闻一多的这个主张是对的。包括戏剧艺术在内的所有艺术的最终目的，是要走向"纯形"。但通向"纯形"的道路还很长，至少在今天还不能看见目的地，我们今天只能强调艺术性，在不断提高艺术性的征程上，实现艺术的"纯形"。艺术作品必须首先是艺术，然后才能谈得上其他，诗歌是这样，文学是这样，艺术也是这样，戏剧当然是这样。对此，闻一多有过直接的表述："我所谓宣传，在文字方面，是态度光明而诚恳的文艺作品，在形式上它甚至可以与抗战无大关系，但实际能激发我们敌忾同仇的情绪，它的手段不是说服而是感动，是燃烧！它必须是一件艺术品。"② 这是对包括戏剧在内的所有艺术的要求。

**（三）重视剧本创作**

　　而戏剧艺术的好坏，又首先决定了剧本。闻一多前期，把戏

①闻一多：《戏剧的歧途》，《闻一多全集》第2卷，武汉：湖北人民出版社，1993年12月，第150页。
②闻一多：《宣传与艺术》，《闻一多全集》第2卷，武汉：湖北人民出版社，1993年12月，第190页。

剧不能飞升到"纯形"的原因归罪于戏剧文学沾染了太多的思想。这种单一的原因归结当然值得商榷。但戏剧文学首先没有达到"纯形"因而不能带动戏剧向"纯形"飞升却是事实。因此，重视剧本创作是戏剧的首要任务和关键环节。根据学术界的观点，中国戏剧文学（多幕剧）的成熟，是以1933年曹禺的《雷雨》诞生为标志的。处于1926年的闻一多，抱怨剧本的艺术性太低，是他艺术眼光卓越的表现。到了后期，他更加重视剧本的创作了。他期望于抗战戏剧的，首先是戏剧文学。他对抗战题材的剧本进行了检视，结果，令他大为失望——称得上"艺术"的抗战剧本实在太少。他对这种情形十分不满，把它称为"剧本荒"："平情而论，抗战以来，戏剧真够努力的了。可惜的是愈努力愈感觉'剧本荒'。"①于是，他呼吁剧作家创作出好剧本，解决抗战戏剧的"饥荒"问题。这里包含着他对戏剧宣传功能的特殊认识，包含着他对戏剧艺术的本质把握，同时包含着他对戏剧文学的高度重视。在这里，戏剧的宣传、艺术、文学三位一体地统一在剧本上了。在闻一多看来，如果没有好剧本，宁可演出改编剧本或艺术水准较高的其他作品，决不降低艺术标准，俯就低劣的所谓抗战作品，以保持戏剧的高格调，不让观众失去对艺术的兴趣。这就是他参与策划演出《祖国》、《原野》和《黑字二十八》的思想根源。

### （四）注意向古代和民间学习

好剧本等不来，在大后方的环境里，闻一多认为促成好剧本产生的办法是向古代和民间学习。于是，他利用自己所学专长，计划把屈原的《九歌》改编成现代剧本，并把它写入《九歌》的研究

---

① 闻一多：《宣传与艺术》，《闻一多全集》第2卷，武汉：湖北人民出版社，1993年12月，第191页。

计划。而后，他对《九歌》剧本进行了种种构想，如在《〈九歌〉的结构》一文中有这样一段描写："我们可以想像出当时祭场上有如这样的一幅画面：代表东皇太一的灵保（神尸）庄严而玄默的坐在广三十步高三十丈'有文章采镂黼黻之饰'的八觚形的紫坛上，在五音繁会之中，享用着那蕙肴兰藉，桂酒椒浆的盛馔，坛下簇拥着扮演各种神灵及其从属的童男童女，多则三百人，少亦七十人，分为九班，他们依次的走到坛前，或在各自被指定的班位上，舞着唱着，表演着种种程度不同的哀情的以及悲壮的小故事，以'合好效欢虞太一'。"①但怎样"表演着"，闻一多还想象不出。后来有了一个向民间学习的机会：在闻一多、西南联大剧艺社和昆明文化界人士的共同努力下，一场原汁原味的彝族原生态歌舞在昆明演出。闻一多似乎从这些民间歌舞中看出了二千多年以前《九歌》的表演情形，找到了恰当的艺术表现形式，创作的熔浆喷发而出，在短短的十几天内，一气呵成了剧本《〈九歌〉古歌舞剧悬解》。这是闻一多向民间学习的巨大收获。也许可以说，闻一多用自己的亲身实践为我们开拓了向古代和民间学习的艺术道路。这条道路，在后来为众多的艺术工作者行走着，今天的原生态歌舞就发源于这台彝族民间歌舞演出。

**（五）重视舞台设计**

作为综合艺术的戏剧，舞台美术是其重要部分，任何戏剧家都不会忽视它。但现代戏剧制度是导演制，导演最易出名，有名的戏剧家多为导演、演员和剧作家等，舞台美术工作者往往默默无闻，名不见经传，因此，爱好戏剧者众，选择舞台设计者少。闻一

---

① 闻一多：《〈九歌〉的结构》，《闻一多全集》第5卷，武汉：湖北人民出版社，1993年12月，第358页。

多则是这少数选择舞美工作的戏剧爱好者之一。闻一多能编,能导,能演,能化妆,能组织,可以说是一个全才式的戏剧工作者,但他更有美术之长,最喜欢且干得最多的是舞美。早在清华读书时,他就担任过舞台设计。留学美国之时,他一人独担了英文古装剧《杨贵妃》和话剧《琵琶记》的布景设计、制作等工作。1939年,闻一多再次出山,选择的就是舞美,首先是为话剧《祖国》设计舞台,接着为《黑字二十八》和《原野》设计舞台。闻一多设计的舞台,每一次都为该剧的演出效果增添了分量,成为导演、演员和群众最为满意的设计。可惜这些设计都未能保留下来,后人也就无从感受这些典范设计的奥妙。我们知道,闻一多选择并从事舞台设计,绝不是考虑自己如何出名,而是真正从提高戏剧艺术水平的角度出发,促进戏剧整体艺术的提高,为戏剧向"纯形"的目的迈进贡献自己的才华。闻一多对戏剧舞美的这种认识、实践及其贡献,留给每一位戏剧工作者深长的思考。

　　闻一多的戏剧思想对西南联大戏剧的影响是巨大的。由于闻一多指导过多个剧团,尤其他是联大剧团和剧艺社两大著名剧团的导师,他的思想直接影响了剧团的创作、演出及其成就。虽然他的戏剧思想未能形成体系,但通过他对剧团的具体指导表现了出来,而在《戏剧的歧途》、《"新中国"给昆明一个耳光罢》两篇文章和其他文章有关戏剧的论述中则明确地表达了他的思想。闻一多思想的特色是其实践性。他的思想不是从理论到理论的推论,而是从实践中总结出来,经过了实践检验的行之有效的思想,所以,注重戏剧的宣传功能,注意戏剧的艺术特性,重视剧本创作,注意向古代和民间学习,重视舞台设计等思想,不仅在抗战时期具有现实的针对性并指导了西南联大的戏剧活动,即使对今天的戏剧工作也是有借鉴价值的。

# 第三章　西南联大的音乐业绩

## 第一节　西南联大音乐活动历程

西南联大除师范学院教育学系之外，其他二十五个学系都没有开设音乐课，也没有音乐教师。教育学系因培养目标的需要，有专门的音乐教师上音乐课。除有特殊需要的校歌之外，学校也没有出面组织过专场歌咏演出或音乐会。可是，西南联大的音乐活动却开展得较为活跃，且成绩不俗，尤其是练就了许多人一双"音乐的耳朵"，终身享受音乐的赐予，甚至培养了一些音乐人才。人才中有音乐老师，音乐指挥，音乐学院的院长，人民音乐出版社的总编兼社长。那么，西南联大的音乐教育靠什么实施？音乐活动靠什么推动？是张清常教授？不错，张清常的确起过很大作用，但在西南联大，张清常也只是一位业余音乐工作者，他是中文系教授，主业是语言课的教学，学校里的音乐活动他不可能全部参加，而且，他是1940年8月才到西南联大任教的。答案只有一个：爱好。

常言道，爱好是最好的老师。况且，音乐是生活的色彩，是生命的润滑剂，人生中不能没有音乐。再加上爱好的推动，青年人就会去亲近音乐，陶醉于音乐。而音乐又具有"合群"的天性，它可以把喜欢它的人聚集在一起，共同享受它带来的欢乐，就像灯泡一样，照亮一群人，光辉不会减弱。所以，爱好音乐的人乐意走在一起，共同开展活动。由于这样，西南联大的学生走到哪里，就把音乐带到哪里，他们会成群结队，共享音乐的欢乐，相互切磋交流，提高把握音乐的水平和能力，同时把音乐的快乐带给更多的人。可以说，西南联大的音乐爱好者参与音乐活动仅仅是为了生活的需要，不带任何功利色彩——这正是艺术的绝高境界。在这种"无所求"的超然心境中，他们各自获得了自己所追求的东西，直至有同学把人生交给了音乐。

所以，我们在了解西南联大的音乐活动的时候，不要用功利的目标去衡量，而应从音乐本身的意义出发。

当然，人在社会中生活，是不可能抛开一切目的的，从事音乐工作也难免。尤其在那个枪声盈耳的时代，西南联大的歌声和音乐活动免不了染上了火药味，体现出抗战和反内战的目的，具有鼓舞战斗的功用。这就是出发点与方向的矛盾，内心要求与实际行为的矛盾。至于本章所述音乐活动的目的与功用的内容，是因为音乐被赋予了"宣传"、"鼓舞"、"战斗"的作用。而这种作用是那一个时代的话语和后一个时代的骄傲。当它初发生时在当事人的大脑皮层划下的印痕最深，又经过后来的不断强化，便深深地烙印在他们的记忆里，呈现于后来的回忆文章中，所以，今天能够见到的材料多为这方面的。为史者只能根据材料来作文，但笔者明白西南联大音乐爱好者的初衷与追求是什么，希望读者也能明白。

## 一、丰富多彩的前期音乐活动

西南联大的前期是忙乱的，逃难、迁移、安顿、建校舍、躲空袭、撤退乡下……寻找一块清静之地，安放一张平静的书桌是师生的追求。但是，在全民抗战的昂扬情绪之中，西南联大师生的精神是健朗的，积极乐观，奋发向上，从未失去信心，因此无论如何忙乱也没有灰心丧气，哪怕抗战进入了相持阶段也是如此。作为心灵表现的艺术及其活动，反映了这种状态。我们看到，西南联大前期的音乐活动围绕着抗战这个大背景、大主题、大目标，呈现出丰富多样的内容，多姿多彩的面貌，而其精神特征是意气风发，葱茏蓬勃的。

### （一）从长沙到蒙自的音乐活动

音乐是人类的伙伴。长沙临时大学一开办，就有音乐活动，岳麓山中不时飘荡着文学院学生的歌声，时而穿雾而出，时而隐没于丛林，那是人与自然的交融，是美不胜收的感觉。只是在枪炮声不绝于耳的环境中，歌声的内容和情感与这美好的景象并不协调。诸如《义勇军进行曲》、《大刀进行曲》、《松花江上》的沉雄豪迈和伤痛悲壮就不与大自然契合。但在那个痛苦的时代，心灵的歌哪能尽是欢乐悠扬呢？

可惜西南联大在长沙的音乐活动未见文字记载。笔者所见关于长沙临大音乐的文字是张清常写的："抗战前的清华大学有一支小型军乐队。抗战时，师生们轻装南下，都没舍得丢下心爱的乐器。无论在长沙还是在昆明，号角声和琴弦声时刻伴随着师生们的学习生活。"[1]所述实在不详，只有"音乐"，没有活动。这也难怪，张清常没在长沙临大生活过。清华军乐队不仅把器乐带到了长沙和昆明，而且培养了另外一些器乐爱好者，把他们的音乐爱好传给了后来的同学，使其在西南联大传下去，这是更大的功绩。从清华过来的同学，至少1940年7月毕业离校了。而一支管弦小乐

---

① 张清常：《忆联大的音乐活动——兼忆西南联大校歌的创作》，北京大学校友联络处编：《弦吹弦诵情弥切——国立西南联合大学五十周年纪念文集》，北京：中国文史出版社，1988年10月，第350页。

队却继续在西南联大工学院活动着。1940年8月，张清常来到西南联大任教，乐队立即去请他来做指导。张清常去后，发现他们的练习条件简陋得可怜：乐谱奇缺，仅有一支西洋进行曲供练习。于是张清常把自己最熟悉最拿手的《西南联大校歌》作了改写，在原来的基础上加上几次变奏，搞成一个乐章，供乐队练习，以暂时缓解他们的困难。这个乐章的演奏收到了意想不到的效果。练习后，乐队在工学院1941年新年晚会上演出，观众深受感动。尤其曲终奏"千秋耻，终当雪……"一章时，主旋律部分用小号吹奏，并以管弦乐轻轻衬托，打击乐加强节奏，表现出雄壮慷慨，石破天惊的气魄，很是振动人心。但这支乐队后来情况如何，是否延续到西南联大结束，这些情况都没有留下文字记述。

较早记载西南联大音乐活动的文字是蒙自时期的："1938年以前，蒙自人唱的进步歌曲有《大路歌》、《义勇军进行曲》、《渔光曲》、《开路先锋》、《毕业歌》等。文法学院的师生带来了新的抗战歌曲，如《大刀进行曲》、《打回老家去》、《抗敌歌》、《游击队歌》、《满江红》、《救亡进行曲》、《牺牲已到最后关头》等。有的联大同学教我们唱《松花江上》，借以表达他们怀念故乡，渴望收复失地的心情，引起了大家的共鸣，他们哭了，我们也哭了。"①北京大学的同学还在蒙自的文庙开办民众夜校，学生各种年龄不等，课程有语文、算学、音乐几门。语文结合抗战教识字，音乐教抗战歌曲。西南联大在蒙自的音乐活动不仅在本校进行，还在中学和夜校展开，不仅是内部活动，还走向了社会，带动了群众，为一方的"抗战歌咏运动"做出了贡献。文法学院学生在蒙自

①目则山人：《忆西南联大在蒙自》，蒙自师范高等专科学校等编：《西南联大在蒙自》，昆明：云南民族出版社，1994年12月，第195页。

仅有近四个月，当他们离开之后，蒙自城里已是一片抗战歌声了。1939年《战时知识》刊登了何期明写西南联大学生生活的一篇文章，其中写道："文法学院在蒙自的时候，一部分同学曾办了一所平民夜校。从儿童到成人，学生的数目有二百多。蒙自县城内外的大街小巷都住有联大的学生，街头巷尾到处唱着抗日救亡歌曲。每个纪念日到来时，同学们都不会让它寂寞地过去。蒙自，联大已经在那里种下了一颗抗日的种子。"[1]这是音乐的作用，是歌声的力量，也是西南联大的抗战功绩。这说明，西南联大在云南的音乐工作一开始就与人民大众紧密结合了。这一开头预示了西南联大音乐的良好发展历程。

文法学院1938年8月回到昆明，学校放了假。又因校舍和宿舍调整，师范学院新建等原因，迟至12月1日才开学，开学后，大概又忙于学习上轨道吧，这段时期音乐活动的记录阙如。

### （二）学校校歌的编制

这时西南联大最大的"音乐事件"要数西南联大校歌的编制了。1938年6月，教育部令全国所有学校将本校校歌校训呈报，以备核查。西南联大因学校初创，未备校歌，且创业艰难，工作繁多，请求教育部暂缓，待以后编成再上报。教育部感觉这是违抗命令，为严肃政令并维护尊严，单独下令："限一个月内将办理情形及校歌、校训呈报。"[2]语气果决生硬。西南联大遂于10月6日召开常委会，决定成立校歌校训委员会，"聘冯友兰、朱自清、罗常培、罗庸、闻一多诸先生为编制本校校歌校训委员会委员，并

---

[1]何期明：《西南联大的学生生活》，《战时知识》第1卷第12期，1939年。

[2]民国政府教育部训令，转引自《国立西南联合大学校史——一九三七至一九四六年的北大、清华、南开》，北京：北京大学出版社，2006年1月，第75页。

请冯友兰先生为该委员会主席"①。

委员会抓紧工作，不久罗庸撰写出调寄《满江红》的歌词，并谱上了曲②，交给委员会审查：

> 万里长征，辞却了五朝官阙。暂驻足，衡山湘水，又成离别。绝徼移栽桢干质，九州遍洒黎元血。尽笳吹弦诵在山城，情弥切。
>
> 千秋耻，终当雪；中兴业，须人杰。便一成三户，壮怀难折。多难殷忧新国运，动心忍性希前哲。待驱除仇寇，复神京，还燕碣。③

委员会认为这是一首感情深厚、气魄雄壮的好词，接受了。但曲谱不理想，希望重谱。此时，时间已逾一月，就先将歌词上报西南联大的最高领导机关——常委会了。常委会中有人提出这种古词已不符合时代潮流，且没有曲谱，就先放一下，继续征集他作。后来冯友兰根据常委会的意见，撰写了一首新体诗的歌词，勉励同学奋发努力，抗战建国，恢复家乡。这时，朱自清想起音乐造诣很深的张清常，便把两首歌词寄给他，嘱他谱曲。张清常曾攻读清华研究院的研究生，那时还为朱自清的歌词谱过曲，毕业后在

---

①北京大学等编：《国立西南联合大学史料》第2卷，昆明：云南教育出版社，1998年10月，第69页。

②曲谱未署名，至今无材料显示曲谱作者是谁。

③西南联合大学北京校友会编：《国立西南联合大学校史——一九三七至一九四六年的北大、清华、南开》，北京：北京大学出版社，2006年1月，第76页。罗庸初稿"桢干"作"贞干"，"遍洒"作"洒遍"，"仇寇"作"倭虏"。此为改定稿。

浙江大学中文系任教，这时随学校迁到了广西宜山。他收到信，受到老师的信任和鼓励，仔细研究了两首歌词，"认为罗词上阕悲愤，下阕雄壮，是一首好词，适合于做校歌"①。于是把《满江红》谱成了歌曲，并很快寄回朱自清。在西南联大这边，有马约翰和沈有鼎两位教授分别为冯友兰的歌词谱上了曲。这正是委员会所希望的。两首歌词都有了曲谱，就可以进行比较了。为准确地判断哪首歌更好，先组织学生试唱。三首歌唱熟后，委员会召开扩大会议，请本校的曲作者马约翰和沈有鼎以及杨业治教授参加听唱。杨业治当即主张"采用罗庸词张清常谱的《满江红》校歌。《满江红》的词意境与岳飞的《满江红》有很多相似处，它受到了岳词的启发。……前半阕的悲怆沉着，后半阕的高昂兴奋，表达了我们百年来的积愤和今日雪耻图强的决心，这即是我们那时的情怀"②。委员会还是有歌词陈旧的压力，希望有替代《满江红》的好歌，但觉得马约翰的曲谱有些单调，遂提出让马约翰、沈有鼎和杨业治共同修改的建议。其实，"修正"之语只是对在场的几位当事人的安慰式话语，一首歌曲是一件完整的艺术，无法修改的，所以事后并未根究。1939年6月30日，校歌委员会举行最后一次会议，通过了张清常谱曲的《满江红》为校歌，并立即呈报学校常委会。7月11日，西南联大常委会研究通过了校歌委员会所报的校歌。至此，《西南联大校歌》诞生了。

---

①张清常：《忆联大的音乐活动——兼忆西南联大校歌的创作》，北京大学校友联络处编：《笳吹弦诵情弥切——国立西南联合大学五十周年纪念文集》，北京：中国文史出版社，1988年10月，第354页。

②杨业治：《从南岳到蒙自——抗战初期的片段回忆》，蒙自师范高等专科学校等编：《西南联大在蒙自》，昆明：云南民族出版社，1994年12月，第30页。

　　10月17日，西南联大撤销校歌委员会。11月7日，常委会向西南联大第二届校务会第一次会议报告"本大学校歌审定案"。西南联大校歌编制工作全部结束。

　　**（三）群声歌咏队**

　　1939年1月在西南联大学生活动史上是值得注意的，因为"群社"诞生了。群社是西南联大进步学生的公开组织，以"互相联络感情，增进友谊，开展学术交流和文化体育活动"为宗旨[①]，下设学术、时事、康乐、文艺、壁报、服务等股，在学生中开展各种活动。康乐股组织郊游、球赛、月光会、夏令营等活动，成立了歌咏小组。歌咏小组定时召集歌咏爱好者练唱抗日歌曲。参加者越来越多，一些人员相对稳定，便成立了"群声歌咏队"。

　　"群声歌咏队由徐树仁担任指挥，经常组织同学练唱各种抗战歌曲，大家最爱唱的有《我们在太行山上》、《春天里来百花香》、《黄水谣》等。"[②]据说，"群社有这么一条不成文的规定，许多群众性的课余活动，群社的骨干都要带头参加"[③]。于是，五音不全的，没有"音乐细胞"的都出现在歌咏队里，都积极出声练唱，群社导师曾昭抡教授也每唱必到，其场面可想有多热闹了。因为群声歌咏队练唱的目的不在于表现水平，而在于活跃同学的课余生活与普及救亡歌曲。每逢演讲会、国民月会、纪念会等集

①西南联合大学北京校友会编：《国立西南联合大学校史——一九三七至一九四六年的北大、清华、南开》，北京：北京大学出版社，2006年1月，第334页。

②邢方群：《回忆群社》，西南联大校友会编：《笳吹弦诵在春城——回忆西南联大》，昆明：云南人民出版社等，1986年10月，第7—8页。

③施载宣：《从群声歌咏队到联大歌咏团》，西南联大校友会编：《笳吹弦诵在春城——回忆西南联大》，昆明：云南人民出版社等，1986年10月，第332页。

会场合，一定以唱歌为前奏，提高大家的情绪，就像旧戏开场前的锣鼓闹台一样，既宣传了抗战，又活跃了气氛。《张老先生有块地……》几乎是每有集会必唱的歌曲："张老先生有块地，咿呀咿呀嗨，他在地上养小鸡，咿呀咿呀嗨。这里'吱吱'，那里'吱吱'，'吱吱'这里，'吱吱'那里，满地'吱吱'。"然后张老先生又在地上养鸭、养猫、养狗、养羊、养牛，领唱者唱一句，群众跟着唱"咿呀咿呀嗨"，而后学动物的叫声，一种动物一种动物地唱过来，直到大家笑痛肚皮。

群声歌咏队一如其名，是群众性的歌咏团体，以唱抗日歌曲为主，注重大家的参与，虽然有一些出色的歌手，他们只起到领头的作用，不突出其独唱地位，所以参加者很多，群众性很典型。

群声歌咏队经常唱的歌曲除上列四首外，还有《大刀进行曲》、《毕业歌》、《松花江上》、《游击队歌》、《救亡进行曲》、《旗正飘飘》、《祖国的孩子们》、《再见吧妈妈》、《喀秋莎》、《快乐的心》等等。

缪景湖是群声歌咏队的女高音歌手，她有时也被邀请表演节目。她最拿手的歌是《丈夫去当兵》："丈夫去当兵，老婆叫一声：'毛儿的爹等等我，为妻的将你送一程。'"唱得情深意切，感动听众，给大家留下深刻的印象，大家就叫她"毛儿妈"。像她这样的歌手还有，但歌咏队是合唱队，不太注意发挥个人的演唱才能。

1940年，群社组织六七十人的学生队伍到昆明郊区龙头街宣传抗战，群声歌咏队是其主干之一。歌咏队登台演唱抗战歌曲，还和大家一起到军属和农民家去访问，送慰问品，帮助村民解决一些问题。这大概是群声歌咏队唯一的一次登台演唱，此前无论在学校还是城里，歌咏队都没有演出过。

由于群社在同学中的影响扩大，参加群社活动的同学越来多，为了便于开展活动，1940年，各文艺小组纷纷独立，冬青文艺社、热风漫画社、腊月壁报社、木刻研究会等自立门户。群声歌咏队也在酝酿独立。而这时，一个新的机会出现了。西南联大学生自治会为了搞好"五四"二十一周年纪念活动，准备组织西南联大歌咏团。学生自治会康乐股干事是群声歌咏队的萧荻，便以群声歌咏队为基础，招募歌手，扩大队伍，组成了西南联大歌咏团。这样，群声歌咏队自然结束，新的一个歌咏团体诞生了。

### （四）西南联大歌咏团

西南联大歌咏团是为演出而成立的，具有表演性质，不同于群声歌咏队的群众性质。它必须注重艺术质量。歌咏团为"五四"演出进行了认真的排练，取得了和以往群声歌咏队的歌唱不同的效果。是日，"五四"纪念会在昆华中学北院的"乾坤正气"大教室举行，会议由学生自治会主持，安排了几个同学发言，曾昭抡教授到会并讲了话，最后是歌咏团演出节目。由徐树仁指挥，演唱了《五月的鲜花》、《中国不会亡》等歌曲，受到大家的热烈欢迎。的确，表演性质和群众性质是不一样的。同学们习惯于参与群声歌咏队的群众性歌咏，突然置身于艺术性的表演场所，感到耳目一新，所以，为之鼓舞，为之激动。这是西南联大歌咏团的第一场校内公开演出。

这次演出虽然规模不大，影响却不小。西南联大歌咏团的声名很快传扬开去，正在筹建的昆明广播电台闻知，便邀请歌咏团去做文艺广播节目的首场演播。由于广播演出的效果不错，大家反映良好，再次邀请去演唱播出。在1940年7月试播期间，歌咏团就曾两次被邀去演播。8月1日广播电台正式开播后，演播就更多了。须知，昆明是著名音乐家聂耳的成长之地，音乐工作历来较活跃，歌咏活动自然开展得很好，各大中学，各工厂以至大一点的单位都有歌咏团体，较著名的就有昆明缝纫工会歌咏组、昆明纺纱厂歌咏队、云南大学歌咏队、昆华师范歌咏队、云大附中歌咏队、昆华女中歌咏队、歌岗歌咏团等十多家。早在抗战全面爆发前就成立了民众歌咏团，开展了扎实有效的抗战歌咏活动，1940年，还成立了云南全省歌咏协会，联系以昆明为中心的全省歌咏团体开展活动。在"名队林立"的昆明，成立不久的西南联大歌咏团多次被邀请去昆明广播电台演播，可见其地位不低。难怪云南广播史研究专家戴美政要说："在众多广播文艺演播团体中，西南联大演播团队是参加最早，影响最大的团队之一。"[1]在西南联大歌咏团的演播节目中，最值得抒写的是为募集抗日前方将士寒衣而进行的一次演播。

　　几次广播演出的成功给西南联大歌咏团巨大鼓舞。时值民国政府发起为前方抗日战士募集寒衣运动，西南联大歌咏团便与昆明广播电台联系，举行一次广播演唱，以响应政府的募集寒衣运动的号召。这是西南联大歌咏团作为独立团体举办对外演出的第一步，也是西南联大历史上对外歌咏公演的第一次，在西南联大歌咏史上具有开创意义。西南联大歌咏团、群社和学校学生自治会对此次演播给予充分重视。

　　为了搞好这场演出，歌咏团通过刘家瑞同学从贵州请来音乐家郭可谞担任指挥，还请人来做钢琴伴奏。在郭可谞的指导下，歌咏团在1940年的暑假中进行集中训练，演唱形式为四重唱、男女声二重唱和独唱。歌咏团还专门做了一面团旗，用白布剪成"国立西南联大歌咏团"几个字，嵌在一块紫色绸子上。团员服装统

---

[1]戴美政给李光荣文稿。该文曾以《抗战中的昆明广播电台与西南联大》为题，刊登于中国广播电视协会广播电视史研究委员会等编：《第七次中国广播电视史志研究会专辑》，2005年12月印行。

一，女高音穿月白色旗袍，女中音穿阴丹士林布旗袍，男声部一律白衬衣、黄卡机布裤子。尽管这是录制广播节目，演出实况并不能向外展示，观众也没有几个，但歌咏团对团员的精神面貌仍是十分重视的。

　　准备成熟后，歌咏团于1940年8月22日向昆明广播电台发出正式商函："兹以转眼入秋，前方将士亟需寒衣。敝团拟于八月三十日晚七时至九时假贵台音乐播音室举行小型音乐会，以为响应募集寒衣运动之准备。"①8月28日，昆明广播电台复函：同意借用本台大发音室（播音厅）举行小型音乐会，时间8月31晚6点55分至8点，请务必遵守时间。

　　8月31日下午，歌咏团来到昆明广播电台大发音室，团员个个精神饱满，情绪高昂。大家排好演唱队形，酝酿好情绪。6点55分一到，郭可诹两手一举，大家全神贯注，他接着一挥手，钢琴声响起，《黄河大合唱》、《游击队歌》、《抗敌歌》、《旗正飘飘》、《太行山上》、《胜利进行曲》等歌曲随着电波升到空中，传向四川、甘肃、陕西、山西、河北、河南、江苏、上海、江西、湖北、湖南、贵州、广西、广东等多个省市，并且传到国外的新加坡、旧金山等许多地方以及整个东半球。鉴于抗战时期云南对外宣传的区位优势，民国政府给昆明广播电台所配的功率超过了重庆广播电台，居全国首位，所以，西南联大歌咏团的抗战歌声远播海内外，对宣传中国的抗战发挥了巨大作用。这次所唱的《黄河大合唱》在昆明广播电台还是首播，并且在国统区和中国的无线电台都是首播，歌曲通过西南联大歌咏团的演唱传向四面八方。可惜当时歌咏团还没有得到《黄河大合唱》的全套曲谱，所唱的只是其中的《黄

---

① 《西南联大歌咏团致昆明广播电台函》，云南省档案馆。

水谣》、《河边对口曲》、《黄河颂》、《保卫黄河》等部分。

演唱结束后，合唱队留影纪念。根据照片，可以确定西南联大歌咏团的基本阵容：女高音、女中音各七人，男高音、男低音各十四人，共四十二人。另有指挥一人，钢琴师一人。照片历经数十年岁月，变黄了，许多面孔难以识别，经几位当事人反复辨认和回忆，能够确认的有：女声缪景湖、刘家瑞、梁淑明、陈锡荣、朱瑞青、袁月如、陈琏，男声徐树仁、张世富、朱鸿思、施载宣、黄伯申[①]。据张世富回忆，西南联大歌咏团还有谭庆双、吴德亨、吴宏骞、马桂官、张崇城等几位[②]，但不知后四位是什么时候加入歌咏团的，因此不能确定他们是否参加了这次演播。今天所知西南联大歌咏团的成员大约就是这十七位。

联大歌咏团女声部全体团员1940年8月31日在昆明广播电台演播后合影

①见施载宣：《从群声歌咏队到联大歌咏团》，西南联大校友会编：《笳吹弦诵在春城——回忆西南联大》，昆明：云南人民出版社等，1986年10月，第335页。
②见张世富：《西南联大的合唱团》，云南西南联大校友会编：《云南西南联大校友会校友通讯》（内刊）第27期，2007年8月。

联大歌咏团男声部全体团员1940年8月31日在昆明广播电台演播后合影，其中指挥一人，钢琴伴奏一人

　　广播电台的播音把西南联大歌咏团的声名传得更为广泛。昆明南屏电影院是云南第一家设备完善的电影院，在即将落成开幕时，总经理刘淑清听了广播演唱，便邀请西南联大歌咏团去电影院开业典礼上演唱，所唱歌曲和募集寒衣的广播演唱差不多。

　　9月15日晚，云南全省歌咏协会举办的合唱音乐会在云南省党部礼堂举行，西南联大歌咏团参加演出，演唱了《黄河大合唱》全曲。

　　当时，作曲家夏之秋谱写的《中国不会亡》、《思乡曲》等传遍四方，也是西南联大学生和歌咏团常唱的歌曲。夏之秋于1940年秋天来昆明，西南联大歌咏团在昆中北院大教室举行欢迎会，有许多同学前来参加。夏先生在会上介绍他创作《中国不会亡》的经历和心得，并亲自教唱这首歌。由于此前大家对这首歌已唱得相当熟练，加上作者现场传达的切身感受，这次唱得特别有力："中国不会亡！中国不会亡！你看那民族英雄谢团长，中国不会亡！……"歌声震荡屋宇，响彻校园，唱得人心振奋，群情激昂。

这时，《西南联大校歌》的曲作者张清常来校任教，歌咏团便去请他来指导。张清常了解情况后，认为一个合唱团不能光唱普及性的抗日歌曲，还应唱一些艺术水平较高的世界名曲，便介绍了奥地利作曲家舒伯特的《鳟鱼》并亲自教唱。三个星期后，张清常再指挥唱校歌。得到作曲家亲自指挥，大家练得非常认真，张清常的指挥也相当细腻，一丝不苟，所以效果很好。在一次全校同学的集会上，张清常指挥歌咏团为师生做了一次示范演唱。

"皖南事变"后，歌咏团中暴露了身份的共产党员和积极分子撤退到乡下隐蔽，群社停止了活动，学生自治会被三青团把持，工作无特色，学生情绪低落，在这种氛围中，西南联大歌咏团停止了活动。

### （五）师范学院的音乐教育

师范学院以培养中学师资为主要目标。一般要求中学教师德、智、体、美全面具备，所以师范学院对音乐教育比综合大学要重视些。西南联大师范学院1938年成立之时，院长黄钰生亲笔编写了校歌："春风熙熙时雨滋兮，桃李向荣实垒垒兮。"套用萧友梅所作《卿云歌》曲谱，意在勉励师生像春风时雨之于大地万物那样从事育人的工作，使桃李芬芳果实累累。每天上课前举行升旗典礼时，师生都要一起唱。不过，因"实垒垒"不通行，没唱多久就取消了。"他还设计了一个类似营火会的活动，叫做'传播光明'，学生围着篝火边跳边唱'传播光明'的歌曲，教师把点燃的火把分给学生，形象地表现教师的职责是传授知识，传播光明，借以加强专业思想的教育。这一活动每年'院庆'日（12月12日，师院开始上课的日子）举行。"①不过，师范的学制五年，比普通专业多一年，西南联大的基础课又是各院系合上，这样师范生大多转到文学院或理学院，1943年以后，连"院庆"都没举行了。

　　教育学系开设"音乐教育"课，为二、三、四年级必修，聘请专门老师授课。1939年10月3日西南联大常委会第122次会议议决："聘刘振汉先生为本校教育学系音乐教员，并负责指导本校全体学生歌咏团事宜。"②由于班次增多，又加聘一人。1941年10月15日西南联大常委会第193次会议议决："聘顾仲琳先生为本大学师范学院音乐讲师，每周任课四小时。"③"音乐教育"课的教学情况没有记载。刘振汉对"本校全体学生歌咏团"的"指导"情况也不见回忆文章。但可以推知，1939—1940年学生的《西南联大校歌》学唱是他教的。校歌作者张清常来校后，他才让位于张清常。他对学校歌咏团体的指导似乎不突出，但他却应聘参与了昆明广播电台的音乐工作。"师范学院教育系音乐教员刘振汉，也被聘为负责电台同仁歌咏团及演播等事务的特约音乐指导。"④西南联大和师范学院附中、附小的各歌咏团体在昆明广播电台的演播获得成功，有他的一份功劳。

---

① 西南联合大学北京校友会编：《国立西南联合大学校史——一九三七至一九四六年的北大、清华、南开》，北京：北京大学出版社，2006年1月，第302页。

② 北京大学等编：《国立西南联合大学史料》第2卷，昆明：云南教育出版社，1998年10月，第110页。

③ 北京大学等编：《国立西南联合大学史料》第2卷，昆明：云南教育出版社，1998年10月，第202页。

④ 闻黎明：《抗日战争与中国知识分子——西南联合大学的抗战轨迹》，北京：社会科学文献出版社，2009年10月，第220页。

## 二、向外开拓的中期音乐活动

"皖南事变"撕破了国共两党的抗日民族统一阵线，两党的矛盾公开化，共产党人被迫撤退隐蔽，一些倾向进步的团体不得不停止活动，西南联大生龙活虎的局面一下子冷清了下来。当时最大的群众团体仍然是群社，群社在群众中的影响力也最大，从群社独立出来的那些专业社团仍然与群社保持着关系，而群社是共产党支持的组织，其骨干大多是共产党员。群社被迫停止活动，与它相关的社团如冬青文艺社、热风漫画社、腊月壁报社、戏剧研究社、联大剧团等都一齐停止了校内的活动。国民党三青团则忙于乘机占领阵地，抢夺学生自治会等机构的领导权，而其能力和作风却不足以服众，其力量也不够组织开展各种文艺活动，他们除戏剧方面有演出外，其他方面都没有活动。一些政治倾向不很明显的社团，失去了先前的生态环境，骨干们的情绪受到影响，也不再开展活动了。西南联大歌咏团就是这时候停止活动的。活动停止，壁报也就停止。壁报是西南联大最引人注目的风景线，社团大多办有壁报，社会、政治、经济、法律、外语、商业、文学、艺术、生活等各个方面都有壁报组织出版壁报，各种思想观点都可以在壁报上发表，有的针锋相对，展开论争，真是百花齐放、百家争鸣，随时吸引着读者阅读观看。由于社团销声匿迹，壁报相应不再出版，西南联大校内的学生活动实际上处于瘫痪状态。走进西南联大，以前的活跃气氛消失殆尽，整个校园有如假期，冷落萧条。

然而，文艺是文明人心灵深处的地泉，只要人的精神还在，就会喷涌出来，任何力量也压制不住。校园环境恶劣，文艺爱好者就把目光转向社会，采取向外发展的策略，去校外谋求生存空间。

文聚社在昆明创办文学刊物，冬青文艺社在《贵阳日报》开辟专栏就是典型例子。戏剧的情况要特殊一些，进步社团匿迹后，联大剧团沉寂了不长时间又开始活动了。音乐方面，西南联大歌咏团停止活动后，同学们和文学爱好者一样，采取向外拓展的策略，去校外开展音乐活动。

### （一）西南合唱团的歌咏

校外音乐活动的地方在文林堂。那真是一个好去处，安全，隐蔽，离学校近，非常适合西南联大学生。文林堂是基督教的教堂，中国政治之手不能伸到那里去，无论外界的政党斗争如何凶恶，那里都保持着自己的格调，因此有的教堂还是一些政治风云人物的避难所呢。昆明的文林堂坐落在文林街西头，距离大西门仅有几十米，在街道南边的金鸡巷旁。从西南联大新校舍出门往西，过马路向南经凤翥街，东转龙翔街进大西门，走几十步即到，大约只需十分钟。从龙翔街的师范学院上去，就更近了，沿龙翔街向东上一段缓坡，进大西门，即到。若从西南联大学生住的昆华中学过去更近，约一百多米，因昆华中学南、北院分隔在文林街两旁。也可从新校舍南校区出东门，经城墙豁口，过文化巷或昆中北院前往，与走凤翥街路程差不多。所以，这个教堂太适合西南联大活动了。教堂由于建筑年代久远，已显陈旧，里面的设施也很简单，一间厅堂，小教室那么大，七八排木长椅，可坐四五十人。

这里有一个西南合唱团，每周举行一次歌咏，时间都是晚上。1940年，已有西南联大的学生马启伟、张世富、马桂官、麦信曾等在西南合唱团练唱。1941年"皖南事变"后，团员几乎都是西南联大的学生了。因此，西南联大的同学及校外人士都称西南合唱团为"西南联大合唱团"。数十年人生风雨，麦信曾还收藏着当时所照的一张西南合唱团的照片，经过合唱团几位成员的回忆，他们是：

**男高音**　马桂官　李文渊　罗宗兴　关国钧　郑文达
方财政　马启伟　区大澄　詹应坤　黄鹤立　张世富

**男低音**　麦信曾　关俊熙　彭术玺　柏　全　郑文杰
罗宗明　罗成熙　焦沃南　官知节　邵曾扬

**女高音**　谭庆双　高训谥　李民惠　李民毅　林同珠
林同端　朱汝绮　黄敏贞　王　还　陆　慈　王亦贤　曾梅君
马佩伦　向　儒　车日湘　万　钧　钱茂年　陈艳梅　钱华年

**女中音**　李佩珍　邹德范　虞佩曹　余　新　余　成
黄洁玉　徐馥荣　陈玉英　董婉芬　罗翠玉　何梅生　薛慕兰
邹彤芬　林司桂　李雅楹　唐伟英　郝诒纯　罗宏孝[1]

这是一支相当整齐的队伍。张世富说："事隔多年，成员的名单已记不全，记起来的也可能有错，但肯定的是绝大多数成员是联大同学，因此，联大校内同学与校外人士都习惯地称之为西南联大合唱团，成员中还有联大的老师，从总体上看这个合唱团的水平是比较高的。"[2]他还说，自己参加了第一次练唱，但实际是合唱团的成立会，并没有唱歌。会上给合唱团定名"西南合唱团"，聘请马思聪为合唱团指挥，巫宝善为干事，练唱歌曲以艺术性的歌为主，有人倡议把合唱团办成西南大后方最强、最好、最有影响的合唱团，大家信心十足，热情很高。不过，"聘请马思聪

[1]张世富：《不是专业胜似专业的篮球队与合唱团》，西南联大北京校友会编：《西南联大北京校友会简讯》（内刊）第42期，2007年10月。
[2]张世富：《不是专业胜似专业的篮球队与合唱团》，西南联大北京校友会编：《西南联大北京校友会简讯》（内刊）第42期，2007年10月。

为合唱团指挥"恐怕只是一种设想，因为马思聪当时不在昆明，甚至不在云南。马思聪是作为中山大学的教授随校迁来云南任教的。中山大学设在澄江。1939年秋，他应徐悲鸿之邀任中央大学音乐系主任，从澄江到昆明乘飞机去了重庆。他第二次到昆明，是1944年了。所以，实际上任指挥的是巫宝善。合唱团里有许多出色的歌手。他还说，这一次会议的时间是1940年，可信。但合唱团的活动时间主要在1941年及以后了。最初练歌的时间和地点他没有说。

西南合唱团所唱的歌有约翰·施特劳斯的《蓝色的多瑙河》、瓦格纳的《香客进行曲》、赵元任的《教我如何不想他》及《胜利进行曲》、《老黑奴》、《故乡的老亲人》、《可爱的家》等中外名曲。合唱团公演过德国作曲家亨德尔的著名清唱剧《弥赛亚》。这个本子的演唱难度非常之大，据说在大后方还没有哪个合唱团演唱过。由于西南合唱团里有多方面的杰出人才，有独唱的，有伴奏的，大家的音乐素质都很高，所以能够胜任。

经过不长时间的练习，已比较熟练，达到了演出的一般要求。于是，合唱团与昆明最为豪华的南屏电影院联系演出《弥赛亚》。南屏电影院经理刘淑清女士自然记得影院开业典礼上西南联大歌咏团的热情赞助和精彩表演，便慷慨允诺演出两个晚上。连演两个晚上，意味着少放四场电影。南屏电影院放映的多是外国名片，票房收入很高。可见刘经理把对西南联大歌咏团的好感和情义转移到以西南联大学生为主体的西南合唱团了。

如果说上一次演唱《黄河大合唱》等是庆典的部分内容，不是专场演唱的话，这一次是专门为演唱《弥赛亚》而举行的。在电影院举办演唱会，还是一件稀奇的事。于是观众踊跃，电影院座无虚席。

　　这是西南合唱团的第一场公演，全团人员高度重视，决心演好。团员化了淡妆，着装整齐地站在舞台中央，个个精神抖擞，聚精会神地等待大幕拉开，镁光灯打在身上，舞台经验不丰富的同学多少有些紧张。然而，演唱起来就进入情景，忘了一切，一曲接一曲，唱了三个多小时，直到雷鸣般的掌声长时间响起，才把大家拉出情景。走出电影院，大家兴奋不已，深冬的寒风吹在身上也未能消减内心的热情，从晓东街出发，走了近一个小时才到学校，大家仍然兴致高昂。第二天演出，同学们已不那么紧张，但认真程度不减。由于放松，音色和表现力都更好。唱完，台下照样响起雷鸣般的掌声。有的观众已经是第二次来听，仍感十分满意。安插在台下听效果的同学听到观众一派赞扬，他们自己也感觉良好，合唱团成员听了十分高兴。据张世富回忆，这次演出的时间是1940年深冬。

　　首次演出成功，合唱团员个个兴奋不已。演出的是高难度的曲目，说明合唱团已接近"西南最好"了。大家信心倍增，练唱的兴致更高。合唱团的名气也因这次演出大大提高，引得不少新同学加入。1941年以后，许多同学来这里练歌，西南合唱团真的变成"西南联大合唱团"了。

　　黎章民是1942年考入西南联大外文系的。那时，西南联大的文艺气氛还不很活跃，酷爱音乐的他一时没地方唱歌，听到文林堂飘来的歌声，便走进去唱了起来，唱得很愉快。回来后他又约了傅冬菊、李志的、萧斧等外文系同学参加，正式成为西南合唱团成员。那时的指挥仍然是巫宝善。由于练唱的全是大学生，他们唱英文歌，有亨德尔的《弥赛亚》选段、福斯特的《老黑奴》和《故乡的老亲人》、肖普的《可爱的家》等。他说："有时甚至沉迷其中,唱得流连忘返。"[1]后来,黎章民等组织了高声唱歌咏队,才没去文林堂唱。西南合唱团大约一直唱到抗日战争胜利之后。

### (二)唱片音乐会

在以上同学参加合唱团的同时,另外一些同学则参加了唱片音乐会。

同样是在文林堂,每周末晚举行唱片音乐会,欢迎喜欢的人去听,于是周六晚在教堂里聚集着许多年轻人听音乐。那时没有录音机,放送音乐的是手摇留声机,播放时先上发条,上发条的摇柄需用手摇动,才能把发条上紧,以带动唱片转动,通常每分钟七十转左右,唱针把读出的数据传送到机器,而后转化为声音从喇叭播放出去,所用的唱片是胶制唱片,大而厚,每片两面。一面可放八到十分钟,所以要专人负责播放。文林堂的播放者是西南联大的学生,"一般的程序是:主持人先给留声机上好发条,然后拿起唱片,向听众念出唱片上印的曲目名称、乐章和作曲者、演奏者、指挥者的名字,这才开始放送"[2]。听众大多是西南联大的学生,其中理、工学院的又多于文、法学院的。播放的音乐主要是西洋古典音乐,如贝多芬的交响曲、巴赫的咏叹调、舒伯特的小夜曲等等。虽然播放的声音不能达到十分真切细微,无法与今天的CD唱片和DVD唱片相比,但已是那时的最高技术水平了。外文系的黄沫和西奎安是文林堂的常客,他们常常听得心旷神怡,沉醉其中,由此获得丰富的音乐知识和一生的享受:

―――――――

[1] 章民:《"我们的歌声象……"——记高声唱歌咏队》,西南联大校友会编:《笳吹弦诵在春城——回忆西南联大》,昆明:云南人民出版社等,1986年10月,第416页。

[2] 黄沫:《文林堂——联大回忆之一》,西南联大北京校友会编:《西南联大北京校友会简讯》(内刊)第46期,2009年10月。

联大没有音乐课，而文林堂每周一次的音乐会则起到了介绍和推广西方古典音乐的作用。在这里，我们陆陆续续听了欧洲17世纪至19世纪几乎所有音乐大师们的作品，等于修完一门欧洲音乐史，这对我们的学习是一个很好的补充，不但从中得到很好的休息和娱乐，而且培养了欣赏能力和对音乐的爱好，从此乐此不疲，终身受用不尽。①

黄沫是1944年才进入西南联大的。那时文林堂的唱片音乐会已经持续多年了，播放音乐的时间可能有过调整，因为他是周五晚上去听的，播放的内容也会有小的变化，但主要内容为播放欧洲古典名曲没有变。张清常1940年到昆明时，就常被文林堂的音乐声吸引并获得巨大的享受："每逢周末晚上，那里便用留声机播放西洋古典音乐唱片，有时我深夜偶然路过那里，若断若续的贝多芬的交响乐每每将我吸引而不忍离去。实际上，那时的留声机唱片的声音既单薄又微弱，在院内屋里播放而在大街上听，即使是夜深人静时，所能听到的也只是交响乐里的一些最强音，要靠听者用自己的音乐修养来连缀它才成为乐章。由于听者专心致志地捕捉任何一点微弱的音符，精神高度集中，调动自己每一个脑细胞的最高功能，对乐曲的印象极其深刻。在战争年代，这就算是我，一个穷教书匠最高的精神享受了。"②

文林堂的音乐活动与西南联大值得仔细书写，可惜材料太

---

① 黄沫：《文林堂——联大回忆之一》，西南联大北京校友会编：《西南联大北京校友会简讯》（内刊）第46期，2009年10月。

② 张清常：《忆联大的音乐活动——兼忆西南联大校歌的创作》，北京大学校友联络处编：《笳吹弦诵情弥切——国立西南联合大学五十周年纪念文集》，北京：中国文史出版社，1988年10月，第349—350页。

少,无法深入。但可以肯定,文林堂的欧洲古典音乐哺育了西南联大一级又一级学生,直到西南联大结束离开昆明。

另一些同学则去另一个地方听唱片音乐,那就是学生服务处。学生服务处是基督教青年会创办的,宗旨是为远离家乡的贫困大学生提供服务,1942年始建,1943年完成并开始服务。服务处位于西南联大新校舍南区的一角,占地面积约一亩地,设有阅览室、礼堂、茶室、淋浴房和理发室等。礼堂可容纳一二百人,用以供学生开会、放映美国新闻片、举办音乐欣赏会、开文艺晚会、举行演讲、演戏等。音乐欣赏会是用留声机播放唱片音乐。由于滇缅公路、驼峰航线的国际交通地位和美国援华第十四航空队驻扎昆明等关系,昆明在抗战时期具有重要的国际地位,美英两国都在昆明设有领事馆和新闻处,美国红十字会也在昆明设立机构。当时在昆明的美国人及其物资相当多。学生服务处执行干事李储文时常出入于美英领事馆和新闻处,与其负责人保持着良好的关系,要得到新闻片和唱片较容易。所以服务处礼堂里每周举行一次唱片音乐会,每次播放不同的音乐。但由于唱片的资源关系,播放的仍然多为西洋古典乐曲。播放的程序与文林堂的大致相同,主持人念唱片上的乐曲名、作者、演奏乐团、指挥者等,然后开始播放,贝多芬的《田园交响曲》、舒伯特的《小夜曲》、柴可夫斯基的《1812序曲》、马斯奈的《泰伊思冥想曲》以及肖邦的钢琴协奏曲等等,一曲一曲地播放。每次播放听者不少,礼堂基本上座无虚席。大家静静地聆听唱机发出的美妙音乐,一曲终了,如梦方醒。经济系1944年入学的戴宜生说:"在联大二年通过每周一次的唱片音乐会,基本上完成了西洋古典音乐的基础教育。"[1]并培养了

---

[1] 戴宜生:《西南联大的音乐教育》,西南联大北京校友会编:《西南联大北京校友会简讯》(内刊)第46期,2009年10月。

他对艺术音乐的兴趣，使他一生喜爱音乐，在极其艰难的条件下都要设法聆听，所幸能够在晚年得以用美妙的音乐伴随。他还满怀热情地谈到音乐带给他的人文主义、爱国主义精神和接受革命的作用，谈到促进自己的工作和生活热情的作用。在礼堂里听音乐的同学每年新旧交替，像戴宜生这样接受了西方音乐教育的同学还有很多。

　　所有从文林堂和学生服务处获得音乐滋养的西南联大学生都有这样一个共同心理：一生享用音乐，一生都怀念西南联大，每次听那些西洋古典世界名曲，都会想起昆明和西南联大。戴宜生通过对上世纪八十年代以来毕业的大学生听西洋音乐的感受的对比分析，说："我总觉得他们熟悉西洋音乐，也就止于西洋音乐本身了，并未从中得到'人文主义'的熏陶，这样就更显得联大唱片音乐会在那特定的时代、环境下的长处了。联大的音乐教育也需要有联大的环境啊。"①黄沫说："音乐对人的记忆有个特别之处，就是当你第一次听到一首动听的乐曲时……当时的整体感受就会在记忆中出现。直到今天，每当我听到诸如舒伯特的《小夜曲》或舒曼的《梦幻曲》时，就会想起昆明温馨的夜晚，月光下寂静的文林街，新校舍的草地，还仿佛闻到夏夜花草的芳香哩！"②这种教育虽然是在西南联大之外获得的，你能说它们不是"西南联大的"吗？

### （三）教唱校歌

　　在西南联大校园内，抗战歌曲从未停歇地回荡着，尤其在集

①戴宜生：《西南联大的音乐教育》，西南联大北京校友会编：《西南联大北京校友会简讯》（内刊）第46期，2009年10月。
②黄沫：《文林堂——联大回忆之一》，西南联大北京校友会编：《西南联大北京校友会简讯》（内刊）第46期，2009年10月。

会正式开始前,同学们往往轮番咏唱,激发大家的豪情壮志,形成浓厚的抗战气氛。但此期最大的咏唱活动是教唱校歌。

《西南联大校歌》的产生是学校的一件新鲜事。学校对校歌的创作倾注了心力,历时近一年才完成,因此,学校对它非常重视,把它作为学校推行的一首歌曲,油印出来,发给学生,要求每个学生都学会唱。音乐老师和唱歌能手就成为教唱的骨干,在各级学生中进行教唱,唱得此起彼伏,热火朝天,咏唱校歌成了西南联大一时的特色。在校园内,相当长的一段时间里,无课的时候集中学生教唱,集会的时候大家群体高歌,课余时间也随处飘荡着校歌的声音。在学生那里,这不仅是一项任务,还是一种喜好。因为校歌表达了学生的愿望,旋律又悲壮激昂,沉雄顿挫继而坚定亢奋,能够借以抒发激情。所以,自从校歌诞生以来,咏唱校歌便是西南联大的一项重要音乐活动。

1940年秋,《西南联大校歌》的谱曲者张清常从浙江大学调来西南联大,任师范学院中文系讲师,学校把教唱校歌的任务交给了他。他订正了校歌后,由学校出资铅印,师生人手一份,供其掌握学习。由于这时在校生都会唱了,教唱只是在某种场合做些校正。教唱的主要工作是从新生抓起。于是从下一年开始,所有入学的新生都由张清常教唱。新生进入西南联大,所学的第一首歌就是校歌。由曲作者亲自教唱自有其长处,发音抓得很准,细节抠得精确,感情把握恰当,同学们跟张清常先生学习,校歌也就唱得很好。正如张世富所说:"我在张清常教授指挥下,唱他创作的歌曲,是我一生难得的经历和莫大的幸运。"[1]

---

[1] 张世富:《西南联大的合唱团》,云南西南联大校友会编:《云南西南联大校友会校友通讯》(内刊)第27期,2007年8月。

　　西南联大的集会是较多的,例如社团活动、名人演讲、文艺晚会、戏剧演出、下乡宣传、夏令营、郊游等,多种多样。在这些活动中一般都会高唱校歌、抗战歌曲和国歌等。在会议开始时齐唱,能够起到热闹气氛、激发情绪、提高注意力的作用,所以,这种时候往往是唱歌的好机会。西南联大较为正常的集会是"国民月会",一般每月举行一次。在国民月会的会议议程中就有唱校歌和国歌的内容。这种场合比较正式,同学唱得较为严肃庄重。

　　为了唱好校歌,学校组织校歌混声合唱队,集中全校歌唱得最好的学生五六十人,组成男女声四部合唱,由张清常指挥练习。队员包括西南合唱团的谭庆双、虞佩曹、陆慈、马启伟、官知节等。张清常指定自己在师范学院的学生谭庆双任队长,虞佩曹任副队长,由她们负责召集同学、通知事项等事务。这次所唱的是张清常创作的组曲《西南联合大学进行曲》(原名《敬献西南联合大学》),他把罗庸所作的校歌歌词《满江红》分为三叠,在第一叠唱完后,由男高音独唱冯友兰所作的新体诗"拟校歌",然后再分声部唱第二叠和第三叠。男高音独唱请生物系老师曹景熙担任。练习后,于11月1日在图书馆举行的校庆日庆典上向校内外来宾演唱。由于最佳作曲、最佳指挥加上最佳独唱和全校的最佳歌喉演唱,演出深深折服了听众,结束时,掌声雷鸣,经久不息。梅贻琦十分高兴,于演出后专门设家宴款待张清常和谭庆双。席间,梅贻琦赞扬道:"还没有见过有哪个学校的校歌是以这样庄严、优美的形式来演唱的。"[①]并关切地问张清常:"你是个语言

①张清常:《忆联大的音乐活动》,北京大学校友联络处编:《箫吹弦诵情弥切——国立西南联合大学五十周年纪念文集》,北京:中国文史出版社,1988年10月,第352页。

学的教师，怎么成为作曲者和指挥呢？"①可见演唱获得的高度成功。

由于合唱队队员来自各个学院，课程安排的时间不一，大家又住得分散，每次集中不易，唱过这一次就解散了。

校歌咏唱是西南联大的"全民大行动"。在西南联大，很少有哪一首歌像《西南联大校歌》这样普及到每一个人，拥有那么多师生歌唱的。而《西南联大校歌》普及的最佳时期是印发了铅印歌单的1941年及以后，即西南联大的中期。

### （四）回声歌咏队

回声歌咏队成立于1941年，是师范学院学生的一个歌咏团体，以1939年入学的学生为主，共二十多位学生组成，请张清常任指挥。师范学院学生的音乐素质一般要高一些，喜爱音乐的人也比其他学院的为多，这都是职业要求的缘故。教育学系还聘了专职音乐教师，讲授乐理知识并教唱歌。可见回声歌咏队的歌咏基础较为扎实。

回声歌咏队的发起人和队长就是教育学系的谭庆双。她自小喜爱音乐，对音乐敏感到记一段文章不如记一首歌曲容易的程度，连看两次同一影片就能学会唱片子里的歌曲。进了大学，仍然沉湎于音乐。此前，她为了使更多的同学热爱音乐，曾借来留声机和唱片，在师范学院每周举办一次唱片音乐会，播放世界名曲如贝多芬、莫扎特、舒伯特等的歌曲，有一次还请张清常先生去讲解，以提高同学们的音乐素养。在西南联大，她参加了多个合唱团，唱高音，在每个团中她都是主力骨干。大学毕业后在中小学教

---

① 梅贻琦语，转引自：《张清常文集》第5卷，北京：北京语言大学出版社，2006年1月，第248页。

音乐，做了一辈子音乐老师。她是西南联大师范学院培养音乐人才的一个典型代表。

回声歌咏队所唱的歌曲较多，张清常说"歌谱就有一门课程的讲义那么厚"[①]，主要有：黄自的《旗正飘飘》、贺绿汀的《游击队歌》、刘雪庵的《长城谣》、根据德沃夏克的《来自新大陆交响曲》第二乐章改编的《念故乡》、根据唐尼采蒂的"O Italia Italia"改编的《我所爱的大中华》、约翰·施特劳斯的《蓝色的多瑙河》、柴可夫斯基的《花的圆舞曲》等。大家练习认真，唱得也好。

歌咏队曾在师范学院院庆晚会和西南联大新年晚会上演唱，获得大家的赞赏。还被邀请去昆明广播电台播音室演出，歌声随电波传向了四面八方。

1942年初，回声歌咏队开了个除夕晚会就愉快地结束了。

回声歌咏队并不是西南联大中期唯一的歌咏团体。据张清常说，法学院有一个名为大风的男声四部合唱队，所唱歌曲不多，他邀请他们与回声歌咏队联合演唱过《我所爱的大中华》等。但能够公演的歌咏队似乎不多，水平较高，唱得出色的大约只有回声歌咏队一个。而全校性的歌咏团体则没有。这种情况与"皖南事变"后的校园整体气氛一致。由于师范学院在龙翔街单独一个院子，形成"独立王国"，所受政治压力不太明显，所以有开展活动较为出色的歌咏组织产生。但我们也要看到回声歌咏队的存在仅为一个学期。而在新校舍，是难以产生有影响的歌咏队的。要有，也只能是大风男声四部合唱队这样的内部组织。

---

[①] 张清常：《忆联大的音乐活动——兼忆西南联大校歌的创作》，北京大学校友联络处编：《笳吹弦诵情弥切——国立西南联合大学五十周年纪念文集》，北京：中国文史出版社，1988年10月，第351页。

　　但是，在西南联大中期的新校舍校园里，学生的歌声并没有完全停止，抗战歌曲在不断传唱，《西南联大校歌》最为普及。只是由于政治形势的关系，许多同学不得不向外拓展音乐活动的空间罢了。

### 三、转换方向的后期音乐活动

　　"皖南事变"带给西南联大的压抑直接来自重庆方面。1941年二三月间，三民主义青年团中央组织处处长康泽两次到昆明，企图逮捕共产党员学生，幸好学生撤离得早，不再有任何活动，康泽也遭到以龙云为首的云南省政府及地方名士的抵制，难以开展大规模的行动。学校则向教育部提出，要求维护民主自由的传统。康泽只好把国民党学生集中起来训一通话，要求他们有效地维护党国利益，实际上是不了了之。风声过后，撤离的学生陆续返校，但仍采取"长期隐蔽"的策略，活跃的校园气氛在很长时间内未能恢复。1942年发生了抗议孔祥熙家人在香港大撤退时用飞机运洋狗的"倒孔"大游行，但游行完了仍然一派安静，文艺活动仍然处于平静状态。1943年秋季开学后，新校舍校园里出现了《耕耘》和《文艺》两份壁报，开启了西南联大后期蓬勃向上的风气，文艺活动渐渐兴起，校园的歌声显得更加清脆嘹亮，歌咏团体也有组成。

### （一）劳军工作队与僧音社

　　基督教青年会军人服务处组织的慰问部队即劳军工作队是以西南联大学生为主体，适当吸收其他大学和中学生组成的。1944年暑假参加劳军工作队的同学中，有几位是在文林堂西南合唱团唱歌的男生，在劳军中他们曾为战士演唱歌曲，获得过热烈的掌声。战士的反响增强了他们对自己音乐能力的自信。新学期开学后，大约有七八个相对固定的男同学经常聚在一起，快快乐乐地唱。由于全都是男生，他们自己戏称为"僧音社"。转眼到了期末，基督教青年会再次组织学生去建水劳军，他们中的几位又报名参加。组成劳军工作队的十五人都有一技之长，大多又喜爱文艺，这样，经过简单的筹划组合，便构成了一台文艺演出节目。供演出的主要是短剧和歌曲。

　　唱歌的主力是黎章民、陈月开、李凌和周锦荪等，他们即是僧音社的成员。黎章民是指挥，陈月开是金嗓子男高音，尽管"善歌者"不算多，但实力不薄。黎章民负责教工作队全体人员唱歌。演出合唱曲时，黎章民指挥，僧音社社员在合唱队中起引领作用，有时穿插独唱，由陈月开担任。慰问中曾多次为官兵演出节目。每次演出，第一个节目必定是齐唱，劳军工作队十五人全体上场。当时，日本军队打进了贵州，西南危机加剧，"保卫大西南"成为响亮的口号，所以工作队演唱的第一支歌必定是新歌《保卫大西南》，号召"西南八千万民众，战斗总动员"，"保卫大西南"。这首歌节奏感强，铿锵有力，每次唱出都激动人心。还有另一首比较新的歌《卢沟桥事变小调》也是每次演出必唱的："自从卢沟桥事变起，人人的心中只想杀敌"，"抗战七年多啊，越打越有主意，建立了抗日根据地，平原也能打游击"，我们"抢鬼子的枪，夺鬼子的炮，男女老少，都武装好"，弄得鬼子"电话不灵，铁道不通，叫鬼子兵，一步也不能动"，最后表态："敌人凶，我们更蛮，打不走鬼子咱更没有完！"这首歌每次唱起来都酣畅淋漓，满怀豪情。大家所唱的还有苏联歌曲和新疆民歌等，也总能提起观众的浓烈兴趣。廖瑞群常表演一支独唱曲《站岗放哨李大妈》，生活趣味浓厚，歌声高亢嘹亮，总是感动全场，博得一次次雷动的掌声。慰问后期，大家还分头到连队去教唱《保卫大西南》，并组织了连队间的歌咏比赛。可以说，歌咏节目在慰问中具有极大的亲和力和普及作用，对于鼓舞广大官兵的战斗情绪很有效，较好地实现了劳军的目的，所以，歌咏活动在慰问工作中成绩突出。

劳军回来，僧音社继续在课余练歌。歌声引来新成员的加入，队伍扩大到十几个人。歌咏在艺术中是最为"可以群"的品种，唱的人越多，歌声越洪亮。为了知晓练歌的时间和地点，僧音社每次练歌都写一张通知，贴在宿舍墙上。不意通知还起到了宣传的作用。有的同学按照时间地点寻来，加入学唱。来参加的同学越来越多，便相对固定了时间和地点。他们以唱抗日歌曲为主，《大刀进行曲》、《打回老家去》、《毕业歌》、《义勇军进行曲》、《大路歌》等是他们常唱的，苏联歌曲《青年歌》、《喀秋莎》、《光明赞》、《华莎工人歌》、《夜莺曲》等也是他们的曲目，有时还唱民间风味的《朱大嫂送鸡蛋》和《幽静的岸滩》（苏格兰民歌）等，当然《西南联大校歌》也是他们常唱的歌曲。

僧音社没有演出过，他们为的是心灵的愉快，可以说是一个为唱而唱的组织。在西南联大后期音乐活动中，僧音社是一个开端，它开启了后期音乐组织的先例，并且以它为基础，发展成了高声唱歌咏队。僧音社虽然没有取得大家公认的成绩，但在西南联大后期的音乐发展过程中是有地位的。

**（二）向演唱艺术歌曲发展的高声唱**

参加僧音社的同学越来越多，还有一些女同学也参加了进来，不得不改名。于是把僧音社改为大众化的名称"高声唱歌咏队"。人多了，练歌的时间地点也需要固定才便于活动。1945年3月10日，在新校舍南区三号教室里宣布了歌咏队更名，负责人为黎章民和严宝瑜，并规定每周二、五在该教室练歌。所练的歌曲除抗日歌曲外，增添了更为广泛的内容，保持风格多样，以满足同学们的不同兴趣。例如，唱反映青年愿望的《红草莓》和《青春舞曲》，表达不屈不挠精神的《跌倒算什么》，表现军民关系的《朱大嫂送鸡蛋》，描述民间疾苦的《黄河小调》、《农家苦》、《苦命的苗家》；唱豪壮激越的《满洲囚徒进行曲》、《胜利进行曲》、《黄河大合唱》和外国的《青年歌》、《我们是熔铁匠》、《我们的歌声》；唱优美舒缓的《插秧谣》、《垦春泥》和《静静的顿河》、《我流浪遍了四方》、《哥萨克之歌》、《红河波浪》；唱抒情民歌《都达尔和玛丽亚》、《虹彩妹妹》和外国的《萝雷莱》、《幽静的岸滩》；也唱中外填词歌曲《太平年》、《张大嫂》、《光明赞》、《胜利之歌》、《建设民主新中国》、《我所爱的大中华》等等。而舒模的《大家唱》则相当于一首"引歌"，每次练歌前都要唱，"歌声一起，就好像传来我们歌咏队集体的亲切召唤"[①]，大家便迅速聚拢唱起歌来。从以上所唱曲目看，高声唱已经不是单纯的战歌式的歌咏队，而是兼具多种风格，能唱具有一定难度和艺术水准的歌曲的歌咏队了。

　　由于具备这样的歌咏素质，高声唱曾代表学校参加过昆明各大学联合举行的歌咏演出。在1945年5月1日晚举行的"五四"纪念晚会上，高声唱集体合唱的《五月的鲜花》、《民主青年进行曲》、男声小合唱《读书郎》和对口唱《河边对口曲》，受到热烈欢迎。当晚还联合昆明合唱团和哈哈合唱团共同演唱《黄河大合唱》，邀请徐守廉担任指挥，获得了全场喝彩。词作者光未然和音乐家赵沨亲临指导，给予赞扬。这次演出使高声唱歌咏队声名传扬。昆明音乐界在南屏电影院举行冼星海悼念音乐会，高声唱歌咏队也应邀参加了演唱。这说明，高声唱正在向艺术性歌曲演唱

①黎章民：《唯民文存——黎章民著译自编集》，自印，约2006年，第630。

的道路上迈进，并且显示出较高的水平和一定的成熟性了。

### （三）《茶馆小调》的传唱

《茶馆小调》是当年昆明的"流行歌曲"。它不但在昆明的艺术界流行，在西南联大和大学生中流行，还在昆明知识界流行，在昆明大街小巷流行，并从昆明流行到外省和延安，随复员三校师生一路流行到京津、到全国，新中国成立前常挂在一些大学生的嘴上。六十年后，当年在校的王景山先生还能把歌词默写出来。为什么？《茶馆小调》写出了在国统区沉闷的政治压力下，人民群众的共同感受和愿望。

1945年初，新中国剧社从桂林撤退到昆明。他们原以为在这个对外交通的首站之地会有更多一些的民主自由的空气，殊不知，昆明也和国统区其他城市一样，专制黑暗，压抑沉闷。家家茶馆里都挂着"莫谈国事"的告示，茶馆里的人个个小心翼翼、神色紧张。一天，费克、曹珉夫妇和好友樊赓稣（笔名长工）照旧去新中国剧社所在地景虹街背后的小茶馆休息，费克呆呆地望着周围的茶客，不停地抽烟，突然他忍不住抱怨起"天气"来："鬼天气，叫人像在蒸笼里一样闷得难受！……樊赓稣，你的文学根底不错，写点歌词吧，我想写曲子。"[1]樊赓稣连连点头。两天后，樊赓稣交给费克一份歌词。费克读着，强烈的创作冲动使手拿的纸都抖了起来。又两天，曲子谱成。找一些人试唱，觉得不错，但结尾尚不能表现出大家心中的积愤。费克听取意见，在结尾处加上"哈哈哈哈，满座大笑"等语，拿给樊赓稣，担心"有些冒险"。不意樊赓稣加以肯定，并表示："即使流血牺牲，我们也要这样拿

---

[1]费克语，转引自王景山：《西南联大和〈茶馆小调〉》，《炎黄春秋》，2003年第10期。

出去！"①再过一天，费克谱成全曲，一首风格独具的歌曲就诞生了。其歌词是：

> 晚风吹来天气燥啊，东街的茶馆真热闹。
> 楼上楼下客满座啊，"茶房！开水！"叫声高。
> 杯子碟儿叮叮当当叮叮当当叮叮当当响啊，
> 瓜子壳儿辟里啪啦辟里啪啦满地抛啊，
> 有的谈天，有的吵，有的苦恼有的笑，
> 有的谈国事啊，有的就发牢骚！
> 只有那茶房的老板胆子小，
> 走上前来细声细气说得妙：
> "诸位先生，生意承关照，
> 国事的意见千万少发表。
> 谈起了国事容易发牢骚啊，
> 引起了麻烦你我都糟糕！
> 说不定一个命令你的差事就撤掉，
> 我这小小的茶馆贴上大封条。
> 撤掉你的差事不要紧呀，
> 还要请你坐监牢。
> 最好是今天天气哈哈哈哈……
> 喝完了茶来回家去睡一个闷头觉！"
> 哈哈哈哈，满座大笑：
> "老板说话太蹊跷。

---

① 樊赓燧语，转引自王景山：《西南联大和〈茶馆小调〉》，《炎黄春秋》，2003年第10期。

闷头觉，睡够了，

越睡越糊涂啊，越睡越苦恼！

倒不如干脆大家痛痛快快地谈清楚，

把那些压迫我们、剥削我们、不让我们自由讲话的混蛋，

从根铲掉！"①

　　这首歌词暴露了国民党统治时期的言论不自由和人民精神的压抑，反映出大家积蓄已久的愤懑之声。曲谱吸取民间说唱音乐的格调，充满机智、诙谐、嘲讽的情调。词曲均通俗显豁，配合恰当，老百姓喜闻乐见。

　　新中国剧社初到昆明，受到西南联大和云南文艺界的热烈欢迎。西南联大师生给予许多帮助，双方合作开展过一些演出活动，结下了深厚的友谊。1945年5月18日，西南联大文艺社举办高尔基逝世九周年纪念晚会，邀请新中国剧社参加。新中国剧社准备演唱《茶馆小调》，文艺社将它安排为压轴戏。演出的情景令人震撼，据曹珉回忆："到《茶馆小调》唱毕，全场的情绪达到最高潮，人们都坐不住了，先是拼命鼓掌、欢呼，后来又喊口号、唱歌，形成了震撼天地的怒潮。"②王景山说："从《茶馆小调》在联大晚会上一露面，昆明各大、中学纷纷来人向新中国剧社讨取歌谱，或请剧社派人去教唱。"③《茶馆小调》便传开了。

　　晚会之后，高声唱练唱的歌曲就是《茶馆小调》。由于这首歌

①长工词、费克曲：《茶馆小调》，一二·一运动史料编写组：《一二·一运动史料选编》下，昆明：云南人民出版社，1980年12月，第251—253页。

②曹珉：《情思缕缕念费克》，转引自王景山：《西南联大和〈茶馆小调〉》，《炎黄春秋》，2003年第10期。

③王景山：《西南联大和〈茶馆小调〉》，《炎黄春秋》，2003年第10期。

描绘了昆明社会的实际，反映了大家的心理诉求，而且与西南联大争取民主自由的思潮相吻合，演唱时大家融化在其中，仿佛自己置身茶馆，在听、在说、在喊，所以，唱得投入、唱得会心、唱得痛快、唱得"燃烧"，大家把它带到同学中间，带到校园的各个角落，和同学们一起泄愤似的唱。

新中国剧社还创作了《五块钱》、《你这个坏东西》等歌曲。这些歌曲也是高声唱歌咏队喜欢唱的。

7月，基督教青年会组织"暑期服务队"去石林县圭山一带宣传抗日。高声唱的陈月开、陈端芬等骨干也参加了。他们劳动之余教彝族青年唱《茶馆小调》、《五块钱》、《你这个坏东西》等歌曲。歌声拉近了彼此之间的距离，服务队的工作很快得到开展。基督教青年会组织另一支劳军工作队去建水慰问滇军暂编第二十二师，高声唱的骨干严宝瑜等参加，同样把《茶馆小调》、《五块钱》、《你这个坏东西》等带到建水演唱，还教官兵们唱。自然，后来又由官兵们带到云南各地。而高声唱复员北上，则把它带到北大、清华、南开三校以及全国更多的地方。严宝瑜在一篇文章中说：复员路上大家听到闻一多被杀害的噩耗，悲痛中唱起了《送葬歌》，"最后，我们到达了目的地北平，第二天便在那时的国会街礼堂练唱《你这个坏东西》、《古怪歌》"①。后来，由高声唱歌咏队分化组合而成的北大沙滩合唱团，清华大家唱歌咏队，南开南星合唱团在演出中还唱过《茶馆小调》。

《茶馆小调》的创作者是新中国剧社，但对《茶馆小调》的传播则是西南联大及高声唱歌咏队起了极大作用。

---

① 严宝瑜：《"一二·一"反内战运动中的西南联大"高声唱歌咏队"和四烈士〈送葬歌〉》，《音乐研究》，2001年第2期。

### （四）歌咏与"一二·一"运动

西南联大重启于1943年的民主自由运动，经过1944年的推动，到1945年"五四"达到最高潮。师生们通过各种渠道发出自己的声音，呼吁国家实行民主政治，建立联合政府，召开政治协商会议，文艺思想也空前活跃，会议和演出频繁。与此同时，反动派加紧了对于知识分子的防范，把大学作为监督的对象，把西南联大作为控制的重点。10月3日，杜聿明执行蒋介石的密令解决了政治上的异己力量——龙云问题，云南的形势变得险恶起来。11月25日晚，昆明四所大学学生自治会联合召开时事报告会，请西南联大和云大的教授演讲。高声唱集合队伍进入会场，在草地上席地坐下，高唱充满战斗激情的歌曲，周围的同学也跟着唱，会场气氛热热闹闹。最后集中起来反复练唱初学的新歌《我们反对这个》。报告开始不久，学校外面的马路上突然发出枪炮声，振动耳膜，子弹从会场上空飞过，"嗖嗖"有声。这时，《我们反对这个》的歌声从听众群中升起，回荡在会场上空：

> 我们反对这个！这违反人民进攻人民的事！要告诉你的父亲和祖母，要告诉你的姐妹和兄弟……告诉种田的、做工的、当兵的和全世界人民，我们反对这个！①

这是高声唱的队员竭尽全力从心底发出的怒吼。同学们用歌声对抗枪声，以信心战胜恐惧，对于壮大与会者的胆量，稳定会场秩序发挥了积极的作用。

---

① 龚纪一：《一二·一诗选》，北京：人民文学出版社，1983年2月，第226页。按，这里为节录。

高声唱歌咏队的多样性和艺术性发展方向由此得到改变。

在罢课斗争中，歌咏起到开路的作用。一开始，高声唱分为两队，到街头去宣传，后来，越来越多的宣传小组到街头，学校，工厂去做宣传，高声唱便化整为零，分散到各个小组下去。宣传中，歌咏是必不可少的，歌曲本是宣传品，又能吸引听众来接受其他宣传内容。《茶馆小调》、《五块钱》、《凭良心》、《民主是哪样》、《不要打、不能打、不准打》是常唱的歌曲，但适合当时宣传演唱的歌曲毕竟不多，高声唱便将《南风歌》、《民主凤阳花鼓》等填上新词唱。为了有针对性地进行宣传，高声唱还开始创作新歌，《告同胞》、《告士兵》、《大家不买中央报》等就是这时产生的。"一二·一"惨案发生后，高声唱又创作出《凶手，你逃不了》、《安息吧，死难的同学》、《"一二·一"死难烈士挽歌》、《送葬歌》等歌曲。对于这些歌的演唱，不光是高声唱的队员，还包括西南联大为"一二·一"运动宣传过的同学，可以想象，在那段时期的每一天，昆明城里城外有多少西南联大学生在歌唱这些曲子啊。

在"四烈士"大出殡仪式中，歌咏的作用更值得大书一笔。由于云南省当局不准呼口号，歌咏便是送殡队伍发出的唯一声音。高声唱事先印了《送葬歌》歌单，集中练过，并教部分同学唱过。1946年3月17日出殡那天，队员把歌单散发给来宾，把来宾分成许多大组，高声唱队员分头到各组去教唱，到中午出殡时，来宾差不多会唱了。送殡队伍分为四支队伍出发，高声唱队员也分成四队，每队又分成许多小组散插在队伍之中，走在大街上，带动队伍咏唱悲伤低沉的《送葬歌》。三万人的行列，缓缓行走在昆明的街道上，"天在哭，地在号"的歌声此起彼伏，响遍全城。这是多么壮观的歌队！不仅当时仅见，几十年间也是稀罕的。参唱的人数虽然不算太多，但当时的昆明城不大，而占全城人口十分之一的人组成的长长送葬队伍穿行城中，满城上空都荡漾着歌声。这是西南联大最大的歌咏，一次性唱歌的人数规模甚至超过了校歌咏唱。

这之后，同学们准备考试结业，没有举行大的活动，包括歌咏活动。

### （五）结业典礼上的校歌咏唱

西南联大是一所战时大学，因全民抗战而成立，抗战胜利也就完成其使命，该结束回返了。抗战结束，师生希望早日回去，学校就开始做复员的准备。但是，交通、校舍等都是问题，蒋介石指示不急于迁校。学校遂把迁校时间定在1946年春夏之间。但准备工作却在积极进行。3月2日，梅贻琦邀请一些教授商量建立西南联大纪念碑事，决定由冯友兰撰写碑文。其他结业工作包括结业典礼上的校歌演唱亦在安排中。

由于1942年那次校歌演唱获得成功，张清常想继续采用组曲形式。但这时的情况与先前不一样了：西南联大胜利结束。针对这一情况，他准备对校歌做最后的完善，把它写成一首完满的《西南联大进行曲》。他在原有校歌《满江红》三叠和勉词的基础上，前面加"引"，后面加"凯歌"。"凯歌"从冯友兰撰写的《国立西南联合大学纪念碑碑文》末尾的"铭"中摘出，"引"也就请冯友兰作。张清常把"引"和"凯歌"谱上曲，构成了引子加五个乐章的完整的《国立西南联合大学进行曲》。进行曲写成后，他把它交给师范学院附中歌咏队练唱。一方面，附中本是西南联大的一部分，另一方面，张清常对附中歌咏队很了解。他担任过附中歌咏队的指挥，感觉少年儿童的心灵更与艺术的真善美相一致。他亲自指挥练习。由于大家意识到这是西南联大校歌的最后一次演唱了，而且又将在那样庄重而有历史意义的场合，对着许多大人物和学者名流咏唱，小朋友们练习得非常认真。1946年5月4日，结业典礼在西南联大图书馆内举行，议程末尾，附中歌咏队用他们那纯真优美的歌声把《西南联大进行曲》演唱得尽善尽美。

西南联大宣告结束了，《西南联大校歌》却久久回荡在校园上空。

青年的歌声是不会停止的，无论在任何艰难困苦的环境中，歌声都是青年生活的一部分。但是，历史往往记述那些有代表性的人和事，群众性的歌咏活动则未见诸史书记载。这是本章以歌咏团体为主题描述西南联大音乐活动历程的原因。笔者在写作过程中，心灵一直沉浸在西南联大的历史情景之中，脑子里总是回荡着西南联大校园里随时飘荡着的歌声。

## 第二节　西南联大的校歌

《国立西南联合大学校歌》（罗庸词、张清常曲）是西南联大唱得最多、影响最大的一首歌，堪称西南联大的第一首歌。这首歌在西南联大，无人不唱，无人不会唱，每次唱起来，都会悲壮无限，继而豪情满怀、意志弥坚、力量倍增，所以每个学生在校时会唱，爱唱，毕业后仍然唱，在不同场合集体唱，到了晚年也在唱，每有聚会则唱，甚至公开登台演唱。国内的西南联大学生如此唱，到了香港、台湾的学生也如此唱，身居异国的学生仍然如此唱。在今天，有的大学里许多后学者会唱，在唱。要知道，西南联大校歌诞生已经七十余年了，还能如此流行。可以说，没有哪一所大学的校歌能有这样恒久的生命力和深远的影响力。

为什么《西南联大校歌》能够长期传唱？当然是校歌写得好，

写出了大家的实感、愿望和追求。再问，为什么西南联大能够作出这样好的校歌？产生这样深远的影响？答曰：首先是作者罗庸和张清常有强烈的爱国心，对那个苦难的时代体会深刻，同时具有高深的艺术修养；其次是制作过程的严格，学校成立了校歌委员会，专项负责校歌的制作，历时近一年，几经反复才完成；最后是熟练的咏唱，每有新生入学专门教唱，每有大型集会集体咏唱，还有校歌合唱队专门演唱。学校对校歌如此重视，是把校歌作为育人的最佳教材来使用的，即用校歌砥砺同学的意志，提升同学的情操，激发同学的热情，增加同学的劲头，激励大家当前为成才，将来为国家竭尽自己的全力。

制作校歌不是西南联大的创造，而是国民政府教育部的要求。但政府官员是把校歌作为"启发爱校之心"，进而"陶冶青年儿童身心"的工具来提倡的①。到了西南联大，对校歌作用的认识则有一个质的变化。从校歌歌词所表达的内容可以看出，校歌充满了强烈的爱国主义精神，抒写国家民族灾难，略述本校迁徙历程，勉励同学树立刻苦自励为国成才的雄心壮志，表达报仇雪耻振兴中华的决心，不局限于"身心"和"爱校"，而是爱国，一切为了国家的独立和强大——这不仅是国家遭受侵略凌辱时全体人民的心理诉求，也是和平时代一个公民的精神指向。所以，《西南联大校歌》能够从三十年代一直唱到今天，并且还将继续唱下去。

## 一、校歌的制作

1938年6月24日，教育部发出训令："音乐一科，为陶冶青年儿

---

① 民国政府教育部训令，转引自《云南师范大学大事记》，《云南师范大学学报》1988年校庆增刊，第22页。

童身心之主要科目,自古列为六艺之一,现在各级学校教授音乐,取材虽未尽趋一致,但多自编校歌,以代表各该校之特点,而于新生入学之始,则教之歌咏,以启发爱校之心,影响至为重大。兹为考察起见,各级学校应将所编校歌,呈送本部,以备查核。"[1]接到训令,各校均不敢怠慢,纷纷将校歌呈教育部。唯西南联大初创于昆明,没有现成的校歌呈报。且这时学校长途迁徙甫定,分两地三处办学,学校办公、师生居住等分散全城各处,校舍、设备等尚未完全解决,本学期开学时间都延迟至5月4日,学年招生工作又已启动,征地建校事宜尚未落实,白手起家,千头万绪,一时难以顾及创作新歌。于是,西南联大7月20日向教育部报告:"本校创立未久,未备校歌,俟编成后再行呈核。"[2]学校希望得到教育部的谅解,暂缓一段时间来完成校歌制作。没想到教育部毫不理会,于10月3日再次发出训令:"限一个月内将办理情形及校歌、校训呈报。"[3]语气官腔十足。西南联大只好抓紧工作,于10月6日召开常委会,决定成立校歌校训委员会,"聘冯友兰、朱自清、罗常培、罗庸、闻一多诸先生为编制本校校歌校训委员会委员,并请冯友兰先生为该委员会主席"[4]。五位委员全是文学院的教

①民国政府教育部训令,转引自《云南师范大学大事记》,《云南师范大学学报》1988年校庆增刊,第22页。

②西南联大呈教育部文,转引自《国立西南联合大学校史——一九三七至一九四六年的北大、清华、南开》,北京:北京大学出版社,2006年1月,第75页。

③民国政府教育部训令,转引自《国立西南联合大学校史——一九三七至一九四六年的北大、清华、南开》,北京:北京大学出版社,2006年1月,第75页。

④北京大学等编:《国立西南联合大学史料》第2卷,昆明:云南教育出版社,1998年10月,第69页。

授,后四位又全是中文系教授,其中冯友兰是文学院院长,朱自清是中文系主任兼清华大学中文系主任,罗常培是北京大学中文系主任,罗庸和闻一多是著名的古文专家,朱自清、闻一多还是著名新诗人。可以说,委员会集中了西南联大当时最具资格的校歌校训编制专家。

　　因上级催迫,罗庸集中心思考虑创作,不久,便拿出了一首歌词,并配上曲谱,交给校歌校训委员会。10月30日,委员会召开会议讨论校歌,"接受了罗的词,但未通过曲"①。由于"未通过曲",委员会没有向常委会报告。11月24日,委员会又开会,决定在报送校训的同时,上报已经接受的校歌(初版本)歌词:

　　　　万里长征,辞却了五朝宫阙。暂驻足,衡山湘水,又成离别。绝徼移栽贞干质,九州洒遍黎元血。尽笳吹,弦诵在山城,情弥切。　　　千秋耻,终当雪;中兴业,须人杰。便一成三户,壮怀难折。多难殷忧新国运,动心忍性希前哲。待驱除倭虏复神京,还燕碣。②

　　11月26日,常委会举行的第95次会议决议:"以'刚毅坚卓'为本校校训。"③但没有对校歌表决。为什么? 若干年以后,冯友

①《朱自清日记》(1938年10月30日),《朱自清全集》第9卷,南京:江苏教育出版社,1998年3月,第557页。

②《朱自清日记》(1938年11月24日),《朱自清全集》第9卷,南京:江苏教育出版社,1998年3月,第560—561页。此为罗庸初稿,与后来改定稿的文字略有出入。

③北京大学等编:《国立西南联合大学史料》第2卷,昆明:云南教育出版社,1998年10月,第75页。

兰在《我在西南联大所犯的罪行的补充交代（续）》中说："有人觉得形式太旧，不像个校歌样子。"[1]查西南联大校史资料，1938年10月18日召开的第91次常委会决定："本校常务委员会开会时，请本校各院、处长列席。"[2]意即，此后西南联大的常务委员会会议都是有院长、处长列席的扩大会议。冯友兰作为文学院院长出席了此后的常委会会议。11月26日讨论校歌、校训的第95次常委会自不例外，所以他的话系述说亲身经历。尽管此话出自"文化大革命"中冯友兰在遭受打击迫害时所写的交代材料，因不涉及太多利害关系，又符合历史事实，是可以相信的。到了白话文早已普及的三十年代末期，还用词来作校歌，不符合时代潮流，因此有反对意见，常委会会议便未作表决。

冯友兰受常委会上提倡新体歌词的启发，写了一首新体诗的歌词：

> 西山苍苍，滇水茫茫，这已不是渤海太行，这已不是衡岳潇湘。同学们，莫忘记失掉的家乡，莫辜负伟大的时代，莫耽误宝贵的辰光。赶紧学习，赶紧准备，抗战建国都要我们担当。同学们，要利用宝贵的辰光，要创造伟大的时代，要恢复失掉的家乡。[3]

---

[1] 冯友兰语，转引自蔡仲德：《冯友兰先生年谱初编》，郑州：河南人民出版社，2000年12月，第538页。

[2] 北京大学等编：《国立西南联合大学史料》第2卷，昆明：云南教育出版社，1998年10月，第70页。

[3] 西南联合大学北京校友会编：《国立西南联合大学校史——一九三七至一九四六年的北大、清华、南开》，北京：北京大学出版社，2006年1月，第76页。

　　至此歌词有了两首,曲谱仍没有合适的,校歌委员会再行征集。朱自清想起了酷爱音乐,在清华研究院读书时曾与自己合作过校歌的张清常,他这时在迁到广西宜山的浙江大学任教,朱自清便把两首歌词寄给了他。张清常收到歌词,"反复吟诵,再三考虑,认为罗词上阕悲愤,下阕雄壮,是一首好词,适合于做校歌。于是把罗词谱成男女声四部合唱曲,用每页12行的大五线谱纸写成。此件写明:国立西南联合大学校歌,罗庸词,张清常曲"①。他又用简谱写了一份,同样注明词曲作者,简谱那份还写上了时间地点:"二十七年十二月于广西宜山。"完成后,他及时寄回昆明。张清常没有给冯友兰的歌词谱曲,校歌委员会不好比较,得另外找人。最后由马约翰和沈有鼎两位教授分别为冯友兰的歌词谱了曲。马约翰谱的是圆舞曲形式,四三拍子,齐唱的简谱;沈有鼎谱的是进行曲形式,四二拍子,也是齐唱的简谱。

　　有了这两首歌词的三份歌曲,校歌委员会便把它们油印出来,组织学生练唱。

　　这一过程花了半年多时间,直到1939年6月14日,校歌委员会才召开会议听三首待选校歌的咏唱效果,并请在本校的作曲当事人马约翰和沈有鼎,还有精通音乐的杨业治教授参加。试听结果,与会者中有人认为冯友兰的歌词和马约翰的曲谱较好,但马约翰的曲谱有单调之感,遂建议马约翰、沈有鼎和杨业治共同修改。朱自清这一天的日记写道:"下午开校歌委员会,听校歌演唱。接受冯的歌词和马的谱。但谱嫌单调,因此决定由马、杨、

---

①张清常:《忆联大的音乐活动——兼忆西南联大校歌的创作》,北京大学校友联络处编:《笳吹弦诵情弥切——国立西南联合大学五十周年纪念文集》,北京:中国文史出版社,1988年10月,第354页。

沈负责修正。"①这里的"马、杨、沈"即马约翰、杨业治和沈有鼎。西南联大校史专家张源潜特别提醒我们："日记中第一次提到'冯的歌词',是与马谱联系着的。"②而杨业治则在后来回忆自己当时的态度说:"在三个校歌中,我立即主张采用罗庸词张清常谱的《满江红》校歌。《满江红》的词意境与岳飞的《满江红》有很多相似处,它受到了岳词的启发。历史环境的相似,悲愤激昂的情绪相似,甚至个别处遣词亦相似。歌词与曲调非常吻合。前半阕的悲怆沉着,后半阕的高昂兴奋,表达了我们百年来的积愤和今日雪耻图强的决心,这即是我们那时的情怀。"③事实上,"修正"之语只是安慰式的话,事后并未根究。由于留下修改的尾巴,这次会议没有表决。

　　过了半个月的1939年6月30日,校歌委员会再次举行会议决定校歌。会上通过了张清常谱曲的《满江红》为校歌。委员会当即具函向常委会报告:"前承命组织委员会拟定校歌校训,除校训已经拟定并经钧会核准公布外,兹送呈拟定的校歌,敬请核定。"④委员罗庸、朱自清、罗常培、闻一多、冯友兰五人签名呈报。

---

①《朱自清日记》(1938年6月14日),《朱自清全集》第10卷,南京:江苏教育出版社,1998年3月,第31页。

②张源潜:《有关西南联大校歌歌词作者的史料两折》,《西南联大北京校友会简讯》(内刊)第41期,2007年4月。

③杨业治:《从南岳到蒙自——抗战初期的片段回忆》,蒙自师范高等专科学校等编:《西南联大在蒙自》,昆明:云南民族出版社,1994年12月,第30页。

④北京大学等编:《国立西南联合大学史料》第1卷,昆明:云南教育出版社,1998年10月,第36页。

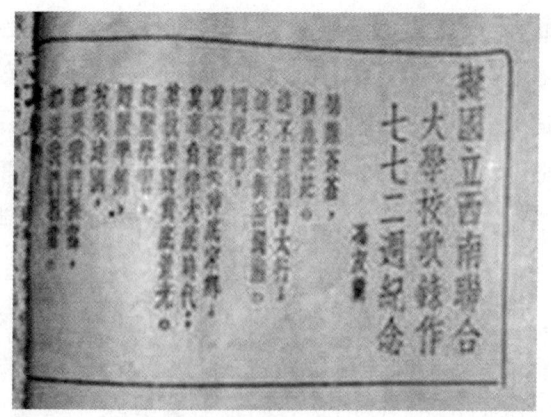

《云南日报》刊发的冯友兰所作校歌歌词

时值抗日战争二周年纪念，《云南日报》辟专版纪念。冯友兰由于自己所作的校歌歌词没有被最后一次校歌委员会会议采纳，便以《拟国立西南联合大学校歌录作七七抗战二周年纪念》为题，把"西山"改为"碧鸡"，"滇水"改为"滇池"，"的"字全部改为"底"字，投给报纸发表了。

1939年7月11日，西南联大常委会第112次会议"议决事项"（一）："依照本校校歌校训委员会所拟本大学校歌通过。"[1]此次通过的歌词与上引罗庸原词有两处不同，即把"洒遍"改成了"遍洒"，"倭虏"改成了"仇寇"。前一改出于词语结构上的考虑，后一改为使表达含蓄一些。

7月15日，学校发文给各部门知照校歌通过事。

7月19日，学校向教育部呈报校歌。

7月24日，常委会公布《国立西南联合大学关于校歌的布告》，

---

全文如下：

> 兹经第112次常务委员会议议决：依照本校校歌校训委员
> 会所拟本大学校歌通过等语，记录在卷。合行检附前项校歌布
> 告，希各知照。此布。①

《西南联合大学校歌》曲谱作者张清常的姐姐张清徽，时在迁到昆明的北平图书馆工作，知道弟弟的作品被西南联大采用为校歌，十分高兴，写信到宜山告诉弟弟，并且附寄了用作试唱的三份油印歌单。张清常收到这一喜讯，自然无比兴奋和激动。他看到马约翰和沈有鼎所谱的曲子，觉得没有谱好，年轻气盛的他，也产生了为冯友兰词谱曲的冲动，接着谱成了一首男高音独唱曲。校歌已定，这首曲没了用。他受时在西南联大的老师和西南联大的"高看"激发，把他所谱的两首歌加以改编，组合为一首《敬献西南联合大学》组曲。他不知冯友兰的歌词这时已经作了修改，仍然用的是先前朱自清给他的稿子。"7月28日，我完成了五个乐章的《敬献西南联合大学》，将其主旋律用简谱油印为7张共14页。首页，第一乐章在引子8小节后即为校歌《满江红》，写明'罗膺中先生词'。在第11页第6行，开始第四乐章，有男高音独唱，是教师对学生进行勉励，采用了冯友兰先生（新体诗）的歌词，也就是马约翰、沈有鼎两位都谱过的歌词。那时我年轻气盛，偏要也试一试如何给冯先生这篇白话诗式的'……同学们……同学们……'制谱。在第四乐章里我标明'冯芝生先生词'。我把这14页油印的主

---

① 北京大学等编：《国立西南联合大学史料》第1卷，昆明：云南教育出版社，
1998年10月，第38页。

旋律简谱寄给在联大的老师们。其中寄给朱自清、闻一多先生的那份，篇首上方写着'谨呈佩弦、一多师恳乞赐正'。他们二位将它交给学校。"[1]他的组曲稿子寄出，中间又赶上假期，辗转传到冯友兰之手时，校歌校训委员会已经撤销。冯友兰只好以个人名义具函向常委会呈报组曲，建议专函申谢。11月1日，梅贻琦在呈函件上批示："文书组函张先生致谢，乐谱留存。"[2]

撤销校歌委员会是10月17日的事。这一天，常委会召开第123次会议，"议决事项"第（二）条为撤销校歌校训委员会等七个委员会。西南联大初创时期，为了完成各种非长期任务，设立了一些临时委员会。至1939学年度开始时已完成任务的七个临时委员会经此次会议决定全部撤销。

11月17日，西南联大第二届校务会举行第一次会议，常委会向会议报告"本大学校歌审定案"。至此，西南联大校歌制作工作全部结束。

本节至此也该结束了。但是，《西南联大校歌》给我们留下了许多后话。这些"后话"不能不在此说一下：

第一，校歌报到教育部后，教育部于12月2日发来一纸"训令"说："该校校歌之曲系西洋成曲，似未能表现校歌特具之精神，令即另行作曲配词。"[3]此语让人啼笑皆非！对此，梅贻琦批

①张清常：《忆联大的音乐活动——兼忆西南联大校歌的创作》，北京大学校友联络处编：《笳吹弦诵情弥切——国立西南联合大学五十周年纪念文集》，北京：中国文史出版社，1988年10月，第354—355页。

②梅贻琦批语，转引自《国立西南联合大学校史——一九三七至一九四六年的北大、清华、南开》，北京：北京大学出版社，2006年1月，第77页。

③民国政府教育部训令，转引自《国立西南联合大学校史——一九三七至一九四六年的北大、清华、南开》，北京：北京大学出版社，2006年1月，第77页。

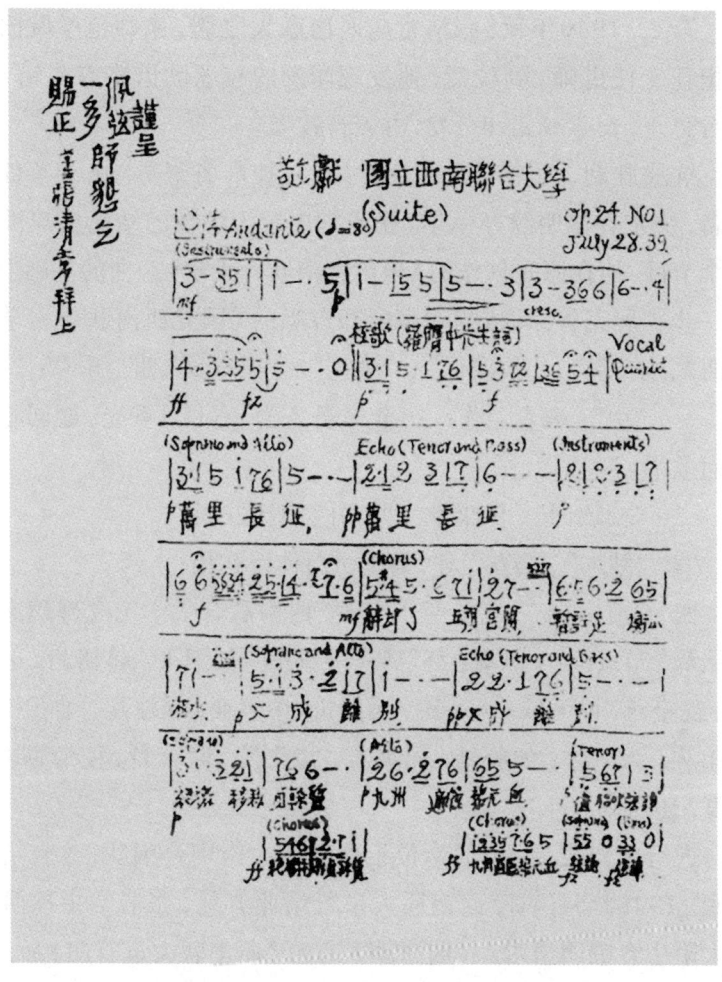

张清常1939年7月28日在广西宜山完成的组曲首页之局部,《张清常文集》第5卷, 北京: 北京语言大学出版社, 2006年1月, 第311页

示文书组："本校校歌并非西洋成曲，可将歌词及曲谱检呈。"①
呈报后，教育部再无下文。

第二，1940年秋，张清常应西南联大之聘，来师范学院国文系担任专任讲师。到校后，他发现印发的校歌歌谱略有差错，便重行订正，交学校铅印分发，并亲自教唱。

抗战胜利，西南联大结束使命，三校准备复员。由于条件不具备，决定在昆明续办一年。张清常决定为学校的结业盛典准备一个节目。他在原先创作的《敬献西南联合大学》组曲的基础上，进一步扩展完善，写成男女声四部合唱的《国立西南联合大学进行曲》，分"引"、"校歌词"、"勉词"、"凯歌词"四个乐章：

一、"引"，冯友兰作："八年辛苦备尝，喜日月重光，愿同心同德而歌唱。"

二、"校歌词"，罗庸作，即上引《满江红》。

三、"勉词"，冯友兰作，即上引新体诗初稿。

四、"凯歌词"，冯友兰作《国立西南联合大学纪念碑碑文》"铭辞"节录："千秋耻，终已雪。见仇寇，如烟灭。起朔北，迄南越。视金瓯，已无缺。大一统，无倾折。中兴业，继往烈。维三校，兄弟列。为一体，如胶结。同艰难，共欢悦。联合竟，使命彻。神京复，还燕碣。"

进行曲作成后，张清常带给西南联大附中合唱队，亲自指导练唱。1946年5月4日，西南联大举行结业典礼，张清常指挥西南联大附中合唱团演唱。一曲激动人心的《西南联大进行曲》后，梅贻琦宣布西南联大结束。

---

① 梅贻琦语，见《国立西南联合大学校史——一九三七至一九四六年的北
　大、清华、南开》，北京：北京大学出版社，2006年1月，第77页。

　　第三，也是一件令人啼笑皆非的事件。冯友兰晚年作《致〈北京晚报〉》、《三松堂自序》、《自传》等，说"这首词是我作的"①。并在《三松堂自序》"附记"中说："按说现在我是最有资格回答这个问题的人，因为1938年联大制定校歌校训的时候，设了一个委员会主持其事。我是五个委员之一，并且是主席。现在其他四人，闻一多、朱自清、罗庸、罗常培都不在了，只有我一个人还在，并且还没有失去记忆力。有人来问，我就凭我的记忆说是我作的。"②接着举朱自清三则日记为证，理直气壮地把校歌正式归入自己名下。但他没有录1938年11月24日的日记，这则日记录了校歌歌词。这一遗漏使朱自清的日记链条断了一节，使全部日记产生出他所需要的推论。而更重要的是这位"最有资格回答这个问题的人"，在其他四个委员都逝世后，才正式申说《西南联大校歌》著作权事。其实，他在这之前早有这一意图了，例如1968年7月他写的"交代材料"中就说到过（自然那时无法正面提出此问题也是事实）。但是，其他的知情人，如曲谱作者张清常，参加校歌审定工作的杨业治等还健在。经历了西南联大1939年的许多老师和学生还在。张清常所谱曲子和当时所印歌单还在。当时手持歌单唱这首歌的许多人都还健在。这一问题是清楚的。本文的任务不在考证《满江红》歌词的作者，就不多谈了。

　　第四，罗庸作词、张清常作曲的《西南联大校歌》和《西南联大进行曲》随离校的师生主要是学生走向了海内外，得到长期传唱。许多书刊多次重刊《西南联大校歌》，也有刊《西南联大进行

①冯友兰：《三松堂自序》，《三松堂全集》第1卷，郑州：河南人民出版社，2000年12月，第295页。

②冯友兰：《三松堂自序》，《三松堂全集》第1卷，郑州：河南人民出版社，2000年12月，第302页。

曲》的。在后来的重刊书刊中，可能刊载较早的是新竹清华大学校友会的《清华校友通讯》，该刊于1967年3月1日出版的新第19期刊载了《西南联大进行曲》。刊载时在编者注中转述了查良钊的话："此词歌当时极为动人，全体师生无不永铭心版。"①查良钊是当年的西南联大训导长，那时的台湾清华校友会会长。他的话是历史的见证。

《西南联大校歌》诞生以来的数十年间，一直激发着全体师生的爱国情绪和团结奋进的精神，成为维系西南联大师生心灵的纽带。常竑恩说："当唱起校歌时，仿佛危难中的祖国在呼唤我们，要奋起，要战斗，刻苦学习，枕戈报国。女同学誓作叱咤风云的巾帼英雄；男同学随时准备为国抛头颅、洒热血，做顶天立地的男子汉。"②这不仅仅是学生们在西南联大时期唱校歌的体验，也是他们在离开西南联大之后的岁月中唱校歌时的心灵写照，即使今天，我们这些远离西南联大的人唱起来也会有这种感受。这样悲壮动人的校歌，恐怕只能在那个时代才会产生！

### 二、校歌的咏唱

校歌是合唱歌曲，属于群声艺术，适合集体咏唱。但合唱的形式也是多种的，如齐唱、轮唱、男女混声唱、分声部合唱等，而运用得最多的形式是群声合唱及齐唱。《西南联大校歌》的咏唱也是以群声合唱为主要形式的。

《西南联大校歌》的最初咏唱是试唱。为选择与确定西南联

---

① 新竹清华大学校友会：《清华校友通讯》新第19期，1967年3月1日，第33页。
② 常竑恩：《〈西南联大校歌〉歌词简释》，《西南联大北京校友会简讯》（内刊）第13期，1993年4月。

大的校歌，收到张清常寄来的校歌后，校歌委员会组织学生进行试唱，以考察咏唱的效果。委员会听唱的结果，认为张清常所谱的《满江红》比其他两首的咏唱效果好，所以决定选为校歌，呈报学校常委会审批。朱自清日记说"曲调比歌词更重要"[1]，指的就是咏唱效果——音乐用旋律感人。但这只是前奏，歌曲还没选定为校歌，不能算作"校歌"咏唱。

1939年7月11日，西南联大常委会批准校歌委员会的选择，决定以罗庸作词、张清常作曲的《满江红》为校歌。从此开始了《西南联大校歌》的正式咏唱。

校歌确定不久，西南联大安排人刻写蜡版，油印若干份，发放全校，让每个师生知晓学唱。新学期开学后，学生则有组织地进行练唱，几乎每个人都学会唱了。很快，西南联大校园响起了《西南联大校歌》的歌声。学生集会时通常都有校歌咏唱。

1940年8月，西南联大聘校歌的曲作者张清常任师范学院国文系专任讲师。他来校报到后，发现流传的油印校歌曲谱略有错误，又作了校订，而后交给学校。鉴于此时校歌被全体师生广泛接受，且咏唱效果良好，引导和教育作用明显，学校在经费极其困难的情况下匀出钱来，把订正稿拿去铅印。铅印量更大些。此后，每个新生入学都得到一份校歌歌单，以便自行学习。也是从这一年起，入学新生有专人教唱校歌，其中1941和1942年由张清常亲自教唱。这是《西南联大校歌》咏唱的第一种形式——教唱。

第二种形式是集会时咏唱。西南联大的学生的集会比较多，比较固定的是一月一次的"国民月会"。国民月会是按照教育部

---

[1]《朱自清日记》（1939年6月30日），《朱自清全集》第10卷，南京：江苏教育出版社，1998年3月，第34页。

的要求举行的。每次国民月会都要举行升旗仪式,背总理遗嘱,唱国歌,领导讲话,一般是报告国内外及学校大事,让学生知晓一些事情,许多时候也举行专题报告,有时请名家演讲,例如,1944年5月上旬的国民月会,由五四运动的参加者周炳琳教授讲《五四运动》;6月的国民月会请中央电工器材厂总经理恽震讲《中国将来的工程师》,而后梅贻琦报告校务。在国民月会上,通常都会由参会的学生齐唱《西南联大校歌》。此外还有"五四"纪念会、"七七"纪念会、校庆等。1944年周炳琳讲的五四运动,同时也是纪念"五四"的一个内容。11月1日是长沙临时大学开学的日子,西南联大以这一天为校庆日。西南联大每年这一天都会举行校庆活动。有了校歌之后,庆祝集会都会齐唱校歌以纪念。这里举西南联大1941年一次集会的会议议程为例:

本校成立四周年纪念典礼及十一月份月会秩序

一、全体肃立

二、唱国歌

三、向党国旗及国父遗像行三鞠躬

四、主席恭读国父遗嘱

五、主席致开幕词

六、讲演(《联大四年的回忆》,黄钰生讲)

七、唱校歌

八、呼口号

九、礼成[①]

①《本校成立四周年纪念典礼及十一月份月会秩序》,云南省档案馆。

不固定的集会就更多，例如名人演讲、文艺晚会、戏剧演出、社团活动、学生自治会改选、下乡宣传、郊游等，在这些活动中，有时候也会唱校歌，但不一定。那时同学们常唱的歌是抗日歌曲，能够形成齐唱。在西南联大教唱的歌只有《西南联大校歌》一首，所以在西南联大，有的集会在正式内容开始前先唱校歌。

第三种形式是演出。例如：1940年冬，在西南联大工学院新年晚会上，演奏了校歌《满江红》及其变奏曲。工学院在拓东路，学生中有一支小型管弦乐队，张清常到西南联大，乐队便邀请他参加活动。鉴于乐谱奇缺，张清常就把《西南联大校歌》加上几次变奏，成为几个乐章，供乐队练习。于是有了这一次演出。1942年夏，西南联大组织校歌混声合唱队，选全校学生中的"金嗓子"组成，队长谭庆双，副队长虞佩曹，由张清常做指挥，练习张清常在宜山谱曲的《敬献西南联合大学》组曲，生物系曹景熙老师担任男高音独唱，谭庆双唱女高音，虞佩曹唱女中音，队员有陆慈、刘君若、马启伟、官知节、官知义、严达等数十人，于11月1日校庆日在校图书馆向观众演唱。演唱深深感动了观众，掌声经久不息。连喜怒不形于色的梅贻琦常委都大为高兴，特别设家宴请合唱队指挥张清常和队长谭庆双吃饭，祝贺演出成功。梅贻琦还评价说："还没有见过有哪个学校的校歌是以这样庄严、优美的形式来演唱的。"[①]1946年，西南联大结束之前，张清常把《敬献西南联合大学》扩展为《西南联合大学进行曲》，指导西南联大附中歌咏队练习，老师倪连生、阎修文领导并参加合唱，音乐老师弹琴伴奏，每周练习。5月4日，在结业典礼上张清常指

---

① 梅贻琦语，转引自张清常：《忆联大的音乐活动——兼忆西南联大校歌的创作》，北京大学校友联络处编：《笳吹弦诵情弥切——国立西南联合大学五十周年纪念文集》，北京：中国文史出版社，1988年10月，第352页。

挥演唱，用优美动听的歌声和完美的艺术形式给西南联大画上了句号。

西南联大不以校歌始，却以校歌终。而自从校歌产生以来，校歌就是西南联大的一首"流行歌曲"。同学们爱唱，在宿舍，在教室，在路上随时都唱，校园里不时响起校歌的声音。因为校歌能表达出大家的心声，唱校歌就是在倾吐自己的感情，所以喜欢唱。而上述集体咏唱提升了校歌的艺术性，强化了校歌的感染力，增强了同学们的喜爱。在西南联大师生那里，这种喜爱持续了一生。

校歌为西南联大画上了句号，但师生们对《西南联大校歌》的咏唱并没有因西南联大的结束而结束。相反，它成为师生心灵的珍藏，在后来的生活中会不时咏唱谈论，而更多的时候，是用以表达对西南联大的纪念，用以激发自己的精神和力量。师生把《西南联大校歌》带到了京津三校，带到了海内外，传唱至今，所以，本文不能就此结束，还得把西南联大结束之后的咏唱情况做些记述。

西南联大结束后，用流行的造词法应该说是"后西南联大"。后西南联大的《西南联大校歌》咏唱，是从学生离开昆明的那一刻开始的。师生分批北返，一批批学生坐在大卡车上，依依不舍地挥手向前来欢送的朋友、向西南联大、向昆明告别，那心情，充满了离别的忧伤和对于前景的喜悦的复杂感：很快就"还燕碣"了，可何时才能重见昆明，重见母校，重见朋友们呢？大家都各自想着心事，集体静穆。忽然一个同学轻声哼起"万里长征……"，歌声荡漾开去，在同车人的心中激起了同样的感情，两个唱、三个唱，全车人一起唱，歌声随风传开，两车、三车，全车队的同学都在唱，汽车进入山路，歌声从山弯漾起，随风在林间起伏……

这不是文学想象，而是写实，许多同学都有这样的记忆。

北返的同学每到一地歇脚，都会情不自禁地唱起校歌，因为校歌最能表达西南联大"动心忍性"九年，最终得以"驱除仇寇复神京，还燕碣"的心情。严宝瑜记下了一段感人至深的回忆：

> 1946年夏天，联大学生复员北上，我是属于最后一批从上海乘开滦运煤船到塘沽的人，其中有相当多的人是"高声唱"的队员。学校搬迁工作驻上海负责人——著名的植物学家李继侗先生，在上海一批一批接送联大学生北上。他在完成最后的一批接送任务后，同我们一起乘船到塘沽。他讲话有点结巴，他说："你们是最后一批了。大大……大家唱个校歌吧！"于是好几个同学把我推上高高的行李堆，我就站在行李堆上指挥大家唱《西南联大校歌》。我记得唱时李先生激动得边唱边和我一起打拍子，同时用手背擦着眼泪。当大家唱完最后一句"待驱除仇寇复神京，还燕碣"时，欢呼声经久不息。因为我们是最后一批联大学生回到北京的，眼前的事实不正应验了校歌里的预言吗？①

三校复员后，《西南联大校歌》又不时在宿舍、教室和同学的集会中响起。大家这时唱校歌，别有一番感情，一方面是胜利者的喜悦，另一方面是对西南联大的怀念。在由高声唱歌咏队分化组合而成的沙滩合唱团、大家唱合唱团和南星合唱团，训练和演出中有时也唱《西南联大校歌》。

---

① 严宝瑜：《"一二·一"反内战运动中的西南联大"高声唱歌咏队"和四烈士〈送葬歌〉》，《音乐研究》，2001年第2期。

　　1949年，西南联大招收的最后一级学生毕业后，校歌的集中咏唱声逐渐稀少了。此后三十年间，只有西南联大校友聚会时为怀念西南联大的生活而在小范围、小场合唱。直到1980年，才又出现了一个咏唱的浪潮。

　　1980年，中共中央宣传部和共青团中央举行大会纪念"一二·九"运动四十五周年和"一二·一"运动三十五周年，召集当年参加过运动的二百多位大学生组成歌咏团，唱当年他们唱过的老歌，由高声唱歌咏队的方堃担任指挥。纪念会在人民大会堂举行，演出实况通过各种宣传媒体介绍出去，引起了很大反响。纪念会后，方堃提议成立"北京老同学合唱团"，专门唱革命、健康、优秀的歌。提议得到大家的响应，合唱团很快成立。参加者大多是四十年代北大、清华、南开和燕京、中法、师大、辅仁、朝阳学院等大学歌咏团体的积极分子，音乐素养极高。成立后，合唱团多次到北京各大中学演出，也曾几次上人民大会堂演出。演出的歌曲中，就有《西南联大校歌》。三十余年来，他们演出了若干场次，演出了若干遍《西南联大校歌》。最值得一提的是在西南联大纪念会上的演唱。在纪念西南联大诞生六十周年、六十五周年、七十周年、七十五周年纪念会上，老同学合唱团或部分团员都作了精彩演唱，而在每次演唱中《西南联大校歌》都是保留节目。例如，在庆祝西南联大建校七十周年大会上，老同学合唱团和清华大学学生艺术团合唱团联合演出了主题为《峥嵘岁月的歌声》的诗歌联唱节目，其中歌的部分为九首，且以《西南联大校歌》开头，方堃指挥。最近一次，2012年11月3日，在清华大学召开的西南联大建校七十五周年纪念会上，九十岁高龄的方堃再一次指挥合唱团演唱了《西南联大校歌》。

　　西南联大北京校友会和云南西南联大校友会每年都举行西

南联大纪念会,每次会议,老先生们都必唱校歌,借以怀念当年不寻常的岁月。校友不太集中的广州、武汉、成都、重庆等地,少数人聚会时也唱。有校友自远方来,大家临时聚会都会唱。

身在海外的西南联大校友集会时照样唱。"西南联大校友遍布于大陆各地及台湾、香港,国外则美国最多,加拿大、澳大利亚、新加坡、马来西亚、泰国以及英国等地校友,每逢校庆聚会仍唱校歌。"①

此外,《西南联大校歌》还在北大、清华、南开和云南师大的部分师生中传唱。云南师大专门教新生唱,有时举行歌咏比赛则为必唱歌曲。云南师大还建立了西南联大纪念馆,每年都请一批学生做讲解或服务员,他们也都能唱。

《西南联大校歌》还会唱下去,只要西南联大传统还作为人们的精神需要。

### 三、校歌的解读

今天的青年人咏唱《西南联大校歌》,确实有些不解了:歌词是古词,还用了一些典故,内容包含了一段久远的历史,思想价值观也与今天略有差距;曲调不那么顺耳,也不像今天的校歌那样轻快畅达,所以,有必要对《西南联大校歌》作一番解读。

为免除读者翻阅之劳,在解读前先将《西南联大校歌》歌词抄录于下:

　　　　万里长征,辞却了五朝宫阙。暂驻足衡山湘水,又成离别。绝

---

① 张清常:《关于国立西南联合大学校歌》,《新文化史料》,1994年第6期。

徽移栽桢干质, 九州遍洒黎元血。尽笳吹弦诵在山城, 情弥切。

千秋耻, 终当雪; 中兴业, 须人杰。便一成三户, 壮怀难折。多难殷忧新国运, 动心忍性希前哲。待驱除仇寇复神京, 还燕碣。①

## (一)解词

**五朝宫阙**　指北京, 当时称为北平。我国古代辽、金、元、明、清五个朝代都以北京为都城, 辽代称为上京, 金代称为中都, 元代称大都, 明、清两代称为北京。宫阙, 古时帝王居住的屋宇。宫, 宫殿。阙, 宫门两边的望楼。《史记·高祖本纪》:"高祖还, 见宫阙甚壮, 怒。"

**驻足**　停留。古乐府《孔雀东南飞》:"行人驻足听, 寡妇起彷徨。"

**衡山湘水**　指代长沙。衡山, 在湖南衡阳, 古称南岳。长沙临大设南岳分校, 置文学院。湘水, 即湘江, 从长沙北入洞庭湖。长沙临大校本部位于长沙东站外韭菜园圣经学校。

**绝徼**　极其边远, 难以通达之地, 此指遥远的边疆云南。绝, 绝域, 远隔难通的地区,《后汉书·班超传》:"愿从谷吉, 效命绝域。"徼, 音jiào, 边界, 绝塞, 立木栅为界之处,《汉书·邓通传》:"人有告通盗出徼外铸钱。"

**桢干**　又作"贞干", 原意为古人筑墙时所用的木柱, 此指能胜重任的优秀人才。《书·费誓》:"峙乃桢干。"(按, 峙, 通庤, 储备。)引申为支柱、根基、骨干, 多喻人才,《论衡·语增》:"夫三

---

①西南联合大学北京校友会编:《国立西南联合大学校史——一九三七至一九四六年的北大、清华、南开》, 北京: 北京大学出版社, 2006年1月, 插页1。

公鼎足之臣，王者之桢干也。"《三国志·吴书·陆机传》："姚信、楼玄……皆社稷之桢干，国家之良辅。"也引申为支持、支撑，《后汉书·阜陵质王延传》："昔周之爵封，千有八百，而姬姓居半者，所以桢干王室也。"桢，音zhēn，干，音gàn。

**九州**　中国古代中原行政区划，《尚书·禹贡》称冀、兖、青、徐、扬、荆、豫、梁、雍为九州，后泛指全中国。王昌龄《放歌行》："清乐动千门，皇风被九州。"龚自珍《己亥杂诗》："九州生气恃风雷，万马齐暗究可哀。"

**黎元**　黎民百姓。黎，黎民；元，庶民、百姓。杜甫《自京赴奉先县咏怀五百字》："穷年忧黎元，叹息肠内热。"

**尽**　音jǐn，老是，只管，尽管，柳永《卜算子》："尽无言，谁会凭高意？"

**笳吹**　泛指音乐活动和文化生活。笳，胡笳，古代塞北和西域流行的管乐器。

**弦诵**　古代学校里读诗，有用琴瑟等弦乐器配合学生朗诵的，后用"弦诵"称学校教学。弦，弦歌；诵，诵读。《礼记·文王世子》："春诵，夏弦。"《晋书·儒林传序》："东序西胶，未闻于弦诵。"

**山城**　指昆明，昆明在高原，地势不很平坦，所以也称"山城"。建国后才固定称谓，称昆明为"春城"，称重庆为"山城"。

**弥切**　更加深切。弥，更加。切，两物相磨，引申为贴近、接近，赵师秀《徐孺子宅》："今识高眠处，沧浪是切邻。"又引申为迫切，孟郊《烛蛾》："灯前双舞蛾，厌生何太切。"还引申为恳切，《汉书·东方朔传》："直言切谏。"

**千秋**　千年。此处为多年之意。

**中兴**　由衰微而复兴。《汉书·赵充国传》："在汉中兴，充国作武。"杜甫《洗兵马》："中兴诸将收山东，捷书夜报清昼同。"

**人杰**　人中豪杰，即杰出的人物。《史记·高祖本纪》："夫运筹策帷帐之中，决胜于千里之外，吾不如子房；镇国家，抚百姓，给馈饷，不绝粮道，吾不如萧何；连百万之军，战必胜，攻必取，吾不如韩信。此三者，皆人杰也。"

**一成三户**　言地狭人少，势力单薄。成，量词，古代称方十里之地为一成，《周礼·冬官·考工记》："方十里为成。"一成，言地少，《左传·哀公元年》："（少康）有田一成，有众一旅，能布其德而兆其谋，以收夏众，抚其官职……遂灭过、戈，复禹之绩。"夏国国君太康失国，其遗腹子少康长大后逃往有虞，有虞国君招他为女婿，给他田一成，众一旅，少康凭此根基发展壮大，恢复了夏国统治。五百人为旅。一旅，言人少。后以一成一旅喻势力微弱而能光复旧业。三户，原指楚国被灭后的孑遗之民，犹言几户人家，《史记·项羽本纪》："楚虽三户，亡秦必楚也。"

**壮怀**　豪壮情怀。岳飞《满江红》："仰天长啸，壮怀激烈。"

**多难殷忧**　国家复兴源于多难带来的深忧，刘琨《劝进表》："或多难以固邦国，或殷忧以启圣明。"多难，多难兴邦，言多遭患难，会促使内部团结，发愤图强，而使国家兴盛起来。殷忧，深切的忧虑，嵇康《养生论》："内怀殷忧，则达旦不瞑。"

**新国运**　使国家命运更新。新，形容词动用，使国运更新。

**动心忍性**　触动心灵，使性格坚强，即精神振奋，行事坚定。语出《孟子·告子》下："所以动心忍性，曾益其所不能。"动心，触动心思，指激发理想，振奋精神。忍性，容忍或矫正不正大的性情。

**希前哲**　学习前辈仁人志士。希，通睎，仰慕，崇敬，《法言·学行》："睎颜（颜回）之人，亦颜之徒也。"前哲，古代仁人志士。哲，仁人志士，才智超常者。

**神京**　帝都，此指北平。

**燕碣**　代表津京地区。燕，音yān，北京附近的燕山。碣，天津附近的碣石山。

**（二）释义**

**万里长征，辞却了五朝宫阙。**

1937年7月7日，日本军队制造"卢沟桥事变"，发动了全面侵略中国的战争，北平、天津等地处于敌人的炮火之下。国民政府采纳各校意见，决定将津京地区的大学迁到我国中部地区，组成几所临时大学，以保存中国的文化命脉，也使老师有效力之所，学生有读书之处。于是，后来称为西南联大的北京大学、清华大学、南开大学辞别了曾为五朝帝都的北平以及天津，开始了迁徙办学历程，书写了中国和世界教育史上的精彩篇章。

**暂驻足衡山湘水，又成离别。**

根据国民政府教育部的部署，国立北京大学、国立清华大学和私立南开大学合组为国立长沙临时大学，于1937年11月1日开学上课，湘江之滨、南岳山麓响起了琅琅书声，大家安下心来讲学读书，培养人才，以为将来报效祖国。孰料日军攻势凶猛，于12月13日占领国民政府首都南京，向我中原地区挺进，武汉告急，长沙堪虞。长沙临大不得不做出再次迁校的决定，准备西移三千里去云南昆明。决定很快得到国民政府批准。1938年2月中旬，逾千名师生及家属按火车加海轮、汽车、步行三种方式，分三路从长沙启程，前往昆明。其中有约三百名体魄健壮的师生组成湘黔滇旅行团，从长沙一步一步行走三千六百多里，到达昆明，成为中国教育史上的一次壮举。一所大学，仅在一地办学三个月多的时间就迁走，形同流亡，故谓"暂驻足"，"又成离别"。

**绝徼移栽桢干质，九州遍洒黎元血。**

从北京或中原来看，以当时的交通、信息条件和心理距离而论，云南实在是遥远的边塞。当时云南与外界的交通虽然海陆空三路皆具，但交通状况及运力很差。飞机航班很少，且价格昂贵，一般人无法乘坐；只有一条入境公路，路面是沙土，凹凸不平，贵州境内，山高谷深，险象环生，走在二十四道拐上，惊心动魄，不敢回望，进入云南，仍然盘山过沟，十分惊险，汽车每小时行驶三十公里即为快速，客运班次少之又少；海路和铁路更需要想象，须先坐火车到广州后出境到香港，然后坐轮船到越南海防，再坐火车穿过越南全境而后入河口海关回国，最终到达昆明，真是"出入之迂也"。交通不便意味着信息不便。交通和信息的缓慢造成了心理距离的遥远。因此，在人们的心目中，云南是极为边远之地。离开长沙后，临时大学更名为国立西南联合大学。西南联大设本部于昆明，设分部于蒙自，于1938年5月4日开学。一学期后，分校归并本部，在昆明城外建设新校舍，安营扎寨，为国家培养贤能之才。而其背景是日本侵略的灾难笼罩祖国大地，黎民惨遭战争苦痛，沦陷区人民血流遍野，大后方人民忍辱负重，年轻人英勇参战，老幼妇女生产劳动支援前线，付出了沉重的代价，流着别一种"血"，所以，战争中的老百姓血洒遍地。

**尽笳吹弦诵在山城，情弥切。**

西南联大终于能够在昆明筑室为校，安定下来办学了。能够于战争的环境中在昆明从事文化和教学活动，是十分不容易的，师生们感到安慰，感情更加密切、深厚。此句也可以解释为，在黎民百姓血流遍地的环境中传授文化知识，兴学育才，师生们希望消灭战争，复兴祖国的心情是十分迫切的。按照第一种理解，此句表达经过迁徙流离，终于能够安定下来办学读书的欣慰，是对昆明的感激，要求师生珍惜时光，在文意上终结上阕所写的办学的艰难历程；按照第二种理解，是表达大家心系祖国和人民，虽然安心读书，但心中随时想到黎民、战争和祖国，于是转为下阕直接抒写报仇兴国，在章法上提示下文。但无论哪种解释，都表明西南联大师生教学读书不忘根本，他们一边聚精会神地从事文化教育工作，一边想着人民赐予的幸福及国家民族蒙受的灾难，并以此作为工作读书的动力。

**千秋耻，终当雪。**

多年来的耻辱一定要洗雪！日本帝国主义早就觊觎中国的领土，1894年7月，公然发动甲午战争，次年与清政府签订不平等的《马关条约》，切割我辽东半岛、台湾全岛及附属岛屿、澎湖列岛。1931年，日本驻我国东北的关东军发动"九·一八"事变，接着占领了东三省。1932年1月28日，日本军队进攻我上海。1937年7月7日，日本军队发动"卢沟桥事变"，全面进攻中国，北京、天津、上海、南京相继沦丧，到罗庸写作校歌的1938年10月，广州、武汉又遭失陷。生灵涂炭，失地损物至此，作为一个有良心的中国人，如何能够忍受！作为民族精英的知识分子，更应该懂得发愤图强，攘外强国。另一方面，中国军队仍在奋力反抗，黎民百姓总在支援前方，军民同心同德，雪耻除恨，定要把日本军队赶出中国去。

**中兴业，须人杰。**

实现中华民族的复兴伟业，要靠志士豪杰。古老的中华民族创造了辉煌灿烂的历史，曾领先于人类的发展，但到了清朝以来，政治日益腐化，国家日渐衰败，自1840年开始，中国在军事外交上屡遭挫败，割地赔款，丧权辱国，到了衰微之境，日本这次全面侵略，中国没有了退让之地，置之死地而后生，至此，中兴的时机已经出现。而要完成国家民族复兴的伟业，需要有志之士和有识之才。老师在这里劝勉学生，国家民族需要你们，你们必须刻苦钻研，磨炼意志，增益感情，努力把自己造就成出类拔萃的人才。

**便一成三户，壮怀难折。**

即使到了只剩下狭小的国土，几户人家，也要众志成城，豪情满怀，永不衰竭，便能夺取最后的胜利。这里用鲁国和楚国复兴国家的故事鼓励学生，日本军队攻城略地，我山河变得越来越小，但只要人民的精神意志不衰，就能够打败侵略者，振兴我中华。夏国的少康只有一成一旅，而能收复失地，恢复夏国；楚国被强大的秦国灭亡了，但后来在巨鹿之战中一举摧毁秦军主力，与刘邦一同消灭了秦国的是楚人项羽及其所率领的军队。两个例子说明，丧城失地不是最后的失败，决定成败的关键在于人的意志。

**多难殷忧新国运，动心忍性希前哲。**

为什么弱能胜强，少能胜多呢？在于患难。痛定思痛。患难多，必然引起深沉的忧思；忧思多，便能产生智慧，寻找办法，消除患难；进而使国家的命运更新。"多难兴邦"说的就是这个道理啊。所以，同学们一定要景仰古来仁人志士，以他们为榜样，卧薪尝胆，修身养性，做到精神振奋，行事坚定，成熟多智。

**待驱除仇寇复神京，还燕碣。**

相信一定能够把日本侵略军驱逐出中国，光复神圣的国土，回到北平、天津。"待"是期待，引申为相信。这句话仍然是师长对于学生的期望和勉励，有两层意思：一是相信总有一天会把日寇驱赶出国土，光复神圣的五朝故都；一层是期待着你们学成效国，把日寇驱逐出去，收复我国神圣的帝都。写作校歌时，抗日战争刚进入相持阶段，前景还不明朗，故有这种期待。

### （三）阐发

这首词的内容，冯友兰在《国立西南联合大学纪念碑碑文》中归纳道："始叹南迁流离之苦辛，中颂师生不屈之壮志，终寄最后胜利之期望。"[1]雄文一出，遂成定论，几十年来论校歌者，皆以此为准则。的确，这三句话恰当地概括了《西南联大校歌》的内容，一般地理解确实如此。

但冯友兰的话没有从《满江红》词牌的要求和"校歌"作法的角度来概括，与西南联大校歌《满江红》有一些隔膜。

在词牌中，《满江红》属于长调，为双调，分上、下两阕。由于分上下阕，作词者往往按两层意思结构作品，因而形成两层内容。解词者一般也按上下两层意思来理解和分析作品。这里举影响了罗庸歌词创作的岳飞《满江红》为例殊为恰当："怒发冲冠，凭栏处、潇潇雨歇。抬望眼，仰天长啸，壮怀激烈。三十功名尘与土，八千里路云和月。莫等闲、白了少年头，空悲切。　　靖康耻，犹未雪。臣子恨，何时灭！驾长车，踏破贺兰山缺。壮志饥餐胡虏肉，笑谈渴饮匈奴血。待从头收拾旧山河，朝天阙。"[2]这首词上阕抒发愤慨之情，下阕表达建功立业之志，两阕意思分明。而罗庸的调寄《满江红》，按照冯友兰概括的意思，应该说成，上阕叹南迁流离之苦辛，下阕颂师生不屈之壮志并寄最后胜利之期望。但是冯友兰把下阕的两层意思分开，再与上阕的意思并列，这就未必恰当了。

再从校歌的内容要求来看，校歌通常都要描述办学的环境

---

①冯友兰：《国立西南联合大学纪念碑碑文》，北京大学等编：《国立西南联合大学史料》第1卷，昆明：云南教育出版社，1998年10月，第284页。

②岳飞：《满江红》，唐圭璋等撰：《唐宋词鉴赏辞典》，上海：上海辞书出版社，1988年8月，第1297页。

和历史，表达学校或者说师长对于学生的期望与要求，勉励学生勤学成才，报答深恩。这是一种"套路"，实际是文艺学中所说的"典律性"。由于特定范围和环境的要求，校歌在长期的创作实践中，沉淀下了历史话语和劝勉话语，凝聚成了勖勉、劝诫的内容与风格。这里倒可以举冯友兰所作的"拟校歌"为例："西山苍苍，滇水茫茫。这已不是渤海太行，这已不是衡岳潇湘。同学们，莫忘记失掉的家乡，莫辜负伟大的时代，莫耽误宝贵的辰光。赶紧学习，赶紧准备，抗战建国都要我们担当。同学们，要利用宝贵的辰光，要创造伟大的时代，要恢复失掉的家乡。"①歌词先写办学的环境地点，接着向同学提出期望和要求。罗庸的《西南联大校歌》同样适应了这种"典律"，保持了校歌的话语、内容与风格传统。

　　基于以上两点，《西南联大校歌》应从词牌《满江红》的特点和校歌内容的要求两个方面切入，领会其思想内容。

　　先来看校歌的创作情形：具有高深学养的罗庸，在构思《西南联大校歌》时，校歌创作的典律性在潜意识中发生了作用，支配着他的构思，要求他写出西南联大的办学历史与环境，表达出对于绝徼求学的莘莘学子的期望与劝勉，而西南联大办学历史的艰难曲折前所未有，特殊的时代投射到心中要对学生说的话头绪众多，这些复杂的内容必须以较长的篇幅才能容纳，专研古代文学的罗庸，想到了《满江红》，只有这样的长调才能表达出他那复杂多样的思想和感情，于是他毫不犹豫地选择了《满江红》。为了表达层次清楚起见，他以上阕抒写西南联大的办学历史，以下

①西南联合大学北京校友会编：《国立西南联合大学校史——一九三七至一九四六年的北大、清华、南开》，北京：北京大学出版社，2006年1月，第76页。

阕抒写对青年学生的嘱托。这样,一首调寄《满江红》的校歌诞生了。

我们所见的《西南联大校歌》确实是一首绝美的《满江红》。我们看到,这首校歌上阕表述西南联大办学的艰辛,下阕抒发对于学生的期望,文脉清楚,段意分明。上阕下笔点睛,以"万里长征"总冒下文,下面围绕着万里长征办学展开。从"辞别""五朝宫阙"的悲伤开始,写到"衡山湘水""驻足"的短暂,最终得到"绝徼""弦诵"的安宁。万里长征办学,其间的艰难困苦,非经历者难以想象,而能够在遍地烽火,满眼血痕的战争环境中办学读书,师生的感情必然比平时更加亲密。下阕以"千秋耻"突起,告诫学生报仇雪恨,"终"字表明,现在已经到了雪耻的最后时刻了,即便"一成三户",也能夺取最后的胜利,因为太多的苦难促使我们发愤图强,一新国运,而要实现国家中兴的目标,就必须"动心忍性",苦学古来仁人志士,把自己塑造成人中豪杰。同学们做到这些,就有理由相信:仇寇必定失败,国土必然收复,燕碣必能回还。这样,上阕又可细分为叙述迁徙流离的辛酸和最终安定的欢愉两层;下阕可分为表达报国雪耻的壮志和迎取胜利的信心两层。上下两阕在结构上均衡统一,具有匀称协调的美。下阕在表达上还非常巧妙:分明是劝勉学生,却不以说教的口吻表达,而取心灵自述的方式。对同学的要求也就是作者的追求,使师生的愿望合而为一,这样,学生诵之必然感到十分亲切。把上下阕归纳起来,便是这首词的主题:叙写西南联大在战火中劳苦迁徙为国育才的历史,期望同学修成人杰以中兴国家。

《满江红》不是一般地讲述这些内容,而是注意了以下五点:

**(一)紧扣时代特征**

这首词把西南联大办学全部置于抗战的环境中抒写,从头到尾无一字脱离战争，这就紧扣住了时代的特点。是日本军队的入侵，迫使三校辞别五朝古都，长途跋涉甫定，又辞别衡山湘水，再长途跋涉到边陲云南，师生苦难深重，艰辛备尝，虽是被迫流离，但又不是悲观逃跑，而是有为而退，为报仇雪耻，为国家中兴培养人才，"万里长征"和"移栽桢干质"表达出这一意思，而当时的最大目标是用战争驱逐仇寇，恢复"神京"。这是师生的心声，同时也是人民的心声，时代的声音。在战争环境中的人，读着这样的词，唱着这样的歌，心灵是会受到震动的。

**（二）贯穿爱国思想**

爱国主义是这首词的思想根基。词中并无爱国的直白呼喊，但字字渗透着爱国情思。三校师生爱自己的校园，爱自己的故乡，爱古都，爱衡山湘水，也爱绝徼山城，但校园被毁了，故乡被占了，古都沦陷了，衡山湘水变色了，日寇妄图向绝徼山城逼近，读书人的心何尝不悲痛。不做亡国奴是国人的普遍意识，打败日本侵略者是国人的共同愿望。迁徙办学的目的就是培养动心忍性的人杰，虽然国土沦丧了，黎民百姓惨遭涂炭了，但人民群众豪情壮志不减，总有一天能够除寇雪耻，光复失地，重建强大的国家。这都是词中的内容，并且词中只有这些别无他言，因此，爱国思想在词中处处闪现。

**（三）诗意的表达**

这首词的诗意首先表现在爱国的精神。三校南迁是为了办学，办学是为了培养人才，培养人才是为了"驱除仇寇"、"新国运"、"中兴业"。词中无一字写小我私情，全讲的是学校、民族、国家的大义。其次表现在不屈的品格。虽然国土被敌人大面积占领，国民政府治下的人口越来越减少，但即使"一成三户"，报仇雪耻的壮志也难以摧折，经过"动心忍性"的人才一定能够"复神京，还燕碣"的。再次表现在豪壮的情感。全词洋溢着豪情壮志，上阕情感压抑，但不悲观，下阕情感豪壮，但不狂放，给人以深沉的鼓舞力量。最后表现在壮美的风格。词的上阕以悲愤为主调，下阕以雄强为风格，读来气势恢宏，振奋人心。

### （四）学院气派

这首词悲而不伤，愤而不怒，豪壮而不狂放，雄强而不狂野，无悲痛欲绝的哀伤和剑拔弩张的凶悍，体现出情绪的抑制，是"动心忍性"的典范。词的语言典雅精炼，文采飞扬，非市井村野的白话口语，亦无狂夫叫嚣的浮词，书卷气味十足。词人还依照典律性使用了少数典故和冷僻词语，典故如箭吹弦诵、一成三户，冷僻词语如绝徼、桢干、神京，典故僻字显示出学究气，是大学校歌才会使用的。全词符合规范，韵律和谐，格调优美，风格统一，表现出词人的深厚学养。

### （五）词曲完美配合

这首词上阕取叙事笔调，悲愤沉郁，下阕以抒情为主，雄壮庄严，但是，上阕不伤感痛哭，下阕不飘举奔突，感情控制有度，体现出一种中和之美。这也是上一点所说的学院派气度。张清常谱曲前读词，被这种学院派气度深深吸引，并准确地把握住情感格调，用乐曲配合并且加强了思想感情的表达。他深刻地领会道："上阕悲愤，下阕雄壮，是一首好词，适合于做校歌。"① 根据这种理解，他把上阕处理成P调行板，下阕则转为E调且标明"庄严地"，整首歌则是A调，4/4拍子，再加上音调的高低长短，旋律的起伏变化，很好地传达出歌词的感情。所以，杨业治当时读了歌

---

① 张清常：《忆联大的音乐活动——兼忆西南联大校歌的创作》，北京大学校友联络处编：《箭吹弦诵情弥切——国立西南联合大学五十周年纪念文集》，北京：中国文史出版社，1988年10月，第354页。

曲便十分肯定地说:"歌词与曲调非常吻合。前半阕的悲怆沉着,后半阕的高昂兴奋,表达了我们百年来的积愤和今日雪耻图强的决心。"①

以常规论,校歌可以具有普遍的精神价值,但通常不具备普泛的实用性,因为它要切合该校的特点。上述几点使我们看到,《满江红》写的是西南联大,只属于西南联大,《西南联大校歌》是唯一的,所以西南联大师生喜欢,他们每次唱起来心情激动,泪水奔涌。但词中所蕴含的爱国思想和民族大义——坚韧不屈的精神和艰难办学的奋斗,谋求民族独立和振兴中华的决心又获得人们广泛的认同,所以,数十年后晚辈后生唱起来仍然会深受感动。

为什么西南联大会有这样一首美妙绝伦的校歌产生呢? 这就不能不说到作者。

### 四、校歌的作者

罗庸是北京大学教授。1937年11月1日,长沙临大开学,南岳分校的文学院11月16日始业,罗庸这时仍在沦陷了的北平。17日,他和罗常培、魏建功、郑天挺、陈雪屏、周作仁等教授才得以离开。19日,文学院开始上课之时,他们还在路途之中。几位教授一路流转滞留,历时一个月才到学校,其间的危难艰辛,难以言表。一到南岳分校,罗庸就立即投入教学,讲授"大一国文"课。然而,课程未讲一半,南岳的山水尚未赏完,又得启程离开。再经千辛万苦到达云南。昆明校舍不敷,设蒙自分校,置文、法商学院,

①杨业治:《从南岳到蒙自——抗战初期的片段回忆》,蒙自师范高等专科学校等编:《西南联大在蒙自》,昆明:云南民族出版社,1994年12月,第30页。

又奔赴蒙自。弦诵仅三个半月，校舍又得让作他用，再次启程搬回昆明。到昆明，师生安顿困难，教室难以寻觅，设备更不具备，学校迟迟未能开学。正在这时，校歌校训委员会成立，罗庸为委员之一，担负了创作校歌校训之责。几天后，他把一首调寄《满江红》的歌词交给校歌校训委员会主席冯友兰。

成功的创作往往是作者全部修养的集中体现。罗庸能够以一支生花妙笔写出《西南联大校歌》，并不是靠一时的灵气。我们看看他的学养就知道此言不谬了。

罗庸，字膺中，籍贯江苏江都，1900年4月13日生于北京。1917年考入北京大学文科国学门，毕业后入研究院学习。1924年毕业进教育部任职，与鲁迅同事，兼任北大讲师。1927年应邀赴日本东京帝国大学讲学。秋，应鲁迅邀请去广州中山大学中文系任教授，兼系主任。1931年任浙江大学教授。1932年回北大任国文系教授。卢沟桥事变后，1938年12月，根据西南联大和云南大学互换教授协议，在云大兼课。1939年夏，北大文科研究所恢复，任导师。1942年秋，兼任中法大学文史系教授及主任。1944年云大文史系设研究室，被聘兼任特约导师。1944年秋，罗常培赴美讲学，他代理并继任西南联大及北大中文系主任，直到西南联大结束。西南联大结束时，将师范学院留给云南。出于对滇中文化的喜爱，并难却云南学人的挽留，罗庸留在昆明师范学院任中文系教授兼系主任。因他思想进步被反动派列入黑名单，朋友劝他离开。1949年夏赴重庆，在梁漱溟创办的勉仁文学院任教。不久病倒，1950年6月25日逝世，年仅50周岁。

罗庸仅在昆明为西南联大中文系学生讲授的课程就达十四门之多："中国文学史（二）"、"汉魏六朝诗"、"历代诗选（二）"、"词选"、"中国文学专书选读（《诗经》）"、"中国文学史分期研究（三）"、"国文读本"、"中国文学专书选读（杜诗）"、"中国文学史分期研究（一）"、"历代诗选（汉魏六朝）"、"专书选读（《楚辞》）"、"历代文选（近代）"、"中国文学专书研究（《论语》）"、"中国文学专书研究（《孟子》）"。罗庸讲课声音洪亮，语调铿锵，语言风趣，富有吸引力，深受学生欢迎。有一次他讲《楚辞》中的《九歌》，连住在城东工学院的学生都有不少穿过一座城到城西的新校舍来听讲。汪曾祺说："罗先生上课，不带片纸。不但杜诗能背写在黑板上，连仇注都背出来。"①

　　罗庸儒学功底深厚，佛学造诣精深，著述多种，但不轻易发表，生前仅于1945年出版过一本《鸭池十讲》，其余以手稿形式保存。《鸭池十讲》是他在昆明的学校和电台所作十次演讲的稿子。述作《习坎庸言》为其学生整理。为避日机轰炸，罗庸搬到郊区居住，邻居不慎失火，殃及罗寓，把他的家当烧得精光。从北平逃难到云南，带出的书本来不多，再遭这次大火，真是诗书丧尽了。怎么办？他通过深刻思索，决定空手传道，遂召集中文系年轻教师和研究生八人，硬是凭借牢固的记忆力和清晰的思辨力，把以儒家思想为主干的传统文化原原本本，娓娓动听地讲述出来。听讲者无不感到秦火之后，伏生传经的神圣、庄严。学生把老师的讲课记录下来，整理成《习坎庸言》一书。《习坎庸言》和《鸭池十讲》是罗庸留给后人的最重要的学术著作。其他后人整理稿还有《中国文学史导论》、《陶诗编年》、《陈子昂年谱》、《魏晋思想史稿》，另外编有《汉魏六朝诗选》。

　　罗庸的为人可用以下两件事例来说明：一件是隐蔽共产党人。1932年，陈伯达从第三国际归国，在等待接上组织关系时曾

---

① 《汪曾祺全集》第4卷，北京：北京师范大学出版社，1998年8月，第357页。

在罗庸家住了三个月之久[①]。他甚至"竟机智地在北平兴华街院内特务盘踞之下，隐蔽了齐燕铭兄和不少共产党人的家小"[②]。那是北平国民党特务活动频频，日本对华北的侵略步步加深的岁月，他要担多大的风险啊。另一件是撰写闻一多祭文和报告闻一多生平。1946年7月，李公朴、闻一多相继被特务暗杀后，昆明笼罩在白色恐怖之中。在许多人避之唯恐不及的形势下，罗庸果断表示：闻先生的事决不能善罢甘休！他很快写出《闻一多先生祭文》和《闻一多先生生平事略》两文。7月24日，西南联大举行闻一多先生追悼会，《祭文》由雷海宗先生宣读，罗庸则登台讲述闻一多先生生平，缅怀死难者，表现出凛然正气和无所畏惧的精神，显示出一个知识分子应有的骨气。

齐燕铭评价罗庸道："先生的人品和学识可并顾炎武和黄宗羲。"[③]有这样的人品、胸襟、学识、才气和表达能力的罗庸，能写出《西南联大校歌》歌词自在情理之中。词中那恢宏的气度、葱郁的诗意和丰富的感情对应了他的博大胸怀、优秀人品和横溢才气，那优雅的辞句、生僻的字词和恰当的典故对应了他的学问深厚、博闻强记和善于表达。

《西南联大校歌》扣人心弦，传唱久远还因曲谱的力量。这首歌也是该曲谱作者张清常音乐创作的最高峰。张清常怎么能创作出

---

① 见张寄谦：《支撑起西南联大的是中华民族自强不息的精神》，《西南联大北京校友会简讯》（内刊）第43期，2008年4月。

② 吴晓铃：《罗膺中师逝世三十五周年祭》，北京大学校友联络处编：《笳吹弦诵情弥切——国立西南联合大学五十周年纪念文集》，北京：中国文史出版社，1988年10月，第108页。

③ 齐燕铭语，转引自吴晓铃：《罗膺中师逝世三十五周年祭》，北京大学校友联络处编：《笳吹弦诵情弥切——国立西南联合大学五十周年纪念文集》，北京：中国文史出版社，1988年10月，第107页。

如此美妙的乐曲,也是这里要讨论的。

　　张清常是著名的语言学家。贵州安顺人,1915年7月生。他从小就聪颖出众,博闻强记,广采博取,十五岁未读高中就跳级考入北京师范大学国文系,十九岁毕业考入清华大学国学研究院,1937年毕业,任教于浙江大学中文系。抗战爆发后,随学校迁往广西宜山。1940年朱自清给他写信,请他到西南联大师范学院国文系做专任讲师,1942年晋升副教授,1945年晋升教授。其间,1944年至1946年兼任师范专修科文史地组主任。还在师院附中教过语文课,在附小代过语文课。三校复员后任南开大学中文系教授。1957年借调内蒙古大学中文系任教授兼系主任。1975年才调回南开大学。1981年调到北京语言大学任教授。他做学问重视语言、音乐与文学三者的关系研究,著有《中国上古音乐史论丛》、《语音学论文集》、《胡同及其他——社会语言学的探索》、《北京街巷名称史话》、《尔雅一得》、《战国策新注》(合著)等著作多种。1998年11月逝世,享年八十三岁。今有《张清常文集》行世。

　　张清常的妹妹张寄谦说:“我哥哥自幼酷爱音乐,当时家境不富裕,买不起大件的西洋乐器,他只能买口琴吹吹,他的口琴吹奏在当时也算是达到出神入化的境地,能同时持两把口琴,乐曲换调时,如从E调换至F调时,他就可用一支口琴吹奏,另一支作为伴奏。1930年代,不知何时他的口琴吹奏为当时坐落在西长安街的北平广播电台获知,便请他每周三次定时为电台播音。”[1]这说明张清常聪敏过人,对音乐极有天赋,能够自己感悟领会音乐之妙,掌握精微,到达顶峰。在清华大学国学研究院深造时,导师赵

--------

[1] 张寄谦:《支撑起西南联大的是中华民族自强不息的精神》,《西南联大北京校友会简讯》(内刊)第43期,2008年4月。按:时张寄谦在西南联大读书。

元任就是音乐家，他更受鼓舞，进一步钻研音乐理论，音乐才华为人所知，还为朱自清的歌词谱过曲谱。张清常专攻语言学，又自修以至精通音乐，这就决定他一生的事业在这两个方面，他还继承导师把这两个方面结合起来，形成自己的研究特色，成为语言学研究的大家。

朱自清深知他的音乐才能，才会请他为西南联大校歌谱曲。那时他还不是西南联大教师，未经历"万里长征"，也未"驻足衡山湘水"，对西南联大的办学追求并不了解，为什么对罗庸的调寄《满江红》歌词领会那样深刻呢？原因是他和大家一样遭受了日本侵略的灾难，也经历了迁徙办学的流离辛苦，并在战乱中目睹了"九州遍洒黎元血"的惨象，其经历与罗庸相似，其工作与罗庸相同，因而其愿望与罗庸同样，其思想境界与罗庸同高，只不过，他搞语言学，罗庸搞文学，他的擅长在音乐，罗庸的擅长在诗词，所以，《满江红》拨动了他心灵的琴弦，其振幅也与罗庸一样。他对《满江红》的理解是："《满江红》自从岳飞填词，使拗怒的音节特别突出，表达激昂慷慨、悲愤壮厉的情感淋漓尽致，成为千古绝唱。罗庸作西南联大校歌，选用这个词牌，以生花妙笔，上阕悲，下阕壮，抒发西南联大师生的宏愿，也是抗战期间中国人民的心意，是一篇佳作。"[1]这一理解非常到位。他抓住罗庸歌词"激昂慷慨、悲愤雄壮"的感情基调，使曲谱适应上阕悲愤，下阕雄壮的感情色彩，节奏显出变化。由于有深刻的理解，才能做到所谱乐曲与歌词的情感相吻合，并用音乐特有的旋律与节奏把歌词的思想蕴涵表达得淋漓尽致，实现了词曲并佳。

---

[1] 张清常：《致黄延复》（1980年7月10日），《张清常文集》第5卷，北京：北京语言大学出版社，2005年1月，第348页。

　　张清常一曲成名。半年后他成了西南联大的知名人物，并且名声随着《西南联大校歌》传向昆明以至云南。其结果，便是他以这支校歌曲谱为桥梁进了西南联大；来到西南联大后，昆明以及外县的一些学校或单位还来向他和罗庸求歌曲。

　　西南联大是当时声名显著的学校之一，人称"大师云集"，对教师的要求很高，教师之中百分之九十几是归国留学生，虽然教师中也有几位学历不高者，但都是某个方面著名的行家里手，几乎可以称为大师级的专家。张清常的国学研究院学历并不算高，当时他的学术成果尚无影响学界的名篇，以这种资格进西南联大是困难的。可是，他有《西南联大校歌》开道，这就不一样了。文学院中文系主任兼师范学院国文系主任朱自清一提出来，便一路畅通无阻地上了常委会。1940年8月14日西南联大常委会第151次会议"议决事项"（二）："聘请张清常先生为本校师范学院国文系专任讲师，月薪二百二十元，自本年八月份起薪。"[1]9月开学，张清常即为西南联大教师。

　　作为一名教师，张清常上过多门课程。西南联大一些课程文学院中文系和师范学院国文系的学生共同选上，张清常在西南联大共开了"古音研究"、"广韵"、"国语与国音"、"国语运动史"、"西方学者中国音韵学研究"、"文学与音乐"、"音乐歌词"、"文字学概要"、"历代文选"、"中学国文教材教法研究"、"大一国文"等十多门课程，尤其值得注意的是"文学与音乐"和"音乐歌词"两门，它们是张清常的特色课，唯有他一人开设。此外，他作过一些讲座，例如，1944年4月3日晚，西南联大青年会举

---

[1]北京大学等编：《国立西南联合大学史料》第2卷，昆明：云南教育出版社，1998年10月，第146页。

办中国文学的系统演讲, 请张清常讲《文学与音乐》。他上课条理清晰, 逻辑严密, 尤其把音乐的成分渗透到语言的成分之中, 很受学生欢迎。他的专著《中国上古音乐史论丛》获教育部1943年度学术著作三等奖, 这是很高的荣誉了。这些也可以作为他那时能够深深理解罗庸《满江红》的思想与感情的补充。

张清常在西南联大的另一身份是音乐教师。他的音乐活动以校歌为主线, 所以放在这一章里谈。又由于本书不设张清常专节, 顺便述及他在昆明的其他音乐活动。

张清常对自己所作的《西南联大校歌》曲谱是自豪的, 他晚年曾说: "每逢想起我曾经作过西南联大、附中、附小的三首校歌, 指挥演唱, 唱出了三校 (北大、清华、南开、联大、附中、附小) 的精神、的理想、的战斗过程……有眼泪也有欢乐。" [1] 晚年如此, 可想当年。而当年, 他曾有 "那时我年轻气盛" 之说。他也知道自己能进西南联大任教是这首校歌搭的桥。所以, 他进西南联大的第一件工作, 就是阅读这首校歌。一读便发现油印的歌单有误, 引起他的重视, 他立即做了改正, 并报告了学校。学校也高度重视, 按照他订正的歌谱, 拨款送去铅印。从此, 教唱《西南联大校歌》的工作就由他负责了。这是西南联大交给他的第一个音乐任务。从1940年开始, 新生都要集中起来, 学唱校歌。教唱中, 同学觉得老师对音符抓得那么准, 感情扣得尤其深, 互相打听, 才知道原来是该曲的作者啊。曲作者教唱自己作的歌曲, 这在人生中难逢难遇, 因此同学们的印象极为深刻。

他在开始教歌之前, 先参加了工学院管弦乐队的活动。抗战

---

[1] 张清常:《忆西南联大附中》,《张清常文集》第5卷, 北京: 北京语言大学出版社, 2005年1月, 第323页。

前清华有一支小型军乐队，训练有素。南迁时，乐队队员无论如何艰难都舍不得抛下心爱的乐器。从长沙到昆明，课余时常奏鸣管弦，排忧解愁，丰富生活。但毕竟队伍零落了，技术提高有困难。队员听说校歌的作者来了，非常高兴，就派代表来找他，请他指导管弦乐队的活动。工学院在东城外，师范学院在西城外。乐队每逢周末晚练习。张清常便穿过昆明城去参加活动。他回忆说："当时最大的困难就是没有乐谱，仅有一支西洋的进行曲对付着练。我把西南联大校歌加上几次变奏，搞成一个乐章。'配器'之后，终曲的地方再奏'千秋耻，终当雪……'那一部分主旋律用小号吹出，以管弦乐轻轻衬托，打击乐加强节奏，其雄壮慷慨，破石惊天之气魄，是我后来指挥男女声四部合唱时无法达到的，令人难以忘却。这样，我们在工学院1941年新年晚会上的演出便热闹非凡。"①

　　从西南联大入城，须经过大西门。过大西门内的文林堂，每逢周末晚上都有许多基督徒聚集在那儿，举办音乐欣赏会，用留声机播放西洋古典音乐，也吸引了不少爱好音乐的大学生和青年前来欣赏。忙于教学和工作的张清常，没时间去聆听。有时夜里做完工作从学校回家，经过文林堂，音乐欣赏会正在进行，贝多芬交响曲丝丝袅袅若断若续地飘来，便忍不住驻足聆听，久而不去。那是一种莫大的享受，把一天的辛苦烦恼都洗刷净尽了。受此感染，他也参与举办过一次音乐欣赏会。素喜音乐的二年级师范生谭庆双找来留声机和唱片，准备利用周六晚上召集同学聆听，请他讲解音乐。消息传出，来了许多同学，他向大家介绍了贝多芬的

①张清常：《忆联大的音乐活动——兼忆西南联大校歌的创作》，北京大学校友联络处编：《笳吹弦诵情弥切——国立西南联合大学五十周年纪念文集》，北京：中国文史出版社，1988年10月，第350页。

《第九交响曲》，然后留声机播放，听完他再作了些讲解。那时，师生都很穷，留声机是高档商品，很少人有，听留声机是高雅的活动，较难得。那次虽然办得不很理想，但大家听得很认真。

张清常到师范学院后，每年院庆晚会上的师生大合唱歌曲就由他指挥。1938年12月12日是西南联大师范学院开课的日子。每年这一天，师院都举行庆祝。院长黄钰生采用英国民歌《苏格兰在燃烧》的音乐填写了"传播光明"四个字，作为院歌。院庆晚上，举行篝火晚会，师生围着篝火联欢，结束时，全体齐唱《传播光明》：

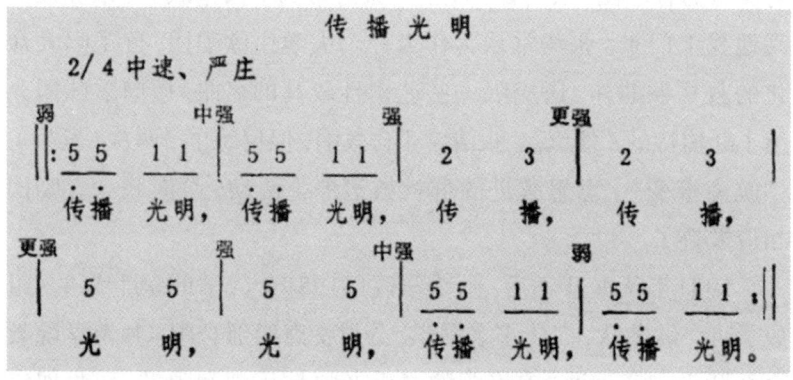

北京大学校友联络处编：《茄吹弦诵情弥切——国立西南联合大学五十周年纪念文集》，北京：中国文史出版社，1988年10月，第350页

由于歌词简单，音域不广，齐唱显得单调乏味。张清常把它改为轮唱形式。把围坐在篝火旁的师生分为东南西北四个组，按顺时针方向轮唱。每组唱几遍由指挥决定，一般每组唱两遍，情绪热烈可加到三四遍，下一组什么时候接上，全看指挥的手势。指挥还有意加强节奏的起伏和音调的强弱快慢。这样，简单的旋律变得变化有趣，师生唱起来情绪昂扬，兴味环生。

　　群社是西南联大早期最大的学生团体，组织机构较健全，文艺方面有文学、戏剧、美术、音乐等各种组织，早期西南联大学生的活动基本上靠群社组织和推动。音乐方面的组织是群声歌咏队，拥有四十多名队员，练歌地点在南区北边的一间教室，唱的是热情高昂的抗战歌曲《我们在太行山上》以及《黄水谣》等。1940年初，由于人员增多，群社的各文艺小组纷纷独立。1940年夏，群声歌咏队壮大队伍成为学生自治会下属的西南联大歌咏团，实际上从群社独立出来了。歌咏团从贵州请来袁可谂任指挥，曾在昆明广播台成立和南屏电影院开幕时被请去演唱，是一支很有实力的合唱团。袁可谂卸任后，张清常到了西南联大，歌咏团高兴地找上门来。张清常认为作为一个大学生歌唱团，除了唱大众化的救亡歌曲外，还应唱一些艺术性较高的名曲，便向歌咏团介绍了舒伯特的《鳟鱼》。张清常亲自教唱，但仅练了一两次，发生了"皖南事变"，思想激进的群社被迫停止活动，西南联大合唱团相应匿迹了。

　　1941年秋季开学后，师范学院以1939年入学的学生为主，组成了回声歌咏队，二十多名同学，分男女声四部合唱。师范学院教育系开设有音乐课，有专门的音乐老师教乐理和唱歌，可见回声歌咏队队员的音乐基础较为扎实，所唱的歌曲比较复杂而有艺术性，大约有《旗正飘飘》、《游击队歌》、《长城谣》、《念故乡》、《我所爱的大中华》、《蓝色的多瑙河》、《花的圆舞曲》等。组成回声歌咏队的队员基本上是张清常的学生，成立时即请他做指挥。歌咏队曾在师范学院院庆、西南联大新年晚会和昆明广播电台演出过。

　　1942年夏，西南联大召集全校歌手组成西南联大校歌混声合唱队，简称校歌队，由张清常担任指挥，练习校歌之组曲《敬献西

南联合大学》(后改为《西南联合大学进行曲》)。张清常指定谭
庆双和虞佩曹担任正、副队长。请曹景熙老师担任男高音独唱。
排练后合唱队在校庆纪念会上演唱,获得高度评价。梅贻琦为此
专门请张清常和谭庆双到家里吃饭,这可是西南联大的最高礼
遇啊。

　　由于这次演出的成功,西南联大结业庆典时的校歌演唱也交
给张清常负责。出于对西南联大附中歌咏队的了解,张清常便把
演唱任务交给附中。为使歌曲更加完满地反映西南联大的办学历
程,张清常又进一步完善了校歌,在原有组曲的基础上,前面加了
"引",后面加了"凯歌",构成完满的《西南联合大学进行曲》。
附中合唱队经过认真排练,在1946年5月4日的结业典礼上唱得特
别成功,演唱完毕,掌声雷动,经久不息,听众和演员都很激动。

　　张清常为什么让附中的小朋友来结束《西南联大校歌》在本
校的最后集体演唱呢?不得不谈到张清常在附中的工作和对附
中的感情。附中本是师范学院的附属中学,是为建立师范学院学
生的实习基地而开办的。张清常是师院教师,与附中的关系更亲
一层。1944年,他曾在附中上过语文课。也是那前后,附中成立
了歌咏队,连老师都有加盟的,还请他担任指挥。他耐心细致地
辅导孩子们唱歌,同时又从孩子们的歌声里感到"天真纯洁的少
年儿童心灵跟伟大的音乐家所作的艺术真善美作品是共鸣一致
的"[1],从而收获了特别的美感,所以他指挥得很投入,受到同
学们由衷的敬重。歌咏队队员姚曼华说:"合唱团办得这么出色,
主要应归功于担任指挥的联大教授张清常先生。他深厚的音乐素

---

[1]张清常语,转引自姚曼华:《张清常先生和不朽的校歌》,《中华读书报》,
　2008年8月20日。

养、细腻而高超的指挥艺术,把大家的感情都热烈而和谐地激发了出来。"①他指挥他们唱《抗敌歌》、《念故乡》、《蓝色的多瑙河》、《我所爱的大中华》、《旗正飘飘》、《山在虚无缥缈间》等中外名曲。数十年后宗璞还记得当时唱歌的情景:"《抗敌歌》先由男低音发问:'中华锦绣江山谁是主人翁?'大家一起回答'我们四万万同胞',我们'家可破,国须保;身可杀,志不挠'。后两句音调很高,大家用力地唱,用心地唱,像在发出一个大誓愿。《旗正飘飘》唱时真觉得枪在肩,刀在腰,要奔赴沙场,杀尽日寇,还我河山,'好男儿报国在今朝!'这是每一个中华儿女的责任。这两首歌其实就是一首歌,唱的是一种浩然之气,一种正气。每次唱时,和着响遏行云的歌声,常见一个个年轻的脸庞上沾满泪痕……"②张清常曾赞扬他们:"这些歌曲,四部合唱,难度很大,可是附中的小朋友练习认真,能够把这些世界名曲唱好,确实是不容易的。"③附中一年有一次文艺晚会,附中歌咏队演出过一两次,很受大家欢迎。对于这样一支高水平的合唱队,他当然放心地把结业典礼上庄严神圣的演唱任务交给他们了。而在此前四年,他已为附中的校歌作了曲谱。附中校歌是他姐姐张清徽作的词,他谱的曲④,是姐弟俩合作而成的一支完美的歌曲。当时担

---

①姚曼华:《张清常先生和不朽的校歌》,《中华读书报》,2008年8月20日。

②宗璞:《谁是主人翁》,《宗璞散文全编(1951—2001)》,北京:北京出版社,2003年2月,第385页。

③张清常:《忆西南联大附中》,《张清常文集》第5卷,北京:北京语言大学出版社,2005年1月,第323页。

④见西南联合大学北京校友会编:《国立西南联合大学校史——一九三七至一九四六年的北大、清华、南开》,北京:北京大学出版社,2006年1月,第328页。

任附校主任①的黄钰生教授评价说：校歌"曲词并茂"，是"熏陶集体精神的文艺"②。其歌词是：

> 满眼是烽烟炮火，满眼是流离颠簸。我们的国家正在风雨中奋斗，我们却幸得一堂理弦歌。前进呀，姐姐妹妹！前进呀，弟弟哥哥！要知道身只此身，怎能不学须便学，好时光莫放过，正年少莫蹉跎，努力报答我们的家国。

1943年，张清常还为师范学院附小创作了校歌的歌词和曲谱。歌词是：

> 在这里四季如春，在这里有爱没有恨。我们要活泼精神，守秩序，相敬相亲。我们读书要认真，知识要多，头脑要清新。能独立判断，能俭能勤，发奋努力，好好地做个人。

此外，张清常在西南联大时还给昆明及其以外的学校和单位写过校歌或团体歌曲。可惜这些歌曲极少保留下来。保留下来的就十分珍贵，如《玉溪中学校歌》。

而在他所作的歌曲中，《西南联大校歌》最为著名。《西南联大校歌》是他音乐才华的集中显现，也是时代赐予他的礼物。时代给了他创作的灵感和力量，才有那样的不朽作品产生、传世。

---

① 西南联大附校包括附中、附小及幼稚园，校领导称"主任"，主任由师范学院院长兼任。

② 黄钰生：《回忆联大师范学院及其附校》，西南联大北京校友会编：《我心中的西南联大：西南联大建校70周年纪念文集》，北京：清华大学出版社，2009年8月，第272页。

当我们谈到《西南联大校歌》不朽"生命"的时候，还应看到该校歌创作集体的力量。《西南联大校歌》是以学校的名义组织人员创作的唯一歌曲，也是以学校名义发布的唯一文艺作品。参与组织策划校歌制作的五位委员在当时就被公认为大师：闻一多、朱自清是诗人兼文学研究家，罗庸是古文研究家，罗常培是语言学家，冯友兰是哲学家。校歌委员会在制作过程中认真思考，反复讨论，试唱比较，修改审定，并听取了马约翰、沈有鼎、杨业治三位教授的意见。曲谱的制作还体现了朱自清识人、用人的慧眼。校歌报到学校后，校常委会反复斟酌，曾打回制作委员会，直至臻于理想的程度为止。从学校常委会决定成立校歌委员会到通过校歌，历时十个月，真是十月怀胎。《西南联大校歌》吸纳了这么多名家的思想和智慧，所以能够表达出西南联大师生的共同心声，能够传达出时代的最强音，因而能够跃登不朽的艺术殿堂。

## 第三节　高声唱歌咏队及其活动

高声唱歌咏队是西南联大最大也是最后一个音乐团体。"高声唱"和西南联大的其他社团一样，完全是"民间组织"。高声唱最初只有几个男生聚在一起唱歌，自称"僧音社"，歌声"感染"并招徕了许多男女同学，遂成立高声唱歌咏队，歌咏队逐渐扩大成为一百多人的社团，是西南联大所有社团中唯一确知社员人数及其姓名的社团。高声唱唱抗日歌曲，也唱日常歌曲，唱外国名歌，也唱云南民歌，唱阳春白雪，也唱下里巴人，极大地丰富了西南联大学生的业余生活，促进了同学的心理健康发展，还发起联合其他歌咏团共同组织过歌唱演出，也派歌手参加过昆明市里组织的歌咏比赛，显示出较强的艺术实力。正在高声唱积极健康向上发展的时候，突然爆发了"一二·一"运动，高声唱最先投入了斗争，在较长的斗争中发挥了特殊作用，和大家一起夺得了运动的胜利。高声唱还是一个能够自创歌曲的社团，创作的歌曲在当时产生了强烈的震撼和巨大的影响。高声唱随着西南联大的结束而结束。回到北方后，高声唱一分为三，成为北大、清华、南开的歌咏新军，在新的形势下唱出时代所需要的歌，为新的斗争做出了新的贡献，表现出西南联大高声唱歌咏队的精神。高声唱催生出的音乐人才，不仅在解放战争中发挥了宣传鼓动作用，而且成为新中国的优秀音乐人才，为当代的音乐教育和音乐事业的发展做出了重大贡献。

根据西南联大高声唱歌咏队的活动情况，可以将其历史划分为前、中、后三个时期：前期，1944年秋至次年春，"僧音社"活动时期；中期，1945年春至冬，"高声唱"成立后的活动时期；后期，1945年冬至1946年夏，"一二·一"运动及西南联大结束时期。下面将按照这三个时期依次论述。

一、僧音社的活动

1944年秋季开学后，几个爱好音乐的同学，大约七八个人经常于课余时间聚在一起唱歌，歌声引来几个同学参加进来，遂成为一支十余人的男声小合唱队。他们是：黎章民、胡邦定、游继善、陈月开、韩瑞定、潘汝谦、萧斧、陈中岳、曾祥鹏等，稍后又有周锦荪、严宝瑜等加入。西南联大的办学条件，以今天的标准衡量是相当简陋的：图书馆狭小，教室不够用，宿舍拥挤。同学们聚集在宿舍唱歌，会严重影响其他同学的学习。几位同学便联系基督教青年会创办的学生服务处，在那里练歌，同时也互教一些音乐知识，交流一些学习心得，讨论一些音乐问题。学生服务处在新校舍南区东头，离学生宿舍不远，小合唱队人也不多，容易集中，更出于大家对歌咏的爱好，唱起来十分带劲，队员也不愿意缺席，这样，就形成了一支人心齐劲头足的歌咏队伍。由于队员全是男生，他们自己戏称为"僧音社"。

　　僧音社是怎么聚合起来，怎么能够在基督教青年会的学生服务处练歌呢？

　　这得从"劳军"说起。为了鼓舞部队官兵的抗日精神，从1942年开始，基督教青年会军人服务处和昆明学生救济委员会组织劳军工作队①，动员大中学生利用假期到驻扎在云南的部队慰问，主要活动内容是进行形势教育，开演讲会，文艺演出，体育比赛，教唱歌曲，与官兵联欢，代写家信，与军人交朋友等。劳军工作队以西南联大学生为主组成。1944年暑假，劳军队去驻扎在昆明郊外的云南地方部队第十八师和中央军第五军慰问，第五军军长邱清泉还借机邀请华罗庚、闻一多和吴晗等十一位教授去军部举行"目前局势与中国反攻问题"的座谈会。由于在之后的1945年11月25日晚西南联大等四所大学联合召开"时事晚会"时，邱清泉领导的第五军士兵开枪威胁会议，并在"一二·一"运动中站在学生的对立面，还因为后来国共两党的关系，西南联大学生几乎以此次慰问为耻辱，对此次的慰问情况缄口不言，因此无法知道此次慰问活动的内容。黎章民最初参加的就是这次慰问活动，他在《"我们的青春像……"——记西南联大高声唱歌咏队》一文中说："1942年起组织了多次服务队到昆明郊区及云南南部开远、

---

① 关于劳军工作队的名称，有的文章称"劳军服务队"，有的文章称"劳军慰问队"，本文依照《国立西南联合大学校史》称为"劳军工作队"。

建水等地驻防的滇军中宣传抗日和反内战、争民主。……在1944
年参加'劳军'的同学中，胡邦定、周锦荪、陈月开、温功智、李玲
（凌）、李志的（李之）、李玉英、马如瑛（黎勤）等后来都是高声
唱歌咏队的队员。1945年夏再去建水的一次还有高声唱歌咏队派
出的骨干严宝瑜……"[1]这段话说明，黎章民参加了1944年夏的
劳军。此外他还参加了1945年春的劳军。这里只谈与僧音社的组
成有关系的1944年那次劳军。在这篇文章中，黎章民还说："高
声唱歌咏队尚未正式成立之初，我们只有一个七八人的男声小合
唱组（我们曾戏称之为"僧音社"），但大家唱歌的兴趣甚浓。由
于我在两次'劳军'服务队中担任指挥教歌，所以就自动充当起
这个小歌队的组织者。"[2]这篇文章写于1984年。由于年代相隔
甚远，显然把两次，甚至三次劳军活动弄混了，所以有"由于我在
两次'劳军'服务队中担任指挥唱歌，所以就自动充当起这个小歌
队的组织者"的话。充当"组织者"没错，但"两次'劳军'"是错
的，因为僧音社活动的时间是1944年秋，那时还没有进行第二次
劳军。我从这里提取的信息是：黎章民在1944年的劳军中担任了
歌队的指挥。由于做歌队指挥的经历，他充当了僧音社的组织者。
也就是说，1944年暑假的劳军同学在慰问活动中唱歌，既发现了
歌手，又产生了指挥者，更提升了大家唱歌的热情，回校后，这些
同学就经常聚在一起唱歌，于是形成了"僧音社"。至于僧音社最

①黎章民：《唯民文存——黎章民著译自编集》，自印，约2006年，第627—
　628页。此文原载西南联大校友会编：《笳吹弦诵在春城——回忆西南联
　大》，昆明：云南人民出版社等，1986年10月；又载西南联大北京校友会
　编：《我心中的西南联大：西南联大建校70周年纪念文集》，北京：清华大
　学出版社，2008年9月。
②黎章民：《唯民文存——黎章民著译自编集》，自印，约2006年，第628页。

初是谁发起的,已不得而知。

关于僧音社的组成时间问题,还有两份佐证材料。一份是僧音社的成员严宝瑜所写的《"一二·一"反内战运动中的西南联大"高声唱歌咏队"和四烈士〈送葬歌〉》,文章说:"我1944年秋入学联大后不久,黎章民和周锦荪同志通过同学介绍,知道我是从'重庆国立音乐院'来的,便拉着我一起参加一批联大学生的练唱活动。"①这话说明,1944年秋季开学不久就有了学生歌咏队,而那时的歌咏队是唯一的,即僧音社。另一份也是僧音社的成员周锦荪写的《回忆1945年寒假的建水劳军活动》,文章说:"我们准备的歌咏和话剧节目饶有兴味。黎章民和陈月开、李凌是僧音歌咏队的,黎是指挥,陈是金嗓子男高音,准备了一批慷慨激昂的战斗歌曲。"②这话说明,1945年寒假以前已经有"僧音歌咏队"了,这年的寒假开始于1月29日,放假前的1月份有考试及其准备,不可能开展练歌活动,因此"以前"自然是1944年了。那么,僧音社会不会在1944年秋季以前就开展了活动呢?不会。上文说过,僧音社聚合的机缘是劳军工作队的歌咏活动,而黎章民最初参加的劳军活动是1944年暑假的那一次。而且,至今未见1944年暑假以前劳军工作队中有关歌咏活动的文字。

明白了僧音社的聚合情况,也就可以知道僧音社能够在学生服务处练歌的原因了。因为僧音社的主要成员曾参加劳军工作队,而劳军工作队是军人服务处组织的,军人服务处和学生服务

---

① 严宝瑜:《"一二·一"反内战运动中的西南联大"高声唱歌咏队"和四烈士〈送葬歌〉》,《音乐研究》,2001年第2期。

② 周锦荪:《回忆1945年寒假的建水劳军活动》,西南联大北京校友会编:《我心中的西南联大:西南联大建校70周年纪念文集》,北京:清华大学出版社,2008年9月,第294页。

处同属基督教青年会。实际上，基督教青年会只有三四个工作人员，他们既为军人服务，又为学生服务。在劳军服务中，同学们与基督教青年会的负责人熟悉了，所以能够借服务处的地点进行活动。

由于学生服务处仅有一间小礼堂，活动日程安排较满，有时还有一些临时的活动在那里举行，小礼堂显得相当紧张，不一定能够保证僧音社的练歌时间。这样，僧音社虽然规定了固定的时间练歌，但许多时候是临时通知。通知一般贴在社员住得比较集中的宿舍门口，落款即是"僧音社"。僧音社所唱的歌曲除《西南联大校歌》外，大部分是抗战歌曲，如《义勇军进行曲》、《大路歌》、《大刀进行曲》、《打回老家去》等，还有苏联歌曲《光明赞》、《青年歌》、《喀秋莎》、《华莎工人歌》、《夜莺曲》等和民歌如《朱大嫂送鸡蛋》、《幽静的岸滩》（苏格兰民歌）等。爱好唱歌是青年的特点。僧音社的社员是青年中尤其爱好唱歌者。他们不仅在约定的时间唱，有时几个人在宿舍里或草坪上唱，甚至三三两两肩并肩，手挽手地在校园的路上边走边唱。他们完全是因为爱好，为自己而唱，唱出心中的感情，也获得精神的健康愉悦。

1945年1—2月寒假，西南联大学生去建水劳军工作中所唱的歌，亦属僧音社咏唱的歌曲。周锦荪在上引的《回忆1945年寒假的建水劳军活动》一文中有过追述：

> 每次演出开始，首先必是歌咏，主要是齐唱，十五个人几乎全部登台，由黎章民指挥。第一支歌又必定是《保卫大西南》，这是一首新歌，应该是日本军队打进贵州后创作的，节奏以一开始连续几个切分音而显得坚定有力，号召"西南八千万民众，

战斗总动员"，以最后一句高昂的"保卫大西南"结束。我们把这首歌唱了又唱，越唱越好，越来越铿锵有力，几乎成为我们的队歌。后期我们还分头下连队去教唱，并组织了连队间的歌咏比赛。我们演唱的歌曲还包括从敌后抗日根据地传来的抗战歌曲，以及苏联歌曲和新疆民歌。其中最长也是大家最爱唱的歌曲是《卢沟桥事变小调》："自从卢沟桥事变起，人人的心里只想杀敌。"这也是一首比较新的歌，它唱出了在共产党领导下根据地军民准备最后反攻的气势："抗战七年多啊，越打越有主意，建立了抗日根据地，平原也能打游击"，"抢鬼子的枪，夺鬼子的炮，男女老少，都武装好"，"电话不灵，铁道不通，叫鬼子兵，一步也不能动"；"敌人凶，我们更蛮，打不走鬼子咱没有完"！……这首歌我们也是每次演出必唱，唱得酣畅淋漓，满怀豪情。从演唱中的台下静听和演唱后的热烈掌声，我们知道自己的演出是成功的。还有独唱，廖瑞群高唱一曲《站岗放哨李大妈》，也总是那么感动全场，博得一次次掌声雷动。[①]

这段话不仅告诉我们僧音社所唱的歌曲还有《保卫大西南》、《卢沟桥事变小调》和《站岗放哨李大妈》，还说明了僧音社的歌唱对于云南地方部队官兵的教育影响作用，亦可以想象其社会影响。

## 二、高声唱成立后的活动

歌声是有感染力和召唤力的。僧音社的歌声很快吸引来了一批同学，其中有部分女生，有的还是中学生，再叫僧音社已经不合

---

[①] 周锦苏：《回忆1945年寒假的建水劳军活动》，西南联大北京校友会编：《我心中的西南联大：西南联大建校70周年纪念文集》，北京：清华大学出版社，2008年9月，第295—296页。

适了，遂更名为"高声唱歌咏队"，简称高声唱。社员增多了，练歌的时间和地点也需要固定。于是在1945年春新学期开学后，高声唱歌咏队宣告成立。高声唱不同于西南联大当时的一些团体，在成立前搞联络、贴广告、做宣传，而是就已有参加者为队员宣告成立，队员全是自觉自愿的，歌咏队也无章程之类规定，完全开放，社员想来则来，想走则走，全靠歌声吸引人员和稳定队伍。

西南联大1945年新学期开学是2月19日。等到同学的选课和学习诸事就绪后，于3月10日星期六晚，西南联大高声唱歌咏队在新校区南区三号教室成立。成立会跟往常练歌一样，没有特别的场面，没有隆重的仪式，没有热烈的气氛，仅仅是在练唱开始宣告歌咏队的名称，负责人，练唱的时间、地点而已。高声唱有一个干事会，但至今未见成员的名字。由于在练习过程中已经形成了可以信赖的领导，在会上只是大家再次确认而已，所以都鼓掌通过，总干事即练唱指挥黎章民，另一个负责人是严宝瑜。而其他的干事或者说歌队的组织机构一直没有人回忆出来。高声唱的宗旨应该是"我们要为光明而歌唱"。有关高声唱的最早记载《联大八年·高声唱歌咏队》说："高声唱从它开始成立的时候就这样宣称：'我们要为光明而歌唱！'"[1]至于为什么叫歌咏队而不叫其他名称，严宝瑜后来有过说明："由于我们看重音乐艺术的群众性，不把唱歌活动限制在少数爱好者的小圈子里，因此我们这个团体不叫'合唱团'，叫'歌咏队'，因为怕'合唱'两字把爱好唱歌但水平不高的同学吓跑了。"[2]从此，高声唱的练唱时间固定在

---

[1] 高声社：《高声唱歌咏队》，西南联大除夕副刊主编：《联大八年》，昆明：西南联大学生出版社，1946年7月，第155页。

[2] 严宝瑜：《"一二·一"反内战运动中的西南联大"高声唱歌咏队"和四烈士〈送葬歌〉》，《音乐研究》，2001年第2期。

每周二、五晚上，地点在召开成立会的新校区南区三号教室。成立会结束，歌队继续练唱。

关于高声唱所唱的歌曲，《联大八年·高声唱歌咏队》有载：

> 《张大嫂》，《苦命的苗家》，《读书郎》，《我流浪遍了四方》，《青年歌》，《熔铁匠》，《静静的顿河》，《哥萨克之歌》，《红河波浪》，《太平歌》，《都达尔与玛利亚》，《青春舞曲》，《虹彩妹妹》，《春暖花开的时候》，《罗雷莱》，《幽静的岸滩》，《盖威吹手》，A Song of Pease，Dark Eyed Russian Girl，House on the Ronge，《我们的歌声》，《星海悼歌》，《黄河大合唱》，《满洲囚徒进行曲》，"一二·一"四烈士挽歌及葬歌，《安眠吧，勇士》，《告士兵》，《不买中央报》，《凶手，你逃不了》，《告同胞》。①

还有《西南联大校歌》，是当然的咏唱歌曲，有当年高声唱所用的歌单为证。只是《校歌》在西南联大唱得太普遍，才没有专门写入。

关于高声唱的练唱情况，所唱歌曲及其内容与感情等详细情况，高声唱总干事黎章民有过较为详细的记述，和上引《联大八年·高声唱歌咏队》的记载对照阅读，则可以更为全面地了解高声唱的活动内容与情况：

> 高声唱歌咏队一成立就宣称"我们要为光明而歌唱"。我

---

① 高声社：《高声唱歌咏队》，西南联大除夕副刊主编：《联大八年》，昆明：西南联大学生出版社，1946年7月，第156页。

们每星期二、五晚上在联大新校舍南区三号教室练唱。为适应队员们多方面的兴趣和爱好，平日练唱都保有一个比较广泛的、风格多样的曲目，如《大家唱》（舒模作）的歌声一起，就好像传来我们歌咏队集体的亲切召唤；《红草莓》和《青春舞曲》唱出了青年要求摆脱压迫、追求自由的热切愿望；《跌倒算什么》（舒模、绿永作）则表达了他们不畏强暴、百折不摧的革命豪情。正是这些生气勃勃、富有群众性的歌调，使同学们一直团聚在自己歌咏队的周围，风吹不倒，雨打不散。我们入队不久的新战友，很快就学会了唱反映解放区抗日军民关系的《朱大嫂送鸡蛋》（崔牛词曲），这歌寄予了我们的情怀，我们也喜欢他那纯朴乐观的民间情调。我们唱表现老百姓疾苦的《农家苦》、《黄河小调》、《苦命的苗家》，唱讽刺揭露国民党反动统治的《茶馆小调》、《五块钱》、《你这个坏东西》（这些歌是新中国剧社到昆演出时带给我们的节目），唱豪壮激越的、战歌式的合唱如冼星海那首写"受难的弟兄全是一家人……为争取民族生存，我们在生死线上前进"的《满洲囚徒进行曲》，贺绿汀那首写"快装枪磨刀，赶走日寇，恢复旧山河"的《胜利进行曲》和苏联歌曲《青年歌》、《我们是熔铁匠》，波兰歌曲《我们的歌声》等；也唱比较舒缓、悠美的、很有艺术性的合唱，如《插秧谣》、《垦春泥》和外国作品《洛累莱》、《幽静的岸滩》、《静静的顿河》、《我流浪遍了四方》。女声独唱《春暖花开的时候》有段歌词唱"慈爱的妈妈给我穿上征衣，要我将生命父给国家，为了千百万人的自由幸福，永远把妈妈的叮咛记在心"，这道出了"告别亲娘、远走天涯"、"辞却了五朝宫阙，暂驻足衡山湘水，又成离别"的许多联大大学生那种深藏在心的情意，使他们感到分外地亲切；抒情民歌《可爱的一支玫瑰花》（即《都达尔和玛丽亚》)、《虹彩妹妹》也是队员们在底下喜欢传唱的歌曲。
当时社会上的一些新作,如《新的进行曲》、《凭良心》、《民主
是哪样》、《不要打,不能打,不准打》(孙慎、舒模等作)传到
我校,歌咏队为配合宣传,总是立即进行排练。此外,我们还唱
过一些填词的中外作品,如民歌填词《太平年》、《张大嫂》(安
娥词),填上新词的外国歌曲《光明赞》(原是一首俄国民歌
合唱)、《胜利之歌》(孙慎词)、《建设民主新中国》(唯民
填词)等,我们为后者所填的歌词最能表达高声唱歌咏队团结
成一个坚强的战斗集体的目标。歌中唱到"当黎明还未降临之
前,引吭高歌我们永不厌倦。热爱着自由光明的青年,快快来
一起歌唱。让我们携起手来,让我们尽情歌唱,歌唱着民主和
平自由光明。……大家快快团结,建设民主新中国……",特
别是其中一首合唱《我所爱的大中华》(李抱忱词,陶尼特曲)
由于词曲结合能表现同学们热爱中华、愿与祖国同甘苦共荣
辱的心绪,虽然难度较大,大家还是愿意反复练唱,并且至今
不忘。[1]

　　在歌声的感召下,歌咏队的队员不断增加,到了一百余人。其
中还有外校的学生加入,例如昆华女中的徐菊英(徐淑贞)和陈
端芬,培文中学的沈希文和熊凤英。
　　高声唱的训练通常分男高音、男低音、女高音、女低音四声部
进行,在训练中,逐步形成了各个声部的骨干,男高音的陈月开、

---

[1]黎章民:《唯民文存——黎章民著译自编集》,自印,约2006年,第630—
　632页。

胡邦定、朱谷怀，男低音的骆宝时、温功智、严宝瑜，女高音的陈水莲、邹震芳、梁志英，女低音的傅冬菊、刘晶雯、林莲凤等都有很好的嗓音，不仅在唱歌时是各声部的骨干，同时也是歌咏队的骨干，他们在整个练唱中都起了带头作用。高声唱也涌现出了一些独唱高手，如沈希文唱的《春暖花开的时候》、《虹彩妹妹》非常动人，是高声唱的保留节目。1944年从重庆考来电机系的浙江人胡积善（方堃），拉得一手好二胡，曾在南菁中学开过二胡独奏音乐会。高声唱知道后，邀请他来参加《黄河大合唱》的演出乐队，尽管工学院住在拓东路，到新校舍练歌要穿过昆明城，他还是不辞辛劳热心参加，演出后他成了高声唱的积极分子。有的队员同时参加了几个社团，全面发展，业余时间很忙，练歌却不缺席。有的队员其他社会活动繁忙，但也总抽时间参加练唱。总之，队员们练歌越唱越有劲，越唱心越齐，越唱越爱唱。他们不是为了比赛拿名次，也不是为了显示自己的好歌喉，只是为了唱，为了唱而唱。这种为歌咏而歌咏的态度，使高声唱队员产生了强大的亲和力，他们热心唱歌，越唱越亲密。

不过，在特殊的要求下，高声唱也参加过一些集体演唱活动。例如，1945年"五四"，西南联大学生自治会组织了规模空前的"'五四'纪念周"，其中5月1日晚的纪念内容是音乐晚会。这个晚会是由西南联大学生自治会联合云南大学、中法大学、英语专科学校学生自治会共同主办的，西南联大学生自治会要求高声唱代表西南联大参加演出。晚会上，高声唱联合昆明合唱团和哈哈合唱团演唱《黄河大合唱》。晚会在云南大学至公堂举行，当时在昆明工作的《黄河大合唱》词作者光未然和音乐家赵沨亲临指导，邀请指挥家徐守廉担任客座指挥，演唱引起了巨大震动。晚会上高声唱集体合唱的《五月的鲜花》、《民主青年进行曲》的歌声响彻会堂。高声唱还演出了男声小合唱《读书郎》和对唱《河边对口曲》，同样受到热烈欢迎。晚会从头到尾歌声与掌声交错迭起，震撼着每个观众的心灵。又如人民音乐家冼星海逝世，昆明音乐界在南屏电影院举行悼念会，高声唱歌咏队参加了演唱，他们唱道："在莫斯科蓝色的天空下，你音乐的巨星陨落了……你的歌是人民的吼声……是战斗的号音！……"表达出大家对于这位音乐巨星的深切怀念。

高声唱的部分队员曾到过附近的一些中学去，辅导那里的学生唱歌，帮助他们开展歌咏活动。

高声唱歌咏队还曾通过劳军和下乡等活动把歌声带到云南的其他地方。1945年寒假高声唱队员参加基督教青年会军人服务处组织的劳军工作队，慰问驻扎在建水的滇军暂编第二十二师，演唱的是《保卫大西南》、《卢沟桥事变小调》和《站岗放哨李大妈》等歌曲。1945年暑期基督教青年会军人服务处再次组织劳军工作队，赴建水慰问滇军暂编二十二师。高声唱派出了严宝瑜等骨干参加。这时昆明的歌曲，由于新中国剧社的到来增加了新的内容。抗战后期，社会问题变得非常严峻，政治黑暗，经济萧条，民不聊生，老百姓心情十分压抑，内心郁闷无处发泄。新中国剧社的作家们看到了这种情况，写成了《五块钱》、《你这个坏东西》、《茶馆小调》等。这些歌曲切合了昆明社会的实际，赢得群众的深情共鸣，很快就传开了。王景山在《西南联大和〈茶馆小调〉》一文中说："据曹珉同志回忆，《茶馆小调》首演是在西南联大纪念高尔基的晚会上，新中国剧社应邀参加了这次晚会。

晚会最后一个节目，就是新中国剧社的大合唱《茶馆小调》。"①
演唱获得了热烈的反响。这次演出的时间是1945年5月18日。几天
后，高声唱进行了练唱。歌声很快响彻在西南联大校园。暑假，高
声唱队员参加劳军慰问，便把它带到部队，教基层官兵们练唱。
后来，这首歌和《五块钱》、《你这个坏东西》等又被官兵带到了
云南各地以至全国很多地方。同样是1945年暑假，基督教青年会
学生服务处组织"暑期服务队"，去石林县圭山一带宣传抗日。服
务队从西南联大、云南大学和一些中学挑选人员，高声唱的陈月
开、陈端芬等骨干参加。他们白天和农民一起下地干活，晚上教
彝族青年唱歌。歌声拉近了彼此之间的距离，服务队的工作很快
得到开展。高声唱通过这次服务活动把歌声留在了圭山彝族青年
的心中，这些青年有了不同程度的进步，他们在后来云南的和平
解放中发挥了作用。

在长期的歌咏活动中，高声唱形成了一支较为稳定的队伍。非
常难得的是，在数十年的风雨中，高声唱仍保留了当年歌咏队的
名单，而且名单是分声部列出的。现录名单于下：

**女高音：**徐菊英　陈端芬　张琴仙　张翠仙　甘玉芝
尤德华　范映霞　李德钰　吴学淑　李志的　马如瑛　刘　薇
彭珮云　许允端　胡秀端　刘蓉蓉　沈渔邨　陈水莲　沈希文
吴锡兰　杨育坤　梁志英　邹震芳　毛承颖　王念梅　陈凤鸣
彭英鼎　唐季雍　何瑞珠　诸有莹

**女中音：**姚凤彪　熊凤英　傅冬菊　李玉英　王冠华

①王景山：《西南联大和〈茶馆小调〉》，《炎黄春秋》，2003年第10期。

黄有梅　刘晶雯　吴琼瑁　李秀菁　曾德瑜　孙霭芬　林莲凤

冯钟潜　伍　骅　段蕙仙　程传珊　张燕俦　陈雪君　耿仁荫

邓洁芳　卢坤瑞　王世纲　银重华　许　琤　冯碧蕉　徐　晶

**男高音：**陈月开　王瑞沅　胡邦定　张启梁　尚嘉齐

何　杰　朱谷怀　陈中岳　程法伋　曾祥鹏　王卓如　朱振芳

张魁堂　周福成　徐树元　胡积善　李忠立　张福安　吕超英

张天珉　邓崇钧　张道一　张铁梁　曾宪邦　黄培正　陈庆华

萧　斧

**男低音：**周锦苏　骆宝时　倪捷祥　温功智　黎章民

严宝瑜　罗　宁　李　玲　潘汝谦　韩瑞定　游继善　赵梦宾

陈鲁生　施汉荣　王善桢　王家滨　熊增眷　何　董　农枝伟

黄宗英　陈　琪　刘福宁　李昌绍　张祖德　丁贻礼　刘克果

张秋实　田振邦　陈彰远

**客席指挥：**徐守廉①

学校的特点是学生的新旧更替。此名单只是一个相对固定的队员名单，有的时候略有变化，有的队员可能被遗漏，但基本队员大约就是这些。

高声唱总干事黎章民为高声唱歌咏队写了一首队歌，可惜不知此歌写于何时。兹录于下：

---

①高声唱歌咏队队员名单，转录于《云南师范大学学报》，1984年第4期。

# 高声唱队歌

（昆明国立西南联合大学高声唱歌咏队队歌）

1=D 2/4

唯　民词曲<sup>*</sup>

5. 5 ｜ 5. 65 ｜ 31 i. i ｜ i. 32 ｜ i5 31 ｜ 5 ∨5. 5 ｜
高　声　唱，我们　齐步　高　声　唱，我们　齐步高声　唱，高　声

5. 65 ｜ 31 i. i ｜ i. 32 ｜ i5 31 ｜ 5 7. 7 ｜ i. ∨5 ｜
唱，我们　齐步　高　声　唱，我们　齐步高声　唱，高　声　唱。为

1. 1 33 ｜ 4. 4 ｜ 6. 6 54 ｜ 3. ∨2 ｜ 5 2 5 2 ｜ 7. i ｜
自　由高声　唱，为　光　明高声　唱，为　和平民主　自　由

7. i 7 6 ｜ 5 - ｜ 5 ∨5. 5 ｜ i. 2 i ｜ 70 70 ｜ 70 6. 6 ｜
高　声　歌　唱。　　　开大路　我们打　先　锋，苦和

6. 44 ｜ 3 65 ∨5 ｜ 5. 65 2 ｜ 34 3 ∨i ｜ i. 2 i5 ｜ 6 i 7 ∨2 ｜
难　我们　要担当。听我　们歌声　多嘹亮，看我　们队伍　多雄壮。我

2. 3 2 i ｜ 7. i ｜ 7. i 7 6 ｜ 5 - ｜ 5 ∨5. 5 ｜ 5. 65 ｜
们　一心团　结　奔　向前　方。　　　高　声　唱，我们

31 i. i ｜ i. 32 ｜ i5 31 ｜ 5 7. 7 ｜ i - ｜ i 0 ‖
齐步　高　声　唱，我们　齐步高声　唱，高　声　唱！

《唯民文存——黎章民著译自编集》，自印，第676页

现代剧作家夏衍曾以他的戏剧作品反复证明一个道理：政治这东西，你不关心它，它会来关心你。在"现代"这个被"组织"起来的社会里，个人是不可能独立生活的。高声唱队员本来只想快快乐乐地唱歌，"为光明而歌唱"，唱出心中的感慨，获得健康的心灵与高尚的情操，但是，政治局势的遽变让人始料不及，由于"一二·一"运动突然爆发，他们的歌声发生了改变。

### 三、在"一二·一"运动中

抗战胜利后，紧迫的任务是建国，老百姓也需要休养生息，恢复生产。可这时，国共两党的矛盾日益突出，在各方人士的努力下，两党在重庆举行谈判。昆明的学生在进步教师的带动下，形成了比较一致的反对内战，组成联合政府的政治观念。为更进一步宣传政治主张，达到劝诫国共两党领袖的目的，昆明的四所大学学生自治会聘请钱端升、伍启元、费孝通和潘大逵四位教授，准备于1945年11月25日晚在云南大学至公堂举行时事报告会，发表对于时事的意见。此举使当局感到惊慌，云南省党政军召开联席会议，向云南大学施加压力，不准借会场给学生。学生于是将地点改在西南联大新校舍大草坪。学生自治会估计会议有可能遭到破坏，做好了应对准备。当晚，听众竟达六千人之多。高声唱歌咏队在总干事黎章民的召集下，全体在大草坪集合，而后坐在一起，于会议开始前唱歌。大家似乎有一种不祥的预感，反复唱着《我们反对这个》。这首歌是新中国剧社的音乐指挥孙慎新近为力扬的词谱的曲，高声唱此前已经唱过几次，现在又继续练习，仿佛是在做精神准备似的。演讲开始，钱端升指出"内战必然毁灭中国"，全场掌声响起，同时墙外突然枪炮声轰鸣。大家吃惊，会场有些骚动。严峻的情形出现了：如何在不明真相的枪声中保持六千人的会场镇静不乱? 钱端升在枪声中神情自若, 继续演讲, 会场稍安。但枪声并未停止。他讲完, 高声唱立即唱起"我们反对这个"! 接着伍启元讲, 枪声又起, 会场仍然不乱。突然电灯熄灭。"我们反对这个"的歌声又起。工作人员挂上准备好的汽灯, 演讲继续。其他工作人员很快接通了电源, 会场恢复光明。第三位演讲者费孝通走近讲台, 大声说: "不但在黑暗中我们要呼吁和平, 在枪声中还是要呼吁和平!"[①]全场报以一片掌声。他讲完, 一个政府官员自称"老百姓"跳上台去要求"戡乱"。"我们反对这个"的歌声再一次响起, 听众跟着歌咏队轻声唱和。第四位潘大逵顺利讲完"如何制止内战"。最后, 晚会通过了四大学学生社团的联名建议: 发表"反内战宣言"。晚会在《我们反对这个》的歌声中结束。

高声唱的英勇表现, 起到了稳定会场的作用, 对于维持六千人的群众集会的秩序做出了巨大贡献! 试想, 如果没有这样一支一百多人的歌咏队在枪声中唱歌, 光靠演讲台上的镇静与维持, 是很难收效的。当然, 台上的镇静是最主要的, 但歌声也起了意想不到的辅助作用。歌声能给听众壮胆, 能够团结大家的力量, 唱歌的人安然不动, 大家仿佛有了依靠, 歌声回响, 秩序安然。所以, 歌声给予大家的心理安慰和鼓舞在保持会场镇静中所起的作用是难以估量的。并且, 这首歌又是那样地切合会场情形——反对内战, 反对武力, 也反对威胁! 歌声表达了大家的心声和感情, 唱者通过歌声发泄出自己的愤怒和抗争, 体现出不畏强暴, 不怕镇压的英雄气概, 所以大家也跟着旋律唱和, 唱和对于稳定与会

①费孝通语, 转引自西南联合大学北京校友会编:《国立西南联大大学校史—— 一九三七至一九四六年的北大、清华、南开》, 北京: 北京大学出版社, 2006年1月, 第354页。

群众的情绪所起的作用相当巨大。关于唱歌的情形，当时的指挥者黎章民写道：

> 现在我还清晰地记得当时自己参加指挥的感受和情景：在子弹掠过头顶横飞的条件下，我们好像是竭尽全力洪亮地唱起《我们反对这个》这首歌，忘记了可能发生的危险——"我们反对这个，这违反人民进攻人民的事，要告诉你的母亲、祖母、姐妹兄弟……告诉种田的、做工的、当兵的，告诉全世界人民：我们反对这个！"这歌是宣言，是檄文，是划破夜空的星火，是代表亿万同胞的抗议。①

另一位高声唱的负责人严宝瑜则有更为具体生动的叙述：

> 就在此时，草坪上坐在一起的歌咏队队员在黎章民队长的口令下全体起立，高唱我们已能背唱的《我们反对这个》，这时候这个歌是带着愤怒的声音唱出来的，声音特别响亮，歌声的气势压过了枪声，壮了大家的志气和胆量。电线被特务们掐断，电灯熄灭，我们在黑暗里唱，汽灯被拿来点着，会场恢复了照明，头上呼啸而过的子弹越来越低，大会主持人叫大家坐下，我们就坐下唱，后来大家被迫卧倒，我们卧倒后还在唱。冒充老百姓的特务上台捣乱，有人故意喊"打死他"以制造事端，我们歌咏队和全场群众保持镇静完全听大会主持人的指挥，没有跟着起哄的。就这样大会一直开下去，直到最后一个讲话人潘大逵

---

① 黎章民：《唯民文存——黎章民著译自编集》，自印，约2006年，第633页。

先生讲完，主席宣布大会结束为止。①

　　昆明的"一二·一"学生反内战运动的爆发是从这场"一一·二五"晚会开始的。高声唱歌咏队在晚会上表现出强大的反抗力量，是西南联大和昆明第一个在"一二·一"运动中对抗反动派的社团。这一地位没有得到西南联大校史和社团史的肯定，特在此说明。从这里我们可以感受到，只要歌者站在时代的前列，歌声就有引导的作用，歌者就是斗争的先锋。

　　西南联大学生组织有多种艺术社团。运动开始后，各种社团均发挥自己的特长对敌人进行斗争，文学社撰写文章，诗歌社创作诗歌，美术社绘制图画，戏剧社演出戏剧，歌咏队高声歌唱……在"一二·一"运动的斗争中，社团的作用是最为明显和突出的。可以估计，如果没有社团在"一二·一"运动中发挥特殊的宣传鼓舞作用，运动的扩大面将会受到严重局限，人民群众对于斗争的支持将没有那样迅速而广泛，而最终将导致斗争胜利结局的时间延迟到来。高声唱在整个斗争中，一直冲锋在前，利用歌声这个"武器"，为赢得斗争的胜利做出了自己的贡献。

　　"一一·二五"晚会结束后，学生回城里的住处，工学院的学生要回到拓东路学院所在地，英专的部分学生要回城里的学校，却发现学校外面戒了严，城墙上架起了机关枪！大家只好绕道回城。当局的这一做法更加激怒了学生。当晚各校学生即酝酿罢课。高声唱干事会随即做出安排，由严宝瑜第二天进城去昆中南院女生宿舍通知黄有梅，让她告诉女同学不要去上课，并通知歌

---

① 严宝瑜：《"一二·一"反内战运动中的西南联大"高声唱歌咏队"和四烈士〈送葬歌〉》，《音乐研究》，2001年第2期。

咏队女队员到新校舍集合。

而这一天，昆明《中央日报》刊发以《西郊匪警　黑夜枪声》为题的文章污蔑集会，歪曲事实，更加激怒了学生的情绪，西南联大学生自治会通过罢课决议，并组织罢课委员会（简称"罢委会"）。27日，昆明市学生联合会召开代表大会，决议全市学生总罢课，并组成罢课联合委员会（简称"罢联"）。28日，罢联发表《罢课宣言》。昆明市大中学生以罢课为形式反对内战及抗议武装干涉集会的斗争正式开始了。

11月26日，高声唱歌咏队在新校舍集合后，练唱反内战歌曲，准备在校内外演唱。严宝瑜说："我们到外面宣传练唱的歌曲，有的是现成的，如《茶馆小调》、《五块钱》、《民主是哪样》等揭露国民党反动统治下大后方黑暗现实的歌曲；有的是用旧曲调和民间小调填上反内战歌词的，如《南风歌》、《民主凤阳花鼓》，连《义勇军进行曲》都被我们填上了反内战歌词。但是我们反内战的创作歌曲，现成的只有孙慎同志写的《我们反对这个》一首，我们在街头宣传，恰恰需要针对性强的反内战歌曲，于是我们就自己动手作曲。"①结果，有《告同胞》、《告士兵》、《我们要当心》、《反对内战》、《大家不头中央报》等一批创作歌曲产生，并很快成为高声唱队员的常演歌曲。

开初，高声唱组织了两个分队，到街头、工厂和中学去演唱。后来，同学们组织的宣传队越来越多，宣传中又少不了唱歌，罢委会便要求高声唱将队员分散在各个宣传小队中领唱歌曲。尽管有人领唱，其他宣传队员还是要跟得上节拍，才能取得好的宣传效

---

① 严宝瑜：《"一二·一"反内战运动中的西南联大"高声唱歌咏队"和四烈士〈送葬歌〉》，《音乐研究》，2001年第2期。

果。于是，高声唱便增加了一个任务：教唱歌曲。教唱歌曲的任务由黎章民、严宝瑜等负责。他俩在新校区的一间教室等着，宣传小队一批批地来，他俩一批批地教唱。因宣传小队是同学随意临时组织的，组成和出发宣传的时间不一致，所以必须一批批地教。北校区没有大教室，有时许多小队同时来，教室挤满了，有时只有两三个人来，他们每次都认真地教。宣传队多了，宣传的地点相应增多了，宣传的地区和范围也扩大了，宣传的群众效应也就更好。

与此同时，反动当局继续施行他们的暴政，派出特务上街殴打和逮捕学生。高声唱的队员曾遭重创，如田振邦被打成重伤住进医院，张天珉的手腕和胳膊被刺伤，女队员邹震芳被打翻在地，到郊区去做联络工作的朱谷怀、萧斧被警察抓去。

在上街宣传唱歌的活动中，方堃的行为也许有一定代表性："拎着浆糊桶到街头张贴罢课宣言，向市民说明事实真相，指挥宣传小分队在街头上唱《我们反对这个》、《古怪歌》、《你这个坏东西》、《茶馆小调》、《五块钱》、《告士兵》等反内战争民主歌曲；特务追着我们殴打，也没有吓倒我。"①

11月30日，罢联为警察和特务殴打和抓捕学生向云南省警备司令部提出严正抗议，并发表《告昆市父老书》说明真相。

为应付反动派的暴行，宣传队采用"飞行集会"战术，宣传集会时派同学放哨，看到有便衣特务走来，便立即疏散，到事先约定的地点集合，再进行宣传。昆明市民也曾给遭到追捕的学生予以掩护，帮助宣传队员脱身。

12月1日，军人及暴徒武力袭击西南联大新校舍和师范学院，

---

① 方堃2012年12月28日寄李光荣文稿：《"一二·一"改变了我的人生道路》（据2005年12月8日清华研究生院举办的高校纪念"一二·九"、"一二·一"主题论坛会上的发言整理）。

致使三名学生和一名中学教师丧命，是为"一二·一惨案"。惨案是暴徒前些天殴打学生的继续与升级。教师和社会各界给予学生极大的同情，支持学生要求惩凶，形成了声势浩大的"一二·一"运动。惨案发生后，学校把图书馆阅览室设为灵堂，接受社会各界人士前来吊唁。同学们和社会各界的吊诗、挽联、漫画贴在墙上，挂在室内。高声唱的挽联是：

> 喉咙怎能扼住，旦夕将唤起民众；
> 鲜血岂会白流，迟早要淹死你们！

吊唁的情形是："进入灵堂，来客在'自由钟'钟鸣三响的伴随下，面对遗像行过敬礼，放下祭品或花圈，宣读祭文；再'穿街过巷'地在行行条幅的'丛林'中巡礼，那绕场四周和中间所挂的挽诗、挽词以及其它挽联、漫画，读来使人声泪俱下，义愤填膺，思想感情受到强烈撼动。"①烈士的鲜血激发了大家的创作欲望，教师、学生和社会人士纷纷写诗作文，全昆明市形成了诗文的海洋。正如王笠耘在《〈一二·一诗选〉代跋》中说："愤怒使昆明的学生、市民、工人，喷射出成千上万首燃烧着的诗篇。满城是诗的控诉、诗的呼唤、诗的咆哮。诗，走向了斗争的前线：走向烈士灵堂，走向大街小巷，走向人民广场，走向群众心里……整个昆明就是它的发表园地，昆明成为一个巨大的诗刊。"②昆明市也是艺术的海洋。每天全城到处是漫画展示、戏剧演出、歌曲传唱。各大中学都创作了用于战斗的艺术作品，揭露反动派，宣传事实真相，西

---

① 黎章民：《唯民文存——黎章民著译自编集》，自印，约2006年，第635页。
② 王笠耘：《诗的花环（代跋）》，龚纪一编：《一二·一诗选》，北京：人民文学出版社，1983年2月，第265—266页。

南联大的阳光美术社创作了许多漫画，供宣传队外出宣传时用；剧艺社创作了《凯旋》、《民主使徒》等多部话剧，社员及时排练演出；高声唱创作了《凶手，你逃不了》、《安息吧，死难的同学》、《安眠吧，勇士》、《"一二·一"死难烈士挽歌》等歌曲，并立即教唱以带动更多的同学到校内外演唱。文艺作品表达出了全体爱好和平人士的愤怒情绪、战斗到底的决心和制止内战的坚决态度，并把作者的情绪、决心和态度通过作品的展示和演出打入学生和市民大众的心里，为"一二·一"运动的胜利奠定了群众基础。

　　西南联大罢委会和昆明市罢联组织了更大规模的宣传，以向社会说明真相，澄清事实，达到制止内战的目的。宣传的形式多样，往往是多种艺术形式综合利用。一篇文章写道：

　　　　为让全社会都了解"一二·一"运动真相及惨案实情，许多大中学校都组织了宣传队到市区主要街道和附近农村进行宣传，所到之处，围观者数百到数千。宣传时，唱歌、演讲、演活报剧、呼口号等几种宣传形式交错进行，中间空隙时散发传单。最现实的社会问题和生动活泼的宣传形式紧扣观众的心弦，人们脸上呈现出忧郁、激动、愤懑、期望等各种复杂表情，不时听到人群中的议论声："学生反对内战，就把学生打死打伤，伤天害理啊！"不少观众跟随宣传队员呼口号："坚决反对内战！""铲除法西斯！"

　　　　一次宣传结束时，一个国民党下级军官递给宣传队员一个字条："若要我去打内战，我宁可自杀。"①

①何力：《回忆"一二·一"运动中的文艺活动》，云南西南联大校友会编：《难忘联大岁月》，昆明：云南教育出版社，1998年10月，第144页。

　　越来越多的群众了解实情，同情学生，反对内战，政府的压力越来越大，反动当局不得不做出一些让步。12月27日，在学生的基本要求得到初步满足的条件下，昆明市罢联宣布"停灵复课"。罢联结束使命而解散，学联恢复工作。但"一二·一"运动并没有结束。在学生所提的条件得到当局基本解决的情况下，昆明市学联决定举行隆重的出殡仪式。当局害怕出殡成为反对国民党统治的政治大示威，不好向重庆方面交代，提出出殡时不准贴标语、不准喊口号的条件。不贴标语和喊口号，还可以读祭文和唱歌嘛。于是，学联安排了路祭，拟写了祭文，并通知高声唱安排组织出殡队伍唱歌事宜。严宝瑜和黎章民认为现有的悼歌和挽歌是表达哀情的抒情曲，节奏缓慢，不适合边走边唱，要是能找到一首葬礼进行曲就好了。但是，适合为烈士送葬的进行曲一时还找不到，还得自己创作。经过酝酿，严宝瑜创作出了《送葬歌》。经高声唱几个骨干试唱，觉得可以。严宝瑜又把它送给音乐家赵沨，向他请教，得到了赵沨的肯定。高声唱立即进行了练习。高声唱干事会把队员分成若干小组，准备以小组为单位届时安插在队伍之中，边走边领唱歌曲。

　　1946年3月17日清晨，昆明大中学校的老师和学生以及各界人士三万多人汇集西南联大，人群被分成几片，在高声唱队员的指挥并领唱下练歌。准备就绪，十二时出殡队伍分四个分队举殡大游行，队伍从西南联大出发，由西站、龙翔街入大西门，经过昆明主要街道，一边走，一边唱《送葬歌》，歌声此起彼伏，响彻昆明城，市民汇集到大街两旁伫立观看，随着悲愤豪壮的《送葬歌》歌声，一起悼念死难者。"由于这次游行不喊口号，不贴标语传单，所以《送葬歌》一开始就成了我们抑制住蕴蓄在胸中的莫大悲愤由全体宣读的血泪控诉书。'天在哭，地在吼，风唱着摧心的悲歌……'歌声此起彼伏，前呼后应，汇成向反动派猛袭的巨大的冲击波。我们送四烈士到永久的安息地，但'你们死了，还有我们'。我们仿佛是以连绵不断的歌声召唤播下了民主种子的英灵。"[1]歌词不仅表达出送葬队伍共同的心声，还起到协调队伍，增强气氛，壮大声威的作用，让反动派听了发怵。三万多人的队伍有条不紊地边走边唱，是向反动派的庄严示威，是反内战的最好宣传，是民主政治的强烈要求，是自由精神的竭力呼唤。下午五时，出殡队伍出大西门回到西南联大。在新校舍东北角高地上举行公葬仪式。礼毕，徐守廉指挥群众在高声唱的带领下再一次唱起《送葬歌》："……今天，送你们到那永久的安息地；明天，让我们踏着你们的血迹，誓把那反动的势力消灭！"

葬仪结束，出殡仪式结束，"一二·一"运动也告胜利结束，结束在《送葬歌》的歌声里。

一段历史就这样形成了：《我们反对这个》的歌声随"一二·一"运动的开始而开始，《送葬歌》的歌声随"一二·一"运动的结束而结束。高声唱在"一二·一"运动中发挥了最大的能量，起到了无可替代的作用，这是高声唱对中国反内战的民主运动所做的特殊贡献。

高声唱在"一二·一"运动中的表现，印证了该社的宗旨——"为光明而歌唱"——为争取光明的斗争而歌唱是"为光明而歌唱"的另一个方面。

四、高声唱的歌曲创作

高声唱歌咏队的创作是在反内战的特殊需要下开始的。原

---

①黎章民：《唯民文存——黎章民著译自编集》，自印，约2006年，第638页。

先,歌咏队也是选唱别人创作的歌曲,罢课斗争开始后,同学们组织宣传队上街宣传,但适合宣传需要的现成歌曲不多。那时,在昆明能够演唱的表现现实生活、揭露社会黑暗的歌曲只有《民主是哪样》、《茶馆小调》、《五块钱》、《我们反对这个》、《凭良心》等几首,其中表达反内战诉求的仅有《我们反对这个》一首。高声唱队员及同学们每天上街,不能反复唱这么几首歌曲吧。怎么办?填词是一途。一些云南民歌和流行歌曲被同学填上新词演唱。《南风歌》、《民主凤阳花鼓》、《古怪歌》、《义勇军进行曲》(改为《坚决反对内战》)等都被赋予新的内容让同学演唱。但这还不够,曲子与现实还有一定距离。若要真实反映现实的情形,准确表达同学心声的歌曲,必须自己写,于是在西南联大形成了一个歌曲创作的小高潮。

在宣传需要的推动下。黎章民首先创作出了《告同胞》。这首歌的内容,是向各行各业宣传反内战,以细说慢道的歌谣叙事方式,历数内战对各行各业造成的深重灾难:

同胞们哪听我讲哟,盟国的大兵刚刚打胜仗哟,世界的人民刚刚翻身哟,全国的老百姓希望和平哟。

同胞们哪听我讲哟,八年的抗战不容易过哟,百姓的痛苦数也数不清哟,我们是一家人不能打内战哟。

你种田的听我讲哟,内战就是你多纳粮哟,家里的老三又要去当兵哟,田地荒废,没人耕哟。

你做工的听我讲哟,内战就是你工厂关门哟,一家大小没法过活哟,流浪街头,变乞丐哟。

你开店的听我讲哟,内战就要你没生意做哟,物价天天涨东西没人买哟,欠债又亏本,只好封大门哟。

你上学的听我讲哟，内战就要你念书念不成哟，流落他乡回不了家哟，有话不准说，还要挨人打哟。

你当兵的听我讲哟，内战就要你再上战场哟，家人见不到还要送掉命哟，外国的枪炮不能打自己人哟。

同胞们哪听我讲哟，内战就要你不能好过活哟，不管是哪一行全都一个样哟，我们要联合反对打内战哟。①

这是关于内战灾难的"宣讲"，内容具体明确，通俗易懂，让听者听了对内战有一个准确的认识。"在街头宣传的时候，为配合唱歌，我们爱好画画的（阳光美术社）同学用整张大纸画了一张张反内战的漫画，一面让观众看画，一面听我们唱歌，用有点像民间流行的'拉洋片'的方式向群众宣传，效果极好。"②

当时昆明驻军很多，街上随处都有士兵。打仗首先是士兵的事，反内战就要向拿枪的士兵宣传，因此需要一首专门向国军士兵宣传的歌。外文系的林方其同学根据这一需要，及时创作了《告士兵》歌词，严宝瑜立马把它谱上曲，然后教高声唱队员演唱：

> 士兵们，士兵们，
> 八年抗战的士兵们呀！
> 人民的鲜血快流干哪！
> 人民在希望，
> 人民在呼号。

---

① 高声唱词曲：《告同胞》，一二·一运动史料编写组：《一二·一运动史料选编》下，昆明：云南人民出版社，1980年12月，第232—233页。
② 严宝瑜：《"一二·一"反内战运动中的西南联大"高声唱歌咏队"和四烈士〈送葬歌〉》，《音乐研究》，2001年第2期。

　　你们的枪口不能再对内呀，

　　屠杀你父老兄弟和姊妹们啊！

　　人民在希望，

　　人民在呼号。

　　放下你进行内战的冲锋枪呀！

　　英勇地站过来啊！

　　让我们高声喊哪：

　　反对内战哪，

　　反对内战！①

　　这首歌是直截了当的控诉和呼告，曲调随着歌词的感情起伏，把歌词的内涵淋漓尽致地表达了出来，增强了说教的力度，收到了良好的宣传效果。据说，宣传队员演唱这首歌时常常唱得声泪俱下，听众也无不感动。"有位国民党武装人员听了也深为所动，向宣传队员表示：'我们的武器绝对不拿来对付我们的同胞，请你们放心。'"②重庆《新华日报》在一篇报道中全文引用了这首歌的歌词。

　　由《告同胞》和《告士兵》开头，歌曲创作纷纷涌现。高声唱的队员创作了《我们要当心》、《不买中央报》、《反对内战》、《反内战进行曲》、《农家苦》、《罢课歌》、《八年啦》等歌曲。一有歌曲，大家就及时练唱。由于这些歌针对生活实际，思想明白，内容具体，曲调简单，很快就能记住，大家练习一会儿就能

---

①宝宝曲，方其词：《告士兵》，一二·一运动史料编写组：《一二·一运动史料选编》下，昆明：云南人民出版社，1980年12月，第243—244页。

②黎章民：《唯民文存——黎章民著译自编集》，自印，约2006年，第634页。

唱，在街头宣传中产生了良好的作用。例如，《反对内战》是这样写的：

> 都是中国老百姓，都是同胞亲兄弟，反对逞凶打内战，中国人爱中国人。
>
> 八年抗战是人民，出尽财钱当够兵，苦撑苦持打胜战，梦里也在望和平。
>
> 丧心病狂打内战，亲不分来仇不分，内战一条赶死路，逼死百姓进火坑。
>
> 大家起来反内战，反对内战讲和平，民主自由新中国，和平和平好安身。①

《罢课歌》写道：

> 不要摇摇摆摆闲闲散散吃米线、坐茶馆。
>
> 你想一想罢课不是放春假，罢课不是寻开心。你想一想我们罢课为了反内战呀，我们罢课为了民主呀。
>
> 同学们，快来这里找工作，集中力量一起干，争得了民主，赢得了和平，从今以后安安逸逸，稳稳当当读书享太平。②

显然，前一首为宣传反内战、争民主而作，用亲情和事实说明为什么要反内战；后一首针对罢课中的一些"逍遥派"同学而作，

---

① 无名氏词曲：《反对内战》，一二·一运动史料编写组：《一二·一运动史料选编》下，昆明：云南人民出版社，1980年12月，第230页。

② 小宝曲，小马词：《罢课歌》，一二·一运动史料编写组：《一二·一运动史料选编》下，昆明：云南人民出版社，1980年12月，第231—232页。

劝诫他们不要把罢课当成放假，逍遥自在地去休闲，而要和大家一起来苦争，"争得了民主，赢得了和平"，才能"安安逸逸，稳稳当当读书享太平"。

这些歌曲虽然急就而成，艺术性不那么高，很难长久流传，但它们却言简意赅，直截了当地表达思想，亲近群众，是宣传的好材料。我们还应看到，这些歌曲如文学中的杂文，如匕首，似投枪，形式轻便，易于制造，机动灵活，便于掌握，在短兵相接中，容易致敌创伤。它们和剧艺社的短剧、新诗社的诗歌、文艺社的短文、阳光美术社的漫画等一起组成西南联大反内战的轻武器，配合政治、法律、交涉等重武器手段，共同推进了民主与反内战的进程。

然而，反动派自恃强大，以为通过镇压可以让学生屈服，再一次动用武力制造了"一二·一惨案"，引发了昆明学生罢课反抗的更大浪潮。鲜血进一步擦亮了高声唱队员的眼睛，激发了大家的创作激情，又一次歌曲创作高潮出现了。《自由公理在哪儿》、《凶手，你跑不了》、《"一二·一"死难烈士挽歌》、《送葬歌》、《安息吧，死难的同学》等应运而生，连旅居昆明的田汉也创作了《安眠吧，同志》，星海为它谱上了曲。这些歌的创作都与现实情形紧密相连，真正是作者拥抱现实的创作。

看着同学的伤痕，面对同学的死亡，大家实在难以接受，昨天还一起读书、唱歌，今天则阴阳隔离？同学无非是呼吁民主，反对内战，写写文章，画画漫画，喊喊口号，唱唱歌而已，就要遭到镇压以至于死命？这是什么世道？是什么道理？同学越想越愤怒，越想越悲痛，不禁发出"自由公理在哪儿？"的质问——

　　西风凄凄，大地在叹息。

朋友, 你死不瞑目,

为着祖国的独立、民主和自由。

谁是凶手?

杀人要用机关枪和手榴弹,

谁是凶手?

屠杀我们青年。

眼泪朝里流,

怒火燃烧在心头。

这是什么世界?

自由公理在哪儿?

在哪儿?

在哪儿? ①

这是一个"天问", 问杀人者, 问反动派, 问同学, 问朋友, 问百姓, 问天下所有的人! 在独裁统治下, 哪里有"公理"哟! 歌词的质问铿锵有力, 如长矛, 直刺敌人, 同学们唱这首歌也特别带劲。

死难烈士躺在图书馆里, 同学们轮流守护着。白天, 老师、同学前来吊唁, 接着社会各界每天来吊唁的人络绎不绝。同学们写出了许多挽歌和悼歌, 其中一些被高声唱队员谱上了曲, 《"一二·一"死难烈士挽歌》和《安息吧, 死难的同学》等就是今存歌曲中的两首。前一首写道:"千万人含着心酸的眼泪, 千万人燃烧着忿怒的烈火, 千万人举起反抗的手, 千万人(的)热血已

---

① 东纳曲:《自由公理在哪儿?》, 一二·一运动史料编写组:《一二·一运动史料选编》下, 昆明:云南人民出版社, 1980年12月, 第241—242页。

奔腾。……安眠吧,亲爱的同志,英勇的战士,你们的血要开出民主自由的鲜花,你们的名字(潘琰、张华昌、李鲁连、于再)就是中国人民反对内战的旗帜。全中国的同胞们,踏着你们的血迹,誓争取民主自由,反对内战到底。"①后一首歌词则显得轻柔温婉:

"安息吧死难的同学,别再为祖国担忧,你们的血照亮着路,我们会继续前进;你们真值得骄傲,更使人惋惜悲伤,冬天有凄凉的风,却是春天的摇篮! 安息吧死难的同学,别再为祖国担忧,现在是我们的责任,去争取民主自由。"②两首歌都根据眼前的情景,写出了同学们的真情实感,表达了继续死难同学的未竟之业,争取民主自由的决心。

在血的事实和伤的惨象面前,反动派无法再狡辩,无法用"匪警"一类的谎言来说白,不得不接受昆明学生的控诉,审判凶手。可国民党派员伙同云南党政军当局采用偷梁换柱的手法,找两个死囚代替主谋元凶,拉去枪决,演出一场"公审"和"惩凶"闹剧。而真正的主谋元凶李宗黄、关麟征之流却逍遥法外,远走高飞,且易地晋升。针对这个黑幕,黎章民创作了《凶手,你逃不了》,歌曲是这样的:

①无名氏词曲:《"一二·一"死难烈士挽歌》,一二·一运动史料编写组:《一二·一运动史料选编》下,昆明:云南人民出版社,1980年12月,第244—246页。

②金沙词,魏淇曲:《安息吧,死难的同学》,一二·一运动史料编写组:《一二·一运动史料选编》下,昆明:云南人民出版社,1980年12月,第248页。

# 凶手，你逃不了！

—— 为"一二·一惨案"而作

1=C　2/4

唯 民 词曲

激昂　快速地

```
5 5 0 6 | 7. 7 7 0 | i i i 0 7 | 7. 6 5 5 5 | 6 5 4 3 3 |
凶手  你逃 不了，凶手  你逃 不了，就是 坐飞 机，就是

5 4 3 5 5 | 6. 7 | 5 0 5 | 5.5 3 3 0 3 3 | 6.6 4 4 0 4 |
生翅 膀你也 逃 不了！你 逃到重庆，我们 追到重庆，你

4.4 7 7 0 6 7 | i.i 2 7 | i 0 i | i.5 3 0 3 | 6.4 2 2 2 |
逃 到东北，我们 追到东 北！你飞上天，你钻下地，我们

3 4 5 6 | i 7 i | 2 - | 3.3 2 2 | 2 i 6 5 | 3 2. 2 |
也要追到 天边地 底， 你是万恶 的化 身，你是

i i 6 | 5 3 2 0 2 | 5. 4 3 3 | 6. 5 4 4 | i. 7 6 6 |
吸血的 魔鬼，你发 动内战 摧残民主 杀害人民，

3 2 5 | 7 - | i i 0 i i | 2. i 6 5 5 | 3 5 0 |
伤天害 理！ 今天， 我们 对着死难的 烈士，

5. 6 i i | 2 2 2 0 | 3 3 0 | i 2 0 | 3. 2 i - |
誓 要把你抓回来， 审判， 定罪， 枪 毙！
```

《唯民文存——黎章民著译自编集》，自印，第677页

　　歌词表达了昆明学生绝不让凶手轻易逃脱的决心，以"我们对着死难的烈士誓要把你抓回来，审判，定罪，枪毙"作结，铿锵有力，气势逼人。"音乐也有声有色地步步紧迫，与歌词密切配合，带有强烈声讨的气势。这首歌在'一二·一'惨案发生后的街头宣传中演出。后来传到广西、上海等地，云南某部队并曾编为军乐曲"①。

　　关于《送葬歌》的创作情形，严宝瑜有过较为详细的回忆：

　　　　一天上午，我和历史系的好友陈庆华一起到小西门②的文林街上茶馆去念书，我带了一本萧伯纳的戏剧集，打开来读，怎么也读不下去，心里想着要写一个慢步进行的纪念四烈士的歌曲，我把这个想法告诉了陈庆华，他说，你写吧！我不打搅你。我先想起我所知道的中外葬礼进行曲，突然脑中出现了贝多芬的第七交响曲的小快板第二乐章起始的a小调的主、属三和弦庄严沉重的节奏，接着便进来了那悲壮崇高的曲调和它的变奏，两者形成了巧妙的复调织体，感人肺腑，动人心弦。但我感到那是贝多芬的，不是我的，我应该有我自己相应的东西才行。它在哪里呢？它在那里！那行军床上留下的烈士的滴滴鲜血，那天守夜我凝视的潘琰同学和李鲁连同学血迹斑斑的脸。当眼前浮现出这些景象，那悲哀和愤怒的心情和气氛又袭上心头，于是我耳朵里响起了两句声音："天在哭，地在号，风唱着揪心的悲歌……"接着便从心底里喊出"英勇的烈士啊，你们被谁陷害了，你们被谁残杀了？"就这样，一句一句连词带曲的音乐，

────────────

①黎章民：《唯民文存——黎章民著译自编集》，自印，约2006年，第636页。
②"小西门"疑为"大西门"之误。文林街在大西门内。

按着"贝七"第二乐章启发我的节奏跳动，奔流出来了，我想像跟着烈士的遗体一步一步沉重地走着，很自然地出现了那两句"今天，送你们到那永久的安息地，明天，让我们踏着你们的血迹"，因为我看到了那烈士流下的滴滴鲜血嘛！我是循着他们的血迹走到云大医院的嘛！"誓把那反动的势力消灭！"这句话是我当时下的有雷霆万钧之力的誓言。

就这样，这首歌连歌带词，一气呵成写了出来。当我把写好的歌曲给陈庆华看时，他说："那么快就写出来了，你唱我听听看。"我向他唱了一遍，他说："不错。"我说错不错还要看能不能走着唱，于是我按着行板的速度，在茶馆里边走边唱，又唱了一遍，好像还行。作完了一首，我的情绪落在那个气氛里，不能自制，又作了第二首。但第二首太复杂，太长，也不能走着唱，因而没有传开。我把两个歌都交给了著名的"新音乐运动"的推动者——赵沨同志看了，他那时在云南大学附中教语文课。他看了我用铅笔写的两首送葬歌，没有加以任何修改，还给我说："就它吧！"这样，第一首歌便在出殡的那天唱开了。我写的第二首歌，有人告诉我，赵沨同志曾在群众场合以独唱的方式演唱过，也受到了大家的欢迎。可见创作的第一要领是真情实感。第二首歌的底稿早已没有，连它是怎样唱的都记不起来了。①

黎章民以一个现场的亲历者和当时的负责人的身份对《送葬歌》的艺术力量与感情效果给予过恰当的阐释：《送葬歌》的词曲一开头就抓住了当时大家的心绪，"摧心的悲歌"郁结着巨大

① 严宝瑜：《〈"一二·一"反内战运动中的西南联大"高声唱歌咏队"和四烈士〈送葬歌〉〉》，《音乐研究》，2001年第2期。

送葬歌

一二·一烈士挽歌

高声喧词曲

1=F 2/4 沉痛进行

《中国学生运动歌曲选》，中国新民主主义青年团北京市委员会辑，北京：音乐出版社，1955年，第47页的愤恨："天在哭，地在号，风唱着摧心的悲歌……"好像天地风雷也挟着它们全部的自然力量参加了我们的合唱。接下去是一个无可回避的问答句："英勇的烈士呵，你们被谁陷害了？你们被谁残杀了？那是中国的法西斯，那是中国的反动者，是中国人民的仇敌。"结句斩钉截铁，铿锵有力，可说是力重千钧，象征着觉醒了的民众以泰山压顶之势逼向残民以逞的反动统治者。然后，歌曲以稍缓的队列进行速度唱："今天，送你们到那永久的安息地，明天，让我们踏着你们的血迹，誓把那反动的势力消灭！"沉实、坚毅，是心头的祷祝，是无言的抗议，是对死难战友的盟誓[①]。

　　1946年的昆明市只有三十万人口，城市大约只跟今天一个大一点的县级城市差不多。试想，三万人分四支队伍走在街头，悲痛地唱着《送葬歌》，歌声此起彼应，回荡在城市上空，那是一种什么样的气氛和情景？更兼市民在街道两旁排成层层人墙，一同叹息和流泪，场面何等感人！可以毫不夸张地说：《送葬歌》是西南联大咏唱人数最多的歌曲之一，同时也是听众最多的歌曲之一和流传时间最长的歌曲之一，数十年后，白发苍苍的高声唱队员和西南联大校友聚在一起还在唱；《送葬歌》当然也是西南联大第二首最为著名的歌——第一首最为著名的歌是《国立西南联合大学校歌》。

## 五、余音未绝

　　1946年5月4日，西南联人宣告结束，学生根据志愿分发北大、清华、南开三校，分批陆续出发。高声唱歌咏队队员相约在一起，乘坐国民政府行政院善后救济总署提供的卡车北返，出发时，昆

①黎章民：《唯民文存——黎章民著译自编集》，自印，约2006年，第637页。

明各文艺团体前来相送，以"全昆明歌咏团体"的名义送给高声唱歌咏队一面三角锦旗，流着眼泪和队员握手告别。

途中，高声唱每到一个城市住宿，都和当地的青年学生联欢，宣传"一二·一"运动真相，以歌声联络感情。在贵阳，歌声一起，军警曾恐慌地包围会场。在长沙，听说闻一多先生被害，大家悲痛不已，自然地唱起了《送葬歌》。到了北平，第二天便在国会礼堂唱《你这个坏东西》、《古怪歌》等表达对反动派的愤恨。不几天，便与北平临时大学的星海合唱团建立了联系。北平临时大学的学生也将被分配到复原后的北大、清华、南开上学，严宝瑜、方堃、骆宝时等便和星海合唱团的负责人商量，让西南联大和北平临时大学分发到三校的歌咏队队员开学后，在各校分别成立新的歌咏团体。后来，高声唱歌咏队和星海歌咏团的队员相结合，在北大成立了沙滩合唱团，在清华成立了大家唱歌咏队，在南开成立了南星合唱团。西南联大高声唱歌咏队于是在三校延续，昆明青年学生的进步思想和民主精神得以在三校发扬光大。三个合唱团继续唱着西南联大反内战争民主的歌，与各种黑暗势力进行斗争，直到新中国建立。

1980年，中共中央宣传部和共青团中央为纪念"一二·九"和"一二·一"运动，在北京人民大会堂举行合唱晚会，高声唱歌咏队的部分队员又被邀请参加合唱队登台演唱，由方堃指挥，演唱他们在西南联大时期唱的旧歌。歌声给予观众强烈震撼，演出经电视、广播等各种媒体传播开去，在全国引起了很大反响。晚会后，由方堃提议，大家一致拥护成立了"北京老同学合唱团"。合唱团的宗旨是："继承四十年代学生运动中进步文艺社团的传统，深入大、中、小学，向广大青少年传唱古今中外革命的、健康的、优秀的歌曲。"①这个合唱团一唱三十年，广受北京大中学校学生的欢迎。2012年西南联大建校七十五周年庆典时，方堃老人再一次指挥大家唱了西南联大时期唱的旧歌。

音乐是人的精神养料，它能使人充实和高尚。高声唱歌咏队的队员们带着从音乐中获得的素养走向生活，绝大多数人的人生丰富多彩，精神充实。北京老同学合唱团的团员们也是这样，他们快快乐乐，生活幸福。这是音乐的普遍意义和价值。而且高声唱歌咏队里还走出了一些音乐人才，显示了高声唱的特殊育人功能，这是意外之喜。这里举几个高声唱培养出来的音乐人才的典型例子：

方堃，高声唱骨干队员，拉得一手好二胡，后来是清华大学大家唱歌咏队队长兼指挥。他1944年考入西南联大电机系，复员后进清华。1948年以后担任华北局党校文工团音乐队长，1956年起担任中央音乐学院附中校长，1981年担任中央音乐学院教务长，1983年底离休。其他兼职的音乐工作有：1980年起担任北京老同学合唱团团长兼指挥；1984年起担任清华大学音乐室主任；1986年起担任全国高校音乐教育学会理事长；1986年起担任国家教委艺术教育委员会理事；1994年创建长城音乐学校，次年转为北京市艺术学校音乐分校；2002年承办中央音乐学院附中综合艺术部。他一生从事音乐及其教育工作，培养了一批批人才，为音乐事业做出了突出贡献，多次获得各级政府的各类音乐奖励。

严宝瑜，高声唱歌咏队负责人之一，曾就读于重庆国立音乐院理论作曲系，受过良好的专业训练，1944年考入西南联大外文

---

① 转引自中央音乐学院党委宣传部：《访方堃同志》，载中央音乐学院附中综合艺术部编：《介绍我们的老校长方堃同志》（内刊），2004年10月。

系，为高声唱骨干队员，能作曲，是著名的"四烈士"《送葬歌》的作者，在高声唱歌咏队中发挥了重要作用。复员入清华大学，是大家唱歌咏队核心队员。1952年转北京大学西方语言文学系，他的主业是德语教学和研究，但他酷爱古典音乐，是北大德语教研室和艺术教研室的负责人。粉碎"四人帮"不到一周，他就举办"贝多芬讲座"，1986年他呼吁恢复蔡元培提倡美育的传统，主张成立艺术教研室，开设艺术公共必修课，并担任"音乐史"、"贝多芬"、"莫扎特"、"维也纳古典乐派"和"十九世纪欧洲浪漫主义音乐"等课程的教学工作。1992年离休后仍在很长一段时期内继续讲课，并且一直研究音乐，以耄耋之年在《音乐研究》上发表了一系列论文。严宝瑜在培育学生的音乐素质和音乐研究方面做出了杰出的贡献。

黎章民，高声唱歌咏队总干事，活动贯穿了高声唱的全过程。他1942年考入西南联大外文系，是1944年秋和1945年春两次劳军工作队的音乐指挥，僧音社的骨干和积极分子，高声唱的组织者和核心人物，高声唱练歌、参与活动及"一二·一"运动中音乐工作的领导者，所作《凶手，你逃不了》铿锵有力，传唱一时。后入香港中华音乐院学习音乐理论。新中国成立后，曾编辑《人民音乐》、《音乐译文》，1957年调入人民音乐出版社，1963年担任副总编，1983年担任社长兼总编，1994年底离休。黎章民编辑出版了一些音乐书，如广泛流行的《外国名歌200首》及其续编等，翻译了大量外国的音乐书籍，如《贝多芬论》等西方名作曲家论、外国歌曲集，撰写了不少音乐评论文章，如《手艺与艺术之间》，《关于〈圣母颂〉》，《滚滚黄河掀怒涛——喜读〈黄河大合唱〉新版本》等，经他策划、组织，以人民音乐出版社的名义出版的书就更多了，如《革命歌曲大家唱》（第1、2集），《十月战歌》，《我爱你，中国》等。黎章民是我国著名的音乐翻译家、音乐评论家、音乐出版家。

这些对新中国音乐事业做出了杰出贡献的人物，虽然他们离开西南联大以后又进一步学习了音乐，付出了更多的努力，但他们是经过高声唱歌咏队的锻炼而成长起来的，他们的音乐基础是在西南联大打下的。因此，每当他们取得了成绩，获得了荣誉时，总会说到西南联大给予他们的教育及在高声唱的成长经历，还撰写专文怀念那一段生活，承认自己的音乐素质是西南联大高声唱歌咏队培养出来的。他们以作为西南联大学生而自豪，所以高声唱在培育音乐人才方面功不可没。同时，我们还要看到，音乐是一个文明人的基本文化素养之一。高声唱的队员带着良好的音乐素养行走在人生的道路上，乐观、健康、充实，也许这才是音乐之于人生更为重要的。

# 第四章　西南联大的美术创作

## 第一节　西南联大美术概观

中国美术史如果记载的是国画、油画、雕塑等新老传统美术作品，可能不会写到西南联大，如果记载的是素描、写生、漫画、木刻、篆刻、设计图、舞台美术等，就不能缺少西南联大的作品。

可是，西南联大没有开设美术系，自然也没有专业的美术教师。但这不等于西南联大没有美术活动，没有创作出有影响的作品，没有培养出美术人才。我们知道，西南联大开过画展，出版过画报（壁报），产生过较为著名、让人过目不忘的作品，培养出终身喜欢绘画和书法的学生，有的成为了绘画和书法名家。可是，研究西南联大的美术却极为困难，因为当时的美术作品很少流传下来。没有实物，任何研究都是空谈；见不到作品，美术研究不可能展开。学术研究不能用后来的成就去证明先前的业绩，所以，不能用后来的名家作品充当材料去研究先前。例如，沈从文后来的古代服装画非常好，不能说明他在西南联大时期画过画，汪曾祺后来的国画较为著名，但不能推论他在西南联大时期如何用心地画画。当然，西南联大对于美的欣赏与陶冶是随时存在的，汪曾祺曾记录过沈从文和几个同学对着一块苗族的挑花布图案赞叹一个晚上的事，以及他自己在课程作业中所画的地图获得过老师"美术价值甚高，科学价值全无"的评语[①]；西洋哲学史课上，老师会安排从四五张画中选一张写一篇观后感的训练[②]。但是，这些不能代替美术活动，更与美术作品无关。本节将描述西南联大的美术活动及其美术创作的概况。由于西南联大中期的美术材料匮乏，无法描述西南联大美术活动的发展轨迹，只能根据能够见到的作品和有记载的事迹主要对前期和后期的美术活动进行梳理，故名之曰"概观"。

### 一、西南联大的漫画

漫画在西南联大很受推崇，在西南联大的早期和后期各有一个以漫画为主的美术社团，画出了一些著名的漫画，在师生中产生过很大影响，甚至对师生的生活发生过作用。中期由于政治压力大的原因，没有产生漫画社团，但仍有著名的漫画作品产生。可以认为漫画是西南联大的传统画种。

《热风》是西南联大早期的一份壁报，创刊于1939年5月，最初是群社的一份壁报，负责人是马杏垣。《热风》壁报以漫画为特色，多登漫画作品，兼登木刻和杂文。漫画作品以现实生活中的种种现象为材料，表达自己的观感，具有强烈的现实色彩。每次张贴出来，很受师生欢迎。那时，西南联大借云瑞中学上课，壁报最初贴在云瑞中学的墙上，吸引来许多学生观看，其中不乏老师。

中文系教师吴晓铃是《热风》自始至终的作者。其因缘于他与马杏垣的师生情谊。马杏垣是地质地理气象系的学生，1938年

---

①汪曾祺：《西南联大中文系》，《汪曾祺全集》第4卷，北京：北京师范大学出版社，1998年8月，第355页。
②李光荣访周锦荪记录，2009年10月27日，昆明周寓。

入学。他的"大一国文"课是吴晓铃先生上的。在一次作文试卷中，马杏垣表现出众，遂开始了深交。那一次作文的题目是：《释名》，释自己的名字。先生先做示范：本人姓吴，出生时，天刚破晓，呱呱坠地，声音洪亮如钟鸣，故名晓铃。学生如法炮制，各释其名。马杏垣大掉其书袋，征引宋代陆游的《马上作》和叶绍翁的《游园不值》："平桥小陌雨初收，淡日穿云翠露浮；杨柳不遮春色断，一枝红杏出墙头"；"应怜屐齿印苍苔，小扣柴扉久不开。春色满园关不住，一枝红杏出墙来"，说自己的姓名如何具有诗情画意，还在卷末画了一幅"红杏出墙"的钢笔画。试卷新鲜奇异，使吴先生对作文配画大有"百年今始破天荒"之感。这样，两人便成了师友关系。马杏垣是共产党员，群社的骨干。当时党员是隐蔽的，群社则是公开的。群社开展各种活动，为同学做好事，赢得了同学们的信任和支持，参加者达二百多人。群社虽然是一个学生的群众团体，但有较为完备的组织形式，有宗旨，有章程，有社长和干事会，干事会下设时事、学术、文艺、壁报、康乐、服务等股，聘请曾昭抡、余冠英为导师。马杏垣喜爱美术，擅长木刻和漫画，他和陈潜等几位爱好美术的同学发起组织"热风社"，出版《热风》壁报，请吴晓铃做导师。吴晓铃当然支持。按照西南联大学生管理条例的规定，学生社团或出版壁报要到训导处登记，登记表上所写的热风社负责人是马杏垣，导师是吴晓铃。

吴晓铃先生是河北人，1937年北大毕业留校，1938年底到西南联大任教，1942年至1946年，应邀去印度国际大学中国学院任教。他主攻中国古代文学，在中国古代戏曲、小说的研究方面成就突出。作为导师，他为《热风》创刊号写了一首散曲小令《仙吕·锦橙梅》，咏"火炬游行"，刊登在壁报上。今天我们见不到吴晓铃的这首词了，但火炬游行是可以知道的。1939年"五四"，西南联大在昆明举行了大游行，游行在夜间，所以大家举着火把进行，称为"火炬游行"。游行轰动了昆明古城，激动了许多人沉静的心灵。穆旦难以抑制内心的激情写了一首诗加以赞美：

> 祖国在歌唱，祖国的火在燃烧，
> 　　新的野力涌出了祖国的欢笑，
> 　　　轰隆，轰隆，轰隆，轰隆——
> 　　城池变做了废墟，房屋在倒塌，
> 　　衰老的死去，年青的一无所有；
> 　　祖国在歌唱，对着强大的敌人，
> 　　投出大声的欢笑，一列，一列，一列；
> 　　　轰隆，轰隆，轰隆，轰隆——
> （我看见阳光照遍了祖国的原野，
> 温煦的原野，绿色的原野，开满了花的原野）
> 　　用粗壮的手，开辟条条平坦的大路，
> 　　用粗壮的手，转动所有山峰里的钢铁，
> 　　用粗壮的手，拉倒一切过去的堡垒，
> 　　用粗壮的手，写出我们新的书页，
> （从原始的森林里走出来亚当和夏娃，
> 他们忘了文明和野蛮，生和死，光和暗）
> 　　…………①

　　显然，吴晓铃也为这天的火炬游行激动了，他感到了人们精神

---

①穆旦：《一九三九年火炬行列在昆明》，昆明《中央日报》，1939年5月26日。

中焕发出来的活力，所以填词歌咏。他不但填词，还画了四幅漫画，着上颜色，进行歌颂，形成了诗配画，形式很吸引人。马杏垣看出吴晓铃不是一个新手，便约他继续画漫画。在他的催促下，吴晓铃每期都提供了漫画，"好在当时昆明既有人从事着神圣的工作，也有人沉沦于荒淫无耻的生活，素材俯拾即是，信手拈来，便可收讽喻之效"①。

群社有一个不成文的规矩，无论开展什么活动，负责人都要带头参加。所以，打篮球时，有的动作并不协调的"老夫子"也会衣襟一撩，跳上场去，弄得满场大笑。由于群社在同学中的影响良好，参加者迅速增加。能人多了，组织的活动也就多了。各股及各股下属各小组都组织活动，负责人参加不过来。而且，每个小组的活动都要通过社里，管理工作量也太大。到了1940年，一些人数较多的小组便独立门户，开展活动。冬青社、腊月社、群声歌咏队等相继独立，热风社也是较早独立出来的团体之一。

也是在独立开展活动的过程中，《热风》形成了以漫画为主，以讽刺为特色的风格。

《热风》壁报上的漫画，影响最大的是一组以女生恋爱生活为题材的作品。当时有的女学生在处理爱情方面不够慎重，发生了殉情共死的悲剧，有的轻易许身，最后遭到始乱终弃。根据这种情况，马杏垣和吴晓铃商讨后，吴晓铃画了六幅的一组漫画："第一幅的标题是'灯红酒绿，卿卿我我'。描写男女聚会的盛况。第二幅是一个跳舞场面。第三幅是男的为女的提皮包背大衣。第四幅是'不能不以身相报'，双双走进旅馆。第五幅是女者

---

① 吴晓铃：《〈热风〉壁报上的漫画风波》，云南省政协文史资料研究委员会等编：《云南文史资料选辑》第34辑，昆明：云南人民出版社，1988年10月，第447页。

抱着大肚皮痛苦。第六幅是一个老教授谆谆告诫：'这种事情只有你们女人才有责任。'"① 当时，西南联大里三青团和群社的斗争已经在明里暗里进行。看到这样一组漫画，三青团暗自高兴，以为有好戏看了。可是过了几天仍不见女生有什么反响，于是去南院女生宿舍贴了一张漫画，上书"联大女生无耻"。三青团把这组漫画对象化，并加以渲染。女生知道这是挑拨离间，不仅没有上当，还对"女生无耻"云云提出了抗议。"后来了结的办法是汪君以团方负责人向全体女同学书面公开道歉。"② 这就是吴晓铃所说的"《热风》壁报上的漫画风波"。这组画具有巨大的思想和艺术冲击力，不仅险些被人利用惹出一场同学间的"战争"，还给同学以深刻的思考，因此，在同学们的心中留下了深刻的印象，漫画的内容被同学一级一级地传下来，不仅在1946年所写的《联大八年》中多次被写入，直到2004年前后，笔者访问西南联大学生时，还有多人说到。

1941年新年前，吴晓铃和马杏垣商量后，"画了一对门神，是两个光屁股的大胖小子：一个抱了尾龙睛鱼，一个抱了锭金元宝；一个是脑满肠肥的孔祥熙，一个是皇亲国舅的宋子文。还佩上一副春联，全文由于年久，我忘记了，只记得下联结以'正好浑水摸鱼'六字，遣词刻薄，叫人家受不了"③。这幅漫画指名道

---

① 残年：《群社》，西南联大除夕副刊主编：《联大八年》，昆明：西南联大学生出版社，1946年7月，第130页。

② 行型：《由同学看"党"、"团"》，西南联大除夕副刊主编：《联大八年》，昆明：西南联大学生出版社，1946年7月，第137页。

③ 吴晓铃：《〈热风〉壁报上的漫画风波》，云南省政协文史资料研究委员会等编：《云南文史资料选辑》第34辑，昆明：云南人民出版社，1988年10月，第447—448页。

姓，虚构夸张，但却直指人物的本性，形象生动，对联又尖锐刻薄，老百姓看了拍手称快，为政者看了心惊胆战，终至惹了大祸。"训导长亲自把壁报木牌摘了下去，连同两个大胖小子扔进垃圾堆里。《热风》壁报完成了光荣的历史任务。"①《联大八年》说："'热风'最后一版是三十年六月一日出版的。"②显然有误。

　　其实，《热风》壁报的结束不光是那对门神惹的祸，而是另有政治历史原因。壁报的问题，按照西南联大的训育制度，只需要壁报负责人到训导处说明情况，接受批评，做出保证就可以再行出版了。以后怎么样，要看情况的。吴晓铃主动承担责任，是他心胸博大的表现。《热风》壁报的停刊是由于"皖南事变"发生后，学校的进步势力遭到威胁，共产党人秘密撤退到乡下隐蔽，群社停止活动，《群声》、《冬青》、《腊月》等壁报不再刊出，共产党员马杏垣负责的《热风》当然不能再继续了。

　　这之后，生动活泼的校园生活气氛消失，出现了冷清沉寂的局面。但大家的心并没有冷，一旦有时机，热情就会喷发。

　　"太平洋战事爆发后，香港危在旦夕，留居香港的党国要人和文化界名流被困无法脱身，孔祥熙竟以飞机抢运老妈子和洋狗，一时舆论喧哗，而沉闷已久的联大同学尤感愤恨……。先是，有国民党党籍的两位同学在校门口贴出'喊'壁报，详述飞机运洋狗之事，全校为之喧嚷。接着有'响应'壁报出现，继'响应'之后，各系会，学会，级会，同学会都有响应的启事，不到两小时，新舍墙

---

① 吴晓铃：《〈热风〉壁报上的漫画风波》，云南省政协文史资料研究委员会等编：《云南文史资料选辑》第34辑，昆明：云南人民出版社，1988年10月，第448页。

② 资料室：《八年来的民主运动》，西南联大除夕副刊主编：《联大八年》，昆明：西南联大学生出版社，1946年7月，第41页。

头尽是打倒孔祥熙的口号标语, 和有关时局的报道。"[①]1942年1月6日, 住在昆华中学的叶华在床单上画了一幅漫画, 画面上是孔祥熙的胖脑袋钻在钱眼里, 他把漫画挂在宿舍楼下, 激发了同学们的情绪, 有人举起这幅漫画召集同学, 沿途会合了师院的同学, 到新校舍, 迅速聚拢上千人的队伍, 举着漫画上街游行, 形成了震动朝野的"倒孔运动"。

叶华的孔祥熙漫画成为一时的美谈, 也是西南联大中期的漫画代表作。

1942年秋, 工学院学生王伯惠、阎安素、吴铭绩、张天玑、吴宝初、陈炎创等, 创办壁报《西南风》, 每两周出刊一次, 有文章有漫画, 主要内容是讽喻当时工学院学生的清苦生活和社会上的不良现象。"墙报上吴铭绩的几篇连载'新儒林外史', 讽刺工学院同学日常的学习和生活, 都引起同学们很大的兴趣。而吴宝初、陈炎创的漫画, 每期都有一二幅, 更为精彩, 记得有一幅画的是在食堂里一大堆同学围着一个饭桶抢饭, 有位同学的眼镜挤掉在饭桶里, 狼狈不堪, 却在外面地上来寻找。大家看了画都发笑——然而那是含着眼泪的笑!"[②]

1943年秋开始, 西南联大的自由气氛渐渐兴起。1944年4月, 一些爱好诗画的同学发起成立了新诗社, 出版《诗与画》壁报。其中爱好美术的同学因版面有限其作品难以得到充分发表, 便另组成立阳光美术社, 出版《阳光》画刊。出版几期后, 大家发现漫画最受同学欢迎, 便渐渐走上了《热风》壁报的道路, 以发表漫画为

---

①公唐:《倒孔运动》, 西南联大除夕副刊主编:《联大八年》, 昆明: 西南联大学生出版社, 1946年7月, 第18页。

②王伯惠:《忆西南》, 东北清华中学校友联谊会编:《校友通讯》第13期, 2004年9月3日。

主了。这也可以看出西南联大学风的传统。阳光美术社最主要的骨干是赵宝煦。他最著名的漫画是用三本书叠成台阶，一位长髯者向政治中心爬的《登龙有术》。阳光美术社的最大的功绩是充分发挥了漫画在"一二·一"运动中的作用。

　　阳光美术社最惹祸的漫画是《人的悲哀》：在一次演讲会上，人"狗"混杂，人惊奇地望着"狗"自问："我怎么能与狗为伍？"这幅画是讽刺三青团在"东北问题"上的表演，十分刻薄。弄得三青团恼羞成怒，逮着赵宝煦就要拉到校外打。幸好被同学发现，才免除了一场"全武行"。这次事件被称为"阳光事件"。

　　漫画要产生社会作用，必须针对现实生活中的问题进行讽刺，有时难免会惹麻烦。如果离开现实生活作技术表现，自会安全，但又失去了漫画的现实意义。所以，画漫画就要有风险意识的。西南联大的漫画家善于发现生活中的假丑恶，又敢于把它们描绘出来加以鞭挞，使漫画成为西南联大开展民主生活的重要方式。漫画在西南联大值得注意。

## 二、西南联大的木刻

　　马杏垣喜欢木刻，也善于木刻。他刻过许多图画，刊登在《热风》壁报上，以"马蹄"为笔名。可惜壁报上的木刻作品都没有保存下来，也没有人作过记录，今天便无法谈论。有的作

木刻《汉奸的收场》

品他投出去发表了。十分可贵的是,他的一幅题名《汉奸的收场》的木刻,由于发表得到了保存。画面上,一个汉奸被反捆着双手,吊在壁边,表情痛苦,头边一块牌子,上面写着:"汉奸××。"抗战期间,涌现出了无数勇士,也产生了一些民族败类——汉奸。人民在抗击侵略者的同时,还要清除汉奸。而在感情上,人们觉得汉奸更可恨,因为他们本是自己人。汉奸投敌叛变,出卖同胞和民族利益,干着敌人干不了的事情,使同胞的损失更大,因此人们对汉奸咬牙切齿。所以抗战初期,产生了许多"锄奸剧"。马杏垣选择汉奸为题材,正符合了当时人民群众的共同心理。把汉奸捆绑起来示众、惩罚,让人们认识汉奸的嘴脸,是大快人心的事。马杏垣画《汉奸的收场》意在警示,让那些软骨头的,无敌我界限的,自私贪婪的,心存侥幸的,另有图谋的人看看自己的"前行者"的下场,告诉他们不能执迷不悟。有意思的是,他把这幅画分别投给了香港《大公报》和昆明《云南日报》,两份报纸都刊登出来了,但两份报纸刊登的画面不一样,题目也稍有不同:《大公报》上的汉奸是站着的,题目为《汉奸的收场》;《云南日报》上的汉奸是匍匐在地上的,仿佛被拖着向前走,题目为《汉奸的末日》。从画面效果看,《大公报》刊载的用墨较浓,显得不够细腻;《云南日

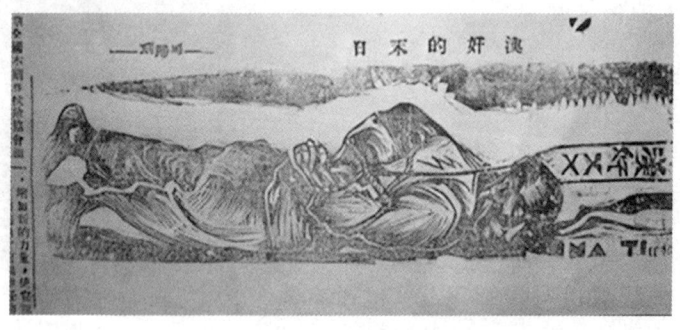

木刻《汉奸的末日》

报》刊载的用墨较淡，线条更为清晰，人物的眼睛特别空洞，像个骷髅。

马杏垣和林元是同级同学，又都是群社的骨干。马杏垣主编《热风》，林元主编《群声》。"皖南事变"后，《热风》和《群社》都被迫停刊。林元撤退到郊区海源河隐蔽，几个月后，形势缓和，他便回来复学。这时，马杏垣也回到了学校。可这时，学校里的歌声消失了，读书会、时事报告会、演讲会、辩论会没有了，琳琅满目的壁报不见了。他们不能忍受这种沉寂，想做一点事情，可是还不能在学校抛头露面，林元便想到办一份文学刊物，向社会公开发行。他把想法告诉马杏垣、马尔俄、李典，他们完全赞同。他们又和其他几位写文学作品的同学商量，同样得到热情赞同。这些同学便发起组织了"文聚社"，出版《文聚》杂志。1942年2月，《文聚》创刊，版面设计和插图是马杏垣和李典的手笔。他俩便是《文聚》的美术编辑和插画作者。因此，《文聚》上保留了他俩的一些画。

云南山地广阔，劳动人民日夕在山上活动，用歌声抒发感情，创造了无限多的山歌，来自大平原的知识分子，听到山歌那浓厚的泥土气息和湿漉漉的草木芳香，无不感到新鲜奇异，曾有大学生采集山歌。马杏垣根据一首山歌

木刻《云南山歌》

配了一幅木刻画，画面上一个骑驴人从山中转出来，大约是听到
小妹挽留他的歌声从山间飘来，内心感动，回唱道：

> 请坐坐来请坐坐，
> 多谢阿嫂小山歌。
> 心想打（搭）妹唱到晚，
> 可惜小郎还要上山坡。

这幅画的一个显著特点是人像小。本来是画唱山歌，完全可
以突出人的动作表情，把人物安排在画面中央，将背景画小，可画
面却突出了山的形象，占据画面前景主体位置的是两棵青松，青
松后面是高耸的石山，石峰边云雾缭绕，骑驴人从画面的右下角
走来，形象渺小。这种安排让图画显出了意境：走山路的情趣与
艰辛。因此，这幅木刻的构思是不同常规的。画面的笔调粗犷有
力，写意性强。这是歌配画，也是创作。

李典不是西南联大学生，但他住在西南联大新校舍学生宿
舍，和同学们打成一片，不知者还以为他是西南联大学生。由于他
融入了西南联大，林元在介绍文聚社时把他当作了一社员，笔者
在研究文聚社的时候也一直把他纳入其中研究。他住在西南联大
干什么？研究美术。且学有成就。新中国成立后他在香港，是著
名的美术家。当时西南联大壁报上的许多插图出于他的手，《热
风》和《群声》上时有他的作品，可惜今天无从知道壁报上的那些
作品了。刊登在《文聚》等报刊上的今天仍可以见到。他和马杏垣
一同设计了《文聚》的封面，《文聚》中也有他的插图。《流亡》、
《静静的山路》、《石林》等木刻是他的代表作品。

《静静的山路》描绘一队在山路上行走的驮驴。其实，作者要

刻的是马帮，结果刻成了"驴帮"。马杏垣的《云南山歌》也把马刻成了驴。这也难怪，大城市的人很难分清马、驴、骡子的。云南山大坡陡，没有公路，运输多用马驮，因而出现了许多马帮。也有用驴驮的，但很少，而"驴帮"则更其少见。因此，马杏垣画一匹驴不太显眼，李典画一"驴帮"，就有悖于生活了。但这不足为病，只要画面清楚就好了。从艺术表现的角度讲，驴的大耳朵容易刻绘。这大约是马杏垣和李典"刻马为驴"的根本原因。这幅画的中心意思是"静"。作品通过野地、树、风、飞鸟、碉楼、闲云等景物把"静"表现出来了，这些景物组合在一起，使我们感受到一种和平安宁的生活。画面正中的树，静静地迎候这大风的吹拂，享受着孤独的宁静；画面左侧的碉楼本是战乱时瞭望和驻守的战争设施，现在孤立地站在野外，化作了风景；画面右边的群鸟在自由自在地飞翔。一切都显得那么宁静。取碉楼、树和飞鸟这三种景物显出了作者的匠心。在画面的布局上尤见机巧："驴帮"来的左边安排较满，去的右边空疏留白，给人以舒服感，但留白太多又会失去重心，于是在画面右上角刻上群鸟，这是很得构图三昧的。我们还可以注意到"山路"实际上没有路。"驴帮"只是在杂错的石包间行走。这是作者观察的细致。

木刻《石林》

《石林》是一幅十分精美

的木刻，画面干净，刀法细腻，石阶、瓦楞、亭尖、流云清清楚楚，甚至连雕梁上的图案都依稀可见。作者使用了西方画的透视原理，光源的运用也很准确。构图雄奇险峻，道路必经，若打起仗来，大有一夫当关，万夫莫开的态势。石林的姿态，石头的形状突出醒目，乃至石头的灰白或灰黑色都被刻画了出来。木刻到了这个程度，可以和色彩画与照片媲美了。

与马杏垣的木刻相比，李典的木刻更具写实性和细腻的特点。

我们知道，鲁迅先生大力提倡木刻。马杏垣和李典喜欢木刻是否受了鲁迅的影响，不得而知。但是，鲁迅的及门弟子魏建功学习木刻，或许带有怀念鲁迅的意义。1939年，魏建功从《热风》上了解到马杏垣会木刻，便向他学习，学习成绩大约可以打"优"。吴晓铃说："他从马杏垣学习木刻，刻了一幅鲁迅先生头像。我们给他发表了，他很高兴。这是他一生中的绝无仅有的木刻作品，他当然高兴！"①假若这幅鲁迅头像保存下来，应该是一件文物了。

三、西南联大的篆刻

西南联大搞篆刻的主要有两个教授：魏建功和闻一多。他俩所作篆刻不同时，彼此无交流。魏建功的篆刻在抗战前、中期，出于兴趣，闻一多的篆刻在抗战后期，为了生活。魏建功作篆刻时闻一多失去了篆刻的兴趣，埋头于古代文献里，闻一多搞篆刻时魏建功已经离开了西南联大。他俩都是文字学家，都对古篆有精深研究，其篆文均出于先秦，规范标准，典雅古朴，而在字体结构和

---

① 吴晓铃：《〈热风〉壁报上的漫画风波》，云南省政协文史资料研究委员会等编：《云南文史资料选辑》第34辑，昆明：云南人民出版社，1988年10月，第448页。

章法布局上各有千秋，堪称西南联大篆刻的双璧。

魏建功多才多艺，爱好多种，他师从钱玄同治文字学，也学钱玄同的书法，因此，学书自篆入手。大概由于这个原因，"魏建功又喜篆刻，常于业余时间治印，他之治印，秉其小学功底，熔甲骨、鼎彝、战国文字、秦篆、汉隶于一炉；更以其金石见闻之广博，兼取秦汉古印及明清以来各家之长；于章法、字体、笔势均独具一格。他以天行山鬼为名来治印。"[①]这是1930年以前的事。那时，他还参与了一个印社——圆台印社。印社并没有开展什么活动，但激发了大家的热情。魏建功治印的兴趣很高，常为朋友们刻印，还创造性地用注音符号刻字。因魏建功投入国语运动，且热情甚高。

孰料日本入侵北平，造成空前灾难。开初，魏建功和北大的一些教授打算留下来维持北大的教学。可是，情况紧急，学校再三催促他们南下，直到1937年11月17日，他和罗常培、罗庸、郑天挺、陈雪屏、赵乃抟等九人才得以乘火车去天津。一路辗转，绕道香港，才乘火车到达长沙。时间已经是12月14日了。长沙临时大学文学院已于11月19日上课，专业课无法安排，他们只能上一些如"大一国文"等公共课。战事不利，长沙危险，学校再迁云南。魏建功和周炳琳、赵乃抟、郑天挺等于1938年2月15日乘汽车南下，历时半个多月，于3月1日到达昆明。而后又随文法学院去蒙自上课，半年后回到昆明。魏建功在西南联大开设"音韵学概要"、"韵书研究"、"汉字形体变迁史"等课程。1940年6月，他到四川省江津县白沙镇任教育部大学教科用书编辑委员会编辑。1941年9月，他应邀回昆明在中法大学创办文史系，任系主任。1942年5月返回白

①马嘶：《一代宗师魏建功》，北京：文化艺术出版社，2007年2月，第94页。

沙。这种生活真可谓流转颠簸。这期间，西南联大一直保留着魏建功的职位。

在蒙自时，他看到街上卖一种产于越南的白藤手杖，许多老师都喜欢，买来用。一天，郑天挺说："可否断成截来治印呢？"魏建功试着一做，果然行。于是，创造了"藤印"。"从此，印学史上增添了'藤印'的新品种。藤印不仅为魏建功所创，且只有他一人所制刻，此亦为艺术史上的一个奇迹。魏建功也颇为这创举引以为自豪，自谓天地间堪充印材者何啻百千，富豪儿持金逐玉，争奇斗艳，实则败絮其中；君子安贫乐道，但得印中三昧以陶冶性情，又何必鸡血田黄？"[1]魏建功兴之所至，先在手杖上刻字，后又刻了一些藤印送亲朋好友。

他为陈寅恪刻手杖，铭曰："陈君之策，以正衮矢。"陈寅恪很喜欢，终生不离此杖。他为郑天挺刻了隶书的两支手杖，其一曰："指挥若定。"题款曰："廿七年四月八日在蒙自，山鬼为及时老人刻此铭。"其二曰："用之则行，舍则藏。"当时郑天挺正向北大校长蒋梦麟辞去行政职务，罗常培见到手杖，以"危而不持，颠而不扶"相讥。他为自己的老师钱玄同刻了"玄同长寿"、"钱夏"，题款祝曰："藤性韧直，治玺表德。先生长寿，祝福无极。廿七年八月廿七日祀孔日建功在蒙自。"为姚从吾刻了"襄城姚氏从吾藏书"。为自己刻的是"如皋魏氏"、"天行天南行"。他为身边的罗常培、章廷谦、汤用彤、叶公超、钱穆、吴俊升、蒋梦麟等刻过印，也为远处的台静农、傅斯年、顾颉刚、罗家伦、顾毓琇、徐炳昶、胡小石等刻过印。

1939年7月7日，抗战两周年纪念，昆明的教授举行书法义卖，

---

[1]马嘶：《一代宗师魏建功》，北京：文化艺术出版社，2007年2月，第139页。

冰心　　　　　　　　吴二作曲

李晓宇　　　　　　　张充和

所得款项悉数捐献前线部队支援抗战。教授们的书法争奇斗艳，滇中人士争相购买，誉为滇中盛事。魏建功独卖藤印，尤受欢迎。原定刻制一百方，每方法币二元。由于义买者太多，很快预订一空，有的熟人来购不好推却，增加至一百一十七方。吴晓铃在《记天行山鬼〈义卖藤印存〉》中记述：

　　我们住在三转弯义兴巷的时候，天行先生常常找我们聊天。他平易近人，没有教授架子。这次义卖藤印，我们干脆请他来住。方师铎负责采购南诏白藤手杖；杨佩铭则把藤杖锯成二寸左右的小段，然后用砂纸打磨平滑；我做"经理"，管收件和送件，同时还把刻成的藤印钤了1份，准备装订成册，名曰《义卖藤印存》，再行义卖九册，自留一册存念。我把那九册寄给北平琉璃厂的来薰阁书店，嘱为装订后寄回昆明。不想竟被邮局全部干没，卖给光华街的一个旧书店了。唐立庵（唐兰）先生发现之后，告诉了杨今甫（振声）先生去买了一部。等到我们听说，想去收回，又不想书贾以为奇货可居，不卖。最后，我把自存的一部孤本送给了天行先生。①

**抗战胜利后，魏建功在四川白沙写了题记：**

廿八年客昆明时，倭寇焰张甚，西南流人群相为义卖备劳杀敌战士。七月七日起，与滦吴晓铃、天津杨佩铭两君合作，两君代为罗致，余执刀镌藤印，每端一名氏酿法币二元，十日收件，至八月十九日竟，实治一百零六端，得款二百二十六元，送昆明《益世报》转中条山雷鸣远神甫赠其所率义勇军。凡诸义买者皆流人也。于时自存初拓印样，曾题"聊以永日，不愧苍天"八字。回首前尘，百感交集。吴君为铃十份印存，意欲更作义卖之资，付诸昆明文明街邮局，寄北平书坊装订，乃邮局干没邮资，鬻印存于光华街旧书摊。嘉兴唐立厂君初见之，群相注意，未谋收回，贾人以为奇货，旋即藏去。杨金甫兄似曾购得部分。今复戮力国语，行将入台，在川检点行箧出此，晓铃畀予一本，因更记之，以为抗战以后，公务员渎职贪污小史渐端之纪录云。安南白藤，滇人制作手杖，余截之试作印，颇别致有趣也。长乐郑毅生君实启发之，识以告来者。卅四年十一月十五日，如皋魏建功在四川江津之白沙，距离平之日已八年少二日。

义卖之日称"天行山鬼"。又记。②

---

① 吴晓铃：《记天行山鬼〈义卖藤印存〉》，北京大学校友联络处编：《箫吹弦诵情弥切——国立西南联合大学五十周年纪念文集》，北京：中国文史出版社，1988年10月，第110—111页。
② 魏建功：《天行山鬼印蜕——魏建功印谱》，北京：中国书店，2001年8月。

通过以上两段引文，可以明白魏建功义卖藤印的史实了。

出于支援抗战的目的，一些人慕名购买，一些知名人士，如冰心、张充和、陈延年和西南联大教师郑天挺、江泽涵、容肇祖、郑昕、张清常、李嘉言等参加购买。冰心对魏建功的刻印十分喜欢，一直使用，她晚年对吴晓铃说："魏先生是文字学大师，他的治印不拘一体，富于书卷气。我那年从你手里用两块钱'义买'了一方，现在有人找我写点什么总是钤这方印，我喜欢它，也是怀念他。"

魏建功的治印是出于心性，自娱与娱人，义卖仅为一次。自用和送人加上义卖的印章，总共二百方左右。闻一多是迫于生活，也有自用和送人的，挂牌治印为时三年，总共在五百六十多方以上。闻一多治印种类繁多，成就较高，本书将列专章介绍。这里把魏建功和闻一多两人的治印做些比较。首先，他俩治印的材料不同。魏建功是用白藤刻印，闻一多是用石头和象牙刻印。石头和象牙的质地比白藤细腻。材质不同带来了刻字的不同。于是有其次，魏建功的篆字笔画相对粗率，闻一多的篆字笔画相对精细。这又带来了风格上的差别。于是有再次，魏建功的篆字古朴稚拙，原始味浓，闻一多的篆字秀丽美观，生动活泼，艺术性强。也是由于材质不同，有了最后，魏建功的印样多为圆形，印章大小差别不大，闻一多的印样圆方兼济，印章大小不一，变化多种。两个古文字家同刻篆文，各有千秋，令人赞叹。

说到篆刻，不能不说闻一多的篆书。闻一多的篆书久负盛名，许多人找他刻章指明要篆字，请他题字也要篆书。刻章将在下一节论述，这里讲书法和石刻。闻一多题字多写古文，他往往借古文抒发情怀，表达感情。他为吴晗题写篆书："鸟兽不可与同群，吾非斯人之徒欤而谁与？"为育材同学篆书条幅："天下

兴亡，匹夫有责。"为伦积学兄题篆书："岁寒然后知松柏之后凋
也"。自书篆字条幅："帝高阳之苗裔兮，朕皇考曰伯庸。摄提贞于
孟陬兮，惟庚寅吾以降。皇览揆余于初度兮，肇锡余以嘉名。名余
曰正则兮，字余曰灵均。"等等。这些篆书，件件都是艺术品。

1945年为吴晗题词

闻一多篆书中最具代表性也是最有影响、观者最多的是"国
立西南联合大学纪念碑"碑额，笔法端庄流利，字形雍容华贵，大
气磅礴，是绝佳的艺术品。

国立西南联合大学纪念碑碑额

### 四、西南联大的其他美术作品

闻一多是西南联大艺术的先行者，也是西南联大艺术成就最高的人。这当然不奇怪，因为闻一多是西南联大最喜爱美术，美术学养最为丰厚，美术修养最为广泛，又是在西南联大时间最长的人之一。由于长沙临时大学时期的美术资料缺乏，闻一多便是西南联大最早开始美术活动的人。1938年3月23日，还在贵州旅行途中，闻一多就开始画画了。他一路走一路画，到昆明积累了五十多幅写生画。今存三十六幅是今见西南联大最早最完整的美术资料。到昆明后，他从故纸堆中抽身出来，做舞台美术设计，为《祖国》、《原野》和《黑字二十八》策划并绘制舞台布景和设置，取得了云南舞台史上空前的成就。1943年，迫于生存的需要，他挂牌治印，创作了许多篆刻作品，被浦江清先生誉为现代的黄济叔、程瑶田，成为文坛佳话。闻一多在西南联大，以写生画、舞台美术和篆刻为艺术之三极，令人仰止。闻一多就是这样，什么事不做则已，一做就要做得最好，而且他在艺术上爱好广、跨度大，是中国历史上难得的艺术"全才"。

除写生、舞美和篆刻以外，闻一多在西南联人期间还留下了一幅广告画。大约1945年，罗隆基在北门街开茶叶店，请闻一多设计销售广告，闻一多画了一幅广告画。

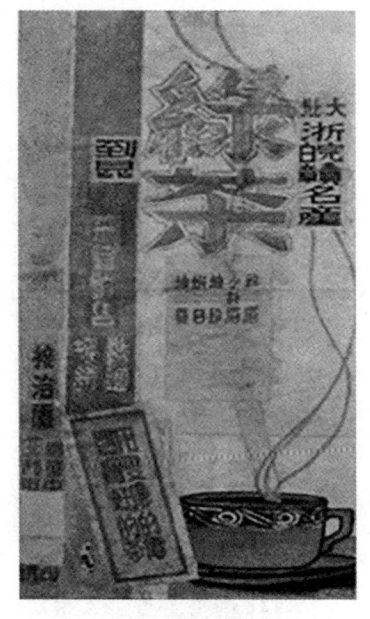

茶叶店广告

画面下方一只土陶茶杯，茶香袅袅上飘，上方两个巨大的宋体美术字"绿茶"，"绿茶"右边用中号字写出"浙皖赣名产"，左边写"到昆"，下方用小字写出茶叶名目，画面左下方茶杯旁框出两列字："用最廉的价，买最好的茶。"有如一块牌子，十分醒目，其上是"平价销售，欢迎经销"几字，画面左下角标识接洽处。

这幅画将市场推销与艺术表现结合起来，构思新颖，匠心独具，最为突出的有三点：第一，主体突出，茶杯和"绿茶"占据了画面的中心位置，吸引眼球；第二，色彩运用，浅黄底板，深黄和绿色调，冷暖色调搭配醒目；第三，文字运用，大小变换，颜色配搭，位置讲究。这是今天仅见的一幅闻一多的广告画，它表明闻一多从绘画跨越到广告设计也是如此优秀！

赵宝煦是阳光美术社的著名画家。他以画漫画见长，也画素描、写生、风景等画。这将在《阳光美术社》一章中介绍。这里介绍一幅平面设计图案画。这幅画似乎是为一种叫"圣灵水"的药

圣灵水广告

《文聚》封面

物设计的"防伪标识"。画面精致，笔法细腻，纤毫毕现，虽然是画，却如同印出来的一样，干净利落，准确到位。

《文聚》的封面是马杏垣和李典共同设计的，素雅大方，装饰性强，又具有民族特点，堪称范例，出版时每期变换装饰画的底色，新鲜别致。

同样是阳光美术社的骨干陈月开，在一段时间里，反复画一幅画。画面是一个中年男子，肩扛一口小棺材去埋葬。棺材里装着的是他的儿子。父亲的脸上是痛苦和愤怒的表情。中年丧子，白发人送黑发人是人生的莫大悲哀。从愤怒的表情看，儿子可能死于人祸，作为父亲，怎能不痛苦呢？他反反复复地画，画了四五张，还要画下去……可以看出，作者和画中的人物融合在一起了，父亲的痛苦就是作者的痛苦。画面的内容或许是作者所感，或许是作者所见，绝对是真实的生活现象。作者反复画，说明内心非常痛苦。他不仅为画中的父亲痛苦，也在痛苦地思考着怎么办的问题。联系他后来参加革命，终至被恶霸地主杀害的经历，更能理解他那时的思考。

笔者访问周锦荪先生时，他说了这样一个"美术故事"：生物系的同学去昆明西山做教学实习，采集植物标本，在山上住了十多天。在此过程中，一男一女发生了感情，坠入爱河。这也是一种"实习成果"，大家为他们高兴。另外一男生用漫画表现此恋爱过程，画了十多幅画，画面传神，在同学中流传。画面用象征的手法，画的全是植物：在一棵树下，一朵花（甲花）慢慢展开花瓣，鲜艳美丽，芳香四溢；在树的另一侧，一朵花（乙花）嗅到了气味，便把花芯转向甲花，同样释放出芳香；甲花会意，忸怩作态，不好意思；乙花见状，喷射出更加浓烈的香气；甲花终于禁不住诱惑，转向乙花，却"犹抱琵琶半遮面"；乙花得到鼓励，振动着花瓣向甲

花靠近；两朵鲜花在香气中交流感情；越靠越近，越靠越近，终于
并在一起；最后两朵花占满了整个画面，花蕊嫩色欲滴，花瓣艳
丽无比。这组画十分迷人，谁看了都会被感动①。

西南联大的美术作品一定还很多，笔者在访问西南联大老校
友时曾听到过一些，但是，既见不到画面，又见不到记录文字，笔
者无法妄谈，只能将这个缺憾留待将来弥补。

# 第二节　闻一多的美术作品

在西南联大，闻一多是美术科班出身的唯一一人。教师中再
没第二个学过美术的，学生中有受过美术训练的，但没有大学美
术专业毕业的。闻一多不仅在大学学的是美术，而且还是在美国
学的美术，即所谓归国留学生。留学生在当时是很稀罕的。有了留
学背景，进西南联大就容易得多，否则，不仅难进，进去了，职称
也要低一等。美术留学生更是稀罕，在全国也没有多少，所以，西
南联大唯有闻一多一人。可是，闻一多在西南联大并没有从事美术
工作，因为西南联大没有开设美术专业。闻一多在中文系做教授，
讲授中国古代文学。这里所谈闻一多的美术工作，是业余的。

## 一、闻一多的习美经历

闻一多早年在清华学校读书的时候，美术成绩就很好。美术
老师斯达尔非常看重他的绘画才能，多加褒奖鼓励，曾组织校外
写生团，选闻一多的画参加巴拿马展览会。清华学校辛酉级级刊

---

①李光荣访周锦荪记录，2009年10月27日，昆明周寓。

《辛酉镜·美术》载:"闻多以图画冠全级,奖景画一幅。"[①]他
和同学发起成立美术社,曾被选为书记,主持社务。辛酉级1921
年毕业前,闻一多为毕业年刊设计制作了十三幅题图画,其中《梦
笔生花》可为代表作,该画今被收入《中国现代美术全集》之中。
《梦笔生花》以李白年少时梦见笔头生花的典故,画一书生靠在
书桌上睡去,梦幻中出现了妙笔生花的景象,以此寄寓同学们的
才华和抱负。该画在艺术上采用了古代绣像画的方法,使用透视
原理在平面中显示出立体,仅用黑色工笔勾勒,装饰工整,笔画细
腻,看上去十分精美。这幅画显示了闻一多青年时期的绘画功力,
能够帮助我们理解他出国深造选择学习美术的原因。

　　1922年,闻一多出国留学,进芝加哥美术学院。然而,此时闻
一多"对于文学的兴味比美术还深"[②],并很快决定归国后将研
究文学。由于"诗兴总比画兴浓"[③],他竟"缺了两天半底课"去
作《长城下之哀歌》一诗[④],"旷了两天课"去作《园内》一诗[⑤]。
可他在绘画方面,"成绩颇佳,屡蒙教员之奖许"[⑥]。而他把课余
时间全都用在文学上了,可见他在美术上的天赋与才华。在致父

①《辛酉镜·美术》,转引自闻黎明、侯菊坤编:《闻一多年谱长编》,武汉:
　湖北人民出版社,1994年7月,第23页。"闻多"即闻一多。
②闻一多:《致父母亲》(1922年10月28日),《闻一多书信选集》,北京:人
　民文学出版社,1986年10月,第91页。
③闻一多:《致家人》(1923年3月8日),《闻一多书信选集》,北京:人民文
　学出版社,1986年10月,第135页。
④闻一多:《致梁实秋》(1923年2月18日),《闻一多书信选集》,北京:人
　民文学出版社,1986年10月,第129页。
⑤闻一多:《致梁实秋》(1923年3月6日),《闻一多书信选集》,北京:人民
　文学出版社,1986年10月,第133页。
⑥闻一多:《致父母亲》(1922年10月中旬),《闻一多书信选集》,北京:人
　民文学出版社,1986年10月,第81页。

母亲的信中，屡报佳音。1922年12月27日说："我上月成绩又进，七门功课已得六超等矣。"[①]1923年2月10日又说："现在的分数是青一色的超了。"[②]6月14日还说："美校今日毕课，本年成绩已开展览会，其中我颇有作品。"[③]7月20日报告家人："本年在美术学院因各门成绩均佳，遂得最优等名誉奖。"[④]这里如此多的引用闻一多的书信，是要说明闻一多在美术上的造诣极深。之后他随梁实秋转学科罗拉多大学艺术学院，毕业时，作品最佳，获得当地报纸赞美。此后他到了纽约，却对戏剧复萌兴趣，投入了舞台美术工作。闻一多在美国三年，无论兴趣如何变化，总没有脱离美术，而且学习成绩骄人。

　　1925年5月，闻一多和几个朋友抱着"振兴国剧"的理想回国。他们所说的"国剧"是包括话剧的中国戏剧。他们所做的第一件工作是恢复国立北平艺术专门学校，恢复后去掉了"北平"二字，闻一多任教务主任兼油画系主任，但他对创建戏剧系出力甚大。艺专即今中央美术学院前身。1926年7月，他辞职南下，数年间，他只为朋友作过少量书籍装帧及插图，偶尔刻过图章。几经周折，于1932年8月返回北平担任清华大学教授，埋首书斋，专研中国古代文学。全面抗战爆发，匆促南下，在武汉作学术休假，进行研究。朱自清登门相邀，放弃休假到迁往长沙的清华大学，赴

---

① 闻一多：《致父母亲》（1922年12月27日），《闻一多书信选集》，北京：人民文学出版社，1986年10月，第112页。
② 闻一多：《致父母亲》（1923年2月10日），《闻一多书信选集》，北京：人民文学出版社，1986年10月，第123页。
③ 闻一多：《致闻家骅》（1923年6月14日），《闻一多书信选集》，北京：人民文学出版社，1986年10月，第157页。
④ 闻一多：《致家人》（1923年7月20日），《闻一多书信选集》，北京：人民文学出版社，1986年10月，第159页。

南岳分校任文学院教授。

## 二、闻一多的黔滇写生画

1938年2月，西南联大西迁昆明。闻一多参加"湘黔滇旅行团"，与两百多名师生一起从长沙出发，步行三千多里，历时六十八天到达昆明，完成了举世闻名的书生长征。闻一多一路上认识祖国，了解民情，扩充知识，纠正了自己原有的知识文化中一些不正确观念，提高了思想认识。有人不解为什么他要参加旅行团吃苦受累，他"很严肃地说：'国难期间，走几千里路算不了受罪，再者我在十五岁以前，受着古老家庭的束缚，以后在清华读书，出国留学。回国后一直在各大城市教大学，过的是假洋鬼子的生活，和广大的山区农村隔绝了，特别是祖国的大西南是什么样子，更无从知道。虽然是一个中国人，而对于中国社会及人民生活，知道的很少，真是醉生梦死呀！国难当头，应该认识认识祖国了！'"①出于认识祖国的目的，他指导一些学生在旅行中沿途采集民歌，因为此前他曾在课堂上说："有价值的诗歌，不一定在书本上，好多是在人民的口里，希望大家到民间找去。"②这一次，真的有了"到民间去找"的机会了，所以他高兴地指导同学"去找"。其中刘兆吉"找"来的成绩最大，采集到两千多首，闻一多给予了很高评价。旅行团途经湖南桃源，不远处就是陶渊明《桃花源记》所写的"秦人古洞"。闻一多兴致勃勃地率领大家去参观这个名胜古迹。虽然古洞桃源为后人附会，但那个地方山清水秀，

①闻一多语，转引自刘兆吉：《闻一多先生二三事》，赵慧编：《回忆纪念闻一多》，武汉：武汉出版社，1999年9月，第180页。
②闻一多语，转引自刘兆吉：《闻一多先生二三事》，赵慧编：《回忆纪念闻一多》，武汉：武汉出版社，1999年9月，第180页。

竹树掩映，令人心旷神怡。闻一多有说有笑，欢乐愉快，但看到老百姓的贫困生活与壮丁被绑缚抓走的情形，他"脸上出现了沉重忧郁的样子。在回来的路上，闻先生很有感触地对我们说，陶渊明的《桃花源记》当然是乌托邦的幻想。但是在来农村之前，总以为农村生活简易，风俗比较淳朴，总不像城市那样，满目尽是丑恶的现实。以前很想一生在农村过田园生活，做一个田园诗人。现在看来，这也是一种乌托邦式的幻想，在现实中也是办不到的。我们要'先天下之忧而忧，后天下之乐而乐'，努力进行社会改造，在全中国实现渊明先生的理想，把全中国都建设成'世外桃源'，方能告慰靖节于地下。"[①]

到了贵州境内，闻一多突然画兴大发，买来纸笔，画起了图画。一路上，许多人写日记，用文字记录沿途景象和经历，学生物的采集植物标本，教师曾昭抡向百姓宣传防毒气知识，闻一多也曾指导学生收集民歌，但他自己没有做什么可以留下的纪念，于是他重操旧业，拿起了画笔。他1938年4月30日在昆明写信给夫人说："至于沿途所看到的风景之美丽奇险，各种的花木鸟兽，各种样式的房屋器具和各种装束的人，真是叫我从何说起！途中做日记的人甚多，我却一个字还没有写。十几年没画图画，这回却又打动了兴趣，画了五十几张写生画。打算将来做一篇序，叙述全程的印象，一起印出来作一纪念。"[②]1940年5月26日在蒙自写给赵俪生的信中又说："早年本习绘画，十余年来此调久不弹，专攻考据，于故纸堆中寻生活，自料性灵已频枯绝矣。抗战后，尤其在涉行

---

①陈登亿：《回忆闻一多师在湘黔滇路上》，《闻一多纪念文集》，北京：生活·读书·新知三联书店，1980年8月，第277页。

②闻一多：《致高孝贞》（1938年4月30日），《闻一多书信选集》，北京：人民文学出版社，1986年10月，第285页。

途中二月，日夕与同学少年相处，遂致童心复萌，沿途曾作风景写生百余帧。"①这两段夫子自道的话，透露了他十几年后重握画笔的原因：一是被别人做日记感染，想留下一点纪念；二是被所见景象打动，做些描绘；三是被少年同学唤起童心，找到了自己少年时代的感觉。

可惜后来出版的愿望没有实现，没有把沿途所画留下并使它广泛流传。更遗憾的是，由于没有及时整理出版，丢失了一些。今天所见只有三十六幅，作者最初说是"五十几张"，后又说"百余帧"，取其离事件发生较近者，可信为"五十几"幅。如此，也丢失了十几二十幅，可惜！

这三十六幅写生画，如果以自然和人文为标准对内容进行划分，大致可以分为纯自然、以人文为中心和以自然为中心三类。其中以人文为中心的又可以分为寺塔牌坊、庙宇屋舍、路桥、佛像四种。现分列如下：

一、纯自然

1. 黔灵山东峰，2. 前距平坝六公里。

二、以人文为中心

（一）寺塔牌坊

1. 飞云崖塔，2. 飞云崖庙门，3. 飞云崖，4. 大风洞观音堂，5. 甲秀楼，6. 清镇县东山寺，7. 安顺县文庙，8. 镇宁双明洞，9. 安南县魁星楼，10. 普安文庙，11. 盘县近郊，12. 白水镇庆云楼，13. 曲靖北门外牌坊。

①闻一多：《致赵俪生》（1940年5月26日），《闻一多书信选集》，北京：人民文学出版社，1986年10月，第313—314页。

（二）街肆屋舍

1. 黄平县立马场街小学，2. 链子桥上水碾，3. 炉山县市肆，4. 炉山张家客栈窗外，5. 新街，6. 贵阳一角，7. 三铺，8. 安顺县华严洞小学，9. 安顺县公廨后园，10. 安南县东门内，11. 盘县女子小学栏前，12. 庭院。

（三）路桥

1. 重安江链子桥，2. 重安前十里，3. 小河口，4. 黔灵山脚。

（四）佛像

1. 大风洞上韦陀菩萨，2. 牟珠洞。

三、以自然为中心

1. 金凤山，2. 石板冲，3. 西成桥。

由以上分类可以看出，闻一多留下的三十六张画是以人文为主的。试想，他从贵州到昆明，一路上路过了多少或雄奇或秀美的山川，但孤立的自然景象较少在他笔下表现，而多有人文景象，这说明，他所关注的是人类的活动和人民的生活。

白水镇庆云楼

而在以人文为中心的作品中，画寺塔牌坊和街肆屋舍的又多一些。

寺塔牌坊本是人们精神的物质再现，同时它们还寄托着人们的精神向往，也是人们游览的圣地。闻一多画下它们，当然是记录一方乡土的景致，另一方面也带有考察一方文化的意思。即使是对悬崖山洞的描绘，也往往是见寺庙殿宇而不见崖洞。飞云崖是作者留下的画中画得最多的，共有三幅，可三幅画的画面中都只有寺庙没有山崖；所画的两个山崖大洞也是这样，画中的大风洞被观音堂代替，双明洞在图画的中心是塔楼，还有大风洞上只见韦陀，牟珠洞里著名的石笋下是佛龛。这更清楚地说明作者的人文选择。作者对于寺庙的取景颇为独特，往往不画大殿，而画门和牌坊。飞云崖庙堂直接标明"庙门"，《清镇县东山寺》画中寺门耸立而寺庙不显，《安顺县文庙》处于前景位置的是石阶和牌坊而大殿屈居后景，同样《普安文庙》石桥和庙门居前而庙堂隐约其后。这是否意味着作者欣赏的是庙门的艺术建造而不在乎庄严庙堂的大同小异呢？是的。对寺塔牌坊的取材、构图与描画说明，闻一多更注重景物的文化创意。

　　街肆屋舍是市井百姓的生活场所和活动空间，也是闻一多关注的重心，在他留下的画中也较多。首先看街景。《炉山县市肆》是街景的浓缩，也是作者画得最为精细的画面之一。一栋十分讲究的木质楼房，楼道木栏上挂着"鸿文书社"的匾牌，扁牌下面是打开了大半的柜台，屋里书架上的书整整齐齐，显示在柜台上方。柜台前的街边放着一张案桌，案桌上一块猪肉，一杆秤。案桌后柜台前的廊柱边坐着一个人，守着案桌。大概收市了吧，既无人买书，也无人买肉。卖肉的人双手放在腿间，抬头望远处的神态反映出街市的冷清寂寞。这幅画的取景和构图十分独到。书和肉代表人类生活的精神和物质两

炉山县市肆

个方面，人文气息浓厚。静谧的街道显示出了小镇的安宁。从房屋设施看，人们并不穷困和慌乱，战火还没有烧到这里。"新街"是地名，小镇名称，顾名思义，《新街》画的应当是"新"的街了，可处于画面中心突出位置的仅为一条马路，马路两边的房屋破破烂烂，无规则排列，土墙草顶，木柱凸现于外，街上无一行人。《安南县东门内》一条弯曲的街道，街面多台阶，远处转向右侧，街上有三两个行人，街道两旁房屋错列，草顶瓦顶间杂，显得零乱无序，屋前的台阶整齐突出，屋后一棵高大的老树劲挺，"4月13日"了，尚无春天的生机，映衬出县城漫长的历史与萧条的现实。

再看学校。《黄平县立马场街小学》一图，平坦的街边，数级石梯上立着一门，门顶圆形，门上方是牌坊或照壁式的墙壁，飞脊翘角，装饰精美，看上去有似庙门，校舍掩映于后。《安顺县华严洞小学》突出高台围栏，高高的平台上一排精美的木栏杆，栏杆后面右侧是亭子的一侧，亭角飞翘高空，亦十分精致，亭子旁边一棵老树，枝干苍劲，左侧的校舍处于远景，不甚醒目。《盘县女子小学栏前》所画的并不是学校，而是居民屋舍，建筑较好，居民生活富裕，从侧面反映出小学校的美好。

后看房屋。《炉山张家客栈窗外》是一幅镜框式的图画，三面窗框，窗框内是一座端庄整严的房子，屋顶俨然，屋内门窗方正，陈设整洁，尤其是屋檐下台阶上左右花架上放着的一对花瓶，显示出房主人的品位，反映出这家人是养尊处优，讲究生活品位的。左边山墙外邻里高高的墙头三层飞角证实着炉山县城居民生活的富庶。《贵阳一角》专画房屋，画面正中一所老旧的房子，土木结构，梁柱裸露于外，十分醒目，楼下开铺子。屋后即画面右侧是多间形状不一的屋顶，屋下的遮挡物杂乱无序。屋前一条小街伸向右后，街对面是高大雄壮的屋顶。街两边的房屋形成了贫富的对比。《庭院》画的应是曲靖的房舍，是作者坐在庭院楼上看出去的景象，而不是某一庭院，其取景方法与《盘县女子小学栏前》相同。画面显示的是几栋房子的山墙，房子中间空出一荒园，园中一棵树枝繁叶茂。

总起来看，闻一多画中的街景是较为破旧无序，寂寥萧条的，这是旧中国西南地区城镇的面貌，经济不发达，城建落后，商业欠繁荣。比较而言，小学校则建设较好，反映出地方百姓对于文化教育的重视。学校在建筑外观上多似寺庙，一方面反映出中国教育从庙堂转换而来的印迹。在人们心目中，文庙本是祭祀孔夫子和办学之所，新式小学也应是那样的；另一方面，在旧中国的城乡，建设最好的是寺庙，居民便用最好的建筑方式来建小学。闻一多画中的房屋有好的，也有差的，差的又多于好的，房屋的好坏反映出地方经济的盛衰，而另一方面，闻一多似乎是有意将房屋的好坏作一对比，表现社会中贫富悬殊的现实，《贵阳一角》和《庭院》在一幅画中显示好坏房屋，是典型的对比例子。

画路桥的《重安江链子桥》、《重安前十里》、《小河口》、

重安江链子桥

《黔灵山脚》的人文意味更加丰盈充沛。路和桥本是人所建，修建什么样的路和什么样的桥完全决定于人的创造。《重安江链子桥》是一幅极其精美的图画，其取景、构图相当得体，透视、光线使用恰当，线条疏密匀称，笔法老道，桥体横挂江边岩石上，生动传神，作者虽然用笔写景，实际是在集中赞美人。试想在古代铁索桥给两岸交通带来的方便多么了不起，便知道人类征服自然的力量有多宏伟。《重安前十里》、《小河口》、《黔灵山脚》都画路，但路与路不同，《重安前十里》画的是荒原上修筑的路，路旁还有电线杆，交通运输和通讯都进入了现代化时代。《小河口》画的是一条沿河的盘山公路，曲曲折折伸向群山深处。《黔灵山脚》歌颂人们为欣赏黔灵山美景而用一级一级的石阶为陡峭的山体搭建出道路，建成了森林公园的奇迹。

《金凤山》、《石板冲》、《西成桥》虽然以自然为中心，但画中的自然有人活动的痕迹，是人融于自然，同时也改造自然，使自然为我所用。《金凤山》山大林密，人们在山脚开辟田地、盖了房子，享受世外桃源之乐。《石板冲》的人家靠山吃山，可山虽然高莽，却光秃秃的，提供给他们的资源越来越少了。《西成桥》是作者站在桥上画的风景，桥只有护栏，桥边远近的山体树木稀少，颇显荒凉。这一类画似乎不是取美景而观之，而是在拷问人与自然的关系。作者固然没有给出答案，但他已经通过画面告诉我们一些什么了。

画纯风景的《黔灵山东峰》和《前距平坝六公里》也应作如是观。前一幅是为了再现黔灵山东峰的秀美或雄奇吗？山峰处于后景，既不高大也不雄伟，山色朦朦胧胧，显然是虚化弱化了。那么是要突出近景的三棵高树了？因为这三棵树枝干曲奇，显示了岁月的沧桑和顽强的生命力。但这幅画为什么要起"黔灵山东峰"

这样一个题目呢？看来作者另有他意。后一幅的近景是一片荒原，尚未开垦过，但草木稀少，中景的石山上不见森林，远景的山烟云笼罩，只见形状，这也不是一派美景。

　　闻一多的写生与一般人写生不同的是，他不是为写生而远行，而是在旅途中写生，这就是说，他不是寻找美景而作画，而是对景生情而画，说白了，进入他画中的景象不一定是很美的，但一定是有意味的。这种"意味"，我们把它概括为"人文"。景物因人而美，所以闻一多把自然景物人文化了。也许在闻一多看来，没有人迹的景物是孤立存在于外界的，景物只有被人们认识和利用，或者说与人的生存相关才是有意义的。所以，在他留下的画中，传统国画常表现的高山大川、奇岩异石、万丈沟壑、千里烟云等没有一景，进入他画面的只是一些较为普通的山河景物。一个最典型的例子是闻一多见了闻名天下的黄果树瀑布而没有作画。这样的例子很多，如贵州安南至普安路上惊险异常的"二十四道拐"公路，滇黔分界的胜境关及"滇南锁钥"牌楼他也没有画。按说这样的景象人文气息是浓厚的，因一般人见了都会画，所以闻一多不画了。可见，闻一多不取一般人所取的常景入画。

　　由于是旅途作画，多少就有随机性，不是所见美景都能画下，也不是所画的都是美景。要知道，旅行团每天需赶六十至八十里路，多到一百里，对于一位不常走路的四十岁的教授来说，是不可能与青年学生比速度的，闻一多不可能见了好景就停下来慢慢地画，有些景致他不能不舍弃。有时候忙于赶路没时间画，等有时间了，又不一定有可以入画的景致了。画画得适应旅程安排，因此，他的画就有随机取景的意味。可以看得出，有的画就是休息时乘机画下的，不见得是特意取景，如《黔灵山东峰》、《前距平坝六公里》及《庭院》等应属于这一类。

　　闻一多的这些画全是静物写生,没有人和动物及其活动,这也是值得我们注意的。上文曾引家信中所述"至于沿途所看到的风景之美丽奇险,各种的花木鸟兽,各种样式的房屋器具和各种装束的人,真是叫我从何说起"[①]的话,分明提到"鸟兽"与"人",但他一幅也没画。此中原因不敢妄加推测。

　　对于这三十六幅画的艺术,闻立鹏评价说:"这些画幅很小,但笔力刚劲凝重,感情充沛深沉,以线造型,辅以光影。既有西方艺术透视结构形体的严谨,又有中国艺术流畅的点线穿插。既有准确生动的物象刻画,又有笔墨抒发对意境的追求。气韵生动,俨然一派庄重自信的大家气魄。艺术写生的功力已达到炉火纯青的境界。"[②]这是专家之言,难以超越。闻一多十余年不画画了,画出来竟如此老道,实在是大家风范。陈梦家是闻一多的学生,跟随闻一多多年,曾见过闻一多的画。他说:"在颜色上,他最爱的是红与黑,更恰当的说,是黑与红。"[③]这一组旅行速写的铅笔画,黄底黑色,没有其他色彩,无法欣赏到闻一多的色彩运用。

　　写生画的特点是写实,尽管对于实景可以取舍或变换角度,但不可以更改主体对象的外貌。在今天,闻一多的这些如实描绘了1938年春天的黔滇一线事物景象的画图,已经变成十分珍贵的历史资料了。七十多年的风雨岁月,改地换天的社会变化,横扫"四旧"的疯狂破坏,这些景象今存者几何?现在看这些画,已

---

①闻一多:《致高孝贞》(1938年4月30日),《闻一多书信选集》,北京:人民文学出版社,1986年10月,第285页。

②闻立鹏:《父亲和美术》,闻立雕主编:《亲属回忆闻一多》,内部印刷,2009年7月,第93—94页。

③陈梦家:《艺术家的闻一多》,赵慧编:《回忆纪念闻一多》,武汉:武汉出版社,1999年9月,第81页。

经不仅是欣赏风景，实在是看历史了。在文化复兴的今天，有人一旦心血来潮，要恢复那些寺庙牌坊，这些画或许还可以提供参考呢。

作为一个美术家，闻一多画过不少画，尤其是在美国学习的时候画的多，可是保存下来的极少。这组旅行写生画能够留存，真是万幸，它是我们认识闻一多美术成就的依据，其艺术价值和史料价值独具，无可替代。

### 三、闻一多的舞台美术

闻一多随文学院从蒙自回到昆明后，曾两次参加戏剧演出工作。一次是1939年2月西南联大剧团演出《祖国》，他参加指导并担任舞台美术工作。一次是同年8月，他参加策划了《原野》和《黑字二十八》（又名《全民总动员》）的演出并做舞台设计。两次舞美工作，是他美术修养的另一种展示。

舞台美术有其特殊的要求，除了适合"舞台"这个特定的环境外，还必须适合剧情的要求，与剧情相吻合。好的舞台美术一定是对于剧情的展示、诠释和深化。因此舞台美术者必须掌握剧情，理解剧作，才能设计出好的舞美效果。这在闻一多自然没有问题。他具有高深的文学和戏剧修养，能够从深层把握剧本，又具有特别的美术功力，能够表达自己的感受，所以，他的舞美是独到的。

但后人研究舞美却有不可克服的难度：见不到作品。舞美可以称为舞台上的图画。离开了舞台，这画就不存在了。再好的舞台都是多用的、变化的，没有永久不变的舞台。舞美要流传下来，只能借助现代化的电光器材与设备。闻一多所处的时代，只有照相机。但不知是因为照相机稀有难觅，还是对舞美的不够重视，抑或没有想到，演出时竟没有一场戏的舞台景象被拍成照片。所以后人无法看到真实的舞台画面。笔者的研究所依据的只能是当时的文字记载和知情者后来的回忆。

### （一）闻一多的舞美经验

画家不一定是好的舞美师，甚至不一定做得了舞美。因为舞台美术不同于绘画。绘画是在平面上描绘立体的事物，舞美既可以是平面的布景画，也可以是立体的舞台装饰或布景设计。它们虽然需要共同的美术基础，但它们是两种艺术，没有做过研究的画家很难兼具。闻一多学美术出身，具备深厚的美术素养，是技艺高超的美术家，但他在昆明做舞美之前没有人说他是舞美师。为什么他一拿起舞美就能上手，并且一展示就获得巨大成功呢？这不能不从他的舞台经验说起。

1913年，十五岁的闻一多涉足戏剧，他和同学自编自演反映武昌起义的《革命军》，闻一多饰革命党人。自此以后，他在清华几乎连年演戏：1913年演出《打城隍》，1915年演出《两仆计》和《兰言》，1916年演出《卖梨人》、《贫民惨剧》、《蓬莱会》和《紫荆魂》，1917年演出《都在我》，1918年演出《鸳鸯仇》和《黑狗洞》，1919年演出《巾帼剑》、《是可忍》、《我先死》和《得其所哉》。如此大的演出量，以至他在一段时间里"奔走剧务，昼夜不分，餐寝无暇"①。这里虽然不是舞美工作，但演出剧目多，说明闻一多熟悉舞台，懂得舞台。这对他后来的舞美设计是有作用的。

闻一多的舞美工作是从美国开始的。余上沅、赵太侔和熊佛西在美国攻读戏剧艺术。1924年，闻一多从柯泉转学纽约的艺

①闻一多：《仪老日记》，《闻一多全集》第12卷，武汉：湖北人民出版社，1993年12月，第427页。

术学院,结识了他们,便一起搞起了戏剧。先演《牛郎织女》,继演《杨贵妃》。9月,他在《致梁实秋》的信中说:"近来忙的不可开交。上星期整个没上课,这星期恐怕又要照办。这样忙法但是戏仍旧还无头绪。眼看排演日期马上就到了,五幕戏只练了一幕。化装布景的图案虽是画得了,但还没有动手制造。三十余件的古装都是要小姐们的玉手亲缝。其奈小姐们的架子大何! Costume Plates本拟请一个姓杨的(在中国英美烟公司画广告的)画,后来他神气起来了,说一笔也不能改。我就比他更神气,要求当局人把他开除了。如今,art department的事只我一人包揽。"[1]闻一多从此开始了舞台布景即舞美和演出服装的设计制作工作。1925年3月,波士顿留学生梁实秋、顾毓琇等演出《琵琶记》,舞美和服装等也是闻一多负责的。顾毓琇在《怀故友闻一多先生》一文中说:"一多同太侔特别从纽约赶来帮忙,布景、服装、化装,都由一多负责,我穿的一件龙袍,便是由一多用油画画出来的,在灯光下照起来十分漂亮,一个大屏风,有碧海、有红日、有白鹤,亦是一多的大笔。"[2]几次演出都获得了成功,其中闻一多的布景、服装设计与制作均获得好评。演出的成功深深鼓舞了闻一多和朋友们,他们有了更大的计划,闻一多也决心专搞舞台美术了。

1925年1月,闻一多和余上沅、赵太侔等纽约留学生发起成立"中华戏剧改进社",参加的有林徽因、熊佛西、梁思成、梁实秋等。稍后,他们三人决定回国开展"国剧运动",并拟定了计划书,

---

[1]闻一多:《致梁实秋》(1924年9月),《闻一多书信选集》,北京:人民文学出版社,1986年10月,第183页。

[2]顾毓琇:《怀故友闻一多先生》,《文艺复兴》第3卷,转引自王松声、李凌:《闻一多和戏剧》,赵慧编:《回忆纪念闻一多》,武汉:武汉出版社,1999年9月,第312页。

办一份艺术杂志，建立北京艺术剧院，开办演员训练学校、戏剧图书馆和博物馆，募集艺术赞助金，聘请外国戏剧家等等，计划相当宏伟。为了这个计划，他们相约于5月回国。闻一多1922年夏出国，按照清华公费留学五年的制度，他可以到1927夏才回国。这时，他竟提前了两年回国，为的是早日开展国剧运动。可见他对戏剧的信心有多大！他们心目中的"国剧"并非"京剧"，而是以话剧为主的戏剧。

　　书生的特点是按照理想来构思未来。他们万没想到国内的状况是容不下他们的计划的。他们费尽心力，做成的事情是恢复了北京艺术专门学校，并在其中重建了戏剧科。其他的计划全部落空。戏剧演出一场都没有，舞台美术自然无处施展。而且闻一多不得不于1926年7月离开北京南下。

　　尽管如此，闻一多的戏剧经验和舞美实践是他个人的，留在他的思想库存中。所以，当多年后有人请他参加戏剧工作时，他敢于主动应承做舞台设计。

### （二）《祖国》的舞台设计

　　《祖国》是一部法国剧本，到中国后几经改编。由陈铨改编的《祖国》是一部抗战剧，描写古城北平被日军占领后，在傀儡政权严格控制下，北大教授吴伯藻秘密组织抗日力量，准备举事时，被敌人伏击全体阵亡的悲剧。其原因是吴教授的妻子佩玉受不了遭冷落的生活，产生了婚外情，而婚外情又被吴教授发现，于是先发制人，向伪警察局长告密。剧情以佩玉的感情为主线，把吴伯藻的抗日斗争放在幕后，因此显得复杂多端，主线不突出。但明眼人是不会将其当作一部爱情剧，而是将其作为抗日剧看待的。

　　饱受战争之苦的闻一多，被剧本的抗日精神打动，所以他主动承担了剧本的舞台设计。闻一多的舞台设计把握了两点，第一，人物身份，教授之家应该高贵大方；第二，悲壮色彩，将英勇豪壮的行为和悲惨的结局区分开来。经过认真思索，花了一个多月的时间，终于完成了舞台的布景和设置的制作。

联大剧团投入两个多月的时间排练，闻一多常去排练场地参加指导，对于剧情的安排，细节的处理，演员的动作表情等，闻一多不时和陈铨、孙毓棠交换意见，指导演员把握分寸，取得了良好的表演效果。

1939年2月18日，《祖国》在新滇大舞台首演。闻一多早早来到剧场，带领同学们安置布景和道具。演出开始后，闻一多静静地在一旁欣赏剧团同仁近两个多月来的劳作成果。他看到演员的出色表演，灯光和布景产生的效果，听到观众不时发出的慨叹声和掌声，尤其在演出结束前，吴伯藻等抗日英雄就义时，高呼"打倒日本帝国主义"、"中华民族万岁"的口号，全场观众起立，和演员一起高呼，声震屋宇，爱国热情高涨，这时，闻一多也跟着激动起来。

首场演出获得成功，大家异常兴奋。昆明的报纸陆续发表观众的感受和评论，对演出的思想内容、艺术表现、演员表演等均有好评。闻一多设计并制作的舞台布景，获得观众的一致赞誉。记者南江说："舞台上最使人悦目的是那几幅好布景，这应该谢谢闻一多先生精心设计所陈列的家具和各种装饰，精致大方，配色亦极和谐。依记者说，这在昆明半年来的话剧表演中，是比较最使人感觉满意的。"[1]观众夏江说："舞台面的设计，简单而美丽，际此物质艰难的抗战期间，我们在后方能看到如此活泼的舞台装置，也着实颇不容易了。"[2]观众丁心赞美道："闻诗人设计

———————

[1]南江：《〈祖国〉美满演出》，《益世报》，1939年2月18日。
[2]夏江：《伟大的祖国》，《朝报》，1939年2月19日。

的布景,电灯,使每个观众满意,特别是在色彩上,例如第一幕和第四幕,是同一地点,但是为了二幕是不同的场合,一是忠勇的场合用了黄色的灯光,一是悲惨的结果,用蓝色。同时两种不同的色彩,也分别了日夜。"①

《祖国》演至25日结束,连演八场。这在当时的昆明已经是创纪录了。大家十分高兴,聚餐庆贺。

的确,演出的成功和闻一多的舞台设计有很大关系,它给人新鲜、完美的感觉,很好地配合了剧情,强化了效果,加深了观众的印象。联大剧团对闻一多的指导和舞台设计报以深深的感谢,演出前即发表文章说:"他自动的答应担任舞台设计,虽然闻先生是那么忙,虽然他已经有五十多岁了,但晚上我们排戏的时候他总是亲自莅临指示一切的,这次的舞台面是那么完美,合理,全是闻先生的力量,因为闻先生不仅是个诗人,还是一个画家。"②

**(三)《原野》的舞台设计**

1939年7月,曹禺应邀到昆明执导由他本人创作的《原野》和《黑字二十八》两个话剧。

闻一多再次自告奋勇担任两剧的舞台设计。虽然他在美国读书时已积累了一定的舞台设计经验,还是很用心地构思,很认真地设计,而后做成模型,征求别人的意见,最后才确定并投入制作。

1939年8月16日,《原野》开演,立刻引起轰动,大家争相观看,一票难求,成为昆明社会的时尚、昆明人的谈资、云南和中国

---

① 丁心:《致联大剧团一封公开的信》,《云南日报》,1939年2月20日。
② 联大话剧团:《敬谢赞助本团的人们》,《益世报》,1939年2月18日。闻一多当时四十岁,南迁时他留下胡子,显老,看上去有五十多岁了。

剧坛的大事。能够获得这样的成功，舞台设计是一大亮点。闻一多的舞台设计独特而成功，与他对剧本的独特理解有关。

曹禺剧作的主题思想往往是多解的，不同思想眼光的读者会得出不同的认识。《原野》也一样。闻一多从抗战斗争的需要出发，认为《原野》是描写人的力量的作品，而这种力量正是我们现在所需要的，"演出《原野》就是要斗争要反抗"[1]。他在为《原野》的演出所拟的"说明书"中说："（《原野》）蕴蓄着莽苍浑厚的诗情，原始人爱欲仇恨与生命中有一种单纯真挚的如泰山如洪流所撼不动的力量，这种力量对于当今萎靡的中国人恐怕是最需要的吧！"[2]在闻一多看来，《原野》表现的是"爱欲仇恨"与"生命……力量"。这种爱欲仇恨不是文明社会才有的，而是"原始人"的，它是从原始人那里遗传下来的，如今还幸运地保存在荒原上的人们身上。荒原人的生命力量是"单纯真挚"的，是坚韧强大凶猛的。这种力量正是抗战以来闻一多寻找的"生命力"。所以他说"这种力量对于当今萎靡的中国人恐怕是最需要的"。闻一多对《原野》的这种理解的确是独特而惊人的。

出于这种认识，闻一多的舞台设计突出其原始性。荒原上几户人家，人家旁边，一座黑森林，剧中人物的爱恨情仇就在这里演绎。为突出其效果，闻一多采用虚实结合的方法，并运用抽象画的技法，再设置特殊的灯光，看上去十分原始蛮荒、阴森恐怖。

他对《原野》的舞台设计非常认真，构思好后，他首先在家里找出几个装美孚石油桶的木箱，放倒当作"**舞台**"，再用硬纸壳制

---

[1]闻一多语，转引自田本相：《曹禺传》，北京：北京十月文艺出版社，1988年8月，第253页。

[2]转引自李乔：《看了〈原野〉以后》，《云南日报》，1939年8月23日。

作成布景和人物模型，然后在"舞台"上摆来摆去，反复琢磨，还不时征求夫人和孩子的意见，最后选定了一个方案。

对于舞台设置，他绘出平面图后，与曹禺、凤子、孙毓棠等一起研究，然后制成模型，再广泛听取意见而后投入制作；舞台布景则绘成小样，与大家共同商量后才正式绘制。

例如，闻一多提出焦大妈堂屋里的桌子必须给人以massiness（即"沉甸甸"的意思）的感觉，以暗示封建压力的沉重，曹禺完全同意。在仇虎逃跑一幕中，他用许多黑色长条木板于舞台后半部大小错落地排列起来，演出时让人提一盏小红灯笼在其间穿来穿去。台下看去，大森林幽暗深远，焦母的喊声发于其间，神秘恐怖至极。曹禺对此称赞不已。

舞台布景是他亲自绘的图。有人曾见过他绘制布景的情形："在三转弯的岑公祠内，他撩起长袍，蹲在地上熬胶水，把大张布铺起来绘布景，每绘一张布景，就要花一两天功夫。"[1]这堂布景多采用虚实结合甚至某些抽象技法，把荒原孤村的景象和大森林阴森恐怖的气氛表现了出来，显示出荒野的原始、野蛮，有力地配合了悲剧剧情。曹禺对闻一多的设计非常肯定地说："闻先生的美术设计增强了《原野》的悲剧气氛，是对《原野》主题的最好诠释。"[2]

在颜色上，陈梦家说他最喜欢黑与红，"诗集《死水》初版的封面是黑色的，那是他自己设计的。抗战前他在清华园的住宅，书

---

[1]王松声、李凌：《闻一多和戏剧》，赵慧编：《回忆纪念闻一多》，武汉：武汉出版社，1999年9月，第315页。

[2]曹禺语，转引自王松声、李凌：《闻一多和戏剧》，赵慧编：《回忆纪念闻一多》，武汉：武汉出版社，1999年9月，第315页。

房和客室的书架沙发都是黑色的"①。这种爱好也在《原野》的设计中表现了出来。他认为金子应该着大袖口镶黑边的红色姊妹装,仇虎则应是黑缎红里的短袍。在第三幕,他把"森林"绘制成黑黢黢的,夜晚,穿着黑色衣服的仇虎和穿红色衣服的金子逃到其中,黑的隐其身,红的若隐若现,幽微神秘,而瞎子焦母提一个红灯笼由白傻子牵着行走其间,深幽莫测,再配上灯光、声音、音响等效果,观众深感恐怖。这虽是人物性格和剧情的需要,但也反映了闻一多的颜色喜好,准确地说,是闻一多用他喜欢的颜色恰当地配合了剧情,获得真切迷人的艺术效果。

《黑字二十八》的布景设计也是闻一多负责的,有的是他亲手绘制,有的是他指导国立艺术专科学校的学生制作的。演出时同样获得了观众的好评。

从8月16日开始,《原野》和《黑字二十八》在昆明新滇大戏院交替演出,轰动全城,虽然昆明的雨季大雨滂沱,但演出场场满座,至9月17日结束,共演出三十二场。这在云南戏剧演出史上是破天荒的,在中国话剧史上也算得上一件大事。

演出中倍受好评的是舞台设计。这样完美的设计在昆明以前的演出中未曾有过,甚至在中国话剧史上也不多见。所以,它征服了所有观众,赢得了从四面八方迁到昆明来的观众的赞誉,其中不乏文化名人和教授。朱自清当即写文章记录了观看《原野》和《黑字二十八》的感受:"观众看了这两个戏,可以说是满意的……从演员的选择与分配,对话的节奏,表情的效果,舞台的设计等等,可以看出导演以及各位演员各位职员都已尽了他们最

①陈梦家:《艺术家的闻一多》,赵慧编:《回忆纪念闻一多》,武汉:武汉出版社,1999年9月,第81页。

善的努力。"①

　　在两出戏中，对于《原野》的褒扬更多一些。《益世报》上的文章说："《原野》的布景灯光在该剧中变化可谓复杂……亦能使一切背景活活出现。"②《朝报》也报道说，"看完《原野》全剧，觉得置景是那么伟大，演技是那么精熟，灯光与效果都是那么适应"，因而赞叹"毕竟是成功之作"！③ 江夏的文章还较为细致地记录了《原野》的舞台设计："第一幕，布景是那么美丽，一条铁路线的旁边，囚徒仇虎和白傻子的对话中，剧情是慢慢地展开了……第二幕在焦宅客室中，有焦阎王遗像，焦母佛台，十分布置得富丽堂皇……最后一幕，而且接连四场的换景，都是森林丛丛的原野，在黑夜的大森林里，我们除了看到舞台之美丽画面外，还实际感觉了一个人生的严重问题，那就是爱欲与仇恨的冲突。"④ 就连批评《原野》描写私怨复仇而未能把思想引向民族战争的文章也承认："一般人对着那一幕幕的布景，都会说'美丽得很！'"⑤ 有的人甚至是为了看舞台设计而走进剧院看《原野》的。

　　闻一多学美术出身，又有良好的戏剧基础和诗人的灵性，能够按照戏剧的规定情景，创造性地想象发挥，而后调动美术的技法，把舞台设计得恰如其分又尽善尽美，演出时配合剧情，给人美不胜收的感觉，强化了戏剧氛围，增强了艺术效果。所以，闻一多

①朱自清：《〈原野〉与〈黑字二十八〉的演出》，《今日评论》第2卷第12期，1939年9月10日。

②《国防剧社公演〈原野〉》，《益世报》，1939年8月17日。

③江夏：《曹禺导演的〈原野〉昨晚开始公演》，《朝报》，1939年8月17日。

④江夏：《曹禺导演的〈原野〉昨晚开始公演》，《朝报》，1939年8月17日。

⑤李乔：《看了〈原野〉以后》，《云南日报》，1939年8月23日。

的美术设计是包含了美术家、戏剧家和诗人的心灵独创，具有戏剧审美价值的艺术表现。

### 四、闻一多治印

作战需要物质支持。中国人民为了抗战，献出了粮食、衣服、血液、健康以及生存条件，难道还要献出维持生命的生活资料么？像闻一多这样的资深教授，本来生活是优裕的，他应该坐在书桌旁，读书、写作、思考和研究，把他对世界的认识写出来，把他的文化创新贡献给人类。可是，1942年的昆明，一涨再涨的物价，使得人口多的闻一多家揭不开锅了，预支工资，朋友借贷，何时是头？一位极富同情心的实业家诚恳地提出帮他养一个孩子。闻一多非常感激，但谢绝了。1943年，物价仍飞涨不已。闻一多家面临断炊危险。为了解决生活问题，他想起了刻图章的手艺。朋友们也积极鼓励。他便买来刻刀和石头，一刻即成。

这当然不是偶然。闻一多深厚的美术基础和古文功底我们先不说，即是印章，他以前也曾刻过。1927年，他曾刻印，那是无师自通，从来没有学过，全凭美术的基础，刻了一些印章。他在给饶孟侃的信中说："绘画本是我的元配夫人，海外归来，逡巡两载，发妻背世，诗升正室。最近又置了一个妙龄的姬人——篆刻是也。似玉精神，如花面貌，亮能宠擅专房，遂使诗夫人顿兴弃扇之悲。"[1]可知他当时有绘画、诗歌、篆刻三宠。进入三十年代，专攻考据，迷恋其间，三宠皆废。如今篆刻回来，当是故人。1938年，他曾在地摊上购得数枚旧石，给子女一人刻了一枚印章。不

---

[1] 闻一多：《致饶孟侃》（1927年8月25日），《闻一多书信选集》，北京：人民文学出版社，1986年10月，第211页。

过，这都不是营生。现在要挂牌治印，借以谋生，就得慎重。他当时住在北郊司家营清华文科研究所中国文学部，就先给部里的同事刻了几枚，还算满意。但云南时兴象牙章，他买来象牙试刻，却很难刻成。象牙质地坚硬，刻起来非常费劲，几经周折总算刻成。吴晗曾对闻一多初刻图章的情形有过记录："他研究古文字学，从龟甲文到金石文，都下过工夫。有一天朋友谈起为什么不学这一行手艺。他立刻买一把刻字刀下乡，先拿石头试刻，居然行，再刻象牙，云南是流行象牙章的，刻第一个牙章的时候，费了一整天，右手食指被磨烂，几次灰心、绝望，还是咬着牙干下去，居然刻成了。"[1]有了经验后，他开始公开接石刻印。

　　1944年1月18日，重庆《新华日报》刊登吴青的短讯《昆明二三事》说："昆明物价，为全国第一。教授们生活困难，大都另谋开源之道。闻一多教授订润例作金石。"[2]开初，闻一多在北门书屋对面找了一间房子，挂上"三友金石书画社"的横匾，开始营业。价格为石章每字二百元，牙章每字四百元。但刚开始，接件不多，时间长了，难于支撑铺子的租金，于是改为接件回家去刻。1944年春，浦江清教授特为闻一多撰写了《闻一多教授金石润例》：

　　　　秦鈢汉印，攻金切玉之流长；殷契周铭，古文奇字之源远。
　　　是非博雅君子，难率尔以操觚；倘有稽古宏才，偶点画而成趣。
　　　浠水闻一多教授，文坛先进，经学名家，辨文字于毫芒，几

---

①吴晗：《哭闻一多》，《闻一多纪念文集》，北京：生活·读书·新知三联书店，1980年8月，第62页。
②吴青：《昆明二三事》，《新华日报》，1944年1月18日。

人知己；谈风雅之原始，海内推崇。斲轮老手，积习未除，占毕余闲，游心佳冻。惟是温磨古泽，仅激赏于知交；何当琬琰名章，共榷扬于艺苑。黄济叔之长髯飘洒，今见其人；程瑶田之铁笔恬愉，世尊其学。爰缀短言为引，公定薄润于后。

梅贻琦　冯友兰　朱自清　潘光旦
蒋梦麟　杨振声　罗常培　陈雪屏　同启[1]
熊庆来　姜寅清　唐　兰　沈从文

这是当时的启事或广告文书。文书用骈文写成，文采飞扬，词句简练，用典准确。闻一多很欣赏这段骈文，"对于'文坛先进，经学名家，辨文字于毫芒，几人知己；谈风雅之原始，海内推崇'那几句很高兴"[2]。推荐者均为文坛巨擘，每一位都是极有影响力的。这样的广告既风雅又具有号召性，对于招徕顾客是有作用的。广告发出后，接件量逐渐增多。

浦江清说："黄济叔是明代刻印名家，其为人长髯飘洒，喻闻先生之风度。程瑶田清代经学名家，兼长篆刻，以之拟闻先生最为恰合。至于闻氏之刻印，因为他对古文字学的研究，加以早年在美国专学艺术，所以线条的配合，别出匠心。学问、艺术双方造诣均高，迥不同于俗笔。而当时昆明一般人士也看重文学名家及教授地位，所以请教他的特别多。在钟鼎文（方）面也只有他一人

---

①浦江清：《闻一多教授金石润例》，北京大学校友联络处编：《笳吹弦诵情弥切——国立西南联合大学五十周年纪念文集》，北京：中国文史出版社，1988年10月，第95页。在有的版本中，"鉢"为"玺"字。
②季镇淮：《闻一多先生年谱》，《闻一多全集》第12卷，武汉：湖北人民出版社，1993年12月，第509页。

闻一多治印

擅长，多数指定他刻钟鼎文。"①

　　为方便刻章者送、取件，闻一多委托几家编辑部和文具店代理收、发业务。青云街、正义路、华山西路就有几家笔店门上挂着"闻一多治印收件处"的牌子。1944年秋，《民主周刊》、《自由论坛》多次登出了一则《闻一多治印》的广告：每字石章四百元，牙章六百元，边款每五字作一字计算；润资先惠，七日取件；收件处：青云街自由论坛社。

　　刻图章是生活所迫，不得已而为之，不是兴趣所在，更不是专攻的事业，闻一多又陷入了新的苦恼："图章来得很少的时候，他着急，为了要挨饿。图章来得很多的时候，更着急，为的是耽误他的工作。"②尤其是有的人包括亲人不理解他。随着物价的上涨，收费标准不断调高。到1945年3月，石章每字涨到一千元，

①季镇淮：《闻一多先生年谱》，《闻一多全集》第12卷，武汉：湖北人民出版社，1993年12月，第509页。

②吴晗：《哭闻一多》，《闻一多纪念文集》，北京：生活·读书·新知三联书店，1980年8月，第62页。

华罗庚印　　　　　　　　闻一多印　　　　　　时代评论社章

牙章每字两千元。有一天，闻立鹤怒气冲冲地质问："收这么高的费，是不是发国难财？"闻一多半晌才沉重地说："立鹤，你这话，我将一辈子记着！"①中学生接受了进步思想，但不能全面看问题，所以这样说。闻一多听到这样的话，心情很沉重。

　　闻一多治印，虽然是为了谋生，但却以艺术之心去对待。石头小，能刻的字有限，可顾客的姓名从二字到四字不等，笔画有多有少，怎样安排字和笔画是大有讲究的。闻一多的匠心及治印过程，吴晗有过转述："他告诉我，最重要的是构思，人的姓名，每一个字的笔画，有繁简，如何安排繁简不同的字，在一个小方块里，得要好好想。其次是写，用铅笔画底子，刻一个惬意的图章，往往要画多少次才挑一个用墨上石。再后便是动刀了。这段最费力，老象牙尤其费事。刻好粗坯子以后剩下便是润饰的工夫。最后，用印泥试样，不惬意再加雕琢。一切都合适了，在印谱上留下几个底子，剪下一个和原章用纸包好，标上名姓和收件处，这件工作才算结束。"②在艺术上，"闻一多的篆刻，师法秦汉又变化出新，别

---

①闻黎明、侯菊坤编：《闻一多年谱长编》，武汉：湖北人民出版社，1994年7月，第696页。

②吴晗：《闻一多的"手工业"》，转引自闻黎明、侯菊坤编：《闻一多年谱长编》，武汉：湖北人民出版社，1994年7月，第694页。

具匠心。活泼而有韵味，古朴而不呆滞；分朱布白，疏密有致；刀法刚劲，有笔有法；藏锋露锋，顿挫放纵，皆能运用自如"①。闻一多刻下的每一方印都是一件艺术品。

但是，顾客不都有艺术眼光。有一次，他花很多工夫用点刀法刻了一方印章，笔画用点构成，很特别。可是顾客看不懂又不听解释，非要求重刻不可。闻一多只好磨平重刻。又有一次，几个人来《民主周刊》社取印章，他们认为这印章不是闻一多刻的。正在与工作人员辩解之中，闻一多进来，问清情况，然后做了解释，顾客才走了。

尽管闻一多靠刻图章补贴生活，但不是付钱他就给刻的。曾任云南省代主席，制造"一二·一"惨案的李宗黄，派人送来一枚大象牙，要闻一多刻章，扬言润金从优。闻一多坚决不接，来人只好拿走。

可他为友人刻章是不收钱的。今存闻一多印谱中的好多图章都是为同事、朋友、学生刻的，都没收钱。举凡朱自清、浦江清、游国恩、余冠英、许维遹、吴晗、叶公超、吴有训、雷海宗、薛诚之、尚钺、徐嘉瑞、王瑶、何善周、范宁、王松声等都得到过闻一多的刻赠。有的还不止得到过闻一多的一方刻章。冯友兰就有四方之多。学生于立生举行婚礼，闻一多刻"经纬对称阴阳印"相送。石章一端刻新郎于立生名（阳文），一端刻新娘许云珍名（阴文）。闻一多担任民盟云南省支部宣传部长时，支部决定采取秘密联系方式，闻一多刻了四方图章作为凭据，以"田省三"代表云南省支部、"刘宓"代表秘书处、"祖范之"代表组织部、"杨亦萱"代表宣传

---

① 闻立鹏：《父亲和美术》，闻立雕主编：《亲属回忆闻一多》，内部印刷，
　2009年7月，第95页。

部。赵沨说:"我记得是在夜间谈定的,但第二天清早闻一多先生便把四颗图章刻好送来了。这时,我注意到闻一多先生的双眼都熬红了。"[1]为响应中华全国文艺界抗敌协会发起的援助贫病作家的号召,闻一多义刻十方图章,每方二千元,收入全部捐助贫病作家。

田省三印　　　　　刘密　　　　　杨亦萱印

在艺术家那里,无论做什么都会赋予艺术趣味。闻一多不仅把图章刻出了艺术性,刻章在他手上还是抒情言志的方式。新诗社成立半年纪念,导师闻一多刻图章赠送,边款为:"本社才成立半周年,参加的分子,已由联大发展到昆明全市。古人论诗的功能说:可以兴,可以观,可以群,可以怨。我们正做到了这里最重要的一个群字,这是值得庆幸的。"[2]闻一多为孙毓棠刻名章,边款题曰:"忝与毓棠为忘年交者十有余年。抗战以还,居恒相约非抗战结束不出国门一步。倾者强虏屈膝,胜利来临矣。而毓棠亦适以牛津之邀,而果得挟胜利以远游异域,信乎必国家有光荣而后个人乃有光荣也。承命作印,因附数言以志欣慰之情,非徒以为惜

①赵沨:《回忆闻一多先生殉难前夕二三事》,赵慧编:《回忆纪念闻一多》,武汉:武汉出版社,1999年9月,第87页。

②史集:《闻一多和新诗社》,赵慧编:《回忆纪念闻一多》,武汉:武汉出版社,1999年9月,第257页。

别之纪念而已也。"①为华罗庚所刻名章的边款曰:"甲申岁晏为
罗庚兄治印兼为之铭曰:顽石一方,一多所凿。奉贻教授,领薪立
约。不算寒伧,也不阔绰。陋于牙章,雅于木戳。若在战前,不值
两角。"②

　　从1943年到1946年,不到三年的时间里,闻一多刻了数百方
印章,现在收集到的印蜕就有五百六十多方,可见闻一多的勤奋
和辛苦。他在1946年2月22日的信中说:"两年前时在断炊之威胁
中度日,乃开始在中学兼课,犹复不敷,经朋友怂恿,乃挂牌刻图
章以资弥补。最近三分之二收入,端赖此道。"③

　　刻图章既帮助解决了闻一多一家人的生活困难,又显示出闻
一多的人格、情操和学养,展现了闻一多的思想志趣和艺术功力,
学者艺术家抑或艺术家学者交汇体现在一方小小的石刻之中。

## 第三节　阳光美术社及其活动

　　阳光美术社是一群美术爱好者的组织,它原是新诗社的一部
分,社员既写诗又画画。为了突出美术的意义和价值,更有效地提
高社员的美术水平,展示大家的创作成绩,爱好美术的社员从新
诗社独立出来,开展活动,出版《阳光》画刊,但他们仍然是新诗
社的成员,同样参加新诗社的活动。阳光美术社以漫画为主攻方

---

①闻立树、闻立欣编著:《拍案颂:闻一多纪念与研究图文录》,北京:北京
　图书馆出版社,2007年10月,第416页。
②闻立树、闻立欣编著:《拍案颂:闻一多纪念与研究图文录》,北京:北京
　图书馆出版社,2007年10月,第416页。
③闻一多:《致闻家駬》(1946年2月22日),《闻一多书信选集》,北京:人
　民文学出版社,1986年10月,第325页。

向，形成了《阳光》的漫画特色。《阳光》每期刊出，都能吸引大量观者，在师生中产生反响，有的漫画被同学铭刻心间，数十年后仍念念不忘。漫画在反内战、争民主的"一二·一"运动中发挥了强大的战斗力，对夺取斗争的胜利做出了积极的贡献，为大家称颂。

漫画是西南联大的传统。作为西南联大后期的美术社团，阳光美术社显然继承了早期社团热风壁报社的社风，在利用漫画作为思想和批判的武器方面，发挥了更为积极主动的作用。但阳光美术社又不仅仅只画漫画，其他作品也有较好的。

阳光美术社在西南联大存在两年，历史不长，但其业绩和功绩都是值得我们今天研究和认识西南联大者注意的。

一、阳光美术社的建立

1943年秋，闻一多在唐诗课上大讲田间的诗，拓宽了同学的眼界，激发了大家的思考；耕耘社和文艺社两个文学社团的出现并展开的文艺思想论争引起了同学们的关注。师生一同开启了西南联大后期民主自由的风气，校园的空气渐渐变得活跃起来。至1944年"五四"纪念日来临，民主自由运动形成高潮，校园风气焕然一新。

历史系的何达和土木系的叶华，是文艺社初期的社员，文艺社的工作分出版和研究两个方面，他俩是"研究干事"，但他俩都特别喜爱诗歌和绘画。何达旁听了闻一多的"田间课"，思想受到极大震动，下来后仍抑制不住激动，把闻一多的讲课内容整理为《擂鼓的诗人和听鼓的诗人》一文，发表在《文艺》壁报上，文章末尾预言："恐怕不久，我们这位听鼓的诗人，也会变成擂鼓的诗人吧！"①这就是说，他开始接受闻一多提倡的诗歌美学观了。他兴奋不已，每天提前去图书馆前排队，门一开他就挤进去阅读最新的诗歌以加强自己对诗歌美学的认识，同时在寻找自己的知音同调。这一天终于出现了，他在图书馆里结识了政治学系的沈叔平。他俩都想组织更多的同学来写诗，便分头串联了十二个同学，于1944年4月9日，结伴去城郊二十里外的龙头街拜访闻一多先生，向他请教如何作诗。在闻一多的指导和鼓励下，他们成立了"新诗社"并开展活动。叶华的诗歌美学观与何达他们不一致，他写现代派的诗歌，注重思维的跳跃、意象的开发和诗句的凝练，保持着与现实的距离和非大众化的倾向，因此，他没有与何达等十二人一起前往拜访闻一多，但他也加入了新诗社，是新诗社的诗歌创作主力。西南联大就是这样，各组织之间没有壁垒，也不必非此即彼，大家尽管思想不同甚或发生论争，但都能相互融洽，合作共事，所以，何达与叶华既是文艺社的骨干，又是新诗社的骨干。叶华的美术功底似乎略厚于何达。叶华还是1942年"倒孔运动"的发动者之一，而发动的方法即是绘画。叶华在床单上画了一幅孔祥熙的漫画，成为召集人员的旗帜，汇聚了上千人举着漫画上街游行，形成了声势浩大的"倒孔运动"。孔祥熙的头像漫画遂成为叶华的名作。而何达却没有名画流传下来。

新诗社成立后，出版壁报，起名《诗与画》。自古就有"诗画同源"、"诗画一家"之说。新诗社按照诗画传统进行操作，固然还是因为新诗社的社员大多既喜欢诗又喜欢画的缘故。至于他们是否将诗与画结合起来，追求"诗中有画，画中有诗"，又是另一

---

① 何达：《闻一多·新诗社·西南联大》，赵慧编：《回忆纪念闻一多》，武汉：武汉出版社，1999年9月，第268页。

层，不过他们的壁报《诗与画》是诗画并茂的。壁报既注意了内容"诗"的充实，又注意形式"画"的美观，尽量做到每期壁报都"诗"与"画"结合，让人既爱读又爱看。第一期《诗与画》的编辑是何达、沈叔平、赵宝煦等，刊头是先修班的学生沈季平画的，内容有秦泥的诗《没有鲜花的农村》、赵宝煦的诗《夜色》、何达的一张速写等，整个版面用色线做了装饰。由于是第一期，做得很认真，一直忙到深夜。第二天一早把贴好壁报的木板挂出去，与朴素的《耕耘》和略做装饰的《文艺》不同，立刻吸引了一些同学观看。这是阳光美术社最初的活动，是与新诗社共同的。

《诗与画》大约出了一二期后，一些喜欢绘画的同学提出最好另办一个画刊。主要因为版面有限，社员的作品得不到及时的刊载，还因主题关系有时绘画内容得不到充分展示，所以有了这样的想法。一天，赵宝煦、陈月开、叶华、朱振芳、季寿鸿、吴达志、沈季平、狄源沧等人一起商量，另外组织一个画社。叶华提出，社名要明快、易懂，不要咬文嚼字，他朗诵了一首近作《阳光》：

"阳光，
倾泻下来了！
倾泻下来了！

像轰隆的大雨，
而每一滴雨，
是一颗闪电！

冲泄下来吧！
冲泄下来吧！

———向大地。

……①

诗歌欢迎阳光，因为阳光公正无私地照在大地上，给人类和万物以光明和温暖。诗人尽情地欢呼阳光、歌颂阳光，是有所寄托的。这首诗赢得了大家的赞同，大家一致同意把画社起名为"阳光"。阳光美术社就这样诞生了。

《联大八年》介绍阳光美术社说："'阳光'这两个字很有道理，它的意思是让艺术家们走出'象牙之塔里'，到阳光底下来，到阳光普照的大地里来，也像太阳一样的发光、发热。"②

新诗社的导师是闻一多。而阳光美术社的成员也都是新诗社的成员，也就顺理成章地请闻一多担任阳光美术社的导师。

赵宝煦说："'阳光美术社'的建立，当时我最积极。向各方联系、到训导处登记都是我去做，后来一切活动也就由我负责安排并承担责任。"③这就是社长的职责，赵宝煦没有明说，实际上他就是社长。

在筹建的过程中，机械系的吕彦斌报名参加，他还介绍了画家林聆及他的夫人万钧加入。林聆是赣南人，家乡是革命根据地，红军撤走后，他的父母都被还乡地主杀害，他自小是个孤儿，改名换姓在外流浪。林聆的绘画水平高出西南联大学生一截，阳

---

①叶华：《阳光》，《文艺新报》第2期，1945年11月16日。

②阳光：《阳光美术社》，西南联大除夕副刊主编：《联大八年》，昆明：西南联大学生出版社，1946年7月，第154页。

③赵宝煦：《阳光美术社回忆》，西南联大北京校友会编：《我心中的西南联大：西南联大建校70周年纪念文集》，北京：清华大学出版社，2008年9月，第369页。

光美术社请他做技术指导。昆明译员训练班教官杨祖述也被请为技术指导。他身为国军军官，不能给美术社画漫画，但参加美术社的一些活动，赞成学生的爱国行为，在技巧上指导社员，也设计过一两幅漫画稿，不落名，悄悄送给美术社。

美术社似乎没有拟定纲领和目标之类，他们把闻一多给新诗社谈话的精神作为自己的纲领，因为他们虽然从新诗社独立了出来，但实际上他们与新诗社是一个团体两块牌子。闻一多对新诗社谈话的精神被他们归纳为四条纲领：

> 一是我们把诗当作生命，不是玩物；当作工作，不是享受；当作献礼，不是商品。
>
> 二是我们反对一切颓废的、晦涩的、自私的诗，追求健康的、爽朗的、集体的诗。
>
> 三是我们认为生活的道路，就是创作的道路；民主的前途，就是诗歌的前途。
>
> 四是我们之间是坦白的、直率的、团结的、友爱的。①

因此，阳光美术社社员努力地工作，创作健康、爽朗、集体的画，以反映现实生活为己任，以追求民主为目的，社员之间坦白、直率、团结、友爱。这些从美术社的工作和绘画中反映了出来。

阳光美术社没有召开成立大会，也没有设立组织机构。这也和新诗社的做法完全一样。阳光社的工作采用新诗社的方法，由几个积极分子共同负责，有事大家干。其中，赵宝煦的积极主动性

---

①史集：《闻一多先生和新诗社》，赵慧编：《回忆纪念闻一多》，武汉：武汉出版社，1999年9月，第246页。

更高一些，工作安排主要由他进行。阳光社的主要工作就是创作图画，出版《阳光》画刊壁报。具体情况在下一部分介绍。

　　阳光美术社在活动过程中，吸引了另外一些同学加入，还有外校和外单位的绘画爱好者加入，所以，《联大八年》说："阳光是联大一个画画的团体，其实里边的分子不尽是联大的，有云大的，有别的学校的，有社会上的，总之他们是热心民主而又爱好艺术的。"①阳光美术社的社员人数，发展到五十多人。由于美术社对社员的能力有特殊的要求，社员不可能像新诗社那样多，但五十多人已不少。社里没有对社员进行登记，除上面列出的那些人外，其他人的姓名不得而知。赵宝煦说："当时在阳光社的五十多人中，实际日以继夜坚持用画笔战斗的，只有二十几个人。"②"日以继夜坚持用画笔战斗"说的是"一二·一"运动期间的情况，不过，平时热心于绘画和社里工作的人大约也就是二十几人。

　　二、阳光美术社的活动

　　最早介绍阳光美术社的《阳光美术社》一文说："'阳光'的活动分工作和学习两个方面，注意，他们是把工作放在首位的。"③赵宝煦则把阳光美术社的活动分为"学习与战斗"④，其实，他

①阳光：《阳光美术社》，西南联大除夕副刊主编：《联大八年》，昆明：西南联大学生出版社，1946年7月，第154页。
②赵宝煦：《阳光美术社回忆》，西南联大北京校友会编：《我心中的西南联大：西南联大建校70周年纪念文集》，北京：清华大学出版社，2008年9月，第372页。
③阳光：《阳光美术社》，西南联大除夕副刊主编：《联大八年》，昆明：西南联大学生出版社，1946年7月，第154页。
④赵宝煦：《阳光美术社回忆》，西南联大北京校友会编：《我心中的西南联大：西南联大建校70周年纪念文集》，北京：清华大学出版社，2008年9月，第370页。

所说的"战斗"即是"工作"，阳光美术社以画漫画为主要工作，而漫画是他们用来战斗的武器，因此战斗即是工作。

先谈学习——

学习方面，阳光美术社社员首先学习的是做人。导师闻一多告诉他们："不一定要把诗写好，好不好没关系。甚至于写不写诗都没关系，要紧的是做一个'人'，真正的人，不做奴隶。……今天的诗人不应该对现实冷眼旁观，应该站在人民的前面，喊出人民所要喊的，领导人民向前走。……要写诗，也不一定用文字写，最好是用血肉来写，用整个生命来写。"①闻一多是在讲写诗，同时也是在讲作画，作画和写诗道理相同，其根本点都是一个做人的问题。何况阳光美术社最初的社员全都是新诗社的成员呢。赵宝煦和闻山说："（闻一多）对待画的态度和对待诗一样，他认为绘画也不应是为画而画；他叫我们不要用自己的画笔去涂抹'闲情逸致'，去装点'风雅'。他年青时曾经说过：'我现在着实怀疑我为什么要学西洋画，西洋画实在没有中国画高。'（见王康《闻一多传》）但这时他却一再告诉我们，那些为封建士大夫消遣的中国画题材，什么'松荫高士'、'芭蕉仕女'等等，在今天国家危急存亡之秋，统统都要不得，再画这些东西，就是'帮凶'！"②这里说的是美术的审美观，而审美观反映了人的思想立场。你是一个人民的画家，就会站在人民的立场上去描绘人民的生活；你是一个抗日的画家，便会深入生活描绘抗日题材；你具有封建士大夫的闲情逸致，一定会以"松荫高士"、"芭蕉仕女"为美；你没有爱

①何达：《闻一多·新诗社·西南联大》，赵慧编：《回忆纪念闻一多》，武汉：武汉出版社，1999年9月，第271—272页。

②赵宝煦、闻山：《导师闻一多和新诗社、阳光美术社》，《闻一多纪念文集》，北京：生活·读书·新知三联书店，1980年8月，第335页。

国心，一定会在国家沦亡之时涂抹太平。闻一多要大家做人民的画家，抗日的画家，而不要做后两种人。阳光美术社社员听了导师的话，坚定不移地站在人民群众的立场上，与人民群众打成一片，用自己的作品去表现人民群众的愿望。因此分得清是非，认得清敌我，在画画的历程中以手中的画笔歌颂光明，鞭笞丑恶，达到了导师的要求。

　　其次学习的是绘画技巧。西南联大没有美术课，也没有美术老师，学生学习美术无门，大家全凭中学时候的绘画能力表现生活与思想，这显然不够。为此，阳光美术社请了美术家做技术指导老师。在技术指导林聆和杨祖述的建议下，他们尽可能地按照正规的训练方法来提高社员的绘画技巧。机械系的吕彦斌受过正规的西洋画训练，不仅技巧出众，还懂得一些学习与训练的方法，在阳光社的技巧训练方面，他出了不少点子。他们了解到学校注册科的办公室有一个巨大的石膏人物头像，有人便去借来，供大家练习画人头，社员课余有空就画，从不同的角度反复描绘，通过吕彦斌的一些指导，轮廓、线条、光影的表现力得到了提高。有时大家相约去野外画风景写生，提高对于物象的捕捉能力，色彩的应用能力，线条与运笔能力等。林聆去过几次，吕彦斌几乎每次都去，他们自己画，也指导别人画，而他们自己的画就是对别人的示范。再有一种是画模特儿。学生请不起专门的模特儿，那时候专业模特儿也难找，他们上街去请挑夫。昆明街头常有一些靠卖力气赚钱的人，手拿扁担与绳索，等候雇主喊去搬运东西。一般都是青壮年，他们都身强体壮，肌肉发达，适合做模特儿。阳光社找他们，以三小时为限，按照他们挑东西三小时所得的钱数付给报酬，条件是坐三小时不能动。挑夫愿意，但只让画半身。这种训练也是极有好处的，社员都尽量参加。

观摩是他们最主要的学习方法。由于没有专门的老师上课，大家只能采取相互交流，共同进步的方法来学习。同学们三三两两经常互相交流切磋，有时在一起讨论技法。集中画画时是最好的观摩机会，这种时候林聆和吕彦斌发挥的作用更大，他们常常对某画指点评说，让大家认识一些问题，达到共同进步的目的。当时虽然是在战争期间，昆明也时常有人举行画展。有画展时，阳光社社员肯定是热心的观众，虽然不是集体组织去观看，但大家往往互通信息，结伴而去，在观看中交流心得，学习他人之长。

再谈工作——

阳光美术社的"工作"即是"战斗"，但又不全是战斗。"战斗"是在特殊年代的思维状态下对阳光美术社工作的概括。固然，"战斗"是阳光社社员记忆最深的内容，而且在阳光社的后期，战斗也是最突出的。但除了阳光社社员所说的"战斗"之外，他们还有一些其他的作品。这就是说，他们虽然把"工作放在首位"，但他们的工作不全等于"战斗"。这里先谈非"战斗"的工作：

出版壁报《阳光》是阳光美术社的中心工作。美术社并不是美术"学习社"，以提高绘画水平为目的。虽然我们无法知道阳光美术社的宗旨是什么，但可以肯定，他们是为了能够充分地展示自己的美术作品而发起成立美术社的，也就是说，他们出版《阳光》壁报的目的是为了刊登社员的美术作品。而他们的美术作品种类多样，内容涉及各个方面，不只是批判与讽刺。

美术社的壁报自然是画刊。《阳光》画刊的最初几期，国画、素描、水彩、油画、水粉、雕刻、漫画等都有，画种较多，异彩纷呈，反映的生活面较广，客观性强，所以，每次刊出，都吸引来不少观者。随着生活矛盾的加剧和西南联大斗争意识的凸显，漫画更加受到师生的欢迎，《阳光》画刊才渐渐衍变成漫画画刊的。

阳光社举办过两次画展。一次是1944年5月4日。在纪念"五四"二十五周年的日子里,西南联大掀起了声势浩大的纪念活动。这一天,有二十余种壁报登上西南联大新校舍的墙头,《联大半月刊》、《耕耘》、《文艺》、《生活》、《民主》、《潮汐》等纷纷发表纪念"五四"的文章。一些久违了的活动如大规模的文艺晚会、营火晚会也在这一天举办。"阳光美术社这天除去出版漫画壁报外,还借教室举办了一次阳光画展,展出有几幅很有水平的油画、木雕、水粉、水彩等。闻一多先生也来参观画展。他穿一件灰色长袍,嘴里叼着烟斗;面带微笑,认真地一幅一幅看下去。这次画展使许多人大吃一惊,他们想不到惯于画讽刺漫画的阳光社,竟还能拿出这样水平的油画和木刻来。"①可见这次画展是较为成功的。另一次是1945年5月4日。这一年的"五四",西南联

水彩画昆明大西门外

①赵宝煦:《阳光美术社伴我成长》,西南联大北京校友会编:《西南联大北京校友会简讯》(内刊)第42期,2007年10月。

大的民主运动达到高潮。以西南联大学生自治会为主，联合昆明
各大学学生自治会举办"五四纪念周"庆祝活动，内容丰富多彩。
这一天，出版壁报二十七种，壁报联合会出版八个版面的《联合壁
报》。真是盛况空前。阳光美术社与去年一样，除了出版《阳光》
壁报外，还举办了画展。可惜画展的内容没有记载。

那时阳光美术社的画作基本上都没有保留下来，不知其内容
与范围，但我们能够见到赵宝煦的几幅画，显示出他的画的类别
也是多种多样的，例如，1946年所画的林聆头像和昆明大西门外
等水彩风景画。

漫画也不见得就是为了打击敌人式的战斗，也有诙谐幽默
的。王景山曾讲过这样一幅漫画：一个同学穿着一件漂亮的长
衫，有些得意，忽然一只手伸来，掀起他的后摆，露出臀部——
裤子是破的，弄得他十分尴尬。他说：
"我们自己幽了自己一默。"[1]画是阳
光社画的，画面反映了学生的生活实
际，没有引起同学的反感。战争年代，
学生很穷，尤其是家在沦陷区的学生，
全靠政府提供的"贷金"和自己打工
维持生活，没有钱添置衣服。同学往
往用幽默来缓解心里的困苦：脚上的
袜子前后都破了，他们称之为"空前绝
后"；鞋底破了，他们戏之曰"脚踏实
地"。所以，用长衫来"掩盖"裤子上

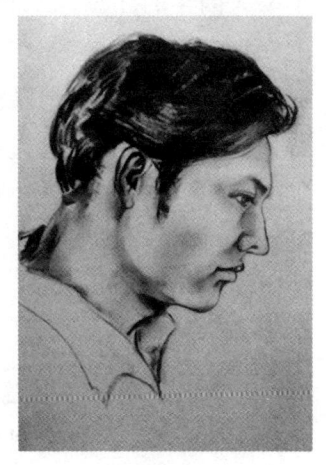

人像素描

---

①王景山语，电视片《满江红——纪念西南联大七十五周年》，凤凰卫视，
　2012年11月22日晚播出。

的破洞不足为奇。这幅漫画反映了当时大学生的生活,当然是辛酸的生活,具有幽默感。

以上是阳光美术社工作的一个方面,另一面则是用于战斗的。今天流传下来的例子中以下几个较为典型:

1944年5月4日,出版的《诗与画》壁报是赵宝煦设计的,用一张大红纸,纸的外形剪成一团火焰,红纸中间排列新诗和漫画。壁报的象征意味非常明显,而战斗气息也很浓厚。史集在《闻一多先生和新诗社》一文里作了介绍:"壁报版式是赵宝煦设计的。整个壁报外形是一团用红纸剪成的熊熊燃烧着的火焰。那些锋利得像匕首一样的一首首小诗和一幅幅漫画,就插在这团跳跃着的红色火焰里。这是青春的火焰,民主的火焰,革命的火焰!我们的诗在燃烧!画在燃烧!无数颗年青的心在燃烧。这张壁报引起了联大同学的注意,也引起了联大三青团负责人陈雪屏教授的注意。两三天后,他在一次三青团员的集会上说:'新诗社把壁报办成一团火,明显地要把联大烧掉。他们是什么人,还不清楚吗?而奇怪的是,我们的自己人(指沈叔平)还要参加进去!'当时沈叔平也在场,因为不是点名批评,故也未作声。"①

在西南联大有一幅广为人知的漫画:《登龙有术》。冯友兰教授出版了"贞元三书":《新理学》、《新事论》、《新世训》。影响很大,竟蒙蒋介石接见,还请他去重庆中央干训团给政府官员讲课。进步同学很看不起这种亲近政府、热心时政的学者,称其为"御用哲学家"。赵宝煦据此画了这幅漫画。画面上方有一个官方的戏台,"贞元三书"叠加成台阶,一个穿着长衫,长须飘飘的

---

①史集:《闻一多先生和新诗社》,赵慧编:《回忆纪念闻一多》,武汉:武汉出版社,1999年9月,第258页。

先生正拾级而上。漫画贴在墙上。冯友兰到校上课，站在人群中观看，捻须微笑，嘴里还说："画得很像，画得很像。"冯友兰精通中国哲学，很有气度，为人又宽厚，所以有这种表现。这也反映了师生关系："吾爱吾师，吾尤爱真理。"而老师则不因此为难学生。当时重庆的《人物》杂志对此画有报道。事过三十多年，去了台湾的学生姚秀彦作《永远怀念西南联大》一文，还记述了此事："记得冯友兰先生新出了贞元三书：新世训、新理学、新事论。深入浅出，风行一时。曾蒙蒋委员长召见，壁报上就有人画了一幅漫画，将三书叠成台阶状，阶上有一长须老人向上走。冯先生下课经过此处，背着手看壁报，丝毫没有不快表示，反而频频点头，说：样子很像，样子很像。"①许多人也都记得这幅画，笔者在访问时，有多位西南联大学生讲到它。这只是一种讽刺和劝谕，不见得是批判和打击。学生对于学术背离了学术的方向而变成了政治的附庸感到不满，讽喻老师保持学术的独立与尊严，这正说明西南联大学术风气的正派和学校学术教育的成功。

历史系的陈月开实在是一位多才多艺的青年，他是高声唱歌咏队的歌手，新诗社的骨干和阳光社美术的核心社员。赵宝煦说："在阳光社的社员中，陈月开同学是少有的熟悉西洋美术史和美术理论的人。他画水彩，也刻木刻，画风粗犷有力。他特别喜爱鲁迅介绍过的德国女木刻家凯绥·柯勒惠支的作品。我曾经保留着他的一幅木刻……题名《坟场》，画面上展现无产者群众对一位死难战友的深切悼念。革命群众低头默哀。粗率几笔勾画出一张张苦难而充满仇恨、燃烧着怒火的面容；几只垂下来的粗壮大手，

①姚秀彦：《永远怀念西南联大》，臧履谦编：《学府纪闻·国立西南联合大学》，台北：南京出版有限公司，1981年10月，第302页。

刚健有力。这是砸烂旧世界的大手，给人以明天美好希望的大手。深刻的构思，朴实的画笔。这幅木刻非常近似凯绥·柯勒惠支的作品。"①

　　《联大八年》说："往往当学校中因某一问题惹起'墙头论战'时，'阳光'也以它犀利的姿态出现，毫不容情的，将反动者的狰狞面目描绘出来。有一次因为讽刺得过火，弄得反动者恼羞成怒，演成所谓'阳光事件'，险些演出一场全武行。"②"有一次"说的是由漫画《人的悲哀》而引起的企图打人案。1945年，国共两党在重庆经过长时间的谈判，签订了旨在国共合作，和平建国的"双十协定"。但是，内战的枪声很快打响了。在大后方掀起了一场反内战的民主运动。日本投降后，国民党部队到东北接收，发现苏联红军在东北搬走机器设备，强奸妇女等，1946年2月25日，西南联大东北社和法学会在新校舍民主草坪举行"东北问题"演讲会，请傅恩龄、冯友兰、查良钊、雷海宗、燕树棠等先生演讲，会后举行游行，要求苏军撤出东北。这事由三青团骨干分子主持，就隐含着国共两党的斗争。当晚饭后，赵宝煦和陈月开在校园中边散步边商量下期《阳光》壁报的事，说到当天发生的事情，想画一幅漫画加以讽刺。开初想画一幅"猪狗游行记"讽刺游行者，又觉得这样树敌过多不够策略，应该强调"人"与"狗"的区别，"人"发现自己与"狗"为伍，感到受辱，是人的悲哀。这样，一幅漫画诞生了。画面描绘一个演讲会的情形：演讲台上有人有狗，演讲台

①赵宝煦：《阳光美术社回忆》，西南联大北京校友会编：《我心中的西南联大：西南联大建校70周年纪念文集》，北京：清华大学出版社，2008年9月，第372页。

②阳光：《阳光美术社》，西南联大除夕副刊主编：《联大八年》，昆明：西南联大学生出版社，1946年7月，第154—155页。

下也有人有狗。狗都是穿着衣服的。人惊异地望着"狗"，好像在问自己："我怎么能与狗为伍？"这幅题名《人的悲哀》的漫画贴在《阳光》的显著位置，挂在墙上。西南联大的一些三青团分子看了恼羞成怒，计划将作者痛打一顿。一天中午，赵宝煦吃饭稍晚，一个人出了餐厅往宿舍走，突然前面跳出来几个同学，都是三青团的，不容分说，拉起赵宝煦就往北门外拖。幸好被一位进步同学看见，他迅速跑回宿舍叫人。一下子冲来一大帮同学。劫持者见寡不敌众，扔下赵宝煦离去。下午，同学们召开座谈会，让赵宝煦报告被劫持经过，在"民主墙上"贴大字报声讨"劫匪"。劫持者自知理亏，没有还击。这次事件被同学称为"阳光事件"。"阳光事件"说明阳光美术社讽刺漫画确实具有战斗力。

### 三、阳光美术社在"一二·一"运动中

抗日战争结束后，战争创伤需要弥合，国家需要建设，国民经济需要恢复，全国人民亟须过上安定的日子，老百姓也以为可以过上和平的日子了。殊不知，国内的战争又处于一触即发的危急之中。知识分子奔走呼告，在大后方形成了反内战的民主运动。秉承中国知识分子忧国忧民的传统，又受过西方民主政治洗礼的西南联大教授，对国家的政治总要发表自己的意见，遂使西南联大自组成以来往往在思想观念上走在人先，尤其是1944年以来，在他们的带领下，西南联大逐渐发展成为民主的堡垒。而当国共两党即将发生战争的时刻，他们又一次站了出来，呼吁和平与民主。自从抗战结束以来，西南联大就在不断地讨论国家的前途问题。例如，就在日本宣布无条件投降的当天，西南联大学生自治会举行时事晚会，组织千余人出席，请周新民讲《日本投降的影响》、王赣愚讲《新局势下的内政外交》、吴晗讲《如何制止内战》、罗隆

基讲《如何走向民主团结的道路》，这些题目个个切中时政，讲的全是国家和百姓需要的态度和做法，是向为政者的诤言；日本在南京签署投降书的当天，新诗社在西南联大东食堂举办以"胜利民主团结"为主题的诗歌朗诵会，次日，西南联大学生自治会联合中法、云大学生自治会及昆明文协等团体在东食堂举行"从胜利到和平"晚会，出席者都是千余人。

在呼吁和平与反对内战的思潮中，西南联大与云大、中法、英专四所大学学生自治会联合召开"反内战时事晚会"遭到国军的火力威胁，从而爆发了声势浩大的学生罢课运动。在罢课中，西南联大各文艺社团奋勇当先，利用自己的优长投入战斗：文艺社编报纸，新诗社写诗歌，剧艺社编演戏，歌咏队唱歌曲，美术社画图画，相互协调配合宣传罢课斗争。

《联大八年》说："'一二·一'罢课期间，阳光担任了罢委会宣传部艺术股的工作，几十个社员整天的画，墙头壁报及街头宣传所用的漫画都是'阳光'出品，这时很多校外的社友都来参加工作。"[1]由于罢了课，一间教室暂时做了阳光社的画室，社员像上班一样，自愿到教室里整天画画。"不少社员一大清早就钻进那间当作赶制宣传画（室）的草棚教室里，埋首写字、作画直到深夜。到罢委会办公室报名参加街头宣传的同学越来越多，我们画的漫画和写的标语渐渐供不应求。而且领宣传品的宣传人员最有兴趣的就是要几张漫画，因为最受群众欢迎的就是漫画。我们低头不断地画，没有新题材，就把前几天画过的再复制出来。画画的人手不够，但我们发现有些不认识的同学，甚至是社会上的青年人，也

---

①阳光：《阳光美术社》，西南联大除夕副刊主编：《联大八年》，昆明：西南联大学生出版社，1946年7月，第155页。

参加进来。他们进入教室，一般就是找我们的画稿，照猫画虎，很快就完成一幅。"①

严宝瑜的话可以作为阳光社活动的证明："在宣传需要的推动下，黎章民同志便写了个《告同胞》，这首歌的内容，是向各行各业宣传反内战；在街头宣传的时候，为配合唱歌，我们爱好画画的（阳光美术社）同学用整张大纸画了一张反内战的漫画，一面让观众看画，一面听我们唱歌，用有点像民间流行的'拉洋片'的方式向群众宣传，效果更好。"②

斗争越来越加剧：当局要扑灭学生运动，学生要当局惩治杀人凶手，双方均不让步。云南当局竟然雇佣流氓在大街上动手打宣传抗议的学生，可学生越被打越不罢休。愚蠢的云南当局自恃掌握着武力，以为用镇压的方式能够使学生屈服，便派军警并雇流氓攻打学校，制造了"一二·一"杀人案。学生更不答应，将"四烈士"尸首抬进图书馆，把图书馆改成了灵堂，供师生及社会各界人士祭奠。前来祭奠的人越来越多，"灵堂"变成了申讨反动派的公堂。那申讨的方式便是诗歌和图画等。在"四烈士"灵堂，阳光社画了许多图画悼念同学，控诉反动派，这些画贴在墙上，墙上贴不下，就用绳子穿起来挂在中间，将大厅隔成一条条"巷道"。吊唁者看画、读诗、吟对联、念标语，激发愤怒，砥砺意志，走出灵堂，更有斗志。何达的诗歌《图书馆》记录了这种情况：

---

① 赵宝煦：《阳光美术社回忆》，西南联大北京校友会编：《我心中的西南联大：西南联大建校70周年纪念文集》，北京：清华大学出版社，2008年9月，第372页。
② 严宝瑜：《"一二·一"反内战运动中的西南联大"高声唱歌咏队"和四烈士〈送葬歌〉》，《音乐研究》，2001年第2期。

图书馆作了灵堂

灵堂也就是图书馆

……

千万人来阅读

　　　　来抄写

千万人

在挽联的阵营里

　　　　　　行进


这是最真实的教育

这是最强烈的政治

这是最明显的社会问题

这是最感人的艺术

这是最惊心动魄的现实

……


千万人

　　读着

　　抄着

　　谈论着

　　拥挤着

眼中有泪

心头有火

脑子里有了决定

……①

---

①何达：《图书馆》，《我们开会》，上海：中兴出版社，1949年6月，第137—140页。

阳光美术社用图画参与了灵堂的"布置",表达出愤怒,传达出力量,增强了教育,促进了团结,发挥了艺术的特殊功能。

由于宣传的需要,沈季平等社员被派到云大,在云大罢委会的领导下,组织街头漫画小组,开展工作。他们画了许多漫画,由同学带出去向群众宣传。

经过三个多月的艰苦斗争,"一二·一"运动取得了胜利,昆明市罢联决定于1946年3月17日为"四烈士"出殡。朱振芳用美术字写了"死难烈士殡仪"等横幅,在大游行中是最醒目的宣传标语。

"一二·一"运动结束,阳光美术社社员和其他同学一样,进入了紧张的复习考试和北上准备,没再开展大的活动。

西南联大结束,阳光美术社自然随之结束。结束时也和成立时一样,没有举行仪式——这是阳光美术社低调、简朴的一贯表现。

四、阳光美术社之后

阳光美术社结束之后,社员多数选择去了清华,在清华又打出"清华阳光美术社"的招牌继续开展活动。赵宝煦对清华阳光美术社及其活动有过简要说明:

> 凡在西南联大入学而尚未毕业的学生,可以自由选择到三校中任何一个学校继续读书。因为清华有建筑系,所以阳光社中的不少绘画人才都申请到了清华。他们来到清华之后,阳光美术社立即恢复了活动,又吸收了一些清华建筑系有较高绘画技巧的同学入社。他们去郊外写生、到建筑系的美术馆中去画石膏像,比在西南联大时的条件更好。特别是可以得到清华建筑系中一些著名画家的指导。在清华,他们还继续战斗,仍然用漫

画做武器,出版反独裁、反腐败、争民主的壁报,非常受群众欢迎。他们画过独裁者高坐在神坛上,一群趋炎附势的奴才跪在地下给他叩头、烧香;他们画过美国军舰入侵青岛,供给国民党政府武器屠杀中国老百姓。他们常常深夜画好,把壁报板子扛到明斋与大食堂中间的走廊上挂起来,第二天吃早饭时,就围满了同学,引起强烈共鸣。①

去北大的社员不多,没有形成组织,去的社员又都参加了其他的社团,故未再组织美术社开展活动。

阳光美术社在其存在期间开展了切实有效的工作。在思想方面,他们遵照导师闻一多的教导,首先学习做人,爱国爱民,争取民主,做一个真正的"人";在技术方面,他们临摹、写生、画人物,按照正规的方式训练社员,虽然做得不多,也算扎实,大家的技术得到了不同程度的提高;在画种方面,他们逐渐选择并形成了漫画的追求,用漫画反映生活,表达思想,对于提高人们的认识,端止社会风气起到了积极作用;在战斗方面,他们以画笔为武器,为反内战和争民主英勇地斗争,为"一二·一"运动的胜利做出了可贵的贡献;在人才成长方面,虽然没有产生出绘画大家,但社员把美术融进了自己的工作,在自己的主业方面取得了不同成绩,同时也出现了赵宝煦、沈季平等业余画家、书法家。所以,阳光美术社值得我们记取。

---

① 赵宝煦:《阳光美术社伴我成长》,西南联大北京校友会编:《西南联大北京校友会简讯》(内刊)第42期,2007年10月。

# 第五章 西南联大的舞蹈开新

西南联大没有舞蹈队，也没有举行过舞蹈晚会。当时西南联大的晚会，一般把演讲、朗诵、唱歌、演戏分开进行，偶尔有共同的，比如演讲和朗诵同台，但主次分明，次要的一般只起引发调节作用，不是两者全场交叉。那时所谓"晚会"的主要形式是演讲，而不是今天的文艺联欢。在西南联大，只有下乡宣传和劳军演出时是几种文艺形式混合，而在学校里，基本上是各种文艺形式单独进行。但在西南联大所有的演出中，唯独没有自己的舞蹈演出。笔者所见关于西南联大的舞蹈仅有《云南晚报》上的一条消息："明晚周末晚会举行'路南介绍'，由闻一多教授讲'夷胞生活'，并由男女同学八人表演夷胞舞蹈。"[1]这只是一个预告，未见深度的演出报道。但预告内容很清楚，闻一多的演讲是主，表演是辅，也就是说，这是一个演讲会，而不是彝舞会。根据以上可以得出这样的结论：西南联大既没有舞蹈组织，也没有舞蹈推广，甚至没有单独组织过舞蹈活动。

但这不是说西南联大对舞蹈艺术没有贡献。相反，西南联大对中国舞蹈的贡献是巨大的，是具有开创意义的贡献，那便是对民族原生态歌舞发掘和演出的首创。虽然这台歌舞并不是西南联

---

① 《云南晚报》，1945年3月1日。

大演出的，但是，如果没有西南联大的策划和组织，演出也是不可能的。

那是1946年，一台别开生面的彝族民间原生态歌舞——"彝族音乐舞踊会"在昆明演出，春城为之轰动。观众潮涌，好评一片，昆明各家报纸杂志纷纷发表消息报道和评介文章，专家学者纷纷著文赞扬。自此，有识之士对于民族民间原生态文艺的认识开始发生根本性的改变，人们对于彝族同胞的生存命运也更加关心了起来。从艺术史的角度看，这次演出把彝族歌舞推到了彝山之外，开创了民族民间原生态歌舞进入现代大都市公演的历史。

此后，彝族歌舞逐渐走向全国，走到了世界。如今，民族民间文艺被艺术家看作创作的源泉，民间原生态歌舞成为现代文艺的一个生长点而得到较为广泛深入的开发，其源泉却在1946年的这台歌舞——"彝族音乐舞踊会"。那么，这台歌舞是如何组织的？演出的情况怎样？其价值和意义如何？

# 第一节　彝族民间歌舞演出策划

1945年暑假，基督教青年会学生服务处组织"暑期服务队"，去石林县圭山一带宣传抗日。服务队从西南联大、云南大学和一些中学挑选人员，由侯澄、毕恒光和王松声、杨邦祺、陈月开、吴大年、李美全、陈彰远、陈端芬、杜精南等十五名同学组成。侯澄是云南大学学生会主席，有工作经验，又是云南人，对地方情况比较熟悉，任领队。毕恒光是圭山彝族青年，在昆明金江中学读书，为回乡工作，因此还兼有向导和翻译职责。王松声是西南联大学生自治会常务委员①，剧艺社负责人之一，曾几次参加暑期服务队，富有工作经验，协助领队工作。其他队员均为西南联大学生，其中陈月开是高声唱歌咏队、新诗社和阳光美术社的骨干。服务队到圭山后，住在海邑天主教堂，面向周围十几个村子开展工作。服务队员很快看到，彝族人民的生活极其艰苦，但歌舞却非常优美。每到晚上，男女青年便聚在麦场上唱歌跳舞，快乐无比。艺术敏感和鉴赏力很强的王松声，从歌舞中看出了彝族青年丰富的内心世界和古代原始歌舞的遗存，意识到歌舞中潜藏着巨大的艺术魅力，联想到都市舞台上的颓靡之风，便产生了把它们搬到昆明去演出的想法。他把想法告诉毕恒光，原来毕恒光早有此意，他不仅想给都市舞台吹进一股强劲的风去，还想利用演出筹集一笔贫寒学生的资助金。他俩不谋而合，十分高兴。之后，他俩进一步商讨了计划，并和侯澄等同学作了商量，他们决定各自再作一些考虑，等服务队完成任务回昆明后再作计议。

　　服务队尚未回到昆明，抗战取得了胜利，形势发生了巨大的变化。大家忙于其他事，便把搬演彝族歌舞的事搁置下来。

　　1946年春的一天，毕恒光去找王松声商谈此事。他俩分析当前的形势后，认为是举办彝族歌舞演出的时候了。但此举需要巨大的人力、物力、财力及社会各方面的支持方能实现。而他俩没有组织大型演出的经验，不知道如何开展工作。王松声想到德高望重，号召大家"向人民学习"②的剧艺社导师闻一多，便带着毕恒光去请他指导。闻一多静静地听了他们的谈话，心中颇为赞同。原

①西南联大学生自治会仿照西南联大体制，设三名常务委员，不设主席，由三常委轮流主持工作。

②闻一多为酝酿筹备中的西南联大"艺联"的题词，见王景山：《闻一多先生的题词》，《北京大学校刊》第442期，1986年7月。

来，闻一多对彝族歌舞已有观感。那是1945年2月中旬，西南联大悠悠体育会组织同学去石林旅游，闻一多应邀参加。一天晚上，在石林附近的一个村庄，旅游团与彝族青年联欢，彝族青年表演"大三弦"、"跳月"等歌舞，节目演出过后，大家围着篝火跳舞，欢快异常，一直跳到深夜。五十年后，当年还是小女孩的同游者宗璞仍记得："学生们在尾则小学的操场上围成大圈子，学跳阿细舞、唱歌、朗诵诗，闻先生还站在操场的石埂上讲了话。"①旅游团回到昆明后，曾在一次周末晚会上专门介绍路南，上引《云南晚报》的预报指的就是这次周末晚会。由于闻一多对彝族音乐和舞蹈早有认识，听完王松声和毕恒光的设想后即说要把准备工作做得充分些。接着，王松声又带着毕恒光去向音乐家赵沨和舞蹈家梁伦请教。"他们都说：好！"②闻一多建议他们先赴石林组织节目。经过他们几人商量，决定由梁伦和王松声、毕恒光三人前往，挑选演员，确定演出内容并作初步排练，把《解说词》写好，而后带演出队到昆明来。

圭山山脉位于石林、弥勒、泸西、陆良四县交界处，山大野阔，缺水少出，土地贫瘠，但地下却蕴藏着丰富的煤矿。这里居住着近十万彝族同胞。由于历史事件遗留在人们心理上的民族隔阂，加上交通不便，造成了彝汉之间交往稀少，彝族同胞对外界，对汉人秉持拒绝心理。正如当时的文章所写的那样，在"老一代人看来，'大脚'的东西表演给'小脚'看（大脚系彝人自称，小脚

①先燕云：《三千里地九霄云——宗璞与云南》，昆明：云南教育出版社，2000年，第31页。"尾则"又作"维则"。

②王松声：《关于西南联大剧艺社的一些情况》，"一二·一"运动史编写组编：《"一二·一"运动史料选编》，昆明：云南人民出版社，1980年11月，第283页。

是称汉人），完全是一种民族的耻辱"①。在这种情况下，毕恒光
发挥了特殊作用，他说："我们要读汉人的书，认汉字，还要请汉
人当老师，这是我们对（向）汉人学习，现在好了，有个机会我们
能够把自己的东西，拿出来给他们看看，也叫他们汉人学习，这也
是我们的面子啊！"②他了解本族老人，抓住民族自卑心理说话，
问题迎刃而解。而在年轻人那里，外界的新鲜，城市的新奇诱惑
着他们，老人一同意，他们的心就飞走了。

这样，王松声他们三人得以骑着马顺利地在圭山的村子里转
了十来天，挑选了何文龙、赵国辅、曾鸿文、李正兴、王兰珍、毕文
兰、毕文英、毕如芬等四五十名演员，以"西南联大学生自治会"
的名义邀请他们来昆明演出。来前，先集中于石林县城培训。经
过十来天的工夫，完成了确定演出节目、分配演出人员和初步排
练的工作。梁伦负责歌舞的编排和演员的训练，王松声负责写解
说词。节目在梁伦的指导下初步定型，编排也大致停当，王松声则
写出了介绍彝族生活、历史和演出节目以及各个节目中的音乐舞
蹈的解说词。彝族青年则在外界和都市的诱惑下，在展示自己祖
先留传下来的艺术瑰宝，为本民族争光的思想鼓舞下，发扬他们
一贯的吃苦耐劳精神，克服种种困难努力训练，掌握了演出角色
的基本要求，明确了舞台表演的基本要领，初步形成了团队意识。
而后王松声、梁伦和毕恒光三人带着演员们背着行李步行数十
里，到宜良的狗街，乘火车赶赴昆明。

而在昆明这一边，闻一多发动西南联大剧艺社的同学，一方
面广泛征求文化界人士的支持，一方面联络各方解决了彝族青年

①《他们来了》，《彝族音乐舞踊会专号》，1946年5月下旬。
②《他们来了》，《彝族音乐舞踊会专号》，1946年5月下旬。

云南日报刊登的演出广告

来昆明演出的许多具体问题。例如，通过西南联大学生自治会，发动一些同学，从学校发给的复员北返的路费中分出一部分借给彝族青年，解决了他们来昆明的路费；通过查良钊先生，解决了演出队伍的住处问题；通过剧艺社和新中国剧社，解决了演出所需的全部设备；通过国民党元老张冲并由西南联大学生自治会和剧艺社具体交涉，解决了演山场所。尤其是组成了强大的举办队伍，构成了昆明前所未有的支持力量和艺术指导团体。请看《云南日报》所登广告的名单，演出赞助人十七位，艺术顾问三十一位，他们是：

　　王政、查勉仲、徐述先、徐梦麟、倪中方、张云鹏、陈秀山、曾竹虚、杨竹庵、杨春洲、宁伯晋、刘淑清、龚仲钧、梅贻琦、熊庆来、赵伯诚、庾普侯。

　　王季、王天栋、王时颖、李广田、李仁荪、汪巩、孟超、尚钺、胡钧、胡宗澧、梁伦、徐守廉、陈蕴仪、陈吾、费孝通、费克、游惠海、杨明、闻一多、楚图南、赵沨、赵宝煦、骏明、檀良、萧荻、严恭、李何林、曹孟浪、张友良、郭平凡、范启新。①

由以上名单可以看出，"赞助者"均为昆明政界、学界、文艺界、教育界的头面人物，艺术顾问皆是昆明艺术界的权威、领军者，难怪广告词里这样说：

是全昆明社会贤达的赞助，是文学艺术界的总动员！②

昆明《学生报》也说：演出"集全昆明艺术界于一堂"③了。

有如此庞大的演出赞助人和艺术顾问队伍，一方面显示了闻一多的号召力和工作成绩，另一方面表明了当时昆明各界对这次开创艺术新篇的壮举的看重，再一方面反映了彝族民间原生态歌舞演出对于文化人士的影响力。这样的支持力量，给演出造足了声势，对观众具有巨大的号召力。

在王松声、梁伦和毕恒光的带领下，四十多人的演出队于1946年5月17日到达昆明。西南联大以极大的热情欢迎他们，让他们住在师范学院学生宿舍，并在学生膳食团用餐。一时拿不出饭钱，特例被允许欠交。演出艺术顾问团、西南联大学生自治会和剧艺社的代表，以及侯澄、陈月开、杨邦祺、吴大年、陈彰远等暑期服务队的老朋友前来看望他们。西南联大和昆明的热情接待，

①《云南日报》，1946年5月24日。
②《云南日报》，1946年5月24日。
③《学生报》第17期，1946年5月26日。

使他们感到温暖并增添了演好节目的决心。

　　演员稍事休整，又投入了排练。排练中，剧艺社和新中国剧社给予了多方帮助和指导，使节目更加统一完整。5月19日晚，演出队举行内部演出，招待艺术、文化、教育、新闻、政府等各界人士和西南联大师生，三千多人出席观看，演出中不时爆发出热烈的掌声和惊叹赞美声，观众反响强烈。招待演出之后，彝族歌舞即将公演的消息不胫而走，大家相互传告，打探演出消息，盼望早些看到节目。

　　而在演出组织者和演员这一边，却在做着精益求精的努力。当晚的招待演出之后，立即举行了艺术顾问团会议。会上，闻一多、费孝通等先生提出了许多宝贵意见，大家一致认为，节目还需要提炼与升华。为此，会议决议在顾问团的基础上成立编导团，并推举闻一多、费孝通、查良钊、楚图南、尚钺诸先生为顾问，赵沨、梁伦、王松声、温功智、徐树元、聂运华、郭良夫、萧荻等为编导、音乐、舞蹈、朗诵、舞台等小组负责人。舞台演出不同于广场歌舞或篝火晚会，是在有限的时间和空间里展示预设的内容，没有随意性和散漫性，要求节目紧凑、统一、固定，节奏和情绪要有变化和发展，要不断推向高潮。为达到演出的最佳效果，编导团认为，节目还需要动大手术。经过研究，编导团确定了编排方案。接着在编导团的指导下，一方面对演出的整台节目又做了编排组合，使内容更加集中，更具有整体感，另一方面对具体节目也做了修改加工，使其内容更加简洁，思想更加突出，艺术表现更为精彩。再经过全体演员的共同努力，一台臻于完美的歌舞演出呼之欲出了。

# 第二节　民族原生态歌舞首次演出

在人们的企盼中，这台盛大的"彝族音乐舞踊会"，终于以"云南圭山区彝族旅省学会主办"的名义，定于1946年5月24日晚在国民党云南省党部礼堂公演。消息传开，售票窗口排成长龙，团体订票接连不断，座券提前销售一空，出现一票难求的局面。这是近年来舞台演出中未曾有过的情形。演出未开始就能吸引众多的观众，这与闻一多策划把社会各界头面人物，尤其是艺术名家组织起来参与演出事宜有关，与歌舞团19日晚的招待演出有关，与媒体的宣传报道制造声势有关，但更主要的是这台歌舞的特异性及其艺术特色的魅力。这种魅力主要有以下几个因素：

首先是民族的。彝族是一个怎样的民族，就当时的文化宣传及人们的知识而言，大多数人不知道。虽然圭山离昆明只有一百多千米，但交通不便与民族隔阂阻断了人们的交往，城里人少有到过那里的，未能认识和了解这个民族。如今，彝族来到门前，是认识与了解他们的好机会，当然要去看看。

其次是原生态的。演出的节目全是彝族传统的歌舞，没有文人的创作，全部带着民族的山野气息。参加这次演出的演员全部是从圭山地区挑选来的彝族青年，有撒尼、阿细、摆夷、花苗四种人①，没有一个外族人。用今天的话说，是一台纯粹的民族民间原生态歌舞。这样的歌舞，闻所未闻，见所未见，如今，见识的机会属于自己，当然要前往闻睹。

再次是别样的。城里人以往所见的歌舞有两种类型，一种是汉族传统的，即华夏正声，温柔敦厚，华贵轻盈；一种是欧美传

---

①这是当时的称呼，今摆夷和花苗不归入彝族。

《云南日报》刊登的演出广告

人的，节奏强烈，刚劲有力。由于世风衰颓，生活苦闷，更兼崇洋媚外心理，一些人盲目模仿外国的颓靡艺术，以致"在金碧辉煌的城市里，小市民们只会（看看）玩弄风情的大腿舞，听听低级趣味的爵士乐"①，没有健康的有生命力的艺术供人欣赏。彝族音乐舞蹈大异于城里的歌舞，别具风格特色，值得观赏。

最后是精彩的。几天以来，市民都在谈论彝族歌舞演出的事，虽然都没有见过，但大家相信媒体，相信传播来的信息：那是异乎寻常的生动精彩！中国人本有一种趋时心理，大家都做的事自己也要做一份，在这种信息的鼓动下，人们自然会争先恐后地去购票了。而看过招待演出的人，被演出吸引，还想再看，同样不甘落后，于是使得演出票供不应求了。

这就是彝族音乐舞踊会还未演出就引来众多观者的原因。而演出的情形确实满足了大家的期望。观众在整个观赏过程中都处于激情澎湃之中，每一个节目都甘之如饴，美不胜收，新鲜别致，激动心灵。走出剧院，意犹未尽，便把美感传播开去，鼓励人去观看。对节目的美誉往复扩散，人们争相往观，春城为之轰动！

轰动春城的彝族歌舞的演出情况，由于当时没有留下音像资

---

①梁伦：《山城看彝舞》，《彝族音乐舞踊会专号》，1946年5月下旬。

料，今天已无法知晓了。笔者经过多方查寻，遂根据当事人的采访，知情者的文章，节目演出解说词和当时报刊上刊载的有关文字，对其做出推测和梳理，以期回到历史现场，再现演出场景，供同好参考。

这台彝族音乐舞踊会演出了三十多个节目，节目以"中华民族本是一家人"为主题贯穿在一起，由《序幕》、《战争与和平》、《追慕，感激，永生》、《生活的乐趣》、《上帝的喜悦》、《唱出了生活和历史》、《流露着坦白的真情》和《尾声》八个单元组成，单元与单元之间用朗诵词连贯转折。朗诵词既起到解说内容、点明主题、介绍特点的作用，又起到结构上的起承转合、照应首尾的作用，是艺术性的充分利用，因此是整台节目的有机内容。这样，全部节目组合成了一个内容连贯、主题鲜明的统一整体，节奏由强烈到舒缓，气氛由紧张到轻松，美感由崇高到优美，真可谓一台具有高度的思想性和完美的艺术性的演出。

其演出情形是：

一、《序幕》

演出开始，朗诵声起——"在我们广袤美丽的中华国土上，居住着各种民族，就好像一个大家庭有很多的兄弟们……"大幕拉开，全体演员站在舞台中间，耳听朗诵，面带微笑，望着全场观众。随着朗诵声——"看！我们兄弟们已经把手伸了出来，握着罢，紧紧地握着罢……"演员们伸出一只只热情的手……。朗诵声又起——"朋友们，我看见你们的心在跳，眼角里含着感激的眼泪，你们在等候你们的兄弟……"大幕徐徐闭上，演员下台。朗诵声继续——"今天，我们分了手的兄弟回来了，他们送回了我们已失的宝贝。他们世世代代保存着、发挥着的歌舞，今天要在我们眼前表现。他们……想用他们的歌曲，用他们的舞蹈，唤起我们的歌曲，我们的舞蹈，用他们的生命的火焰，燃起我们生命的火焰。他们要我们和他们同声高呼，人生是美丽的，生活是可爱、可贵的。让我们共同努力，破除一切挡住我们发挥生命之光的阻力，创造我们中华民族光辉的、庄严的、活生生的、活泼泼的生活。"

大幕重新拉开，男演员穿着各自的民族服装分组从后台走出，朗诵声起——"这里是我们的四位兄弟，他们是叫：撒尼、阿细、摆夷、花苗。"撒尼、阿细、摆夷、花苗分别在舞台上做各种展示动作。与此同时，解说员分别介绍他们的生活、环境、历史和艺术，并提出帮助他们改善环境，提高生活质量和保护艺术品种，光大艺术传统的愿望。

接着，男演员下台，女演员身穿各自的民族服装，跳着轻快的舞步登台，顺序与男演员同。当她们在舞台后部站定后，解说员依序介绍她们的装束，从头到脚，一样一样地赞扬，介绍撒尼，撒尼走到前台，介绍阿细，阿细走到台前，她们在前台一边展示自己的装束，一边漫步跳着。依次介绍完后，解说突然发问："在座的小姐们，要不要拿你们的服装和她们比一比，是哪一种充分表现着古中国的艺术？"大幕落下。

对于一个从来没有见过彝族同胞，没有一些民族知识的观众来说，看着这样的场面，无不感到新鲜而激动，听着这样的朗诵，无不受到刺激而兴奋。观众的情绪调动起来了，完全调动起来了。这样的序幕真是不凡，既介绍了彝族的历史、现状和艺术，让演员亮了相，提出了"彝汉究竟是一家"的主题，引领了全部演出的内容，又集中了每一个观众的注意力，调动了大家的情绪，使全场气氛热烈而轻松。这样的序幕堪称优秀。

## 二、第一章,《战争与和平》

首先登台的是关于战争的舞蹈《跳鳞甲》,《跳叉》和《跳鼓》。

幕启前,通过朗诵介绍说:这是"三种战争的舞踊",但其意义却不是鼓动战争,而是争取和平并且保卫这和平,"我们的古书上写下了'止戈为武'的格言,那就是说,真正的和平要建立在裁制的力量上,这力量就是人民不肯受压迫的决心。……它们并不刺激我们蛮性的仇恨,贪婪和好大喜功,而是,唤起我们保卫生命的责任,表现了人民不可侮辱的尊严。这是和平的基础,也正是今后世界所需要的节奏和气魄"。

这三个节目都是撒尼的舞蹈,勇武豪迈,气势雄壮。在《跳鳞甲》和《跳叉》中,男演员手执大锣,模仿战争的动作,着重于舞技的训练,演员前进后退,左右摇摆,或攻击,或避让,一会儿阔步向前,一会儿匍匐低沉,动作变化多端,忽紧忽慢的锣声制造了战斗的气氛,增强了紧张感。王松声说:"那些表现战士的训练……健美有力,唤起人们保卫家园的信心和力量,表现了人民不可侮辱的尊严。"[①]一个叫舵工的观众,写了一首诗赞叹《跳叉》说,在"人命偏要献给魔王"的时候,"钢叉得意底痴响","英雄们觉到了灵魂辉煌",而"老百姓惨然:这样就失去了一份保障"[②]。三个节目中,最富于舞的色彩,而且魄力最大、最具震撼力的是《跳鼓》,这个舞在以前是专为欢迎凯旋战士而跳的,

----

[①]王松声、李凌:《闻一多和戏剧》,赵慧编:《回忆纪念闻一多》,武汉:武汉出版社,1999年9月,第324页。

[②]舵工:《跳叉——彝族舞踊会节目之一》,《云南日报》,1946年6月1日。

赵沨说"《跳鼓》是英雄的凯旋式"①。表演时六个男子,裸背赤足,各背一鼓,围着圈来回跳动,一边击鼓,一边舞蹈,每跳三步,变换一姿势,步伐简单,朴素有力。王松声说它"魄力雄伟,气氛热烈"②。梁伦说它"舞的色彩强烈,情调欢快,听着忽高忽沉,忽轻忽重的鼓的声音,合着粗壮的动的线条,在在冲动出原始的情感",因此,这个舞是"最有特色而且使我们欢喜的"③。"欢喜"并不是梁伦一个人的态度,而是全体观众的共同感觉。据王松声说,闻一多对这个舞也"最感兴趣"④。他所改编的屈原《九歌》之《国殇》一章中作了这样的提示:"国人为庆祝胜利并哀悼国殇,手拿着武器和钲鼓,环绕着死者的尸体,举行萨尼人跳鼓式的舞蹈。"⑤可见撒尼的《跳鼓》舞对闻一多的艺术创作产生了影响。

三、第二章,《追慕,感激,永生》

"我们看过三种战争的舞蹈,接着我们将要介绍两节哀悼的舞蹈和音乐,"朗诵声开始,"保卫人民生命的英雄,在他们和暴力的搏斗中,他们牺牲了。他们的生命,献给了团体,献给了和平。活着的人,从别人的牺牲里获得生命的人,流着感激的眼泪,纪

---

① 赵沨:《漫谈阿细、撒尼的舞、乐》,《彝族音乐舞踊会专号》,1946年5月下旬。
② 王松声、李凌:《闻一多和戏剧》,赵慧编:《回忆纪念闻一多》,武汉:武汉出版社,1999年9月,第324页。
③ 梁伦:《山城看彝舞》,《彝族音乐舞踊会专号》,1946年5月下旬。
④ 王松声、李凌:《闻一多和戏剧》,赵慧编:《回忆纪念闻一多》,武汉:武汉出版社,1999年9月,第324页。
⑤ 闻一多:《〈九歌〉古歌舞剧悬解》,《闻一多全集》第5卷,武汉:湖北人民出版社,1993年12月,第413页。

念着伟大的恩情……追慕，感激形成了民族的传说，歌舞……为人民而牺牲的英雄们，在千万人的心头获得了永生。"

演员吹着葫芦笙上场。《芦笙舞》是花苗的舞蹈，一般是在办丧事时跳，用于对死者的哀悼，步伐和音乐都很沉重。哀音如丝如缕，如泣如诉，扣动观众的心弦，舞步一回三跃，徘徊忍别，表达着对为人民而死的英雄的崇敬和不忍，具有催人泪下的力量。周轱谈自己的观感说："当听到那悲凉的葫芦笙，如泣如诉，倾注了他们生活的辛酸，悲壮中带着忧郁和愤怒，我的心沉重起来了。"① 在《青鸟的故事》中，已故的老人拉着孩子的手说："当你想到我们的时候，我们就醒了。"这普通的话语道出一个哲理：人是活在别人的爱、别人的纪念、别人的追慕和感激里的；只有别人记起，才会获得永生。这个舞蹈不仅有形体动作，还有话剧的成分，是一个综合表演的艺术形式。如果说前一个舞蹈是在哀悼死者，后一个舞蹈则在激励后人。这两个舞蹈让牺牲的英雄与活着的人们共生，揭示出在死亡里获得永生的哲理。

四、第三章，《生活的乐趣》

祭奠完勇士后，人们回到了现实生活。生活是平凡的、劳苦的，同时也充满了各种趣味。民间艺术家们根据生活素材创作了许多艺术作品。《拜堂乐》是摆夷的舞蹈，表现对婚姻的喜庆，节奏比较轻快和热烈，体现出了生活的乐趣。《架子乐》也是摆夷的，模仿野兽求偶的动作，舞蹈变化多样，步伐复杂，派生出多个舞蹈，此次演出的《架子乐》选了《猴子掰包谷》、《鸽子度食》、《架子乐》三种舞蹈组合而成。余嘉华说：这三个舞"反映了山

---

① 周轱：《观彝族音乐舞蹈会后感》，《民意日报》，1946年5月31日。

区农村特有的生活情趣,形象、幽默、引人联想起辽阔的乡村山寨"①。其他节目还有《鹭鸶伸脚》模仿鸟的动作,《一窝蜂》模仿蜜蜂的生活,《大箫》反映青年人的爱情发展,《老人家》假装老人的活动,这些舞蹈诙谐幽默,风趣活泼,给人充分的乐趣。梁伦引格罗塞的话"依照舞的性质,可以分为模拟式的和操练式的",接着说:"但操练式的舞踊还是由模拟式的舞踊演变而成的,归根结底的说,原始人的手语就是最初的舞踊形式。不用远说,就拿近例摆夷跳的《猴子掰包谷》、《鹭鸶伸脚》、《架子乐》等几个舞中,实在都不难发现人们对自己周围的鸟兽形态的模拟。至于《拜堂乐》,那就更直接的对自己生活的模拟了,最奇怪的是《架子乐》这个舞太像苏联西伯利亚的土风舞。"②

解说词中没有《生活的乐趣》这一段内容,也许是遗漏了。这里所写是根据演出内容补充的,标题也是笔者加上的。将来若发现新的解说词则可订正。

五、第四章,《上帝的喜悦》

人类在平凡、沉重、艰苦的劳作中,需要用崇高的、超越现实的理想来激励日常的生活勇气,于是,造出了节日,造出了神灵。朗诵声继续——"在有些民族里,宗教成了一种神秘的压力,人们自动的屈服在人造的傀儡之下。本来应当用来鼓励人类追求理想的力量,却歪曲了用来遏制人情,埋没个性。宗教发生了流弊。但是,今天我们可以看到宗教正面的贡献了。"

①余嘉华:《云南文艺史上珍贵的一页》,西南联大校友会编:《笳吹弦诵在春城——回忆西南联大》,昆明:云南人民出版社等,1986年10月,第302页。
②梁伦:《山城看彝舞》,《彝族音乐舞蹈会专号》,1946年5月下旬。

　　摔跤在今天是一项体育比赛，而在撒尼和阿细那里既是力量的较量，又是敬神的活动。许多人在神像面前磕头求福，功利心深重，奴性十足。撒尼和阿细则在神前以力量相竞而取悦神灵，不仅不卑不亢，而且显示强大。他们的神灵不是高高在上的控制者，而是能欣赏人们的情感，饱含亲近感的。《摔跤舞》动作简单，以力取胜。另一个娱神的节目是撒尼的《跳狮》，由狩猎演变而来，狮子代表勇武，彩球象征吉祥，表演者为一个老人和两头"雄狮"。"雄狮"凶悍猛烈，且能和人一样地站立，技能超然。节目中一个饱经沧桑，踏遍山峦的白髯老人，手持彩球翩然舞动就把雄狮征服了。人征服了野兽，神灵感到愉悦。再一个节目是《霸王鞭》，它本是跳锣的一种，后来演变成迎神会上的舞蹈了。从这几个舞蹈看来，彝族的神灵是有人性的，他们喜欢孔武有力，青睐征服者，愿意看到人的胜利。

　　赵沨说："原始人对于战争不能解决的问题便求神，求神有了应验便娱乐神明，《霸王鞭》起源于武舞，《跳狮》也起源于武舞，但也在迎神赛会上充作余兴的节目。"[①]而《跳狮》的表演又非常优美感人，郭良夫赞扬道："看看吧！那人的舞动，是多么规律，拿出全副精力而又节省力量。"[②]闻一多还从这些节目中获得启示，在歌舞剧本《〈九歌〉古歌舞剧悬解》中创造了"合好效欢虞太一"的娱神情节。

　　六、第五章，《唱出了生活和历史》

　　这是一组由十一首乐曲即十一个节目的组合，即今天所说的

①赵沨：《漫谈阿细、撒尼的舞、乐》，《彝族音乐舞踊会专号》，1946年5月下旬。
②檀艮：《观舞断想——为彝族音乐舞蹈会作》，《云南日报》，1946年5月24日。

"民歌联唱"和"器乐联奏"。第一首《阿细的先基》,今天许多人都知道是阿细人的史诗,演出形式是一男一女对唱,可以即兴发挥,你来我往,共同推进,可以唱上几天几夜。由于时间限制,当时只演唱了其中关于远古历史的一段。今天已有专书《阿细的先基》出版,研究也较为深入。但像这样的歌曲毕竟是少数,大多数歌曲是我们今天仍不知道的。其余的歌曲虽然赵沨曾记录过乐谱,但乐谱太专业,文字又无法传达歌曲的内容,加之当时几乎没有报道、评论或观感留下来,所以要了解它们十分困难。在这种情形下,我认为最好的方法是引用解说词让读者阅读、感受。需要说明的是,这些解说词分别穿插在各段乐谱之间,一开始在乐谱之前,后来在乐谱之后;乐谱先是声乐,后是器乐。解说词如下:

> 音乐是他们生活中最重要的一部分。他们唱歌,非仅发抒个人的情感,而且还是一种学习,从唱歌中可以熟悉他们的神话,历史,科学,生活的实际知识,比如,阿细人唱先鸡,一男一女对唱,可以唱几天几夜。天才的歌唱家和诗人可以即兴的赋诗,即兴的作曲。

> (乐谱略)

> 像这样,他们唱出了上天创造世界,创造人类的神话,他们唱出了洪水,开荒的历史,更抒写了生活的苦难,爱情的幻想。

> 这种舞乐,便是他们自有的音乐。

> (乐谱略)

> 另外一种,是细乐,这种细乐大概是从那里的汉人学来的。一看这种曲辞的名字,像将军令,小正哀……便可以知道。但是,他们也创造了自己的曲调。

（乐谱略）

他们拿起一片树叶，也可以作为乐器。

（乐谱略）

他们还吹一种简单的竹制的口簧。

（乐谱略）

乐器分三大类，管乐，像小笛，长笛，大笛。

（乐谱略）

弦乐，像月琴，二胡，大三弦。

（乐谱略）

打击乐器便是鼓，锣，钹……

（乐谱略）

花苗玩一种葫芦笙，是中国雅乐中笙的祖先，五管，可以吹和声。

（乐谱略）

而大的管弦合奏，和声虽然简单，动作却很奇特。

（乐谱略）

音乐，是他们单调，苦痛生活中的唯一的安慰和调剂，劳动时唱歌，求偶时唱歌，求神的巫师，娱神的赛会更是少不了音乐。

音乐，在原始时代，服务于求生的武舞，求偶的文舞，媚神的游艺，现在，更用来发抒生活的苦痛。

（乐谱略）

我想，将来，大概还会有一种反抗的音乐。

## 七、第六章，《流露着坦白的真情》

朗诵词首先介绍撒尼人的"公房"，接着演员陆续出现，男女青年聚在公房里交流生活经验，谈情说爱。爱情在年轻人的心头滋长，滋长，终于爆发如火山！男青年起身，看看没有要回避的亲戚，用猩红的毡子罩住女青年，两人裹头而去。其他青年仍在公房里调笑、歌唱，焦急地等待机会。最后，青年一对又一对地走了。这个舞在很大程度上是实际生活的摹写。它对汉族那不讲爱情的"媒妁之言，父母之命"的婚姻是一种冲击，在观众心里，是奇异，也是向往。当时就有文章肯定甚而推崇了这种婚恋形式[①]。

　　《三串花》是摆夷的舞蹈，表现男女青年的求偶生活，情意绵绵，和谐优美。最引人注目的是《阿细跳月》。今天对于这个舞蹈起源的解释多种，但当时主要是取其恋爱表现。舞蹈场面宏大，演员众多，大家围着篝火尽情地跳、吼，吹笛子的男青年走在前面，领着队伍，其他男青年弹着大三弦、月琴或者拉着二胡，奏出合音，围成圆圈的队伍边跳边依序前进，气氛热烈，情绪激越。跳着跳着，男男女女成双配对地自觉组合，热情地跳动，舞蹈动作也发生了变化，男女手对手，脚对脚地跳，跳到后来，便有男女对子悄悄地退出舞队。这个舞豪迈奔放，令人激情跳荡，心驰神往，"表现出巨大的生命和一瞬间的热情的冲动，会使观众呼吸和脉搏都感到窒息"[②]。舞蹈家梁伦更重视这个舞的艺术表现，他说："舞的风格新鲜明朗，跳的惯例男的拿着大三弦、二胡和月琴，吹树叶子和箫，身体向左右摆动。女的每鼓掌三次一转身，跳法完全合乎人体运动的自然规律，动作和音乐之间也很和谐。乐曲是五拍子的，以箫吹旋律的部分，以三弦等伴奏简单的和声。如果

---

① 如尚钺：《论保存中国民族艺术与彝胞舞踊》，吴梁海：《撒尼姑娘》，杨明：《彝舞观后》等。
② 《几个节目的说明》，《彝族音乐舞踊会专号》，1946年5月下旬。

你能在明朗的月夜，或当阿细青年酒后兴酣时，看到他们弦歌起舞，你将为他们舞的那么奔放和有魄力而吃惊的！"[1]闻一多写作《〈九歌〉古歌舞剧悬解》亦从彝族求偶歌舞中汲取了艺术成分，在《湘君（湘夫人）》一节中加入了男女"都配成对，相携狂舞"的情节。

八、《尾声》

朗诵声起——"撒尼、阿细、摆夷、花苗派来的使者已经为我们表演了他们的歌唱和舞踊。从他们生活的艺术里已经使我们认识了我们生疏了已久的兄弟们怎样活泼、天真。"演员分民族列队上场。朗诵声继续——"中华民族没有衰老！今天我们已得到了见证……"演员走到前台亮相而后走到后台列队。朗诵声最后说——"我们本是一家人。久别的兄弟们已经回来，我们将从此握着手，紧紧地握着手，在光明路上，迎接我们共同的幸福。"大幕徐徐关闭。

演出收束在"彝汉一家"的主题和团结、奋进的调子中。在1946年的时候，就有这样的思想观点，是十分难能可贵的！它代表了中国最先进的知识分子的民族观念和奋斗精神。因此，这台演出具有很高的思想意义和艺术价值。需要指出的是，"彝汉一家"既是全体编导的共同认识，又是王松声个人首先提出来的。一年前，"暑期服务队"在圭山工作时，王松声就编了一部戏《彝汉一家》演出。此剧为服务队打开工作局面起到了很好的作用。且此次演出的解说词也是王松声执笔的，其中必然贯穿着他的思想。虽然"民族一家"的思想属于现代意识，以孙中山为代表的

①梁伦：《山城看彝舞》，《彝族音乐舞踊会专号》，1946年5月下旬。

文化先驱已有表述，到了抗战时期，已是进步知识分子的普遍认识，但这里讲的是"彝汉一家"，是"彝族音乐舞踊会"的主题，所以说是王松声首先提出，舞踊会的全体编导具体落实的。

这是七十五年前的演出了，我们无法身临其境，但是可以凭借想象感同身受。在上述介绍中，我确实感觉到这台歌舞给观众心灵带来的巨大冲击力。除了每个节目的新鲜刺激、粗犷有力外，整台节目在结构安排上形成的艺术力量也是震撼人心的因素。

这台演出开头引人入胜，中间起伏跌宕，末尾余味无穷，不愧为昆明全体艺术家的功力。序幕下笔点题，民族色彩突出即把观众的情绪引向高潮；第一章那狂放豪迈的"武舞"再把观众的情绪推到最高点；第二章哀而不伤的悼念仪式让观众的情绪返回低沉；第三章幽默风趣的表演再使观众的情绪活跃起来；第四章尚武显强的"娱舞"继续引观众的情绪到达小高潮；第五章以唱为主又使观众的情绪得到缓冲而走向平静；第六章那优美愉悦的"文舞"（情舞）一新耳目且转向集体舞蹈的狂放奔腾而使观众的情绪再度达到顶点；尾声场面热烈，再度点题送给观众以热情和思考。这样的结构，层次分明，感情突出，让观众在整个观戏过程中都处于兴奋之中，又不至于全场一直激动出现"审美疲劳"。编导真是深通艺术三昧！

观众走出戏院，往往意兴未尽，遂奔走相告，传播美感，引得大家争相购票，先睹为快，一定要看看这场彝族音乐舞蹈表演。就这样，彝族音乐舞踊会轰动了昆明。

可笑的是，演出的轰动引起了国民党当局的警觉，两天后，国民党云南省党部便下令禁演，理由是"演出受共产党利用"。接到禁令，大家很着急，王松声、侯澄、毕恒光又去找闻一多。闻一多出了一条绝妙的主意：找张冲。张冲是彝族将领、滇军元老、台儿庄大战名将，威望极高。张冲听后相当气愤，说声"这还了得，走！"拿起手杖就和王松声、侯澄、毕恒光去找省党部书记长，问他："演得好好的，为什么不让演了？"书记长回答："这里面有共产党操纵。"张冲说："你说因有共产党操纵不让演，他们回到圭山就会说：共产党帮助我们演，国民党禁止我们演。使本党失去民心，这个责任你负得起？"书记长无以辩驳，只好同意演出。但他提出三个条件：撤换演出时朗诵的共产党员，不准在场内卖《学生报》、《民主周刊》等，对彝族演员训一次话。

第二天，书记长来给演员训话。他一面假惺惺地表示对演出的支持，一面污蔑共产党利用演出做赤化宣传。演员听不懂汉语，他要毕恒光翻译。而他听不懂彝语。毕恒光便将国民党当局如何阻挠、禁止演出的真相向全体演员讲述了一遍。书记长满意地走了，而训话的效果适得其反。

此后，演员演出更加努力，演出效果越来越好，观众更为踊跃。为了满足观众的愿望，演出负责人不得不将每晚演一场改为日夜各演一场①。昆明更为震动了。

演出的轰动还表现在报刊对"彝族音乐舞踊会"的报道和宣传。抗战胜利后，许多报刊迁回内地，昆明的报刊数已锐减，为数不多的进步报刊都不同程度地报道了演出情况，许多艺术界名家写了评论文章。这种报道和今天所谓炒作不一样，是实事求是的报道。例如广告，公演前未见刊登，而是在公演当天才出现在《云南日报》上，之后又出现过几次。与今天铺天盖地的广告宣传相比，数量实在太少。宣传的文体形式多数是观后感，而不是朋友

---

①参见王松声：《关于西南联大剧艺社的一些情况》和王松声、李凌：《闻一多和戏剧》等文。

间的代笔操刀。报纸宣传最多的除《云南日报》外，是与西南联大关系不甚密切的《民意日报》和《正义报》。演出的第二天即5月25日，《民意日报》发表社论《提高彝胞生活水准》，5月31日刊登存材的《彝族舞踊会献词》，演出结束后，发表杨光洁的文章《送别我们的兄弟》，可见《民意日报》对演出的整个过程都给予了关注。《正义报》的广告次数多于《民意日报》，演出期间天天都登了。5月29日发表社论《由圭山彝胞舞踊会谈起》，此后亦对演出给予了全程关注。在演出期间《正义报》所发观感文章，最有代表性的是李尚彬的《圭山彝胞舞踊观后感》。文章说："锣鼓笙箫齐奏，原是服装出场，这才是真正的舞踊呵！充满着原始风味，充满着生命活力，充满着粗犷，充满着爱情，充满着生的挣扎，充满着死的哀伤，充满着人间的辛酸和痛苦，充满着世上的喜怒与哀乐，有血，有肉，有骨，有色，有声，有泪，惊坏了一些大学教授和文化团体的台柱们，不得不为之捧场，惊坏了太太小姐和享乐的大人先生们，也不由己地为之鼓掌！"①在杂志的宣传中，最突出的是费孝通等编辑的《时代评论》，在演出开始后出了一期"专号"，专号中刊登了闻一多的题词和费孝通、赵沨、梁伦、张域、高寉、杨一波、尚钺、徐嘉瑞、史靖、吴梁海及未署名的十三篇文章。这些文章较为全面、深入地介绍了这次演出的彝族歌舞，对其思想和艺术也有深刻的评论。关于思想的观点在下一节里论述，关于艺术的文章是赵沨的《漫谈阿细、撒尼的舞、乐》和梁伦的《山城看彝舞》。他俩一个是音乐家，一个是舞蹈家，都去圭山调研过彝族的音乐，且都是这次彝族音乐舞蹈会编导团的艺术负责人，对彝族民间艺术的见解必然深刻。尤其是梁伦，他从挑选演员，确

---

①李尚彬：《圭山彝胞舞踊观后感》，《民意日报》，1946年5月26日。

定节目，到指导演员作初步排练、编排节目，再到最后的编辑指导
与演出，负责了整台歌舞演出的全过程，因此，他对彝族民间歌舞
有精深的了解。六十年后梁伦在总结《阿细跳月》的艺术创作经
历时还回忆说：他当年一接触彝族歌舞就被深深地吸引，并且意
识到这些歌舞"具有强大的生命力和丰富的内涵"，值得介绍给
外界①。赵沨的文章讲述一年前他去圭山做田野调查的收获，文
中记录了彝族的音乐，分析了彝舞的类别。梁伦的文章着重谈论
此次演出的彝舞的和谐与表现力，尤其赞赏它符合人体运动的自
然动作："舞的步伐姿态虽然很简单，但都合乎身体运动的自然
规律。在表现上，都与他们（农民）的生活内容密切地联系着。在
情调上，虽然有一二个欢快的，但大体上都沉重而忧郁，粗犷而不
流于感伤。"②这些真知灼见是十分难得的宝贵材料。

　　关于节目的不足，当时的文章以不同的方式直接表达了出
来，那便是原始、简单，可能还要加上粗糙。的确，预演后的集训
只有三天，三天的排练无论如何也不能达到精致。但就是在这
些简单、粗糙的形式中，包含着朴素、单纯的美感，天真、快乐的
心灵，健康、向上的格调和生命力强健的信息。因此，人们乐于
观赏。那些评论文章一再提醒观众，不要用猎奇、庸俗的眼光去
看待这些歌舞，而要摒弃儒家文化礼仪的偏见，去积极地认识它
们，汲取它们的热情和魄力。这些都是极有见地的。

　　彝族音乐舞踊会演出势头日高，观众潮涌不断，一日两场场
场爆满，长演下去，不仅社会效益更大，演职人员的收入也将更
为可观。可是，生活的紧箍一日紧似一日，弄得演员们焦急不安：

①梁伦：《〈阿细跳月〉的魅力》，《舞蹈》，2005年第1期。
②梁伦：《山城看彝舞》，《彝族音乐舞踊会专号》，1946年5月下旬。

"田快插秧了，老不回去将来吃什么？""田里的水快放了，谁去放呢？"一连串的问题逼得他们去留难决，有的女演员急得哭了。演出不得不戛然而止。

1946年6月3日晚，昆明文化界在西南联大师范学院举行欢送彝族演员联欢会，以西南联大为主的三千多人出席。联欢会上，昆华女中合唱团以一曲《天鹅之歌》拉开序幕，云南大学剧社演出迤西方言剧《放下枪》，新中国剧社演出《朱大嫂送鸡蛋》，中华小学演出舞蹈《今天是我们的新天地》，著名歌唱家李嘉玲用昆明小调唱出欢送彝族演员的歌曲。彝族演员演出情歌对唱，舞起《阿细跳月》……观众的掌声一浪高过一浪。最后，大家围着篝火跳起《阿细跳月》，欢乐的乐曲和吼声响彻夜空……不觉时近十二点了，主席不得不宣布晚会结束。而那真挚的友谊和惜别的深情却长久贮藏在大家心中。

第二天，彝族青年带着轰动一城的演出成绩，带着民族团结的理念，带着昆明文艺界的嘱托，带着春城人民的友谊，带着西南联大的热情，同时也带着演出十天的劳动收入，乘火车返回家乡。西南联大学生会、剧艺社的代表和王松声、陈月开、陈彰远、侯澄等朋友到车站送行，深情缱绻，难舍难分……

## 第三节 "彝族音乐舞踊会"的历史意义

彝族民间原生态歌舞演出一举成功，昆明文艺界大为振奋。云南有二十多个民族，可以在民族艺术上做出深入的开掘。但国内形势急转直下，就在彝族民间艺术演出队离开之时，昆明开始了恐怖政治，西南联大复员北上，剧艺社社员先后随之离开，1946年7月11日，特务暗杀了民主人士李公朴，四天后的7月15日，闻一多也被暗杀了！两位烈士血迹未干，国共两党的内战全面爆发了。接着是解放战争、建国、生产、"反右"、"大跃进"、"文革"，谁顾得上大规模地整理开发民间原生态歌舞呢？本来，五十年代有一段大好的时光，一些艺术家也开始了民族文艺的整理工作，但好景不长，很快就被迫停止了。民族文艺工作由此搁浅。但文化的进步自有其规律，它不能重建，只能继承和发展。1946年这台"彝族音乐舞踊会"的艺术开发与演出效果一直为人们记取，八九十年代不时有人提起，其价值与经验已深入人们的精神，在自觉不自觉中发挥着作用。所以，当年彝族民间原生态歌舞演出的意义是巨大的。其意义可以概括为展示、宣传、认识、启迪、开创、启动六个词，下面将依序展开论述。

## 一、展示

多才多艺的彝族人民，创造了丰富多彩的歌舞。但数百年来，他们的歌舞锁在深山，无人知晓，彝族不愿拿出来，城里人也不可能进去感受。正如毕恒光在动员彝族老人让青年人带歌舞去昆明演出时说的：以往我们向汉人学习，读汉文，识汉字，请汉人当老师，如今我们拿自己的歌舞给汉人看看，要汉人向我们学习，做汉人的老师，这正是我们的面子啊。展示自己民族的歌舞，让大家学习便是彝族同胞举行此次演出的基本动机。于是，彝族青年带着祖传的艺术——那些带着泥土的芬芳、充满民族气息的歌舞，以虔诚的态度，展示自己民族的艺术瑰宝，让观众去观摩学习，因此，他们表演得十分卖力，保证了演出的成功。

展示的另一瑰宝是民族服装。圭山彝族是什么样子的，穿什么样的服装？城里人从来没有见过。这次演出一开始就安排了别开生面的彝族姑娘服装展示：四种身着自己民族服装的演员分别列队在舞台上行走，根据需要做出整齐而又各样的展示动作，解说员从头巾到鞋子都作了介绍。观众不仅看得清楚，听得明白，更理解得透彻，心灵也就随之跳动。那展示的意义和艺术效果十分显著。让我们看看对于撒尼姑娘服装展示的解说词吧——

　　瞧——她们那光彩夺目的包头：那一针一线，用五彩丝线刺绣出花花朵朵来的；那一道一道，用五彩布条包镶嵌出虹彩来的包头，宽宽地横箍着。两边，还连着花样巧妙的三角棱棱！后面，稍微偏右，那儿垂下来乌亮的穗子，和那一绺乌亮的头发——不正如他们身子一样活泼矫健地在摆动！

　　一身干净的宽大的衣裳，蓝色的、黑色的……斜襟上，宽袖子上，还镶嵌着颜色调和，式样精致的花边边。腰间束上一条宽宽的花带子；和包头，斜襟，袖管一样的，这腰带刺绣出她们的聪明伶俐。你能不赞叹么？那双腕间套着沉甸甸的银镯子的手，既能种地，打柴草，理家，带孩子，又能做出这么艺术的图案，这么精巧的针线。还有，这精致的腰带不但表现了她们的聪明伶俐，同时是她们爱情的表征。哪一个幸福的男子得到她们的腰带，那就是说他已经获得了她的心。

　　背上斜挂着的，是一块白毛的羊皮，外面蒙着黑色布面子。这羊皮，白天是她们御寒的外套，晚上可又是她们的被盖了。

　　跟着她们同伴的月琴皮鼓的节奏，她们那充满活力的脚跳得那么纯熟起劲！她们那花花绿绿的翻尖鞋子，不正舞动得你眼光缭乱！[①]

---

①王松声执笔：《朗诵行列》，《彝族音乐舞蹈会专号》，1946年5月下旬。

然而，深层次的展示则是通过这些歌舞和服装，展示了彝族人民的精神面貌和创造能力，让人们认识到彝族是一个伟大的民族。这在下面的第三点再论。

本族人展示本民族平时穿戴的服装，并有解说词作详细的说明，其真实感人的效果一定赛过当今舞台上那些冷面无情地走着猫步且无介绍的服装模特儿的表演！

这次展示是彝族历史上的第一次，是值得演员们引以为豪的开创历史的壮举。

## 二、宣传

这次彝族音乐舞蹈会的举办对于彝族生活、历史、文化的广泛宣传的催生作用是前所未有的。演出本身是宣传，但这里所说的不是演出，而是报纸杂志对于圭山彝族的介绍。此前，报纸杂志上也有过对于彝族的宣传介绍，但都是零星的。像这样使得昆明各个进步报纸和刊物同时集中报道一个地区民族的"宣传现象"，有的报纸在"彝族音乐舞蹈会"期间连篇累牍地刊登文章，有的杂志出了专号的情况，不仅在昆明是第一次，恐怕在全国也无先例。这里以《彝族音乐舞蹈会专号》为例，看看当时宣传的几个主要方面：

第一，圭山彝胞的物质生活非常困苦。赵沨说他旅行去圭山区阿细居住的地区，"沿途上看到的尽是荒山，在山石的缝隙，种植了一些麦子，简直看不到水田，那真是贫穷的地方"①。张域在文章中说："一天一天，一年一年，他们从天亮苦到天黑，从

———————————

① 赵沨：《漫谈阿细、撒尼的舞、乐》，《彝族音乐舞蹈会专号》，1946年5月下旬。

年初忙到年尾,所得的报酬仍不够温饱。地上的收入,有些全部拿去上粮还不敷,赶街子卖烧柴所得的价钱就只够把门户钱交清……"① 史靖见到的是:"那安静得可以逃避现实的环境,却充满了忧郁苦愁的瘦脸,那一大群忠厚的男女,却整日陷于魔鬼罪恶的围攻中……"②

第二,圭山彝胞的精神生活非常丰饶。梁伦说:"这几乎被遗忘了的少数民族,生活即使简陋到了极点,但他们的艺术生活,他们的内心的生命,却比住在大城市的汉人丰饶得多了。"③ 吴粱海的《撒尼姑娘》是一篇专门介绍撒尼姑娘精神生活的文章,文章说:"'撒尼姑娘'这个诱人的名称,正如他们的实际生活一样,常常和歌声搅在一起,她们的生活是极端艰苦的,但从某种角度看来,又极富于诗意!在记忆里,和撒尼姑娘分不开的,是嘹亮的歌声,是诱人的'夜雨',尤其是男女青年间无拘无束的浪漫生活。"④

第三,彝胞的历史是被驱赶的历史。舞台朗诵词是最广泛的宣传:"撒尼、阿细以及很多其他的民族大半都是我们中原的先民和在边区的土著。他们比汉人先到这地方,但是汉人接踵来了。而且对于兄弟们一点也不客气,凭他们武器的优越,一步一步地逼他们上山,把他们本来在坝子里的土地占了。"⑤ 史靖也用他深入生活的经历说:"他们特地提起自己的祖先,便立刻感到骄傲,因为从传说和记忆里,他们相信山外的世界本来是属于彝族的

①张域:《看!他们的生活》,《彝族音乐舞蹈会专号》,1946年5月下旬。
②史靖:《我怀念那群善良的人》,《彝族音乐舞蹈会专号》,1946年5月下旬。
③梁伦:《山城看彝舞》,《彝族音乐舞蹈会专号》,1946年5月下旬。
④吴粱海:《撒尼姑娘》,《彝族音乐舞蹈会专号》,1946年5月下旬。
⑤王松声执笔:《朗诵行列》,《彝族音乐舞蹈会专号》,1946年5月下旬。

土地。在火把节的晚上，年长的老人静静地叙述着他们的祖先曾经怎样和汉族搏斗，虽然那都是许多年前的故事，总不免令人遗憾！"[1]这些话都充满了汉族同胞对于祖先土地争夺战的自责，虽然他们不可能对战争负责任。所以，尚钺的文章曾提到"大汉族主义"并加以谴责[2]。

第四，对于彝胞"公房"制度的理解。尚钺从历史文化的角度论说公房之类是中华民族共同的风俗，"如公房制度，《周礼》名为'公宫'，谓为教女孩子出嫁礼节的宗庙；又如彝族同胞青年男女结婚前的春秋会期，《周礼·媒氏》：仲春之月，令会男女……奔者不禁等等"[3]，这些风俗被彝族保存了下来。吴梁海说："'公房'制度，很容易被人误解……给你一个机会去亲历这种生活，你便会感到这正是男女间最正常的交往，并没有什么诗意了。公房里的男女关系，比起汉人来，自然是轻松得多，但绝不像一般人所传说的那样不近情理的随便。她们和男子们的结合是很自然的，但也是很慎重的。……在终日劳苦之后，用这种情爱的方式来调剂一下生活，籍以解脱一下疲劳和痛苦，这在他们的社会里，实在是非常必要而且是决不可少的。"[4]当时演出的一个节目还表演了撒尼的公房生活，是极健康合理的。

第五，彝胞具有多种美德。史靖说："在他们自己的生活里，尽管受到无穷的压榨，尽管受到无穷的侵扰，但他们依然没有失

---

①史靖：《我怀念那群善良的人》，《彝族音乐舞蹈会专号》，1946年5月下旬。
②见尚钺：《论保存中国民族艺术与彝胞舞蹈》，《彝族音乐舞蹈会专号》，1946年5月下旬。
③尚钺：《论保存中国民族艺术与彝胞舞蹈》，《彝族音乐舞蹈会专号》，1946年5月下旬。
④吴梁海：《撒尼姑娘》，《彝族音乐舞蹈会专号》，1946年5月下旬。

去纯洁与天真，还保留着许多善良的风习：诚实、守信、纯朴、互助与和谐。"①舞台朗诵词提醒观众说："别把他们的热情看作毒蛇猛兽。他们是这般天真，快乐：他们或者不知道拘束文明人的繁文缛节，但比我们更懂得爱情。"②张域说："彝胞生活在没有正义，没有真理，苛捐杂税繁重的环境里，而他们自己的组织力很强，自治力很强，我们在村子里找不到赋闲堕落不从事生产的人，看不见一个讨饭的乞丐，所以在彝村是没有小偷，夜不闭户的。这是汉人村落所罕见的。"③

这些宣传没有人划圈子、定调子，没有统一的口径，全是作者们的自由言论。由此可以说，它们反映了当时知识分子的一致思想和态度。

三、认识

如果说宣传的内容为演出节目以外的事，那么认识则是由演出的内容引发的思想和态度。

城里的大多数人从没接触过少数民族，没有思考过民族问题，谈不上民族思想。这次彝族歌舞队来到门前，媒体上多是关于彝族的文章，自己也看了演出，所到处都能听到旁人的议论，于是形成了一种环境氛围，不能不引起自己的思考，从而形成了一定的观念。而在思想领域充当前锋的往往是知识分子，尤其是那些曾经到过彝族村寨，做过民族工作的知识分子看了彝族歌舞后，纷纷发表文章，表达他们对于彝族及其歌舞的观点和态度。今天看来，他们的一些认识是富有创建的，具有开创性的，且与民

①史靖：《我怀念那群善良的人》，《彝族音乐舞踊会专号》，1946年5月下旬。
②王松声执笔：《朗诵行列》，《彝族音乐舞踊会专号》，1946年5月下旬。
③张域：《看! 他们的生活》，《彝族音乐舞踊会专号》，1946年5月下旬。

族发展的情形一致,甚至和今天的民族政策相符。这是相当了不起的!

中华各兄弟民族是一家,是这次演出的第一个重要思想。"彝族音乐舞踊会"的主题就是彝汉一家,全部节目都是在这个思想的统摄下演出的。请看演出开场的一段道白吧——

在我们广袤美丽的中华国土上,居住着各种民族,就好像一个大家庭有着很多的兄弟姐妹们。他们各自在他们特殊的处境里,寻求他们的生活,发扬他们的文化。历史这样悠久,山川这样纵横,时间和地域阻隔着他们,兄弟们之间,显得这样疏远。疏远助长了误会和歧视,甚至发生过多少不必要的冲突、战争。可是我们究竟是一家人,身体里流着同样的血液,皮肤上发出同样的光彩,而且我们分担着共同的运命:休戚相关,痛痒相连;我们也负担着共同的责任:祖先的光荣,子孙的前途。在这个时候,中华民族在忍受历史的试验里,我们共同的生命,共同的责任,已使我们久已疏远的兄弟大家感觉到过去的错误。迷途知返!我们从今天起,兄弟们要携着手前进,走向我们民族复兴的道路。我们要把每个人过去所有的成就都堆积在一起,充实我们共同的文化,增加我们生活的内容,鼓励我们前进的勇气。①

如果不点明时间,也许你会以为这段话不会出于1946年,而是出于今天某个人的手笔呢。这一思想最初是王松声和演出编导团的,但决不仅仅属于编导团,当时报刊上的许多文章都表现了

①王松声执笔:《朗诵行列》,《彝族音乐舞踊会专号》,1946年5月下旬。

这一思想，而"彝胞"则是共同的用语。仅从标题看，都有：《云南日报》上李全的文章题为《彝胞生活简描》，《民意日报》表示欢迎的社论题为《提高彝胞生活水准》，普梅夫的文章题为《圭山彝胞的乐舞》，杨光洁的文章为《送别我们的兄弟》，《正义报》的社论题为《由圭山彝胞舞蹈会谈起》。至于文章中的相同用语，读者从上文所引的话语中已有感受了。

　　"中华民族是一个"的观点在抗战期间曾引起学界的探讨。1939年2月13日，昆明《益世报》刊发顾颉刚的《中华民族是一个》一文，提出中华民族只有一个的大民族观。针对顾颉刚的一元民族观，费孝通提出多元民族观相对抗。他写了《关于民族问题讨论》一文，同样刊发在5月1日的《益世报》上。两文引发了一场关于民族问题的大讨论。讨论促使知识分子对民族团结与抗战力量进行思考和认识，由于讨论的中心是民族理论问题，未能引起大众的广泛关注。彝族音乐舞蹈会的主题并非关于族别，而是以"一家人"来比拟中华各民族。从宣传的角度说，这比抽象的民族理论对接受者更有亲近感与亲和力，容易成为口号而传播开去。于是"中华民族是一家"的思想成为　个中心词在当时的报刊上频频出现。可以说，彝族音乐舞蹈会的演出及由演出引起的密集宣传把这一思想光大并普及开，使之成为人民群众的普遍认识。这是这次演出的一大功绩，在我国民族研究史上具有拓展的意义。中华人民共和国成立后，各民族一家、各民族平等的观念正是我们制定民族政策的基本思想。有一首家喻户晓的歌唱道："五十六个民族，五十六朵花，五十六个兄弟姐妹是一家……"如果说这首歌体现了从它问世以来三十年的民族观念的话，这种思想不正是当年彝族音乐舞蹈会的主题吗？所以，彝族音乐舞蹈会关于"中华民族是一家"的思想是站在历史高度的思想认识，因而得到了各民族的共识并长久的流传。

　　对于民族艺术的肯定是这次演出的第二个思想认识。过去，很少有人知道彝族有这样优美健朗的歌舞。看了这次演出的节目，人们的观念为之一变，不仅认识到彝族有着丰富多彩的音乐舞蹈，而且对这些纯粹下里巴人的艺术给予肯定和赞美。请看以下观点：

　　闻一多题词道："从这些艺术形象中，我们认识了这民族的无限丰富的生命力。为什么要用生活的折磨来消耗它？为什么不让它给我们的文化增加更多样的光辉？"①

　　楚图南称赞说："那是劳动民族的健壮的乐歌和舞踊……那纯然是朴素的，自然的，且几乎是近于原始的乐歌和舞踊。"②

　　尚钺甚至认为："如果说艺术是民族的灵魂的表现，那么，我可以说：中华民族的灵魂不表现在历代封建地主病态的雍容大雅的繁琐礼仪中，却表现在许多边地彝族同胞的社会意识中。"③

　　杨一波认为，彝族音乐舞蹈的作用在于补充人们生活与生命的需要："这种音乐艺术的普遍与深入，实在是他们生活的要素，生命力的源泉，有了它，生活得到了寄托，疲劳得以恢复，苦闷得以解脱，精神生活加了营养，希望得到了鼓舞。"④

　　丹虹则从音乐舞蹈中看出了年轻的人民的声音："这种舞蹈

---

①闻一多为"彝族音乐舞踊会"题词，《彝族音乐舞踊会专号》，1946年5月下旬。

②高寒：《劳动民族的健壮的乐歌和舞踊》，《彝族音乐舞踊会专号》，1946年5月下旬。

③尚钺：《论保存中国民族艺术与彝胞舞踊》，《彝族音乐舞踊会专号》，1946年5月下旬。

④杨一波：《从圭山区彝胞说到此次乐舞会》，《彝族音乐舞踊会专号》，1946年5月下旬。

通常是用音乐为主的,它的旋律是紧张、热烈,节奏简单而有力,一种向上的,奋进的,鼓舞的。很少听到哀怨的一面,至于那种病态的呻吟可以说简直没有过。这种音乐才是健康而年轻的人民的声音。"①

这种年轻生命发出来的声音,足以证明中华民族的活力。所以费孝通说:"很多人觉得中国民族是太老了。几千年道学的控制,生活的压迫,确使广大的人民到了不能笑,不能唱,不能跳的地步,沉沉的死气表现出民族衰败的气息……只要我们走得远一点,传统士大夫造下的生活桎梏稍稍不太有效的地方,像我们云南的边民里,生活之火还是辉煌的,熊熊燃烧着。粗大的歌声,健壮的动作,使你兴奋,使你自信。中国民族何尝衰老,还是刚在苗芽;只要我们能把这股生气,爱好活力的动力,不加以阻遏,它自会奔放,给我们文化一个再生的机会……我们眼睛向着人民时,一切都是希望、光明,和鼓励。路南彝民的歌舞,又是一个强烈的例证。"②

感谢彝族保存了中华文化并提出了保护民族艺术的问题,是这次演出的第三个思想贡献。由于中华民族本是一家,各民族共同创造的文化必然在各民族中存在,可是,"汉族这个大哥,当我们和我们的兄弟分家之后,太粗心大意,把家传的宝贝,民间的歌曲和舞踊,不经心地丢了"③。而彝族兄弟,却在极其艰难困苦的条件下把家传的宝贝保存了下来,并且精心地培育,使其发扬光大。所以,要感谢彝族对中华传统艺术的保存之功。可是,在当时

---

① 丹虹:《关于彝族艺术》,《云南日报》,1946年5月25日。
② 费孝通:《让艺术在人民中成长》,《彝族音乐舞踊会专号》,1946年5月下旬。
③ 王松声执笔:《朗诵行列》,《彝族音乐舞踊会专号》,1946年5月下旬。

彝族的生存条件下，要保存下去已经困难了。怎么办？若要使其能够继续保持，第一要提高彝族的生活水平，第二要扶持歌舞的发展。而要做到这一点，最根本的是要实现民主政治。这种观点最有代表性的是：

尚钺："中华民族的舞蹈，根据过去一般学者、名流的研究，却是失传了的。……我们幸而还有着许多长期被迫害的异族同胞为我们保存下来真实的民族的文化艺术，使我们还能说：'中国不是一个没有文化艺术历史的国家。'但是这许多民族同胞所保存的这一点真正中国民族化的艺术，如果再在大汉族主义的专制下继续迫害[1]着，恐怕终究是会被完全消灭的。所以欲保存中国还残存的一点真正的国粹，唯一的道路，只有实行民主，彻底消灭法西斯反动派的专制独裁。"[2]

楚图南说："看了这样的乐歌和舞蹈，令我们想到了现实的中国如何迫切地需要民主政治的彻底实现，使劳动人民都生活得很好。更需要正确而合理的民族政策，提高这些劳动民族的教育水准，发扬光大他们的文化和艺术，来加强中华民国大家庭中各民族生活的创造力，和丰富充实中华民国全部的文化内容，也开展了中华民国的生活和文化的新的前途。"[3]

《民意日报》社论说："此后，我们要提高警觉，建议政府增进彝民教育，加强边疆行政，提高边胞生活，发展边地生产事业。同时，为彝汉关系密切起见，应尽其所能，使彝汉文化互相交流，

---

① "迫害"二字难以辨认，为笔者推测。

② 尚钺：《论保存中国民族艺术与彝胞舞蹈》，《彝族音乐舞蹈会专号》，1946年5月下旬。

③ 高寒：《劳动民族的健壮的乐歌和舞蹈》，《彝族音乐舞蹈会专号》，1946年5月下旬。

互为作用；我们建议政府组织剧影巡回机构，分发各边区去义务演放，同时，综合彝汉两族的艺术特点，编演以彝胞生活为题材的歌剧，并扶助彝胞组织各种歌舞团，欢迎他们常来内地表演。"①

　　所以，朗诵词说得好："就是他们爱美的生活，保持、维护了我们共同祖先传下来的艺术，生命的咸味"，"他们并不是只想供给我们片刻的娱乐，而是想用他们的歌曲用他们的舞踊，唤起我们的歌曲，我们的舞踊，用他们生命的火焰，燃起我们的火焰。他们要我们和他们同声高呼，人生是美丽的，生活是可爱、可贵的"，"我们从今日起要为我们被遗忘已久的兄弟们服务，尽我们每一个人的力量，要在一切方面帮助我们的彝胞，改善他们的生活，消除压迫他们的力量"②。这些话可以看作当时有识之士的共识。

　　从彝族同胞方面说，增强了他们的民族自信和斗争意识是一个主要的思想收获。山外的世界，汉人的地方，是彝族青年向往的。他们想出去看看汉人是怎样生活的，他们为什么发展得那么快，应该向他们学习什么？过去的民族隔阂使他们无法知晓，现在有这样一个走出去的机会开开眼界，他们非常高兴。昆明的确与彝族地区不一样，一所接一所的楼房，宽阔的街道，平坦的马路，行人的秩序，大学生的精神气质，观众的热情，还有翠湖、大观楼、西山的景致……他们看到了先进文化的成果，认识有了提高。而另一方面，这样漂亮的城市，又缺少他们的歌舞，缺少他们宽阔的土地与山林，还有他们的自由。尤其是他们的歌舞，使那么多的人迷醉，在山里很普遍的东西，城里人花钱都买不到票看，还有那么多大、中学生向他们学习，自己当了一回老师，真是出乎意料。

①社论：《送别我们的兄弟》，《民意日报》，1946年6月14日。
②王松声执笔：《朗诵行列》，《彝族音乐舞踊会专号》，1946年5月下旬。

他们没有辜负毕恒光和老人"把我们自己的东西拿出去给他们看看，让他们学习"的愿望。通过演出，他们更加认识到自己的歌舞是好东西，是城里人需要的拿得出手的好东西，从而意识到要更加珍惜自己的艺术，把祖先传下来的东西保存好，内心产生了一份骄傲与责任。由于历史造成的精神压力，他们原先并没有觉得自己有什么了不起的地方，这次演出改变了他们的自卑，建立了民族自信心。这是他们最大的思想收获。

由于国民党省党部的禁演，他们认识到什么人好，什么人坏，应该听什么人的话。而由禁演到复演，他们体会到斗争的效果，提高了政治觉悟。他们回去后，把这种认识扩散开去，自己则成了共产党依靠的对象和革命的种子。1949年初，中国人民解放军滇桂黔边区纵队来云南，首先选择在圭山彝区开展工作，并在圭山和维则建立了革命政权，他们中的绝大多数就是民族工作和解放彝区的骨干。毕恒光则在这场改天换地的斗争中英勇牺牲。这种政治意识的成果，恐怕比若干人的说服教育更有效。

四、启迪

思想的产生需要启迪，艺术的创新同样需要启迪。这次彝族歌舞演出给思想和艺术界的启迪是多方面的。上面的论述已部分涉及这一点，这里再以闻一多创作《〈九歌〉古歌舞剧悬解》为例作一论证。闻一多在策划彝族原生态歌舞演出时，并没有想到这场演出会激发出他改编《九歌》的强烈愿望。第一场公演，他率领全家前去观看，演出过程中，他密切关注各种意见，演出结束，他兴奋地宣告："我多年的愿望实现了。"[1]这一"愿望"就是改

①转引自萧荻：《我们应当写闻一多颂》，《闻一多纪念文集》，北京：生活·读书·新知三联书店，1980年，第324页。

编《九歌》，即恢复《九歌》的原貌。

　　《楚辞》是闻一多研究的主攻对象之一，他十几年前就"颇致力于此书"①，成绩卓著，世所公认。有评论说："他写的一系列研究《楚辞》的论文，提高了一个时代的《楚辞》研究水平。"②他对《九歌》的研究多所发现，他"把古书放在古人的生活范畴里去研究；站在民俗学的立场，用历史神话去解释古籍"③，从而认为《九歌》是一套完整的宗教歌舞剧，传世的《九歌》实际是楚王祭祀天神东皇太一时演唱的歌词④。他凭借自己深厚的戏剧修养，计划把《九歌》的剧本拟出来，让今人了解原本《九歌》⑤。多年来，他为"《九歌》剧本"进行了多种设想，如在《〈九歌〉的结构》中有这样一段描写："代表东皇太一的灵保（神尸）庄严而玄默的坐在广三十步高三十丈'有文章采镂黼黻之饰'的八觚形的紫坛上，在五音繁会之中，享用着那蕙肴兰藉，桂酒椒浆的盛馔，坛下簇拥着扮演各种神灵及其从属的童男童女，多则三百人，少亦七十人，分为九班，他们依次的走到坛前，或在各自被指定的班位上，舞着唱着，表演着种种程度不同的哀情的以及悲壮的小故事，以'合好效欢虞太一'。"⑥这些论述文

①闻一多：《致游国恩》（1933年7月2日），《闻一多书信选集》，北京：人民文学出版社，1986年，第229页。

②刘烜：《闻一多评传》，北京：北京大学出版社，1983年，第257页。

③陈凝：《闻一多传》，民享出版社，1947年，第3页。

④见闻一多：《东皇太一考》、《司命考》等文，《闻一多全集》第5卷，武汉：湖北人民出版社，1993年12月。

⑤闻一多：《什么是九歌》的提纲草稿，见闻黎明、侯菊坤编：《闻一多年谱长编》，武汉：湖北人民出版社，1994年7月，第625页。

⑥闻一多：《〈九歌〉的结构》，《闻一多全集》第5卷，武汉：湖北人民出版社，1993年12月，第358页。

字很像舞台剧本的文字。但诗人闻一多尽管想象丰富，还是构不成完整的剧本。这是为什么？大概找不到理想的表达方式并缺少创作灵感。是这次彝族原生态歌舞表演打开了闻一多的想象空间，激发了创作欲望，因此，才在短短的时间内写出了剧本《〈九歌〉古歌舞剧悬解》（下称《悬解》），实现了"多年的愿望"。当圭山彝族音乐舞踊会演出结束，毕恒光感谢闻一多为演出所做的工作时，闻一多说："你们这个民族有丰富的财富，这次你们干的很好，我还向你们学了不少新东西哩！"[1]闻一多学到的东西，恐怕"除彝族人民的思想精神和艺术风采外，还包括着对二千年前的古歌舞剧《九歌》的理解，换言之，是闻一多从彝族歌舞里看到了屈原的《九歌》"[2]。中华各民族是一家人。按照瑞典心理学家荣格的原型理论，在深层支配着人的心理活动的集体无意识来自种族的遗传，那么，闻一多从彝族歌舞里看到楚人的《九歌》是不奇怪的。这与赵沨、梁伦、费孝通等从中看到中国古代汉族的文艺，尚钺则从中看到西北秧歌的风韵是一样的原理。

　　那么，闻一多从彝族歌舞中得到了哪些启示呢？首先是整体构思。我们知道，圭山彝族音乐舞踊会用一个主题串起二十多个歌舞节目组成一台完整的演出，闻一多的《悬解》不仅做到了整体结构完整，同时每一章也是一个完整的小故事；观众从舞踊会看到的是彝族山寨的风情，《悬解》让人看到的是神界的景象，气氛统一和谐。其次是具体的情景和细节。《悬解》在《国殇》一章中写道："国人为庆祝胜利并哀悼国殇，手拿着武器和钲鼓，环绕

---

[1] 转引自王松声、李凌：《闻一多和戏剧》，赵慧编：《回忆纪念闻一多》，武汉：武汉出版社，1999年9月，第323—324页。
[2] 李光荣：《彝族歌舞与闻一多〈"九歌"古歌舞剧悬解〉》，《民族文学研究》，2002年第1期。

着死者尸体，举行撒尼人跳鼓似的舞蹈。"这里，撒尼欢迎凯旋的将士的舞蹈被直接用进了《悬解》。《悬解》大量使用的对唱形式可能来自《阿细的先基》。对唱不仅符合歌剧的形式，而且符合今存《九歌》的诗句。对唱不仅解决了《悬解》艺术形式的大问题，还启发闻一多在剧中增添了一些出场人物，构造了集体祭祀"虞太一"的场景。《悬解》在《湘君（湘夫人）》一章中写道："这时湘君和女甲从花丛中走出，于是，湘君和女甲，公子和女乙，每一个男侍和每一个女侍，乃至车御和船娘，都配成对，相携狂舞。"这是古代集体恋爱的形式。在《大司命》一章中又写道："司命瞥见美人们，疾驰而下。美人们惊慌逃避，司命绕着山石追赶，一个个被拉住又挣脱了。如此数次，直到他动员起全体水族来助他遮堵，这才抓住一个，他大笑，美人也笑了。"真是赤裸、热烈、原始，充满野性。这些描写不是体现出了《阿细跳月》以及《阿细的先基》、《大箫》、《一窝蜂》等音乐舞蹈会节目的情调么？当然，闻一多从彝族音乐舞蹈会得到的启发是多方面的，也是整体性的，不能作一一对应。

五、开启

这台彝族音乐舞蹈会的开启之功是多方面的，上述各点都属于开启之列。这里再集中谈谈对于民族民间歌舞尤其是原生态歌舞演出的开创。

在论说此问题之前，需要先说说戴爱莲的"边疆舞"。1946年3月，戴爱莲在重庆举办"边疆音乐舞蹈大会"，节目多为她去四川西北少数民族地区采集的歌舞，主要由她本人或她与别人共同演出，其中有几个节目为该舞原创民族的民间舞手演出，是为少数民族歌舞登上现代舞台和民族原生态歌舞演出的滥觞。今天所谓"民族民间歌舞晚会"或"原生态歌舞演出",往往指整台晚会都是"民间"或"原生态"的。这种情形只符合彝族音乐舞踊会而不符合"边疆音乐舞踊大会"。所以,民族民间歌舞或原生态歌舞的演出始于1946年5月在昆明举办的彝族音乐舞踊会。

以宗法制度为社会思想基础的封建社会,雅文化与俗文化是分离且对立的,所谓下里巴人不登大雅之堂,这是贵族对于民间文化的态度。少数民族即蛮夷文化更在贵族的排斥之列。因此,少数民族民间文艺千百年来是不登大雅之堂的,它只能"藏之深山",作为民间自娱自乐的方式。王松声、毕恒光、闻一多、梁伦等一批具有现代意识的知识分子,发现了少数民族民间歌舞的价值,把它挖掘出来,搬上都市大舞台,并通过适当的提升和一定的"包装",使其艺术光辉大放异彩。而且在广泛而集中的宣传下,使市民大众接受并喜欢它。这批知识分子便是开启民族民间艺术历史大门的人,这台歌舞便是民族民间歌舞以整台晚会的形式登上中国现代大舞台的起始标志。

以此为开端,彝族歌舞逐渐走向了全国和世界。让我们看看《阿细跳月》的演出史吧。此次演出后,梁伦把它改编并列为他在昆明组织的中华舞蹈研究会的保留节目,他去香港后,又把它列入香港中原剧艺社和中国歌舞剧艺社的保留节目,不仅在香港演出,还赴泰国、新加坡、马来西亚等国演出。1950年,由彝族歌舞手担任演员的该舞被选为西南各民族国庆观礼文工团的节目,上北京参加国庆一周年献礼演出。经梁伦编导的该舞,1951年被选赴柏林参加世界青年联欢节,接着随中国青年文工团到苏联、波兰、匈牙利和德国演出,1953年再次被选去华沙参加世界青年联欢节演出,1957年又一次被选参加莫斯科世界青年联欢节且获得演出金质奖章①。1999年，在昆明举办的世界园艺博览会上，由彝族农民演员演出。如今，《阿细跳月》已是世人皆知的著名舞蹈了。

　　当年参加彝族舞踊会的演员全是圭山的少数民族农民青年，演出的全是他们在日常生活中唱和跳的歌舞，乐器是他们平时使用的，连舞台服装都是他们在家中所穿的，所以，彝族音乐舞踊会是一台地地道道、原汁原味的"原生态歌舞"。此后，原生态歌舞经过五十多年的缓慢发展，到二十一世纪终于独立于艺坛。2004年，杨丽萍主创的《云南映象》冠名"原生态歌舞集"公演，起用百分之七十的少数民族农民演员，演出誉满国内外，从而把"原生态"一词写入历史，并且"由此带来了一个话语时尚，于是包括民间舞蹈在内的地方特产非'原生态'不美，一时间'原生态'如广告语一般流行开来"②。如今在互联网上"百度一下"，"原生态"一词竟有四千多万个查询结果！2006年9月在北京举办的全国少数民族文艺汇演中，"'原生态歌舞形式'成为各个晚会打出的王牌节目"③。2006年和2008年中央电视台举办青年歌手大赛，两次设立原生态唱法组，2007年还举办了中国原生态民歌大赛。可以说，原生态歌舞已成为近些年歌舞演出的热潮，许多省、市、自治区以及地、州、市都有自己的原生态代表作品。与此同时，"原生态"歌舞的提法却遭到了质疑。由于主题所限，本书

---

① 材料见梁伦：《〈阿细跳月〉的魅力》，《舞蹈》，2005年第1期；《路南彝族自治县县志》，昆明：云南民族出版社，1996年等文献。

② 刘晓真：《从田野到舞台：中国民族民间舞蹈的道路》，《舞蹈》，2008年第12期。

③ 江东：《绽民族芳华　展中华气度——第三届全国少数民族文艺会演评述》，《舞蹈》，2006年第11期。

无意参与"原生态"的讨论并为它作出界定，只想说明：原生态一词在今天被广泛地使用，原生态歌舞是二十一世纪以来演出的热潮，而原生态歌舞晚会的开创却是1946年在昆明举办的彝族音乐舞踊会。

彝族音乐舞踊会开启的内容同样是多方面的，比如对于保护彝族民间文艺的宣传，对于改善彝胞生活的呼吁，对于少数民族文艺的整理，以及非物质文化遗产的保护等等。这方面的工作，都在新中国成立后，由文化工作者做了不同程度的努力并且取得了相当大的成绩。虽然不能说新中国的所作所为都是沿着圭山彝族音乐舞踊会的路子前进的，但其思想和实践的起源却是可以追溯到那里去的。

今天，我们回顾历史，讲述现况，不得不追忆1946年圭山彝族舞踊会的开启之功。

文化只能通过继承、补充和生发使其进步，无法凭空创造，所谓创新都是在前人基础上的改革与推进，没有向虚而作的"创新"。圭山彝族音乐舞踊会的举办距今已七十余年了。七十年来，中国社会发生了翻天覆地的变化，但圭山彝族音乐舞踊会所开创的民族民间原生态歌舞演出的道路却被后人越走越宽，甚至成为今天我国文艺发展的生气勃发的一类，这是文化创新的一个范例。面对原生态演出大为兴盛的今天，我们不能不感谢当年原生态艺术道路的开创者王松声、毕恒光、闻一多、梁伦、赵沨、楚图南、尚钺、费孝通、侯澄等先生。文化创造就是这样，其效果和价值也许要过几年、几十年甚至上百年才会显示出来，而后人自然是不会忘记文化开创者的。

此外，中国自近代以来，无数知识分子致力于文化的民间化工作，一方面是向民间普及文化，另一方面是吸收民间文化以创造现代文化，"五四"时期的知识分子和中国左翼作家联盟还掀起过文化走向民间的运动，由于历史的局限，运动没有达到预设的目的，抗日战争以来，知识分子从城市走到了乡村，在实行文化普及的同时发现了民间文化的价值，真正推进了文化的民间化工作。延安文艺的历史意义主要在这一方面。但像圭山彝族音乐舞踊会这样，把旧文人所不齿的民族民间歌舞作为整台节目搬上都市大舞台，让城里人欣赏接受的，在当时实为仅见。这是现代知识分子在民间化道路上迈出的一大步，其开拓之功也应青史留名。

# 结　语

　　当我们巡视完西南联大的艺术活动后，会产生这样的结论：西南联大的艺术是辉煌灿烂的。

　　在战争的氛围中，在艰难的办学条件下，在异地他乡，一所学校怎么能在九年间取得这样的成就呢？说来也简单：

　　正是战争，迫使中国人雄起，才有西南联大的诞生，才产生了西南联大的璀璨艺术。诚如《西南采风录》的采编者刘兆吉在其书的《弁言》中所说："国家不抗战，北大清华南开，绝不会并为西南联大而迁昆明；学校不南迁，笔者也绝不能在蛮荒的山国里，步行数千里，所以这本书不仅足以作个人长途旅行的纪念，也是国难期间，三校流亡南迁的文献之一。"[①]西南联大的艺术同样可作如是观。一个"楚虽三户，亡秦必楚"的国度，在面临亡国灭种的时候，他的人民必然奋起反抗。反抗的武器首先是枪杆子，同时也是笔杆子。西南联大艺术即是在致力于战争文化的建设中产生的。本书把西南联大艺术划分为三个时期。若从战争角度，以战争文化为标准，又何尝不可以将其划分为两个时期？前期抗战，后期反内战。举凡"好一计（记）鞭子"、《原野》、《黑字二十八》、《野玫瑰》的演出和《西南联大校歌》的创作是为了

---

①刘兆吉：《西南采风录》，北京：商务印书馆，2000年8月，第1页。

抗战,《凯旋》、《民主使徒》、《送葬歌》的创作则缘于反内战。战争不仅是西南联大艺术产生的背景,甚至是其重要内容,是西南联大师生奋起反抗的思想结晶。质言之,西南联大文艺是战争年代的产物,如果没有战争氛围,西南联大艺术很可能是别一种风景。

我曾在一本书中说:"文学是人类精神沃土上的花木,它不择时地而生,富贵不一定使之繁茂,贫穷并不会让它萎谢,只要精神的土壤不贫瘠,就有文学之花开放。"①西南联大的办学条件,可以说是中国现代大学中最简陋的,而能开放出那样夺目的艺术之花,与西南联大的茅舍、设备,师生的贫困生活没有太大关系。西南联大没有艺术院系,没有艺术教师,不开艺术课②,也没有学校组织的艺术活动,更没有校园文艺表演比赛③。按说,这样的校园环境是沉寂的。而事实恰恰相反,西南联大的艺术活动开展得蓬蓬勃勃,甚至还培养出了一些文艺人才。反过来说,正是由于生活单调,师生才自发地开展文艺活动,进而形成了文艺气候。

在异地他乡开展文艺活动是困难的。演出要舞台,歌咏要场地,可西南联大不为所困,顺利地把舞台和场地"设"在校园外。原因是,师生具有较高的艺术水准并且具有坚强的文化自信,他们又善于交际,能够利用各种关系联络四面八方,为自己开展艺术活动找到适合的条件并加以创造性的发挥。以歌咏来说,学生首先在一处基督教会堂唱,后来去昆明广播电台播音室唱。如果

①李光荣:《西南联大文学社团研究》,北京:中华书局,2018年10月,第1页。
②西南联大仅在教育学系聘请了音乐教师开音乐课,其他专业没有音乐课。
③1945年初,为欢送同学参加"青年军",训导长查良钊找萧荻,授意他组织同学演出过一次《草木皆兵》。但整个排演过程均无学校以及老师出面。

没有歌咏基础怎敢出去唱，如果没有水平怎敢上电台播音？由于演出受到社会的欢迎，西南联大的声誉得到了迅速而广泛的传播。学校初创昆明，与社会交往就是戏剧演出开路的。后来各科艺术齐头并进，在事实上成了西南联大师生融入社会的桥梁。有句熟语说"昆明城有多大，西南联大就有多大"，这与艺术发挥的"可以群"作用分不开。

就这样，在战争的氛围中，在艰难的办学条件下，在异地他乡，利用自己的艺术之长与社会互动：一方面，融入社会，向社会学习，从中吸取营养；另一方面，向社会开放，服务社会，输出思想知识，最终将思想主张推向社会，转移世风，获取"新民"[①]的最大办学效益。《国立西南联合大学纪念碑碑文》云"联合大学以其兼容并包之精神，转移社会一时之风气"[②]，其中就有艺术之作为。

总结西南联大的艺术经验，有两个突出之点。

其一，群众化与生活化。开展艺术活动是西南联大师生，尤其是学生的自发行为，不必指示、无需发动，大家感到有娱乐的需要，有情感要抒发，自然会诉诸艺术，或者有目标要完成，有战斗要鼓劲，必然会利用艺术提高士气。当然，开展艺术活动的前提是具有一定的艺术修养。我们知道，西南联大的学生都是全国最优秀的青年，他们在中小学时代已有较好的艺术训练，有的还专门学过某种艺术。这些学生便是艺术骨干，他们联络相关艺术

---

① "新民"是四书之一的《大学》提出的"大学之道"，梅贻琦对此作了继承，并成为《大学一解》的核心思想之一，指导了西南联大的教育目标。
② 西南联合大学北京校友会编：《国立西南联合大学校史——一九三七至一九四六年的北大、清华、南开》，北京：北京大学出版社，2006年1月，第73页。

爱好者，组成艺术团体，开展艺术活动。参加艺术活动的人占学生总数的比例高了，便出现了群众化，便形成了艺术气氛。在浓厚的艺术气氛熏陶下，参加艺术团体的学生更多了，有的学生甚至参加了两三个艺术团体。校园里课余时间都有艺术活动，便出现了艺术的生活化。不参加艺术活动仿佛生活里少了点什么似的，艺术成了一种不可缺少的生活内容。人生活在艺术氛围之中，艺术成了一种生活，这就是艺术生活化。群众化与生活化良性发展，便有艺术作品产生。西南联大的艺术创新与成就，可以作为毛泽东《在延安文艺座谈会上的讲话》所阐述的普及与提高的辩证关系的例证。西南联大艺术取得那样的成就，与其艺术的群众化与生活化紧密相连。当然，必须承认，西南联大的艺术活动不是孤立开展，而是与其他活动密切联系的，与政治、文学、体育、壁报、集会等同体一气、相辅相成，也受到校外艺术的熏染、鼓励或刺激，应综合看待。

其二，现实性与艺术性。西南联大的艺术是在现实生活中产生，并且为现实生活服务的。现实性也是西南联大所提倡的艺术民间化、生活化、日常化的体现。当时最大的现实是抗日和反内战。西南联大的艺术作品绝大多数围绕着这两种现实而展开。那些作品诚然是宣传和鼓舞抗战、反对内战的，但又是以艺术的方式宣传和鼓舞抗战、反对内战的，所以，那些作品能够感人并且具有生命力。此外，也有与这两种现实无关但艺术性十分强烈的作品。西南联大师生用这种艺术作品来感染人，并且促使人们将所获得的艺术美感转化为敌忾同仇的感情，收到现实效果，体现了闻一多的理论：艺术的宣传。也就是说，西南联大艺术坚持艺术性的表现有两种情况：一种是在现实性较强的作品中贯穿艺术性，一种是在与现实不够紧密的作品中突出艺术性。今天我们接触到那些作品，仍然会被感动，主要是其艺术性发挥的作用。

本书以三十五万字的篇幅对西南联大艺术的面貌作了描述，对戏剧、音乐、美术、舞蹈等各科艺术发展的历史作了梳理，并着重研究了各科艺术的重要社团、代表作品和代表作家，对西南联大艺术的创新、成就、贡献、特点、地位、影响等作了评价，完成了既定的任务。因而奉献于诸君。现再将西南联大的艺术贡献及各个艺术门类的标杆式作品提示于下：

西南联大推进了云南话剧运动的进展，书写了中国话剧的新篇章。在西南联大驻足昆明之前，云南已有话剧演出，并形成了几个演出团体及一些名家，但话剧还不能为大多数群众接受。西南联大教师策划请曹禺来昆明做导演，聚集起昆明的话剧力量，提高了话剧演出的水平，把广大城乡民众吸引到剧院，刷新了云南话剧演出的场次，普及了话剧艺术，再经过一系列演出，使话剧艺术扎根于祖国西南边疆，泽被后世。其中，《原野》的演出、《野玫瑰》和《凯旋》的创作与首演等是可以载入中国话剧史册的。

《西南联大校歌》的创作成为音乐史上的著名事件。一首校歌在台上台下传唱数十年，不为多见。西南联大歌咏团开创了《黄河大合唱》和《弥赛亚》在大后方演唱的历史。

闻一多的黔滇写生画是难以复制的历史记录，篆刻代表了时代艺术的高峰。师生的漫画较为有名，有的画让许多师生记忆一生。

"彝族音乐舞蹈会"是我国民族原生态歌舞的首次完整演出。自此，民族原生态歌舞登上城市大舞台，并成为我国舞台演出的新品种，光大于新中国，辉煌于本世纪。追根溯源，这台演出的历史功绩显著。而《〈九歌〉古歌舞剧悬解》的问世则有多方面的意义。

西南联大的艺术创新与贡献是多种多样的。例如，在政治方面，西南联大艺术对于如何宣传抗战和反内战，在文艺大众化方面，对于如何处理艺术的普及与提高，在教育方面，对于如何开展学生的艺术生活及活动等，都有许多值得总结的经验。

　　本书以大量的史料为依据，阐述了历史情况，再现了当时的面貌，并且提出自己的理解，作出基本判断，以供读者思考。由于篇幅的限制，本书主要选择了戏剧、音乐、美术、舞蹈四种艺术形式来论述。当然，这四种艺术是西南联大艺术活动的主要形式。但在这四种艺术以外，还有广播、电影、书法等没有论述。虽然书中对广播歌曲有所涉及，但不是全面的广播艺术论，电影和书法则完全没有讨论。这些是有待拓展的研究。就是在本书主要论述的四种艺术中，亦未罄尽其活动内容，例如对热风漫画社、西南合唱团等就没有列专节讨论，其原因是材料不足。限于笔者的眼界，可能还有该论而未论到的内容。这些还祈望读者补充赐教。

# 参考文献

## 报　纸

《云南日报》（昆明）

《益世报》（天津、昆明）

《中央日报》（重庆、昆明）

《大公报·文艺》（天津、汉口、重庆、香港、桂林、上海）

《新华日报》（重庆）

《贵州日报》（贵阳）

《柳州日报》（柳州）

《文艺新报》（昆明）

《扫荡报》（昆明）

《独立周报》（昆明）

《中南报》（昆明）

《春城晚报》（昆明）

《联大通讯》（昆明）

《罢委会通讯》（昆明）

《学生报》（昆明）

《民意日报》（昆明）

《朝报》（昆明）

《星岛日报》（香港）

《城市快报》（天津）

《中华读书报》（北京）

《北京大学校刊》（北京）

# 刊　物

《民主周刊》（昆明）

《战国策》（昆明）

《文聚》（昆明）

《自由论坛》（昆明）

《今日评论》（昆明）

《当代评论》（昆明）

《国文月刊》（昆明）

《十二月》（昆明）

《匕首》（昆明）

《抗战文艺》（重庆）

《中国社会科学》（北京）

《文学评论》（北京）

《中国现代文学研究丛刊》（北京）

《新文学史料》（北京）

《新文化史料》（北京）

《北京大学学报》（北京）

《清华大学学报》（北京）

《南开大学学报》（天津）

《云南师范大学学报》（昆明）

《思想战线》（昆明）

《云南民族大学学报》（昆明）

《云南社会科学》（昆明）

《学术探索》（昆明）

《战时知识》（昆明）

《红河学院学报》（蒙自）

《楚雄师范学院学报》（楚雄）

《华风》（美国）

《百花洲》（南昌）

《南开校友通讯》（天津）

《剧艺社社友通讯》（北京）

《北京文艺》（北京）

《音乐研究》（北京）

《人物》（北京）

《炎黄春秋》（北京）

《西南联大北京校友会简讯》（北京）

《云南西南联大校友会通讯》（昆明）

《彝族音乐舞蹈会专号》（昆明）

《西南联大上海校友会简讯》（上海）

《舞蹈》（广州）

《清华校友通讯》（台湾）

《校友通讯》（沈阳）

《民族文学研究》（北京）

# 著　作

西南联大北京校友会编：《国立西南联合大学校史资料》，北京：
　　北京大学出版社，1986年。

清华大学校史研究室编：《清华大学史料选编》，北京：清华大学
　　出版社，1994年。

臧履谦编：《学府纪闻·国立西南联合大学》，台北：南京出版有
　　限公司，1981年。

王学珍、郭建荣主编：《北京大学史料》，北京：北京大学出版社，
　　2000年。

南开大学校史编写组：《南开大学校史》，天津：南开大学出版
　　社，1989年。

南开大学校史研究室编：《联大岁月与边疆人文》，天津：南开大
　　学出版社，2004年。

杨立德：《西南联大教育史》，成都：成都出版社，1995年。

北京大学等编：《国立西南联合大学史料》，昆明：云南教育出版
　　社，1998年。

西南联合大学北京校友会编：《国立西南联合大学校史——一九
　　三七至一九四六年的北大、清华、南开》，北京：北京大学出
　　版社，1996年。

西南联大校友会编：《笳吹弦诵在春城——回忆西南联大》，昆
　　明：云南人民出版社等，1986年。

北京大学校友联络处编：《笳吹弦诵情弥切——国立西南联合大
　　学五十周年纪念文集》，北京：中国文史出版社，1988年。

云南西南联大校友会编：《难忘联大岁月》，昆明：云南教育出版
　　社，1998年。

吴宓：《吴宓日记》，北京：生活·读书·新知三联书店，1999年。

钱穆：《八十忆双亲·师友杂忆》，北京：生活·读书·新知三联书店，1998年。

浦江清：《清华园日记·西行日记》，北京：生活·读书·新知三联书店，1987年。

刘兆吉：《刘兆吉诗文选》，重庆：西南师范大学出版社，2003年。

赵瑞蕻：《离乱弦歌忆旧游》，上海：文汇出版社，2000年。

许渊冲：《追忆逝水年华》，北京：生活·读书·新知三联书店，1996年。

许渊冲：《诗书人生》，天津：百花文艺出版社，2003年。

闻黎明、侯菊坤编：《闻一多年谱长编》，武汉：湖北人民出版社，1994年。

三联书店编辑部编：《闻一多纪念文集》，北京：生活·读书·新知三联书店，1980年。

"一二·一"运动史编写组编：《"一二·一"运动史料选编》，昆明：云南人民出版社，1980年。

路南彝族自治县县志编写委员会：《路南彝族自治县县志》，昆明：云南民族出版社，1996年。

云南师范大学校史编写组：《云南师范大学大事记》，《云南师范大学学报》，1988年校庆增刊。

蒙自师范高等专科学校等编：《西南联大在蒙自》，昆明：云南民族出版社，1994年。

宗璞：《宗璞散文全编（1951—2001）》，北京：北京出版社，2003年。

张寄谦编：《中国教育史上的一次创举——西南联合大学湘黔滇旅行团纪实》，北京：北京大学出版社，1999年。

姚丹：《西南联大历史情景中的文学活动》，桂林：广西师范大学出版社，2000年。

王佐良：《中楼集》，沈阳：辽宁教育出版社，1995年。

陈凝：《闻一多传》，民享出版社，1947年。

林元：《碎布集》，北京：文化艺术出版社，1991年。

陈白尘、董健：《中国现代戏剧史稿》，北京：中国戏剧出版社，
　　1989年。

田本相：《曹禺传》，北京：北京十月文艺出版社，1988年。

吴戈：《云南现代话剧运动史论稿》，北京：中国文联出版社，
　　2001年。

李光荣、宣淑君：《季节燃起的花朵——西南联大文学社团研究》，
　　北京：中华书局，2011年。

唐圭璋等：《唐宋词鉴赏辞典》，上海：上海辞书出版社，1988年。

马嘶：《一代宗师魏建功》，北京：文化艺术出版社，2007年。

刘烜：《闻一多评传》，北京：北京大学出版社，1983年。

张清常：《张清常文集》，北京：北京语言大学出版社，2006年。

蒙树宏：《云南抗战时期文学史》，昆明：云南教育出版社，1998年。

先燕云：《三千里地九霄云——宗璞与云南》，昆明：云南教育山版
　　社，2000年。

孔范今主编：《中国现代文学补遗书系·戏剧卷》，济南：明天出版
　　社，1991年。

重庆师范学院中文系编写组：《国统区文艺资料丛编·战国派》，
　　1979年。

季进、曾一果：《陈铨：异邦的借镜》，北京：文津出版社，2005年。

闻黎明：《抗日战争与中国知识分子——西南联合大学的抗战轨
　　迹》，北京：社会科学文献出版社，2009年。

黎章民：《唯民文存——黎章民著译自编集》，自印，约2006年。

蔡仲德:《冯友兰先生年谱初编》,郑州:河南人民出版社,2000年。

朱自清:《朱自清全集》,南京:江苏教育出版社,1996年。

闻一多:《闻一多全集》,武汉:湖北人民出版社,1993年。

冯至:《冯至全集》,石家庄:河北教育出版社,1999年。

沈从文:《沈从文全集》,太原:北岳文艺出版社,2002年。

冯友兰:《三松堂全集》,郑州:河南人民出版社,2000年。

李广田:《荷叶伞》,北京:华夏出版社,1996年。

李岫编:《中国现代作家选集·李广田》,北京:人民文学出版社,
    1984年。

卞之琳:《卞之琳文集》,合肥:安徽教育出版社,2002年。

汪曾祺:《汪曾祺全集》,北京:北京师范大学出版社,1998年。

鲁迅:《鲁迅全集》,北京:人民文学出版社,2005年。

曹禺:《曹禺文集》,北京:中国戏剧出版社,1990年。

田汉:《田汉文集》,北京:中国戏剧出版社,1986年。

王蒙:《王蒙文集》,北京:华艺出版社,1993年。

杜运燮、张同道编:《西南联大现代诗钞》,北京:人民文学出版
    社,1997年。

龚纪一编:《"一二·一"诗选》,北京:人民文学出版社,1983年。

李方编:《穆旦诗全集》,北京:中国文学出版社,1996年。

林蒲:《暗草集》,香港:人生出版社,1956年。

刘超先、蔡平:《寒窗集——刘重德诗文选集》,长沙:湖南师大
    出版社,2002年。

萧荻:《最初的黎明》,自印,2005年。

郑敏:《郑敏诗集》,北京:人民文学出版社,2000年。

杜运燮:《杜运燮60年诗选》,北京:人民文学出版社,2000年。

何达:《我们开会》,上海:中兴出版社,1949年。

钱理群、吴福辉、温儒敏：《中国现代文学三十年》，北京大学出版社，1998年。

高平叔编：《蔡元培教育文选》，北京：人民教育出版社，1980年。

西南联大北京校友会编：《我心中的西南联大：西南联大建校70周年纪念文集》，北京：清华大学出版社，2008年。

清华大学校史研究室编：《清华大学九十年》，北京：清华大学出版社，2001年。

黄延复、马相武编：《梅贻琦与清华大学》，太原：山西教育出版社，1995年。

政协北京市委员会文史资料委员会编：《文史资料选编》第18辑，北京出版社，1983年。

《梅贻琦日记（1941—1946）》，黄延复、王小宁整理，北京：清华大学出版社，2001年。

高平叔编：《蔡元培全集》，北京：中华书局，1988年。

吴洪成著：《生斯长斯　吾爱吾庐》，济南：山东教育出版社，2004年。

中国人民政治协商会议云南省委员会文史资料委员会：《内迁院校在云南》，昆明：云南人民出版社，1998年。

赵慧编：《回忆纪念闻一多》，武汉：武汉出版社，1999年。

丘宏义：《中国物理学之父吴大猷》，乌鲁木齐：新疆人民出版社，2004年。

西南联大学生自治会：《联大八年》，昆明：西南联大学生出版社，1946年。

云南政协文史资料研究委员会编：《云南文史资料选辑》，昆明：云南人民出版社，1988年。

云南师范大学校史编写组：《云南师范大学校史稿（1938—1949）》，

《云南师范大学学报》，1988年校庆增刊。

闻一多：《闻一多书信选集》，北京：人民文学出版社，1986年。

闻立鹏、张同霞编：《追寻至美：闻一多的美术》，济南：山东美术
　　出版社，2001年。

浦薛凤：《浦薛凤回忆录》，合肥：黄山书社，2009年。

崔国良主编：《南开话剧史料丛编》，天津：南开大学出版社，
　　2009年。

# 后　记

　　凡是了解西南联大的人，都知道西南联大具有突出的艺术成就；凡是想了解西南联大艺术的人，又都找不到一本关于西南联大艺术的专书来读。这是为什么？一个字：难。难在资料匮乏，难在因见不到作品不易做好艺术研究，所以至今尚无这方面的专著。战争年代，流徙之中，学校收集和保存教学档案尚且不易，遑论收集课外为之的艺术活动资料。而且，西南联大没有艺术院系，艺术活动都是业余的。业余的事迹本来就属于"野史"，进不了官方收集的档案。几十年后，再来收集西南联大艺术材料就难上加难了。所以，迄今没有专著问世。

　　本人出于发掘西南联大文化贡献的"责任感"知难而上，以其艺术为攻克堡垒，首先花大力气在资料收集上。在不知路径的情况下，本人主要做了七方面的工作：一是寻找西南联大校友的回忆文字，二是查阅当时的报纸杂志，三是访问西南联大校友，四是联系校友亲属，五是咨询艺术知情人，六是考察当年的艺术场景，七是请教西南联大研究专家。那时没有数据库，查找资料相当困难且费时间；而好的一面是阅读的都是原报刊，不但材料完整多样，还能把思绪带入当时的情景，给人真切的想象。由于着手研究不算太晚，能够访问到许多西南联大校友。那些校友，无论学有多深，官有多大，位有多高，都平易亲切，对西南联大感情深厚，对所询问题知无不言，还帮助联系他们所知的校友，每每想起，总令人感佩。承蒙西南联大校友或其家属给予的无私帮助和支持，收集到了更多的材料，有的校友还帮助证实了材料和书稿内容。任继愈、邢方群、马识途、张彦、裴毓荪、方堃、张定华、刘晶雯、吴征镒、邹承鲁、马逢华、陈明逊、赵宝煦、张寄谦、钱惠濂、贺联奎、孙晓耕、王楫、程法伋、何扬、萧荻、吴宏聪、王勉、闻立雕、周定一、方龄贵、王景山、秦泥、郑敏、刘兆吉、杨苡、郭良夫、严宝瑜、刘方、张源潜、闻山、许渊冲、李曦沐、李凌、汪仁霖、胡小吉、张道祖、张友仁、巫宁坤、王康、何扬、黎章民、袁可嘉、于承武、宋伯胤、潘乃穆、周锦荪、彭国涛、林毓杉、何以中、陈战杰、刘重德、彭国涛、欧阳澄、王彦铭、母履和、彭允中、卢濬、许铮、熊朝隽、陈有余等数十位校友或者接受访谈，或者来信指导，有的还赠予资料。郑天挺、闻一多、李广田、冯至、马文珍、杜运燮、林元、于产、王松声、赵瑞蕻、刘北汜、刘波、刘克光、马学良、向长清、卢静、汪曾祺等校友的亲属，杨立德、闻黎明、谢泳、姚丹、张新颖、孙敦恒、郭建荣、梁吉生、余斌、吴宝璋、戴美政等西南联大研究家，以及李储文、杨明、卜兴纯、王用华、曾骥才、刘庆楠、余开伟等先生提供了帮助。他们之中，王景山、张源潜、方龄贵、周定一、周锦荪、刘方、刘晶雯、彭国涛、王楫等多次接受采访或长期通信赐教。云南省档案馆、云南省图书馆、云南大学图书馆和云南师范大学图书馆给予资料查阅的方便。西南联大北京校友会、云南西南联大校友会、上海西南联大校友会、西南联大剧艺社社友会等馈赠资料或提供信息。西南联大校友王景山、张源潜、郭良夫、方龄贵、吴宏聪、秦泥、张定华、刘方、许铮、严振等校友审读了部分书稿。如果没有以上诸位和机构的帮助与支持，本书要获得成功，难以想象。在本书即将付梓之际，谨向诸位先生及其家属和有关机构的人员表示最诚挚的谢意！而令人悲痛的是，上述本人采访过的西南联大先生中，好多位相继去世了。樊骏先生是帮助本人确定西南联大为主要研究对象的导师，我还没来得及向他汇报最初的成果，他就离开了人世，至今已十年矣。

从以上所谈材料收集的情况可以看出，本人西南联大研究起步较早，开始于二十世纪八十年代。而在研究开始，就有做艺术研究的计划，或者说是文、艺研究并举的，所以才有开展本项研究的可能。对本题的专门研究则始于2003年。那年，我申请到国家社科基金项目"西南联大文学社团研究"，该课题最初的设想即包涵艺术社团研究，本书的联大剧团、剧艺社、高声唱歌咏队等就是《季节燃起的花朵——西南联大文学社团研究》一书的内容。由于结题书稿篇幅较多，遂决定将文学和艺术分开成书，即从书稿中抽出艺术社团部分，再加以充实，写成一本西南联大艺术研究的专著。2009年，我申请到教育部项目"西南联大艺术成就与艺术教育"，再继续搜集补充材料，最终写成本书的初稿。这里说明两点：第一，本书是在教育部结项成果的基础上修改而成的；第二，本书是与《季节燃起的花朵——西南联大文学社团研究》（后增订为《西南联大文学社团研究》）同时或先后撰写的。因此，我把《西南联大文学社团研究》与《西南联大艺术历程》视为"姊妹篇"。

在《西南联大文学社团研究》原版序言中，一向奖掖后学的钱理群先生肯定道："可以断言，后来的研究者要再来研究西南联大文学社团和文学，是无法绕开本书的。"这本《西南联大艺术历程》是否达到了钱先生"无法绕开"的要求呢？要等后来的研究者去证实。钱先生还说："当年我们做研究生时，王瑶先生就是这样要求我们的：每一篇重要论文、著作都要做到别人再做同样或者类似的课题，都绕不开你，非要参考你的文章不可，尽管后人的研究必然要超过你。"他接着写道："我想，王瑶先生这里所说的'不可绕开'，不仅是指你的研究是否达到、代表了一个时期的研究水平，也是指你在史料上是否有鲁迅所说的'独立准备'，为后来研究提供可靠的基本事实。"对照此话，我可以做出这样的自省：本书的研究水平是会被后来的研究超过的，而提供的基本事实则有可能会被后来者反复使用。

本书动笔于2004年，写成于2013年，之后有过几次修改。算起来，开始写作至今已十六年，成书距今已八年。八年间不急于联系出版，并不是我对本书的内容缺乏自信，而是想吸收他人的研究成果，使小书更为丰满一些。但遗憾的是，八年间，不但未见到关于西南联大艺术的专书，甚至连论文也少见。考其原因，不是西南联大的艺术不值得研究，而是西南联大的艺术研究难度太大。由此可知本书筚路蓝缕之艰辛了。现将本书奉献于世，不仅因枯等无益，更主要的原因则是有一份抛砖引玉的期望在，希读者察之。

原创性是本研究的学术目标。由于此前没有人专门研究过本课题，原创性容易做到。但在具体材料的运用上，是不能够"创新"的。文化的发展只能在前人的基础上推进，完全意义上的"创造"并不存在。笔者尽自己的可能查阅了当时留下来的文字材料，阅读了当事人的回忆文章，采访到许多"口述历史"，使用了师友提供的材料，这是应该铭记的——上文已表谢忱。使用第一手资料，用事实说话是本书坚持的写作原则；实事求是，论从史出，无征不信，无证不立本是史论的基本态度，但坚持做到并不容易。虽然本书中所用材料都做了甄别、筛选、校勘、考订等功课，但不敢保证无一错误。

本研究的宏愿是：填补中国艺术史在西南联大研究方面的空白，使本书成为西南联大艺术、中国校园艺术的基础性论著之一，为抗战时期艺术以至中国现代艺术研究尽绵薄之力。虽然有"取法乎上得其中"的古训，但眼高手低却是世间常态。此目标实现与否，期待读者明鉴。

本书的部分内容曾在《中国现代文学研究丛刊》、《新文学史料》、《民族文学研究》、《西南民族大学学报》、《云南师范大学学报》、《云南民族大学学报》、《现代中国文化与文学》、《抗战文化研究》、《民族艺术研究》、《中国教育报》、《云南日报》、《春城晚报》等报刊上发表过，在此特向这些报刊及其编辑致谢！

承蒙中华书局垂青，《季节燃起的花朵——西南联大文学社团研究》和《西南联大文学社团研究》二书的责编张玉亮先生推举，责编白爱虎先生以其广博的学识功底、过硬的专业能力和高度的责任精神付出辛劳，本书才得以面世。在此表示由衷的感谢！本人以诚恳的态度把这本小书献给各位读者，希望得到宝贵的批评。

著 者

2013年3月6日初记

2021年4月18日改记